Portraict du Sieur de la Boullaye-le Gouz en habit Levantin, connu en Asie, & Affrique sous le nom d'Ibrahim-Beg, & en Europe sous celuy de Voyageur Catholique.

LES VOYAGES ET OBSERVATIONS DV SIEVR DE LA BOVLLAYE-LE-GOVZ

GENTIL-HOMME ANGEVIN.

Où sont décrites les Religions, Gouuernemens, & situations des Estats & Royaumes d'Italie, Grece, Natolie, Syrie, Perse, Palestine, Karamenie, Kaldée, Assyrie, grand Mogol, Bijapour, Indes Orientales des Portugais, Arabie, Egypte, Hollande, grande Bretagne, Irlande, Dannemark, Pologne, Isles & autres lieux d'Europe, Asie & Affrique, ou il à seiourné, le tout enrichy de belles figures.

Nouuellement reueu & corrigé par l'Autheur, & augmenté de quantité de bons aduis, pour ceux qui veulent voyager, auec un ordre pour suiure les Karauanes, qui vont en diuerses parties du monde.

Dedié à l'Eminentissime Cardinal Capponi.

A TROYES, par Nicolas Oudot, & se vendent

A PARIS,

Chez FRANCOIS CLOVSIER Marchand Libraire, dans la Cour du Palais, pres la maison de M. le Premier President.

M. DC. LVII.

AVEC PRIVILEGE DV ROY.

Ordre & diuision du present volume.

CEtte Relation est diuisée en trois parties : Dans la premiere il est traitté des Religions, Coustumes, Mœurs & forces d'Italie, Grece, Natolie, Georgie, Medie, Armenie, Perse & Empire du grand Mogol, &c.

Dans la seconde l'on traitte de celles des Payens, des Indes Orientales appellez Indou diuisez en 124. Tribus, des Adorateurs du feu, de la Politique & Conquestes des Portugais aux Indes Orientales, de la puissance du Roy de Bijapour, du negoce des Anglois, Danois & Hollandois sur la mer des Indes, du climat de la zone Torride, du Rituel des Sabis ou Chrestiens de Sainct Iean Baptiste, des arabes du desert, &c.

Dans la troisiesme est descrite la nation des Turcomans, la Religion des Iuifs, des Maronites, & des Grecs, la diuersité des merueilles d'Egypte, & le gouuernement & croyance des Anglois, Irlandois, Hollandois, Danois & Polonois, auec leur Politique pour se gouuerner & maintenir en paix, &c.

A
MONSEIGNEVR
L'EMINENTISSIME
CAPPONI

Cardinal & Prince de la Sainɫte Egliſe Romaine, premier Preſtre, grand Bibliotequaire du Vatican, & Protecteur de la Nation Maronite.

ONSEIGNEVR,

I'auois borné la Relation de mes Voyages en la Coppie que ie laiſſé à Rome à VOSTRE

EMINENCE dans la pensée que i'auois qu'elle ne verroit le iour que dans son cabinet & le mien; ce dessein à mon retour en France a esté changé par l'Ordre du Roy; Sa Maiesté me manda de venir à la Cour auec mon équippage Persan, ietta les yeux sur l'Original, en lût quelques pages, & me tesmoigna qu'il le falloit donner au public; La force de telles parolles sur vn suiet dont l'inclination est égalle au deuoir de la naissance, m'a fait imprimer sous la protectiou de VOSTRE EMINENCE ce que ie luy auois déia desdié, escript de ma main, afin de ne me pas destacher des premiers sentimens de viure & de mourir.

MONSEIGNEVR,

De V. Emin.

Le tres-humble, & tres-obligé seruiteur, de la BOVLLAYE-LE-GOVZ.

de Paris ce 22. Iuillet 1652.

AV LECTEVR.

LE peu de dessein que i'auois de mettre au iour ces memoires, pour t'informer des mœurs, des coustumes & des religions des diuers pays où le sort m'a porté, te doit dispenser de l'obligation que tu m'aurois, si ie l'auois fait pour ta seule consideration ; si tu ne les trouue pas à ton goust, ie te puis asseurer que ta censure n'est pas au mien, & soit que tu les reiette, ou que tu les approuue, le tout m'est indifferend : ie t'aduertiray seulement d'y bien considerer la verité, sinon beaucoup de choses te passeront, tu les passeras aussi : i'escris donc non pour te plaire, mais pour satisfaire à la volonté du Roy; sa Maiesté a mon retour ietta les yeux sur mes obseruations, tesmoigna dy voir auec plaisir ce que ie n'auois pû cognoistre qu'auec beaucoup de peine, & me commanda de les faire Imprimer. Ie ne doute point que tu n'y trouue des passages contraires à ceux qui m'ont precedé par leurs escrits ; mais sache que plusieurs ont rapporté auec affirmation, sur le dire d'autruy ; ce qu'ils n'ont veu ni conneu, & preuenus de leur climat, ont iugé auec passion que les autres peuples deuoient viure & mourir à leur mode : Toutes les nations disent d'elles mesmes ce qu'vn chacun pense de la sienne, & n'estiment que ce qui leur est en vsage, si bien que pour connoistre celles qui agissent auec plus de raison : il est necessaire de se dépouiller de soy mesme, les lumieres communes & ordinaires ne sont pas assez suffisantes pour en faire vn veritable discernement ; ie te declareray cy apres ceux qui à mon iugement dans leurs relations ont bien ou mal escrit des coustumes & des mœurs des hommes, affin que tu ne t'attache pas si fort à mes escrits, que tu ne voye ceux des autres, ausquels ie te renuoyeray souuent : ma relation est succinte, ie ne l'ay voulu grossir du labeur d'autruy, ie n'ay pas mesme tiré des consequences, par tous les chapitres, de crainte d'estre ennuieux; par fois ie me suis estendu affin d'aider ceux qui veulent auoir la connoissance du monde & d'eux mesmes pour s'esleuer à celle de Dieu, ou il se faut attacher pour se rendre heureux d'vne felicité permanente ; Iouïs donc de mes trauaux, prend ce que tu y trouueras de bon, & ne te persuade pas que i'aye cette presumption de te rendre contens ; mon obiet a esté la verité de ma narration si elle te satisfait possible que ton genie a de la sympathie auec le mien, si au contraire mon style te rebutte, fais cette reflection, qu'il est bien aisé de reprendre & tres difficile de faire mieux.

Sentiment du Sieur de la Boullaye-le-Gouz sur les diuerses Relations qu'il a leües des pays estrangers.

Villa-mont. LE sieur de Villamond a fort bien escrit l'Italie, mais a manqué au Ch. 17. de son deuxiesme liure, où il dit, que les Iahobites occupent iusques à 40. Royaumes: & au ch. 18. du mesme liure il dit pour faire voir l'impieté de Nestorius, qu'il a enseigné à ses Disciples qu'il y auoit deux natures en Iesus Christ, au lieu de dire deux personnes; Et dedans le recit de ses Voyages il me semble fort veritable, quoy qu'il passe pour menteur à tout le monde.

F. Mendes Pinto. Fernandes Mendes Pinto a laissé vne Relation en forme de Roman de ses aduentures aux Indes Orientales, dans laquelle ie n'ay peu remarquer aucune fautes de Geographie.

Pirard. Le voyage de Pirard est presque tout par mer, & peut beaucoup seruir aux nauigateurs, il a descrit le mieux qu'il a peu ce qui luy est tombé sous les sens.

Des Hayes. Celuy du sieur des Hayes me semble conforme à la verité pour ce qui regarde l'Estat Ottoman, & les plans des villes que l'on y a inserés.

Baudier. Le Serrail du sieur Baudier s'est trouué semblable aux memoires que i'en auois apportez, lesquels i'ay retranchez de mon Liure, & me suis contenté d'y laisser le plan du Diuan, & de la porte; l'on ne peut pas mieux escrire les Coustumes & façons des Turqs que cét Autheur a fait, & quand à la Religion des Mansulmans, il ne s'y est pas autrement attaché dans son Serrail, aussi en a il fait vn traitté du depuis, où il n'a rien oublié de la vieille tradition des Mahometans, & des 4. interpretes de l'Alkoran.

Al. da Cada Mosto. Alouisio da Cada Mosto Venitien a tres-bié descrit ses nauigations, mais accuse faussement les Guzerates d'adorer les Vaches au Chap. 75.

C. Colomb. Christophe Colomb a laissé sa nauigation fort veritable.

A Vespuce. A Vespuce paroist grand homme dans ses Lettres escrites où il fait mention de sa nauigation.

Ioseph Indien. Ioseph Indien de Karanganor est à mon sens vn de ceux qui a le mieux escrit.

Patritio Romano l'a imité dans ce poinct.

Patritio Romano.

M. Paol Venitien s'est trompé dans le 23. Chap. de son 3. Liure, accusant les Bramens de magie, & de charmer les lamies ou poissons qui mangent les hommes.

M, Paolo.

Hayton Armenien s'est trompé au Chap. 7. disant que la Perse commance au fleuue Phison que nous appellons le Nil; & au ch. 53. il escrit faussement qu'il ne pleut point en Egypte, mais il à bien escrit l'Histoire des Tartares.

Haython Armenien

M. Michou de Cracao, aduance indiscrettement que les Ottomans ont fait vn estable de Saincte Sophie qui est leur capitale Mosquée.

M Michou.

P. Iouius a manqué dans l'etimologie appellant Temurlang Demir Kutlu fer heureux, en quoy il a esté suiuy par Theuet dans la vie des hommes illustres.

P. Iouius

P. Aluares Portugais a esté grand Pillote, mais peu informé de la Loy des Indou, lesquels il accuse d'adorer le Soleil & la Lune.

P. Aluares.

Vasco de Gama Capitaine Portugais a laissé ce qu'il a veu au delà du Cap de bonne Esperãce auec beaucoup de verité

Vasco de Gama.

Le commun liure des Voyageurs Anglois est veritable en tout point, quoy qu'il soit fort gros, & ait plusieurs Thomes.

Le Liure des voyages Anglois.

L'on a laissé sous le nom de François DraK vne belle nauigation autour du monde.

F. DraK.

Iean Botero a fait vne Relation vniuerselle que i'estime beaucoup.

I. Botero.

Iean de Bettencourt, outre le Voyage des Canaries, à laissé vn traitté des nauigations autour du monde fort curieuses.

I. de Bettencourt.

BusbeKius a reüssi dans la description de son voyage de Turquie & d'Amasie.

BusbeKius.

Pere Claude d'Ableuille a escrit la Mission des Capucins en l'isle de Maragnan assez rare.

P. Claude d'Abeuille.

Gomara est l'vn des meilleurs Autheurs pour les Indes Occidentales.

Gomara

Bartholomeo de las Casas a escrit exactement les cruautez des Espagnols dans l'Amerique.

B de las Casas.

Gonzales de Mendosa, & Semedo, ont escrit de la Chine assez prolixement.

Gonzales Semedo.

Roulox Baro a laissé par escrit son ambassade vers les Ta-

R. Baro.

puies de la part des seigneurs des prouinces vnies fort curieuse.

C. Lambert. S. Seguezi

Les Sieurs Cæsar Lambert, Iacques Albert & Sancto Seguessi ont parfaictement bien descrit l'Egypte.

Eman. de Aronda.

La relation de la captiuité & liberté du sieur Emanuel de Aranda est fort curieuse tant pour la misere des esclaues de Barbarie que pour les antiquitez d'Alger.

Iean de Laet.

Iean de Laet d'Anuers à bien descrit l'Amerique.

A Cantareno.

Ambroise Cantareno a mis par ordre son voyage de Venise en Perse.

I Barbaro

Iosaphat Barbaro Ambassadeur en Perse a fait le mesme.

Cauche.

François Cauche a escrit celuy de Madagascar : mais ce qu'il dit des rayes de cette isle dont vne peut souler 300. personnes ne me semble pas veritable.

A de Herera

Antonio de Herera a descrit les Indes Occidentales.

Le Maire.

Le Maire Hollandois a fait vne nauigation australle, qui le doit mettre au rang des hommes illustres.

De More G. Karuajal. Frere de Garcia. P. Sarmiento. I. Mahu. S. de Cordes.

Dont Iean de More, Don Gontier Caruajal, Don Frere de Garcia de Loaysa, Piedro Sarmiento, Iaques Mahu, & Simon de Cordes ont fait le mesme.

P. de Ordones de Ceuallos.

Pietro de Ordones de Ceuallos a aussi laissé sa particuliere description fort vraye, & celle que l'on a tirée des Tables Geographiques de Pubertius, n'est pas moins à estimer

F. Scot & Frere Hierosme.

François Scot d'Anuers, & frere Hierosme ont mis par ordre vn itineraire de l'Italie, qui peut seruir aux curieux pour la recherche de l'antiquité des villes.

Nicolai.

Nicolai a bien escrit ses Voyages, mais les Figures de son Liure sont mal faites.

Voyages Marins. Linscot.

Le mirouër des voyages marins, & les œuures de Linscot sont à estimer.

Comite. Venitien.

Vn Comite Venitien a escrit son voyage de Sues à Diu auec les Ottomans, qui le rend assez recommandable, quoy qu'il aye celé son nom.

Arriam.

Ariam Grec ne luy a rien cedé pour la nauigation de la mer rouge.

Od. Barboso.

Odoardo Barboso Portugais a le mieux connu la Religion des Indou, mais il les fait adorer vn Dieu trine en essence, & vn en personne.

Nicolao de Conti Venitien ne seroit pas excusable s'il auoit luy mesme éscrit son Voyage, parce que Poggio Florentin qui s'en est meslé met Babylone sur l'Euphrate, & dit que son pont est fait de pierre auec 14. arches, ie prie tels Commentateurs de se contenter de lire ma Relation, sans y adiouster leur caprice. N. de Conty.

Le voyage du sieur de Breues est tres-excellent. De Breues.

Hieronymo di Santo Stephano Genois à descrit son Voyage auec sincerité. H. de S. Stphno.

Les Epistres de Maximilian Transiluain touchant le voyage autour du monde n'est pas moins à estimer. M Transiluain.

M. Anton. Pigafetta Cheualier de Rhodes a pareillement laissé son voyage autour du monde auec beaucoup de soin. Pigafetta.

Iean Gaetan Pilote Castillan a laissé suiuant sa connoissance le chemin des Moluques par l'ouest. I Caetan.

Iean de Barros a escrit vne histoire de la description de quelque partie du monde, qui ressemble plutost du papier barbouillé qu'vn œuure digne d'estre leu. I. de Baros.

Iean Lyon Affricain a si bien descrit toute l'Affrique en 9 Liures, que les Castillans nous veulent faire croire qu'il estoit nay dans la Grenade, mais esleué en Barbarie. I Lyon Affricain.

Thomas Lopes Escriuain des vaisseaux Portugais a bien descrit ses nauigations. T. Lopes.

Iean de Empoli facteur des Portugais a reüssi dans la narration du procedé des Indes Orientaux auec les Portugais. I. de Empoli

Louys Bartheme Boulognois a mal placé le Tygre dans la Prouince de Korassan, dont il est esloigné 3. mois de chemin. L. Bartheme.

Les Lettres d'André Corsal au grand Duc de Toscane, & le voyage de Francesco Aluares en Etyopie ne sont pas à rejetter, comme la nauigation de Iambolo Marchād Sicilien, qui est vne pure Fable, parce qu'il dit auoir veu au Sud de l'Arabie vne isle où les hommes nous passent en hauteur de 4. coudées. A. Corsal. F. Aluares. Iambolo.

Le P. Pacifique de Prouins a esté veritable dans son voyage de perse, & plus mal-heureux dans celuy de l'Amerique, ou les Sauuages l'ont mãgé, suiuant les dernieres Relations. P. Pacifique de Prouins.

La terre Saincte de Frere Eugene Recollet est veritable quand a la Palestine. F. Eugene.

P. Boucher. Le Pere Boncher descrit hardiment dans son Bouquet Sacré ce qu'il n'a veu que de loing, & ce qu'il dit de la ville du Kaire, des Piramides d'Egypte, du Puy de Ioseph, & d'Alexandrie fait assez voir qu'il ne fut iamais en Egypte.

I. Mocquet. Iean Mocquet a si bien descrit les mœurs du bas peuple des lieux où il a abordé, qu'il n'a pas oublié les moindres particularitez.

I. Belon. Belon Medecin du Maus a laissé ses Obseruations fort succinctes, & fort vrayes.

Vincent le Blanc. Vincent le Blanc pourroit disputer auec Vlisse de la longueur de ses voyages, il donne beaucoup d'instruction de l'Affrique aux geographes modernes. Et il seroit à desirer qu'il eust sceu les langues Orientales affin de raporter les noms propres des lieux ou il a esté & comme ses memoires n'ont esté imprimés qu'apres sa mort, ce seroit vn trauail digne d'vn illustre Voyageur d'en corriger quelque chose pour faire reuiure la memoire d'vn si grand homme.

Zaga Christ. Les estranges euenemens du voyage de Zaga Christ Roy d'Ethiopie sont vn peu fabuleux comme l'on peut remarquer par le chemin que l'õ luy fait tenir pour venir au Kaire par les Arabie comme si la mer rouge n'estoit pas entre l'Affrique & l'Asie.

KalKondille. L'Histoire Turque de KalKondille est vn Thresor, & passe de beaucoup les adjonctions que l'on y a faittes.

Dauiti. Les Estats & Empires du monde ont autant desrobé de tẽps à leur Autheur, qu'il en faudroit pour les corriger ; la verité y est si cachée qu'à moins d'auoir veu l'õ n'en peut faire la distinction. Les Plagiaires de ce temps en ont tiré plusieurs racourcis de mesme nature que l'Original, & enrichis de Figures ; tellement mal faites, que si les Turqs & les Persans changeoient de mode, ces Autheurs modernes pourroient auoir vne excuse aussi legitime que celle de n'estre pas garands des dires d'autruy.

Belle forest. Belle forest a composé trois gros volumes des diuers pays & regions qui nous sont connus, & descrit si mal les Religiõs & les Coustumes des peuples qui les habitent, que l'on voit d'abord que ses escrits ne sont qu'vne rapsodie assez mal digerée des Relations de ceux qui l'ont precedé.

Le voyage de Pologne de Madame de Guebriant par Iean le Laboureur Parisien, est vne belle recherche des Antiquitez & Histoires de ce grand Royaume. I. le Laboureur.

Les grands voyages de l'Amerique imprimez à Francfort sont tres-Beaux. Grands voyages de l'Amerique.

Marc l'Escarbot a mis en ordre plusieurs beaux Voyages de l'Ouest enrichis de plans, dont il a esté tesmoin oculaire. M. l'Escarbot.

Le sieur de Feyne s'est trompé dãs la relation de ses voyages en Asie, lors qu'il dit que Babylone est deux fois aussi grande que Paris; que le parapet de ses fortifications est si prodigieusement large, que 4. carosses peuuent tourner dessus: qu'il faut fouiller en terre pour trouuer les briques qui ont seruy à faire la Tour de Babylone: qu'il est allé d'Hispahaan à Kasbin en 12. iournées; & de Kasbin à Tauris en 18. d'où il est retourné à Schiras en 16. qu'il a veu mesurer les Perles comme du bled; que les Indou adorent la premiere beste qu'ils rencontrent; que le grand Mogol est Payen; que Sourat est vne isle esloignée de 14. iournée de Diu, & que les Indou escriuẽt de la main droicte à la gauche. de Feyne.

Vn gentil-homme Anglois de la compagnie du cheualier Scierly Ambassadeur du Roy de la grand Bretagne en Perse, à laissé par escrit son voyage auec beaucoup de netteté. Scherley.

Les voyages de Tomas Herbert Gentil-hõme Anglois sont tres-curieux & enrichis de belles figures, il accuse toutefois les Banians de trop de ialousies, au premier liure de sa relation. T. Herbert.

Iean Zuallard a tres-bien escrrit le voyage de Ierusalem. I. Zuallard.

Le sieur de Gerzan a fait vn art de voyager, dont les preceptes me semblent fort raisonnables. de Gerzan.

Le sieur du Loir a mis depuis peu au iour diuerses lettres de son voyage du Leuant, dans lesquelles il y a beaucoup à prendre, touchant la Religion, force, & politique des Ottomans. Du Loir.

La Relation de Moskouie & de Perse de Olearius, donne vne connoissance parfaicte de la religion des Moskouites, & l'on a mis au commencement d'icelle, vn itineraire qui est bien faict pour voir en peu de temps ce qui y est contenu. Olearius

Monconis. Flacour. L'Estoille. Tauernier.

Les sieurs de Monconis, de Flacour, de l'Estoille, & Tauernier peuuent disputer le prix auec tous les voyageurs de ce temps pour estre les personnes du siecle les plus capables de remarquer les belles choses, les deux premiers m'ont fait la grace de me communiquer leurs memoires, & se sont engagés de parolle d'en faire part au publiq. Le troisiesme m'a promis de m'enuoyer les siens aussi-tost qu'il sera de retour en Perse ou il demeure, pour les mettre par ordre sous la presse. Le quatriesme ne nous peut desnier auec Iustice les connoissances qu'il s'est acquises par trois Voyages differens qu'il a fait aux Indes Orientales: lorsque il sera de repos & cessera d'y vouloir retourner.

PREMIERE PARTIE DES VOYAGES ET OBSERVATIONS DV SIEVR DE LA BOVLLAYE-LE-GOVZ.

VOYAGE DE PARIS A LYON PAR le Coche de Chaalons sur-Saone,

CHAPITRE PREMIER.

MEs Voyages acheuez heureusement par les parties Septentrionales de l'Europe, auec vne exacte obseruation des mœurs, des forces, & des Religions, des peuples du Nord, ie reuins à Paris pour y voir mes amis & prendre occasion de passer en Italie, & autres lieux que ie desirois connoistre, mais parce que i'apprehendois que me retirant en Anjou, mes parens ne s'opposassent à mes desseins : ie les aduertis par lettres de mon retour, & en Paris.

mesme temps i'en receus plusieurs de leur part, par lesquelles ils me conjuroient de faire retraicte & de suiure l'espée ou la plume : ma curiosité n'estant pas satisfaite ie leur rendis grace de leur aduis,& leur fis sçauoir que ie prenois mon chemin pour le Leuant.

Prouins. La premiere Ville que ie trouué fut Prouins, où l'on fait de bonne conserue de Rose. La deuxiesme, Troye en Champagne. Troyé en Champagne, Patrie & demeure assez fameuse des Astrologues François. La troisiesme, Chastillō. Chastillon sur-Seine. La quatriesme, Dijon, Ville assez bien fortifiée, où il y a Parlement ; Proche Dijon. Dijon dans vn village, se voit vn Portraict de Nostre-Dame que l'on tient estre peint de la main de S. Luc, & dans la Chartreuse qui est hors la Ville, sont les Tombeaux des deux premiers Ducs de Bourgogne, à deux ou trois milles du costé du Nord, est vn village appellé fontaine ou estoit autrefois le Chasteau dans lequel le grand Sainct Bernard est nay, les Fueillans y ont à presant vn Monastere. Beaulne. La cinquiesme, Beaulne, petite Ville où croist le meilleur Vin de Bourgogne, il y a vn bel Hospital fondé par Roolin Chancelier de Bourgogne, & Gigogne de Salin sa femme en l'année 1440. La sixiesme, Chaalons Saone. Chaalons sur Saone, il y a Citadelle, le Peuple y est poly.

De Chaalons ie descendis sur la Saone, laquelle va si doucement qu'à peine peut on iuger de quel costé est le courant, ie pris terre à Tornu, à Macon, & à Tornu. Mascon. Dombes. Dombes, Principauté dont Mademoiselle Fille de Monsieur le Duc d'Orleans est Souueraine, Nostre barque fut arrestée à l'entrée de la Ville de Lyon, Lyon.

& visitée par les Commis de la Doüanne, lesquels me firent auoir vn billet pour loger : Les Lyonnois tiennent que le Siege du Primat des Gaules est dans leur Ville, la Banque y est bonne, les Florentins y ont le premier rang, i'y changé mes Louys d'or en pistolles d'Italie, la Charité a vn fort beau Grenier, la Saone passe au milieu de cette ville, le Rhosne en laue les murailles, ses deux riuieres s'vnissent vn peu plus bas, la Saone perd son nom dans le Rhosne, Fleuue autant rapide que la Saone est lente dans son cours : Lyon est 100. lieuës de Paris, & la langue Françoise commence à s'y corrompre. Rhosne.

Voyage de Lyon à Marseille.

CHAP. II.

DE Lyon ie pris la commodité du Rhosne pour descendre en Auignon, en passant ie m'arresté à Vienne où l'on fait les lames d'espées : au Coindrieux où le vin blanc est tres bon : A Tournon où il y a vn beau College de la Fondation de feu Monsieur le Cardinal de Tournon, à main gauche de Tournon l'on voit vne montagne appellée l'Hermitage, où croist le meilleur vin du Pays ; Et à Valence où il y a Vniuersité, Euesché, Citadelle & plusieurs Fontaines, l'on y voit en peinture la figure d'vn Comte de Crussol de 24. pieds de haut. Nous passasmes proche d'vn Escueil appellé Rocmaure, où nous courusmes risque de la vie ; sans vn Marsillois appellé Turcon, i'auois faict tous mes voyages en peu de

Vienne. Coindrieux. Hermitage. Valence. Roquemaure.

temps, parce que nostre barque s'alloit rompre à certains tronqs d'arbres qui aduançoient en l'eau ; il prist vne corde qui estoit attachée au batteau, sauta en terre, & la tournant deux ou trois tours à vn arbre l'arresta. Nous trouuasmes en suitte le Pont Sainct Esprit, dont la structure est belle, & arriuasmes en Auignon distant de quarante lieuës de Lyon, la Ville est assez grande, les murailles belles, & le pont fort long, il y a vn beau Palais demeure du Vice-Legat, & vne garde Italienne ; les Iuifs y ont liberté de leur Religion, ils y sont pauures & dementent le prouerbe, riche comme vn Iuif, se disent de la Tribu de Leuy, & portent le chapeau jaune, pour estre distinguez des Chrestiens.

S. Esprit. Auignon.

A deux lieuës d'Auignon ie trauersay la Durance, & entray dans la Prouence, ie passay à la Noüe, Orgon, & Lençon, villages fort peuplez, & arriuay à Marseille distante quatorze lieuës d'Auignon : cette ville est le sejour ordinaire des Galleres de France, & l'vn des bons Ports que le Roy ayt sur la Mer Mediterranée : s'il auoit son entrée au Sud, il ne se pourroit estimer à cause de la facilité que l'on auroit de cingler vers le Leuant au premier bon vent. Marseille est fort ancienne & bastie par certains Fossences fugitifs d'Asie apres le sac de Troye, lesquels vindrent en l'Isle de Corse, & de là passerent en Prouence ; elle estoit Republique alliée des Romains, lors qu'ils auoient vne Prouince dans les Gaules, & Iules Cęsar en ayma la conseruation à cause de son Antiquité : elle est à present gouuernée par des Consuls ou Dire-

Durance. R. La Noüe. Orgon. Lençon. Marseille

Herodote liure 1.

Commentaires de Iules Cesar de la guerre ciuile chap. 5. lib. 2.

ēteurs de la Police, lesquels ont grand negoce auec les Ottomans en cuirs, draps, soye, rubarbe, &c. Aux enuirons de Marseille il y a quantité de petites maisons de plaisance appellées Bastides, où croissent les bonnes figues.

Voyage de Marseille à Ligorne.

Chap. III.

IE pris vne Patente de la Santé de Marseille, & m'embarquay pour Genes, où i'arriuay le huictiéme iour, nostre Vaisseau fut visité dans le Port, & menacé de la Quarantaine, (sont quarante iours qu'il faut demeurer à l'anchre pour oster le soupçon que les vaisseaux ne soient infectez de peste ou de mauuais air) par l'imprudence de deux pelerins qui auoient vne patente pour trois personnes & n'estoient que deux: Les Deputez du Senat visitans le vaisseau nommerent ceux qui estoient escrits dans les patentes & les voulurent voir, & demandans où estoit le troisiesme de ces pelerins, les deux respondirent que leur camarade s'estoit impatienté à Marseille, & auoit pris son chemin par terre; Point du tout, dirent les Deputez, il est mort de peste sur le vaisseau & vous l'auez ietté en mer, aucun n'aura permission de venir à terre que le Senat n'en ayt derechef ordonné; nous fusmes necessitez d'attendre deux iours nostre descente, laquelle nous fut accordée par grace, apres beaucoup de supplication, & affirmation de nostre Capitaine, au- Genes.

quel l'on auoit croyance, que dans nostre bord il n'y auoit aucun malade: Aussi tost debarqué ie pris permission de sejourner dans la ville suiuant la coustume du pays: les estrangers n'oseroient y porter d'armes, ny mesme vn cousteau s'il n'est espointé, à moins d'estre emprisonnez, & principalement les François, qui n'y sont point aymez à cause du traffic que les Genois font à Naples, & autres lieux des Castillans ennemis de nostre Nation: il y a vn rempart qui bat à plein, & descouure la mer au Sudouest, les maisons y sont assez belles, mais les ruës fort estroittes, l'Eglise de l'Annonciation merite d'estre veuë par ceux qui se connoissent en peinture, Genes est trois cens mille de Marseille.

Trois mil d'Italie font vne lieuë de France.

De Genes en vingt heures ie passay à Ligorne distante de six vingt milles, nous eusmes la chasse d'vn brigantin de Majorque qui ne peut ioindre nostre falouque. Ligorne est vne place d'arme & le premier port de la Toscane: les Iuifs & les femmes publiques y ont toute liberté, il y a Inquisition; vn sage voyageur ne doit y parler de la Religion, s'il ne veut se mettre en peine; ie vis dans cette ville vn monstre deux freres attachés ensemble par les costez, l'vn parloit, beuoit & mangoit, & l'autre non. Sur le quay l'on voit vne Statuë de bronse, laquelle represente le grand Duc Ferdinand foulant aux pieds le Turban, le Cimeterres, & autres armes du Grand Turc, esleuée sur vn pied d'estail de huict à neuf pieds, au bas duquel il y a trois enfans Mensulmans, auec leur pere, lesquels à leurs postures confessent estre vain-

Ligorne.

Mensulman veut dire Mahometan.

cus : A trois mille de Ligorne nous alasmes faire nos deuotions à la Madonna de Monte-nero Protectrice de la Ville. Mõtagne noire.

Voyage de Ligorne à Florence.

CHAP. IV.

L'INCLINATION pressante de voyager & courir les pays estrangers, me fit laisser ce qui m'auroit peu embarasser; ie ne pris qu'vn habit & peu de linge, iugeant qu'il estoit plus expedient de s'accommoder à la façon des pays où l'on se trouue, & porter force ceintures de sekins de Venise ou hongres d'Allemagne, mais n'en porte pas qui veut; Ie pris le Canal pour Pise quinze milles de Ligorne, i'y arriuay en six heures, cette Ville autrefois Republique, est auiourd'huy sous la domination du grand Duc de Toscane & des Florentins, sa grandeur est semblable à celle d'Angers, sa riuiere vient de Florence, passe au milieu & s'embouche proche de Ligorne. Raretés de Pise, l'Arsenal où l'on fabrique à couuert les Galeres de son Altesse Serenissime; la Tour penchante construite de la sorte, auec tant d'artifice, qu'il semble qu'elle tombe, & le Campo Santo lieu de grande deuotion. De Pise i'arriuay à Florence en vn iour, le chemin est de quarante mille, il y a plusieurs choses considerables, le Dome, la Chapelle & la Gallerie du grand Duc, ornées de belles statuës antiques

Pise.

Florence.

& autres curiosités dignes de la grandeur des Ducs de Medicis ; auec plusieurs armes prises sur les Mensulmans.

La curiosité y fait garder vn clou moitié d'or, moitié de fer, que l'on dit & que l'on croit vne operation de chimie, i'ay veu ce clou, ie l'ay manié, & l'ay trouué ainsi que l'art & l'industrie du forgeron l'a soudé adroictement ; ce n'est pas que ie pretende rien dire contre cette science, l'on y voit de trop belles experiences, la fixation du Mercure rendu malleable, l'or extraict des autres metaux, l'arbre vegetatif, la reduction de la Lune au volume du sol, le Iupiter sans cry rougissant au feu, l'extraction des quatre elemens de tous les corps qui sont subjets à la corruption, & mille autres curiositez que i'ay obseruées parmy les diuers peuples que i'ay practiqué : mais de faire vne poudre de proiection ou le grand œuure, il y faut le doigt de Dieu, & difficillement peut-on trouuer vne veritable matiere, moins encore la premiere preparation, ny donner le mesme degré de feu que la Terre Vierge, qui est dans les Mines d'or, l'emprunte du Soleil & des entrailles de la terre. Si l'or estoit commun comme le fer, l'on n'en feroit aucun cas, parce qu'il n'est bon que pour faire de la vaisselle, & nullement propre pour les instrumens & outils desquels les hommes se seruent dás les mechaniques, les Americains & Affricains n'en font aucune estime, & preferent vne aiguille, ou vne hache à vne montagne de ce metail inutile; Ie sçay bien que nostre Nature est vne chimie continuelle par laquelle nous changeons en nostre substance ce que nostre agent a de de composé, attiré & transmué en soy ; ce changement se fait dans le subiect qui a l'estre & la vie, & non dans celuy qui n'a que l'estre seulement, où vne espece ne peut conuertir vne autre espece en soy ; Tous les grands hommes de l'Antiquité ont inseré hardiment dans leurs escrits, qu'ils en auoient connoissance, il me seroit aussi facile de l'escrire, & aussi difficile de le faire voir : Et apres les noms de Vitriol, de Venus, de laict des Vierges, de terre adamique, de Mercure animé, ie pourrois donner celuy de Baulme blanc, au suiet dont ils ont pretendu composer leur benoiste pierre. Voila mon sentiment en passant sur le clou de Florence & sur la chimie ; il ne faut pas croire que nos seuls François aillent au grand Oeuure, toutes les Nations y trauaillent, & se seruent de matieres, du moins aussi esloignées que celles sur lesquelles soufflent nos Philosophes qui se disent reels, lesquels ne voyent & ne connoissent aucune certitude de ce qu'ils s'imaginent tenir, & la plusspart sont assez adroicts pour persuader aux personnes de condition qu'ils feroient de l'or : mais le ieu n'en vaudroit pas la chandelle, & si l'on peut extraire le sol de la lune, cela n'est pas extraordinaire, parce que tous les metaux sont les vns dans les autres.

Pendant mon séjour de Florence, le Grand Duc donna vn prix pour la course des cheuaux : L'on mena six des plus vistes coureurs d'Italie à vne des portes de Florence, sans selle ny bride ; on les laissa courir iusques à vne autre porte de la ville, par le milieu des ruës ; Vn cheual Turq arriua le premier, & emporta le prix, qui estoit vne belle couuerture : A mes costez fut tué vn vieil Gentil-homme, qui ne s'estant peu retirer, fut attrapé à l'espaule par vn de ces cheuaux, & tomba mort sur la place. Cet accident me fit detester ce jeu, & approuuer les courses d'Angleterre, où les cheuaux ne courent pas seuls, mais il y a des hommes dessus pour les conduire; cette course s'appelle en Toscan *Corso del pallio*.

Interest & Politique du Grand Duc.

CHAP. V.

LE Grand Duc de Toscane a pour maximes d'Estat, de fomenter l'égalité de France, & d'Espagne, & entretenir ses intelligences secretes à Rome & à Venise. De prendre le party du plus fort, nous l'auons eu du nostre toutes les fois que nous auons esté considerables en Italie ; de ma connoissance il s'est deffait de ses galeres en nostre faueur à cause de Porto-longone, qui nous rendoit maistres de la mer de Toscane : D'empescher que le Pape ne soit esleu d'vne Maison & famille illustre de Toscane, de crainte qu'il ne restablisse la liberté des Pisans, Florentins & Sienois, à la confusion du Grand Duc, & aduancement des siens : De ne souffrir que le Pape fasse la guerre contre les petits Princes d'Italie, & les subjugue, parce que s'estant rendu maistre des autres, il viendroit facilement à bout de luy : De ne permettre à ses freres de se marier, lors qu'il a des enfans pour luy succeder ; Il les fait estre Cardinaux , ou leur procure des emplois proportionez à leur condition. Le Grand Duc venant à mourir sans heritiers , le Duché sera joint au patrimoine Saint Pierre , dont il releue.

Voyage de Florence à Rome.

CHAP. VI.

DE Florence i'arriuay en vn iour à Sienne , qui en est distante trente mille , elle est de la grandeur d'Orleans, autrefois c'estoit vne Republique protegée des François , qui a esté subjuguée par les Florentins ; & Orbitel qui en dependoit , par les Espagnols , lesquels à cause de cette Place pretendent quelque droit sur l'Estat du Grand Duc. Sienne de tout temps a esté fort polie , la plus belle Langue que l'on parle en Italie est la Senese , ou Toscane Romanisée : Dans les anciens statuts de cette ville , ceux qui auoient nombre d'enfans estoient deschargez de toutes impositions , pour auoir fourny des membres à la Republique. L'on y voit la maison & la cellule de Sainte Catherine , où l'on me montra vn petit Crucifix peint auec des aisles , qui luy donna les stigmates interieurs. Cette Sainte enduroit de grandes douleurs aux endroits où Iesus fut persé à l'arbre de la Croix, sans qu'il parust aucune marque exterieure de son mal. De Sienne ie vins disner à Torniery , petit village assez peuplé , le chemin est de quatorze milles , &

Sienne.

Tornie-ry.

coucher à vingt milles, dans vne ville appellée Aqua-pendente, appartenante au S. Pere. Le lendemain ie passé à S. Lorenzo, & vins le long du lac de Bolsena, qui appartient en partie au Pape, & en partie au Duc de Parme, ie disnay à Montefiascone, distant de Aquapendente treize milles; le vin muscat blanc y est tres bon, ie couchay à Viterbe huict milles de la disnée, jolie ville, & fameuse pour estre la patrie de la Signora Olimpia, belle sœur d'Innocent X. Cette Princesse a embelly plusieurs maisons de plaisance autour de la ville, & a fait tailler, & couper diuerses montagnes, pour y rendre les chemins droits & plus vnis. Le Prince Panphilio, fils de cette Dame, neveu vnique du Pape, y commandoit la milice de la Sainte Eglise.

Aquapédente, ou eau penchante.
S. Lorenzo.
Montefiascone.
Viterbe.

Ie partis de Viterbe, sur le chemin ie rencontray vn Seigneur Romain qui s'en alloit à Rome, & venoit de Florence, ie le salué auec quelques François qui estoient de ma compagnie, il nous rendit nostre salut auec autant de ciuilité que s'il nous eut connus: Ie dis à mes compagnons qu'il estoit à propos de ne point quitter cette escorte, à cause des Bandis & voleurs qui rendoient iournellement ces chemins tristes; les seruiteurs de ce Seigneur auoient plusieurs armes à feu. A Monterose dix huict milles de Viterbe nous descendismes dans la mesme hostellerie que ce Seigneur Romain, où nous eusmes quelque conuersation, i'appris qu'on l'appeloit Monsignor Federico Capponi; il nous pria de luy tenir compagnie en chemin, & me fit plusieurs demandes, entr'autres le sujet

Monterose.

de mon voyage en Italie ; ie luy dis que c'estoit la curiosité de voir, & apprendre les coûtumes Estrangeres, pour les conferer auec celles de France, & en iuger sans passion ; il me demanda si i'auois desia voyagé autre part, ie luy dis que mes voyages auoient esté vers le Nord, que ie ne faisois pas cas de ce que i'auois veu, mais bien de ce que i'esperois connoistre à Rome dans le rapport, que ie croyois y trouuer des coustumes presentes, auec celles de l'antiquité, à cause du mesme air & climat qui y dominent. Le soir nous arriuasmes à Baccano, huict milles de Monterose : Le lendemain nous partismes, i'eus l'honneur d'entretenir en particulier ce Seigneur, à deux mille de Rome, il rencontra vn de ses domestiques, qui luy amenoit en main vn cheual de selle, il quitta sa littiere & monta à cheual, apres m'auoir conjuré de l'aller voir à Rome dans son Palais, où ie serois le tres-bien venu ; ie iugé deslors que la ciuilité ancienne n'auoit point quitté Rome, par l'exemple que i'en auois. A mon arriuée dans Rome, huict milles de Baccano, ie rencontray ce mesme Seigneur auec quantité de Prelats, & autres personnes de qualité qui estoient venus au deuant de luy pour le receuoir ; ie me destournay ne iugeant pas à propos de luy rendre mes ciuilitez dans la ruë, il me joignit vers la Piramide de la porte del Popolo, me pria instamment de descendre de cheual, & de monter en son carosse, afin qu'il peust se resiouïr auec moy dans son Palais, sa ciuilité me surprit, & ne voulant rien faire indiscretement, ie le remercié & le prié de me permettre d'aller chercher vn logis, qu'en suitte ie m'en-

Baccano.

Rome.

querrerois de son Palais, où i'aurois l'honneur de l'aller visiter; il me dit venez presentement auec moy, ie vous donneré vn homme qui vous trouuera ce qu'il vous faut, & ne vous mettez point en peine; ie ne pus auoir de reffus pour ses offres; apres le disner ie creu que il estoit temps de me retirer, ie voulus prendre congé de luy, il me dit qu'il me vouloit loger, & auoit donné ordre à son Maistre-d'Hostel de me donner vn appartement, & me prioit de prendre sa table, que luy-mesme se donneroit la peine de me faire voir les choses les plus remarquables de Rome.

Rome autrefois la demeure des Empereurs, est maintenant le Siege du Souuerain Pontifice, il semble que Dieu ait predestiné cette ville pour estre la premiere du monde: Pendant la Gentilité, ceux-là estoient appellez Barbares, qui ne suyuoient les coustumes & les loix des Romains, & à present ceux qui ne reconnoissent le Saint Pere pour Vicaire de Dieu en terre, sont reputez Schismatiques, Heretiques ou infidelles.

Voyage de Rome à Lorette.

CHAP. VII.

APRES deux mois de séjour dans Rome, ie pris congé de Monsignor Capponi, & le remercié, il me fit offre de ce qui estoit en son pouuoir, que si i'auois dessein de voir l'Année Sainte, il n'auoit rien qui ne fust à moy, ie luy repliqué que pour le dessein ie l'auois tout entier, mais que les choses sont si incertaines, & la santé de l'homme si fragile, qu'il ne se doit rien promettre pour l'aduenir, parce qu'il n'est point en nostre puissance, ny ne nous regarde point; Il me dit, de ma part, si ie ne suis plus en vie, ie ne vous offre point mon Palais, ny mes carosses, mais ie suppose, que par la permission de Dieu, l'vn & l'autre serons sains; ie l'en remerciay, & luy promis de reuenir à Rome, pour auoir l'honneur de le voir. Le mesme iour ie vins coucher à Ciuitta Castellana, vingt-cinq milles de Rome, d'où ie luy enuoyé cette Lettre. Ciuitta Castellana.

MONSEIGNEVR,

Les remerciemens deubs aux faueurs de Vostre Signorie Illustrissime, ne sont pas de m'auoir receu inconnu dans son Palais, & m'y auoir fait rendre tout le respect que le meilleur de ses amis y auroit peu pretendre, ie me sens plus son redeuable de m'auoir souffert dans son entretien & sa conuersation particuliere, où i'ay pris connoissance de la meilleure partie des intrigues & coustumes de Rome, ce qui me doit obliger à publier par tout sa bonté extraordinaire & sa pure generosité, estant impuissant de reconnoistre par autre voye ses biens-faits, comme ie me suis creu indigne de les receuoir, & dans ce poinct ie ne seray iamais ingrat en conseruant la memoire iusques au tombeau. Sa response.

MONSIEVR,

Vostre talent, & vostre esprit m'auroient obligé à dauantage, si ie l'auois peu; faittes nous sçauoir de vos nouuelles en quelque lieu que vous soyez, ie cheriray tousiours vos Lettres, & si le cœur vous en dit de voir l'Année Sainte, les magnificences de Rome; ie vous fais les mesmes offres que ie vous fis à vostre despart.

Otricoli. Narny. Terny. Spoleti. Fuligno. Sarauale. Tolentin Macherate. Lorette.

Le 2. iour ie passé à Otricoli petite ville 6. milles de chemin: à Narny ville Episcopale 6. milles: à Terny autre ville 7. milles, & couché à Spoleti ville Episcopale 12. milles. Le 3. iour ie disnay à Fuligno petite ville 12. milles, & couché à Sarauallle 14. mille, qui est plustost vne grande ruë qu'vne ville. Le 4. ie disné à Tolentin petite ville 14. mille, & couché à Macherate ville Episcopale 10. mille, & de là à Lorette 10. mille.

Voyage de Lorette à Venise.

Chap. VIII.

Ancone.

De Lorette à Ancone il y a douze milles, où ie m'embarqué auec esperance d'arriuer à Venise en trente heures. Sur le midy la mer fut agitée d'vne si furieuse tempeste, qu'il fallut abandonner le gouuernail sans esperance de salut, parce que nous ne pouuions nous eschoüer, à cause des escueils qui aduancent en mer, le vent se tourna au Sud'est, & nous allasmes nous briser à toutes voiles auprez de Pezaro trente milles d'Ancone, aucun de nous n'estant pery. Ce naufrage excita en moy vn mouuement contraire à mes desseins, & m'ébranla de telle sorte, que i'hesité à passer outre, toutesfois la raison l'emportant, ie resolus

resolus de suiure ma pointe, & prendre ma route par terre pour Venise. De Pezaro ie vins à Rimini petite ville, trente milles: Puis à Fayence assez renommée pour la belle vaisselle de terre que l'on y vend; aux enuirons de cette ville les chemins sont fort droicts. De Fayance ie pris le chemin de Boulogne la grasse, laissant Rauenne à main droitte, à cause des Bandits. Boulogne est bastie de telle façon, que la pluye, ny le Soleil n'incommodent point dans les ruës; l'on y mange de bons socissons. Ie partis de Boulogne pour Ferrare, à l'arriuée d'vn petit bois qui est proche Ferrare, ie fis rencontre d'vn Marchand Milanois qui me coniura de ne passer outre, à cause de certains bandis qui venoient de voler, & piller cinq Gentils-hommes de l'Eminentissime Spada, ce qui me fit retourner à Boulogne, & prendre le canal pour Ferrare, sa distance est de quarante milles: A l'entrée l'on me demanda ma patente de santé, puis l'on me donna vn billet pour demeurer trois iours dans la ville: A la sortie l'on me demanda le mesme billet que l'on m'auoit donné à l'entrée, ordre tres-bon pour sçauoir le nōbre des Estrangers qui sont dans vne place, & qui indique combien il a entré & sorty de personnes; cette place est la derniere que le Saint Pere ayt sur le chemin de Venise, elle est bien fortifiée, & peu habitée.

Rimini. Fayence. Rauenne Boulogne. Ferrare.

A Ferrare ie monté en carosse pour Françolin, huict milles de chemin, petit village sur le Pau, où ie m'embarqué pour Venise, distante quatre vingts milles, i'y arriué en deux iours, cette ville est tellement connuë, que ce seroit perdre temps de la descrire, & ennuyer le

Francolin Pau Ri. Venise.

Lecteur des choses communes & ordinaires; ses interests sont presque les mesmes que ceux du grand Duc de Toscane, à l'esgard du Pape, de la France, & de l'Espagne, mais bien differens pour ce qui regarde l'Ottoman.

Voyage de Venise à Smirne.

CHAP. IX.

IE m'embarquay à Venise sur vn vaisseau Anglois, appellé la Concorde de Londres: le deuxiesme iour Rouine. nous arriuasmes à Rouine, petite ville dans l'Illirie, où nous fismes aiguade. Elle appartient à l'Estat de Saint Marc. Le quatriesme nous leuasmes les ancres, & ti- Zantes. rasmes vers Zantes, où nous demeurasmes quatre iours à descharger du biscuit pour la garnison; cette Isle est de Grece dominée par les Venitiens, fameuse à cause du traffic des huyles, & raisins de Corinthe, il y a vn petit Chasteau dont ie sauterois facilement les murailles, la cause procede des tremblemens de terre, qui y sont si ordinaires, que l'on n'y ose esleuer les maisons. Le neufiesme iour nous fismes voiles, & apres auoir nauigé autour de la partie Meridionale de la Morée, nous laissames à main gauche Cherigo, Isle appellée Cherigo. Milo. autrement Porphiris, ou Citerée, & tirasmes vers Milo, autrefois Melada, chez les Grecs, pour les meules de moulin: Cette Isle est vne des Ciclades possedée par les Ottomans, auec cinquante-trois autres; il ne reste des Tine. Paros. Isles de la mer Ægée que Tine pour les Venitiens. A la veuë de Paros, autre Isle, nous eusmes la chasse des ſix Galleres de Malte, ayans reconnu la Banniere de l'ordre, nous leuaſmes le grand voile, & nous les ſaluaſmes de trois volées de canon; la Capitaineſſe nous en rendit vn, puis nous cinglaſmes vers l'Iſle de Naxia, & iettaſmes les ancres à Schio, patrie du fameux Homere, où les naturels ſont fort allegres & naturellement Poëtes, ils ſont Chreſtiens, il y en a peu de Turcs, les Peres Capucins François y ont vne Egliſe; nous y ſejournaſmes huict iours pour attendre le vent d'Oueſt pour Smirne, où nous arriuaſmes en deux iours, c'eſt l'vne des anciennes villes d'Aſie, & l'vne des ſept Egliſes nommées dans l'Apocalipſe de S. Iean, lequel eſtant mort en l'Iſle de Patmos, ſes Diſciples le tranſporterent à Smirne & l'enterrerent, ſuiuant la tradition des Grecs, i'ay veu le lieu: A trois milles de la ville l'on voit vn ancien Temple de Ianus en ſon entier. Dans Smirne il y a vn Conſul François & traffic ouuert, les Peres Capucins y adminiſtrent les Sacremens dans la Chapelle Conſulaire; Les Peres Ieſuittes y ont vne belle maiſon, où ils inſtruiſent la ieuneſſe Grecque. Les François, Anglois, & Venitiens y ont grande liberté, ils prennent leur diuertiſſement ordinaire dans le iardin de Miroglé Turq, grand amy des François, où il y a pluſieurs arbres fructiers, & vn beau Kioſkque, ou petit cabinet ouuert de tous les coſtez, dont Miroglé eſt Maiſtre & Seigneur, contre le ſentiment de ceux qui ne croyent pas que l'on poſſede des fonds de terre en Turquie, cóme ſi la pluſpart des Marchands n'eſtoiét pas proprietaires de leurs maiſons dans toutes les villes, en payát certains cens, ainſi que l'on fait ailleurs.

Naxia.

Schio.

Smirne.

Patmos.

Miroglé veut dire fils du Prin...

Voyage de Smirne à Metelin.

CHAP. X.

Reis signifie vn Patron de vaisseau, ou Capitaine.

IE m'embarquay à Smirne ſur vn Kaiq Turc, ou eſpece de brigantin, ie fus recommandé au Reis, ou Patron, par le ſieur du Puy Conſul de France en Natolie : Le premier iour de noſtre ſortie nous couruſmes au Soudoueſt le long de la coſte d'Aſie ; Le deuxieſme iour tenans meſme route nous priſmes terre aupres d'vne fontaine où i'aurois eſté affronté ſans le Reis : i'auois fait desbarquer vne bouteille de vin pour raffraichir dans la fontaine, elle me fut enleuée de force par certains Leuantins ou ſoldats de Barbarie, auec injures, de meſchand, d'infidelle, & de mangedieu, mais le Reis ſe ietta ſur le plus reſolu, le priſt au collet, luy miſt ſa dague à la gorge, & luy diſt que ſi ſes camarades ne rapportoient le vin qu'ils auoient oſté à vn Franc qui eſtoit ſous ſa protection il le tueroit, les autres rapporterent ma bouteille, & n'oſerent ſe prendre de parolle auec le Reis qui eſtoit fort aagé, ſuiuant la couſtume des Turqs deſquels le reſpect eſt grand enuers les vieillards, & proteſterent n'auoir ſçeu que ie fuſſe ſous ſa protection ; Canailles, reſpondit le Reis, ſans Dieu, & ſans Foy, vous maltraittez ces Francs, ie vous dis que lorſque nous allons dans leurs maiſons à Smirne & à Conſtantinople, ils ne nous parlent que de boire, & de manger, pourquoy ne luy auez vous pas demandé du vin ſans vous comporter en Magribleus, qui pour cou-

Les Turqs appellent ceux de Barbarie

ſtume n'auez que le vol. Ce Reis s'appelloit Naſuf & auoit eſté Officier ſur les galleres du grand Seigneur, où il auoit appris la langue Italienne auec les Eſclaues Francs. Le troiſieſme iour nous arriuaſmes à Foquia, appellée Fogueris par les Marſillois, d'où ils ſe diſent deſcendus; la ville eſt petite & ceinte de murailles faites à la façon d'Europe. Le quatrieſme nous arriuaſmes à Metelin petite Iſle, où il y a vn gros bourg, & vn Chaſteau conquis ſur les Genois, apres la bataille de Lepante, par les gallaires de Conſtantinople, & de Galipoli, leſquelles ſe ietterent à l'improuiſte dans le port, & les gardes s'eſtans meſpris creurent que c'eſtoient les galleres de Veniſe, & de Genes, & laiſſerent prendre laſchement la Forteresse, ſuiuant le recit que m'en fit le Reis Naſuf.

Magrébleus, qui ſignifie Ponentois, & nous les nommós Affriquains. Francs ſont Européens, non ſujets au Turq, portans cheueux & chapeau. Foquia. Metelin.

Ie desbarquay à Metelin auec les ſieurs de la Porte Medecin François, natif d'Anjou, & le ſieur de Trouillard de Marſeille, vn Turq qui auoit eſté autrefois eſclaue ſur les galleres du grand Duc, nous vint entretenir de la guerre de Veniſe, & du grand Turq, auquel nous ne reſpondiſmes aucune choſe ſur ce ſujet; il alla publier que nous eſtions fugitifs de l'armée Venitienne, & eſpions, pour reconnoiſtre le deffaut de la place, le peuple de Metelin commençoit à s'amaſſer autour de nous, lorſque noſtre Reis arriua, auquel ie dis, que nous trouuions eſtrange que l'on nous priſt pour eſpions de Malte ou de Veniſe, veu que nous eſtions à l'Ambaſſadeur de France, lequel nous auoit enuoyé de Conſtantinople à Smirne pour quelque affaire, & qu'il reſpondroit de nos perſonnes deuant le Cadi de Smirne, s'estant obligé au Consul de France de nous conduire seurement à Constantinople, que ce procedé me surprenoit, & qu'estans alliez du Sultan, nous deuions auoir toute liberté sur l'Empire Ottoman. Le Reis respondit, ie sçay que vous estes François, ie vous ay promis protection! que craignez-vous, ce peuple est estonné de vous voir vestus en singes, parce que n'y ayant ny commerce, ny Consul estably dans cette Isle, l'on y voit rarement des Francs; Il m'est arriué plusieurs rencontres semblables depuis vingt-cinq ans, que ie vais & viens de Constantinople à Smirne, la derniere fut sur la coste de Natolie aupres de Fokia, où ie mené vn ieune Franc sur la montagne, dans vn village où ils n'en auoient iamais veus, ie le fis voir aux Mansulmans du lieu, lesquels surpris s'escrierent, vrayement les Francs n'ont point la teste ny le mufle d'vn bœuf, est il possible que des hommes si beaux soient sans connoissance de Dieu, & que leurs Papas leur deffendent d'apprendre les Escritures, de crainte qu'ils ne se fassent Mansulmans; Ie vous conjure de ne point sortir du Kaiq qu'auec vn de mes gens, il ne vous arriuera aucun mal. Dans cette Isle se trouuent des cheuaux sauuages fort petits, mais vigoureux au possible, & estimez dans l'Asie, Les raisins muscats blancs, & les carpous ou melons d'eau y sont excellens.

Nous sémblons des singes aux Leuãtins à cause de nos habits cours qu'ils abhorrent.

Papas en Turq signifie Prestres.

Voyages de Metelin aux Dardanelles, ou Chasteaux du Canal, & Constantinople.

CHAP. XI.

DE Metelin nous passasmes à la veuë de l'Isle de Tenedos, le second iour nous prismes port au Chasteau d'Asie, esloigné vne demie lieuë de celuy d'Europe, ces deux chasteaux appellez autresfois Sestos, Abidos, ont aujourd'huy plusieurs noms suiuans les Nations differentes: Les Italiens les connoissent sous le nom de Dardanelli, les Prouençaux sous celuy de Castellis, & les Leuantins les appellét Boghas Essarler, qui signifie Chasteaux du canal, les Poëtes les descriuent sous ces mots de Hero, & Leander, à cause de la fidelité de ses deux Amans. Ces forteresses sont au commancement de l'Helespont, munie de quantité de gros canons, qui portent de l'vn à l'autre à fleur d'eau, il seroit difficile d'en venir à bout par mer, mais par terre l'on les peut emporter. Ils sont esloignez égallement deux cens milles de Smirne & de Constantinople, l'ordre y est tel, les vaisseaux qui arriuent de Constantinople, Heraclée, Rodosto, Gallipoli, ou Marmara, y demeurent trois iours pour estre visitez & rechercher les esclaues qui y pourroient estre fugitifs & cachés; mais ceux qui viennent de la mer Blanche, passent à toutes voiles entre les deux Chasteaux, sans estre obligez de moüiller qu'au retour.

Tenedos. Chasteau d'Asie. Voyez le sieur des Hayes. Mer Blãche est la mer Mediterranée.

Nous sejournasmes 2. iours dans la ville qui est au pied

du Chasteau d'Asie assez peuplée, ensuite nous mismes les voiles aux vents pour Galipoly, où nous arriuasmes en vingt heures : Au milieu du chemin nostre Reis fit faire vne salue à tous ses mariniers, en memoire d'vn Prophete Mansulman, qu'il me dit auoir esté enterré sur la coste de Grece que nous voyons : Galipoly est vne petite ville de Grece, sur la mer de sainct George; son nom declare qu'elle a esté bastie par les François, parce que Polis en Grec signifie ville, & Gallus en latin vn François : i'eus fort peu de liberté de me promener dans les ruës à cause des Seferris qui partoient dans deux iours pour Candie, ce sont soldats de la nouuelle milice, qui font beaucoup de mal aux Chrestiens, & Iuifs; Trois iours deuant que partir pour la guerre, ils vont dans les ruës la hache à la main, & frappent en estourdis ceux qui ne leur donnent ce qu'ils demandent; le plus expedient est de demeurer dans la maison pour éuiter la rencontre de tels fols. Il y a vne Echelle establie à Galipoly, dont le sieur de la Forest Angeuin est Consul. L'arsenal est beau, l'on y conserue & fabrique les galleres à couuert, l'on y garde auec beaucoup de soin celles que les Turqs prirent sur les Chrestiens à la bataille de Lepante, pour conseruer par ces marques la memoire d'vn combat si fameux.

[Margin: ...elipo-...i, ou Galipoli.]

[Margin: Echelle est vn lieu libre pour le negoce où il y a Consuls, les Maltois n'oseroiẽt piller tels lieux à cause des Princes Chrestiẽs]

Vn Vendredy apres la priere des Turqs nous tirasmes vers l'Isle de Marmara, où nostre Patron deschargea quelques bonnets, cousteaux, & peignes, qu'il auoit acheptez à Smirne des marchãds Marsillois; la ville porte le nom de l'Isle, est peuplée de Grecs, & aux enuirons il y a quelques Monasteres de Caloiers Grecs; les La-

[Margin: Marmara.]

[Margin: Caloiers sont Religieux S. Basille.]

tins

rins appellent ce lieu Marmora, à cause de l'abondance de son marbre, d'où l'on en tiroit autrefois pour esleuer les plus beaux edifices; Les Turqs changent fort souuent l'o des Francs en a, & appellent cette Isle Marmara, Sommare en Italien signifie vn animal de voiture, que les Turcs disent Sammare, changeans pareillement l'o en a.

Le Dimanche en dix heures de voiles nous prismes port à Rodosto ville de Grece, où se fait vn commerce de laine & de cuirs, que l'on transporte en Europe. De Rodosto nous mismes le cap à Heraclée, autre ville de Grece, où les Francs ont le mesme negoce qu'à Rodosto; & de là à Constantinople, par le Bosphore qui le diuise d'auec Galata. Cette ville est appellée vulgairement Stambol, Isdambol, ou Constantanie, est la demeure du Roy des Ottomans; c'estoit autrefois Bisance, laquelle Constantin accreut & luy donna son nom, elle est triangulaire, & tres-belle à voir de dessus la mer, mais lorsque l'on est dedans, l'on perd l'estime que l'on en auoit conceuë sur le vaisseau, sa beauté ne procede de son peuple, ny de ses bastimens, ny de sa grandeur qui est esgalle à celle de Paris, mais de sa situation à la pointe de l'Europe, sur vn canal qui respond à deux mers, fermé aux deux extremes par des Forteresses, où le vent du Nord fait arriuer les vaisseaux de la mer Noire, & celuy du Sud ceux de la mer Blanche, & quelque vent qu'il fasse ils y peuuent abborder d'vn costé ou d'autre.

Rodosto.

Heraclée

Constantinople.

Bosphore.

Nord est le Septentrion.

MerNoire est le Pont Euxin ou mer Major.

Sud est le Midy.

L'air y est fort subtil, & cause des changemens au corps & à la santé de ceux qui l'habitent, sa latitude est de quarante deux degrez, il y fait quelquesfois extremement froid, à cause du vent Poiras, qui vient de la mer Noire, & oblige à prendre la fourure pour s'en garentir.

Poiras en Turq signifie Septentrion.

Raretez de Constantinople.

Chap. XII.

BAudier a mis au iour vne description du Serrail de Constantinople, & autres raretez, auec tant de rapport aux memoires que i'en auois dressez, que ie me suis contenté d'inserer en cette Relation le Plan des cours du Serrail, où vn chacun peut aller, qui peut beaucoup seruir à l'intelligence de son Liure, comme son Histoire peut ayder ceux qui sont amateurs des coustumes des Turqs, pour la Religion il l'a descritte superficiellement, & l'essence de la Politique Ottomane, ce qui m'a obligé à m'y estendre vn peu.

A Premiere porte du Serrail gardée par vne Compagnie de 150. Capigi; cette porte est le iour ouuerte, & la nuict les Capigis ou Portiers sont releuez par d'autres, y ayant six Capigi Baschi, ou Capitaines qui y couchent tour à tour, hors cette porte, qui n'est pas autrement magnifique, il y a vn corps de gardes de Iannissaires dans de petites cabanes de bois.

B Murailles de trois milles de tour ou enclos du Sarai principal appellé Boiux Sarai, ou enclos grand, demeure du Sultan, à la difference des deux autres, dont le premier s'appelle Eski Sarai vieil enclos, & le second

PLAN DV SERRAIL.

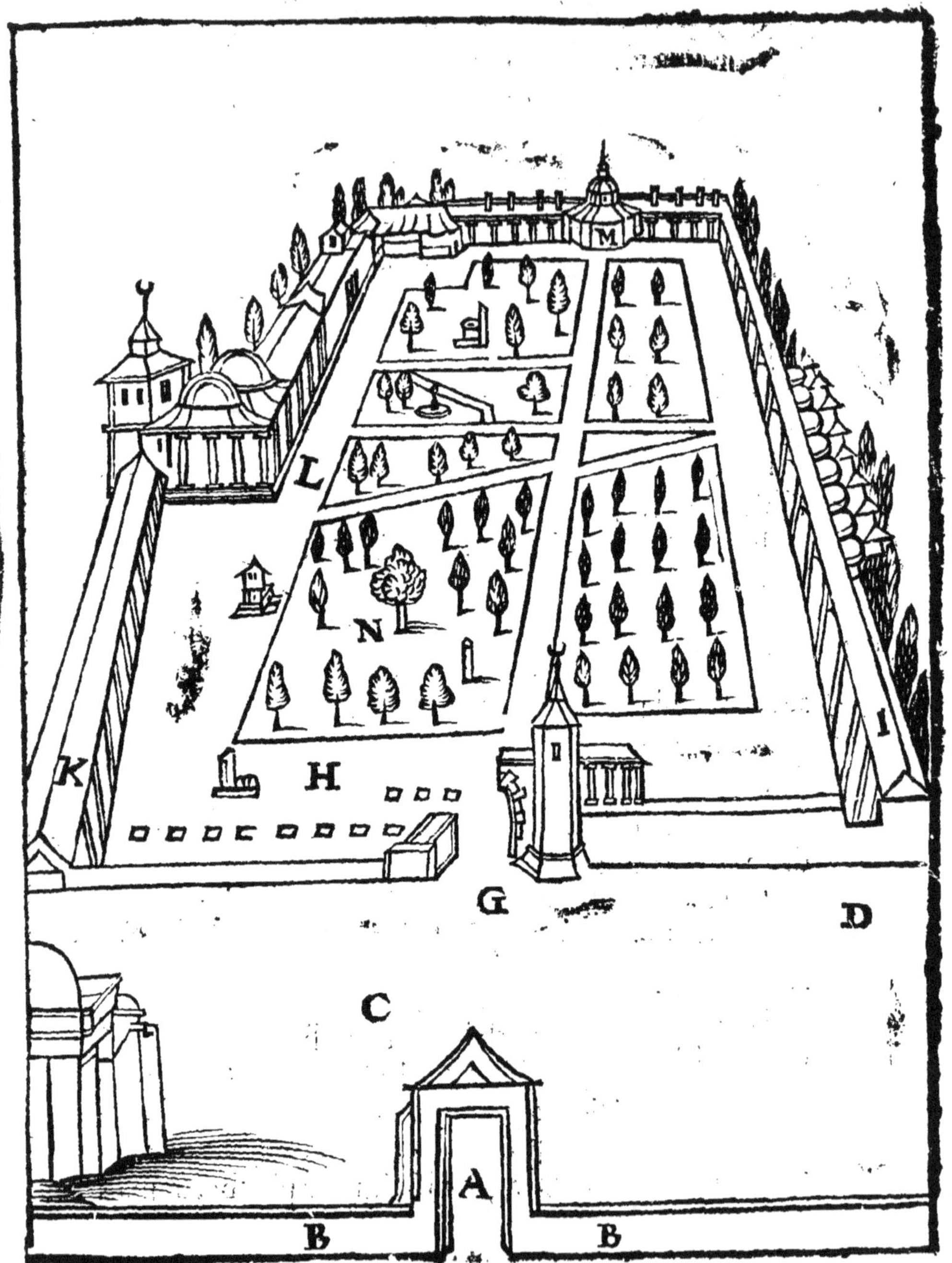

Ibrahim Pacha Sarai, enclos d'Ibrahim Pacha, estranglée par l'ordre de Soliman second, à la priere de Roxelane, ces trois Palais sont au grand Turq, & ce mot de Sarai est general en Leuant, comme celuy de Palazzo à Rome, d'Hostel à Paris, & d'Alberga à Malte; Ce pan de muraille est reuestu de tourrettes où demeurent les Azamoglanler, ou enfans mal addroits, afin d'obseruer si quelqu'vn approche du Serrail par mer ou par terre.

C Premiere cour d'vn tiers de mille d'Italie de long, & autant de large.

D Place où l'on garde les cheuaux de ceux qui sont assistans au Diuan.

E Fontaine où boiuent les seruiteurs qui gardent les cheuaux.

F Magasin où l'on garde plusieurs armes.

G Seconde porte fabriquée comme la premiere, auec vn seul portique, gardée par des Capigis.

H Seconde cour appellée cour du Diuan, remplie de cypres & fontaines, ayant plusieurs portiques tout autour, soustenus de colomnes, où la Milice est en ordre aux ceremonies.

I Cuysines du Serrail, qui sont neuf en nombre.

K Escuyrie du Sultan, où sont les cheuaux dont il se sert au dedans du Serrail.

L Diuan, ou Conseil publiq, lequel estant fermé est scellé du Seau du grand Visir, derriere ce Diuan est la porte de la Sultane Reyne, gardée par des Eunuques noirs, parce que ses femmes ne voyans que des noirs, elles trouuent le grand Seigneur plus beau, mais sa Hautesse est seruie par des Eunuques Blancs, qui sont bien plus chers par tout le Leuant que les Noirs.

M Troisiesme porte par laquelle l'on entre au Sarai ou enclos reserué à la seule personne du Sultan, & aux Esclaues, qui le seruent par ce troisiesme Portique, l'vn entre dans l'appartement ordonné aux audiances publiques que le Sultan donne aux Ambassadeurs & Visirs, en entrant dans cét appartement l'on descouure de tres-beaux Edifices dans vne troisiesme cour, où le Sultan demeure : C'est de cette troisiesme porte que l'on a appellé la Cour des Sultans, la Porte.

N Fontaine où l'on fait mourir les Grands de la Porte.

De la Religion ou creance des Ottomans.

CHAP. XIII.

TVrq, ou Turcoman, signifie Païsan, Pasteur, ou homme de la campagne, & est vn iniure à vn Ottoman, Keselbache, ou Iusbeg, lesquels s'appellent Mansulmans, ou vrays croyans, & distinguent leurs nations par les chefs qui les ont commandez ; les Ottomans se nomment Osmanleus d'Osman, ce grand Capitaine appellé Ottoman en François ; les Keselbaches ou Schais, du Schah qui est le Roy de Perse : où du bonnet rouge que les Sophis portent sur la teste que l'on nomme Keselbache en Turq ; & les Iusbegs de la terre qu'ils habitent, qui signifie cent Seigneurs, quoy qu'ils soient tous Turqs de langue, & de nation,

& descendus de la Schytie à diuers temps ; & du Turqstan, qui signifie demeure des Pasteurs.

AlKoran chap. de l'abbeille. Ch. de la vache.

Les Ottomans croyent en vn seul Dieu, qui n'a & ne peut auoir d'esgal, ny de compagnon, auquel obeissance est deuë éternellement ; estre infini, misericordieux à ceux qui font misericorde, Createur des Demons, du Ciel & de la Terre, & de tout ce qui y est contenu, lequel comme vn bon principe s'est manifesté à diuerses fois aux hommes, & s'est accommodé à leurs foiblesses & inclinations : a enuoyé Moyse plein de sagesse, lors qu'ils s'addonnoient à la magie, & aux sciences les plus occultes qui se seruit du doigt de Dieu pour faire des miracles au dessus de la nature, & donna quelque connoissance aux hommes, lesquels se relascherent de la recherche des prodiges, & s'addonnerent à la Medecine, & Dieu enuoya Issa son Verbe & son Esprit ; c'est à dire suiuant l'interpretation de leurs Docteurs, vn object dans lequel il se complaisoit, parce que l'ame, & la volonté de l'amant sont dans la chose aymée, lequel surpassa les Medecins dans les operations, comme Moyse les Mages en prodiges ; Cét Issa ou Messie fut Fils de Marie, laquelle l'ayant conceu sans attouchement d'homme, par la reuelation d'vn Ange, enfanta auec de tres-grandes douleurs au pied d'vn palmier, ce Miracle du monde ; lequel parla au berceau comme vn homme de cinquante ans, annonçant aux hommes la verité qu'il auoit apprise de Dieu son Seigneur ; confirma les Saintes Escriptures, & desabusa les Iuifs vrays croyans, qui suyuirent sa doctrine ; mais les mechans, le voulans apprehender, il fut enleué

Al. chap. de la lignée de Ioachin. Issa ou Messiah qui signifie Messie en Arabe

Al. chap. de l'Enfer & de la beatitude.

Al. chap. de Marie

au Ciel d'où il reuiendra faire les Chrestiens Iuifs & Payens, vrays croyans, & empoignerent vn de ses Disciples semblable à luy qu'ils crucifierent, & les Disciples d'Issa l'ont fait passer pour Dieu; les hommes mespriserent les secrets de la Nature, & de la Medecine, & s'addonnerent à l'éloquence. Mahomet vint, la perfection des Prophetes, apres lequel Dieu n'en enuoyra plus, il receut l'Alkoran du Ciel, qui est l'eloquence mesme, & le tesmoignage auec lequel il confirma le vieux Testament, & l'Euangile, & establit la Religion des Mansulmans, ou vrays croyans, tels qu'ont esté Noé, Moyse, Dauid, Salomon, Iean, Iesus, & tous les Prophetes & Apostres, qui ont reconnu & adoré vn seul Dieu. Dans l'Alkoran, ou plustost Coran, comme l'appellent les Turqs, il est fait mention du Taurat, & de l'Ingil, c'est à dire du veil Testament que les Iuifs ont falsifié, & de l'Euangile dont les Chrestiens ont osté vn passage, qui dit, qu'il viendra vn Prophete apres Iesus-Christ, qui aura nom Mahomet. Ils croyent de plus le Iugement, la Resurrection des morts, la remission des pechez, vn Enfer pour les meschans, & vn Paradis pour les bons, où les sens auront leur plaisir, de mesme que les operations de l'ame, parce que, disent leurs sçauans, l'homme ne seroit pas heureux en tout, si toutes ses parties n'auoient leurs recompenses, & pleine iouïssance de leurs objets: ils adjoustent foy aux miracles & en attribuent plusieurs à leur Prophete entre autres d'auoir fendu la Lune & separée en deux, que les arbres sont venus au deuant de luy, que les pierres l'ont salué que il a faict couler vne

Chap. des Femmes.
Ch. de la Vache.
Ch. des Bandes.
Ch. de l'Alkoran.
Chap. de la vache.
Ch. de la lignée de Ioachin.
Ch. de la table.
Chap. du ring.
Ch. de la. uement.
Ch. des ordres.
Ch de la couuerture.

fontaine du bout de ses doigts, que il a receu la pleinte d'vn chameau, que voulant manger d'vne espaule de mouton l'espaule l'aduertit que il n'en mangeast point de crainte de poison, & plusieurs autres choses semblables, &c.

Mariage des Mansulmans.

CHAP. XIV.

Chap. des femmes. Les Mansulmans ne peuuent auoir que quatres femmes suiuant l'Alkoran, mais ils en prennent iusques à sept par tradition, & peuuent connoistre autant de filles esclaues qu'ils en peuuent nourrir; Leurs meres leurs sont deffenduës, les femmes de leurs peres, leurs filles, leurs sœurs, leurs tantes, leurs niepces, leurs meres nourrices, leurs sœurs de laict, les meres de leurs femmes, les filles que leurs femmes ont d'vn autre mary, les filles des femmes qu'ils ont connuës, ils peuuent repudier leurs femmes, si elles sont adulteres ou immondes; ils ont en horreur de soüiller le lict de leurs peres, & commettre des incestes aussi bien que les Chrestiens; & pour marque de mon dire, l'on doit sçauoir qu'apres la mort du Sultan, son fils aisné est Maistre & Patron des femmes de feu son pere, lesquelles deuiennent ses esclaues, & a tout pouuoir sur leurs corps, mais il ne leur touche iamais, & les fait transporter dans vn Serrail qui est à Constantinople, appellé le Serrail des Sultanes meres, où elles acheuent le reste de leurs iours les vnes auec les autres, ayans tout à souhait, à l'exce-

Chap. du pelerinage. Chap. du diuorce. Chap. des femmes. Chap. des femmes.

à l'exception des hommes parfaits, dont elles se passent facilement, & n'en desirent point, en peruertissant l'ordre de la nature par des crimes, dont la connoissance ne seruiroit de rien au Lecteur.

Lors qu'vn Turc desire prendre femme, il conuient auec le pere de la fille, & passe vn Contract deuant le Cadi, par lequel il luy donne vn dot, lequel est employé à l'achapt de bracelets d'or, & d'habits, qui demeurent en propre à l'espouse, & s'il arriue que par diuorse ou desgoust vn Turq chasse sa femme trois fois, il ne la peut plus reprendre qu'elle n'ait esté mariée auec vn autre depuis sa separation, pour mettre à couuert son infamie; & la femme repudiée ne se peut remarier qu'elle n'ait eu quatre fois ce qui a accoustumé d'arriuer aux femmes tous les mois. Chap. de la vache.

Vn autre mariage se pratique en Turquie, qui s'appelle mariage au Kebin, ou mariage à la carte, & principalement par les marchands François, Anglois, Hollandois, & Venitiens, ou autres Estrangers, lesquels n'ayans point mené de femmes en Turquie ne s'en peuuent passer, & comme il y va du feu à coucher auec les Mansulmanes, & de grosses amandes auec les Chrestiennes, ou Iuifues, l'on se sert de ce mariage; on conuient auec la femme Grecque, ou Armenienne, parce que l'on ne peut en aucune façon toucher publiquement aux Mansulmanes, & on s'oblige de luy payer vne certaine somme d'argent lors qu'on la quittera, puis l'on va deuant le Cadi, où Iuge, auquel l'on donne cinq ou six sequins pour son droit, afin qu'il confirme le marché, & que l'on puisse tenir cette femme dans la Chap de l'espreuue.

maison au sçeu de tout le monde, sans apprehension de la Iustice : Plusieurs François apres auoir mené cette vie, & en auoir eu des enfans les espousent à la Chrestienne, par vn remords de conscience, & legitiment leurs enfans, qui sont desia legitimez par la Loy des Mansulmans, qui ne font aucune difference entre les enfans des femmes espousées, & les enfans des Esclaues, ou des Concubines.

Les femmes sont sedentaires sur des sofras, ou tapis accompagnez de careaux, dans vn appartement separé, où personne n'entre iamais que le mary : si elles vont dans les ruës, elles sont tellement cachées, que leurs maris auroient peines à les recognoistre. Les Grecques sont aussi enfermées, mais leurs parens, ou les amis de leur mary les voyent quelquesfois : La pratique des Iuifves est facille, parce que leurs maris sont tous courratiers, & sont rarement de iour au logis; mais cette nation est si sale, & mal propre, que l'on ayme mieux vne Turque de trente ans, ou vne Grecque de vingt qu'vne Iuifve de quinze ans. Belon Medecin François enuoyé dans le Leuant par feu Monsieur le Cardinal de Tournon a parfaitement bien descrit les amours des Turqs dans ses obseruations, & tout ce qu'il a veu & pratiqué dans l'Arabie, Grece, Egypte & Natolie, il a seulement esté obscur en vn point qu'il ne iugea pas d'expliquer, lors qu'il dit, que les calleçons des femmes sont faits à la mariniere, & sont plus commodes pour la diuersité des replis qu'il y a remarquez, autant de pays, autant de plaisirs recherchez, il en deuoit mettre le portraict dans son Liure, afin d'en faire mieux voir la posture;

Chap. de la lumiere.

Belon liure 3. ch. 16.

comme il estoit Medecin, il auoit plus d'idée de la nature des femmes, & possible autant de pratique, que de theorie des choses qu'il escrit à parolles couuertes, craignant de dire ce qu'il eust voulu faire en Europe, s'il y eust rencontré la mesme soupleſſe, que dans le Leuant; ie n'ay de connoissance de ces mysteres, que pour entendre son Liure, & ferois contre mon ordinaire d'escrire le rapport d'autruy, & asseurer ce que ie n'aurois veu, ny connu.

De la Circoncision.

CHAP. XV.

L'Enfant estant vn peu grand, on luy tire de force le prepuce, auec vn fer, à la façon des morailles, dont l'on arreste les cheuaux par le nez, lors qu'ils sont fascheux à ferrer, & l'on le couppe tout, de façon que le Balanus demeure descouuert: Cette Circoncision est de beaucoup plus dangereuse que celle des Iuifs, qui est plus douce; il y a danger de mort pour ceux qui sont aagez; l'on attend ordinairement que l'enfant puisse prononcer ces paroles, La illa illa la Mehemmed resul alla, Dieu est seul Dieu, & Mahomet enuoyé de Dieu. Cette marque les fait reconnoistre, & les distingue des Chrestiens, Iuifs, & Payens, & ils ne la croyent pas autrement necessaire à salut, il n'y a aucun passage dans l'Alcoran qui la commande, & ne l'ont que par tradition: Ie croy que les Sages ou

Docteurs des Mansulmans l'ont ordonnée parce que le prepuce croist extremement long aux Arabes, & pourroit empescher la generation; ie me souuiens auoir veu dans les desers de Mesopotamie, & d'Arabie, le long des riuieres du Tygre, & de l'Euffrate quantité de petits garçons Arabes, lesquels n'ont pour habit qu'vn abba, ou bist de poil de cheure, qui ne leur cache que les espaules; ils monstroient à descouuert ce que nous appellons nudité, sans honte, l'innocence regnant parmy ces peuples, ie remarqué qu'ils ont le prepuce bien plus long que nous, & que s'ils ne se faisoient circoncire, ils auroient peine à se descouurir le balanus, & se purifier par les lauemens, selon leur Loy, & ie doute fort que la plus part peust engendrer.

Bist est vn manteau à l'Arabesque.

Les Renegats ont le mesme pouuoir de commander que les Ottomans, ils entrent dans la milice; & lors qu'vn Chrestien, vn Iuif, ou Payen desire se faire Mansulman, ou vray croyant, il va au logis du Kadi, leue le doigt index, & dit ces paroles, La illa il alla Mehemmed resul alla, il n'y a qu'vn seul Dieu, & Mahomet son vray messager, & quelque temps apres est circoncis, tout cecy est de tradition. Plusieurs ont aduancez faucement que les Iuifs se faisans Mansulmans, estoient obligez de se professer Chrestiens, il est vray que tacitement ils confessent Iesus-Christ estre vn Prophete, mais de cette façon tous les Turqs seroient Chrestiens, l'on ne circoncie point derechef les Iuifs, quoy que leur circoncision soit bien differente de celle des Mansulmans, parce qu'ils n'ont qu'vne partie du balanus descouuert.

Priere, Ieusnes, & Sepultures.

CHAP. XVI.

LEs Turqs sont obligez à faire cinq fois le iour la priere, ou namas, au matin, à midy, à l'heure de Vespres, au Soleil couchant, & à l'heure de nuict, qui sont les diuisions ou les heures du iour, qui est vne grande politique d'auoir diuisé le iour dans les heures de l'Oraison; ils ne se seruent point de cloches, mais au temps de la priere il y a des hommes gagez qui montent sur la Tour de la Moskée, & les aduertissent, chantans melodieusement à haute voix, la illa illa lalla Mehemmed resul lalla, &c. Les bons Mansulmans vont dans la Moskée faire la namas, & principalement le Vendredy, qui est leur grande Feste: Ils ne negotient point qu'apres la priere publique, non qu'ils y soient obligez, ny forcez par l'Alcoran; Leurs Doctes tiennent que par tout où il y a quatre Mansulmans, Dieu est le cinquiesme, là où il y en a cinq, Dieu est le sixiesme, & ainsi du reste, & que la Priere est aussi bonne dans vne campagne, ou dans vne chambre nettoyée, que dans la Moskée, où ils vont ordinairement à cause des fontaines qui y sont frequentes, où ils se lauent les parties immondes & polluës, deuant que de faire leur priere, dont le commancement est tel; Au nom de Dieu clement & misericordieux, à ceux qui font misericorde, loüé soit Dieu, salut soit à Dieu, & à la fin ils disent loüange soit à Dieu, le reste est de tra-

Ils appellét le Vendredy Giomma. Chap. de l'assemblée.

Chap. de Ionas.

dition ; sçauoir, Dieu Seigneur des mondes, Seigneur du iour, du iugement, nous t'adorons, nous t'implorons, conduits nous droittement, &c. Leur ceremonie exterieure est telle, ils estendent vn tapy en terre, se tiennent debout, & portent les deux mains à l'oreille disans leurs prieres, puis sur les cuisses, & s'enclinans vn peu ils se releuent, & par apres adorent en terre deux fois, & demeurent quelque temps assis, & recommancent auec mesme ceremonie iusques à quatre ou cinq fois ; l'on dit que c'est à cause de Mahomet, & des quatres Interpretes de l'Alcoran, Hali, Abubeki, Omar, & Odeman, & qu'ils disent tousiours quelque chose de particulier : Ceux qui sont deuotieux recommancent cent fois la priere, & à la fin ils branslent la teste, & la tournent de tous costez pour receuoir les benedictions que Dieu leur enuoye, puis se prennent la barbe, mais les Saiettes ou descendans du Prophete mettent la main sous leurs barbes & sifflent ; tout cela est de la nouuelle Tradition, & n'est nullement de la doctrine de l'Alcoran. Ils se tournent tousiours du costé de la Mecque pour prier, & non pas du costé du Midy, comme on a rapporté : Ceux de Constantinople regardent le Sud, ceux D'ispahaan, ou Babilone le Susouest, les Indiens l'Ouest, les Mosembiquois le Nord, & les Maroquins & Barbares l'Est. La Tour de la Moskée est aussi ouuerte du costé de la Mecque. Ils ont encor vn Chapelet de plusieurs grains, & disent à chaque grain, Dieu aye pitié de nous.

Chap. de la vache. F. Eug. liure 2. chap. 7.

Chap. de l'abbeille

Les Mansulmans ne mangent point de sang, de chair de porc, ny aucune viande dont le sang n'ait esté respandu : Ils ont pour Caresme la neufiesme Lune appellée Ramasan, pendant le iour ils ne boiuent, ny ne mangent qu'apres le Soleil couché, & l'Oraison faitte, mais en recompence la nuict ils ont toute liberté pour la mangeaille, iusqu'à ce que l'on puisse discerner le fillet blanc d'auoir le noir, & peuuent connoistre leurs femmes, que Mahomet dit estre necessaire, comme les habits, pour n'entrer en tentation. Chap. de la vache.

Les malades sont visitez par les gens de la Moskée, & s'il arriue qu'ils meurent, ils chantent des Hymnes, & des Cantiques dans la chambre du trespassé, & le portent en terre au lieu destiné pour la sepulture des Mansulmans, où ils recommancent leurs chans, le mettent en terre, & y posent deux pierres pour marquer la lógueur du cadaure, l'vne à la teste, & l'autre aux pieds; En suitte les Mullatis ou Docteurs de la Loy lisent quelques Chapitres de l'Alcoran, & rompent vn pain que l'on distribuë à toute la compagnie, & apres l'auoir mangé chacun se retire ; sur la pierre qui est à la teste du cadaure, l'on met la figure d'vn Turban, suiuant la condition du mort, parce qu'vn Iannissaire porte vn Turban, autrement plié qu'vn Caualier, vn Chaaux autrement qu'vn Pacha, & vn Religieux autrement qu'vn Cadi, & quand à la femme l'on y met vne coiffure suiuant sa qualité pour la discerner des autres, ces ceremonies n'ont aucun fondement que l'vsage.

Festes, MosKées, Bains, & Lauemens.

Chap. XVII.

ILs ont plusieurs Festes ausquelles ils font de grandes rejouïssances, pendant trois iours ils se parent de leurs plus beaux habits, & font des ieux publiqs: Le Baihram est à la fin du Ramasan ou Caresme, il dure trois iours, pendant quoy ils se font bransler en l'air, ils solemnisent aussi auec réjouïssance la naissance d'vn enfant du Sultan, ou le iour de la prise de quelque place.

Dans leurs villes conquise, des plus belles Eglises ils en font des Moskées, où les femmes ne vont iamais pour faire leurs prieres; Dans leurs Moskées ou Temples ils ont le nom de Dieu, du Prophete, & des Interpretes de l'Alcoran escrits en Arabe, lors qu'ils font leurs prieres ou qu'ils entrent dans la Moskée ils ostent leurs souliers.

Chap. du iugement

Voulans manier l'Alcoran, ou dire leur namas, ou priere, ils se lauent les pieds, bras, cuisses, la face & la teste pour se purifier, & faute d'eau ils se seruent de sable ou de grauier, & disent qu'il n'est pas seant de se presanter à Dieu sans auoir le corps net; s'ils ont eu compagnie charnelle, ils lauent les parties qui y ont seruy, & le plus souuent tout le corps; à cét effet il y a des bains par toutes les villes, ou pour trois ou quatre aspres, qui reuiennent à trois sols de nostre monnoye, l'on est fort bien n'ettoyé & decrassé: Les hómes y vont apres auoir

Chap. des femmes.

habité

habité auec leurs femmes pour se fortifier & se remettre les sens, & les femmes apres midy, afin que la chaleur du bain n'empesche point la conception. Il y a vn tel ordre dans ces bains, que si vn homme y auoit esté surpris auec des femmes, il seroit bruslé pour auoir deshonnoré ce Sacrement; les Chrestiens, les Iuifs, les sains, & les malades y sont fort bien receus en payant, & les Turqs estiment plus ceux qui les frequentent, que ceux qui se plaisent dans leurs saletez : Les Orientaux Schismatiques sont tellement amateurs du bain, que tout ce qu'ils peuuent dire contre les Francs est, qu'en Europe il n'y a point de bains dont l'effect est la propreté & netteté du corps, qui rend les hommes plus sains & exempts de pierre, de gouttes, & d'hydropisie, mais si les femmes y vont trop souuent, elles s'eschauffent le sang & se passent incontinent; C'est la raison pour laquelle à quarante ans elles paroissent ridées dans le Leuant, & les hommes plus ils y vieillissent, plus ils y ont de grauité & de prestance.

L'ordre du bain est tel, les hommes y vont à l'heure qu'il n'y a point de femmes, & entrent dans vne chambre où ils se deshabillent, l'on leur donne vn longui, ou espece de seruiette pour cacher leurs parties naturelles, des socques, & vn petit plat de fer blanc, ou de cuyure estamé dans la main, le vallet du bain les conduit dans vne petite chambre voutée, eschauffée par des fourneaux qui sont dessous, & par de l'eau chaude qui est dans des auges de marbre tout autour, les fait coucher de leur long sur de grandes tables de marbre, & ayant la main enuelopée dans vn camelot, les frotte de tous les cottez, & leur enleue quantité de crasse, leur rase par apres le poil qui vient sous les aisselles, à l'estomach, & aux cuisses, & les mene dans vne autre petite chambre où il y a vne auge de marbre pleine d'eau chaude, & les y laisse seuls, leur donnant le rasoir pour raser le poil qui vient aux parties que la nature a cachée, & apres s'estre bien lauez ils vont reprendre leurs habits au lieu où ils les auoient laissez; ceux qui sont amis de leur santé ne font aucun excez à la sortie du bain, & boiuent vn peu d'Orangeade qui les engraisse. Si les femmes viennent au bain, ce sont des femmes qui les frottent, & les rasent sous les aisselles, mais pour le poil qui croist où l'on ne voudroit pas qu'il y en eust, elles leur appliquent vne terre, laquelle il ne faut pas y trop laisser de crainte de quelque mal-heur, cette terre enleue le poil auec soy, mais il reuient dans vn temps; les femmes d'Italie ont ce mesme secret; Les Pachas, ou autres Seigneurs ont des bains particuliers dans leurs Palais pour leurs femmes. Voila ce que i'ay veu & pratiqué parmy les Orientaux en Turquie, Perse, Inde Orientale, Arabie, & Egypte touchant les bains & lauemens, & de tous ceux que i'ay veus, ie n'en sçay point de plus delicieux que ceux d'Alexandrie, ny de plus agreables que celuy de Cleopatre.

De Mahomet Legiſlateur des Ottomans, du Koran, des interpretes de leur Loy, & du zele des Manſulmans à leur Religion.

CHAP. XVIII.

L'On remarque par la lecture du Koran & par l'Hiſtoire des Conqueſtes de Mahomet, que ce Prince auoit plus d'ambition que d'inſuffiſance, il nacquit à la Mekque l'an d'Alexandre 892. de parens Payens iſſus d'Iſmaël fils d'Abraham & d'Agar ſeruante de ſa femme Sara, duquel eſt deſcendu Abdalla pere de Mahomet qui mourut deux ans apres ſa naiſſance: Imina ſa mere fille de Vuaheb en priſt ſoing ſix autres années iuſques à ſon deceds, puis Abdallmotallah ſon ayeul le retira onze moys chés ſoy, & le recommanda à l'article de la mort à Abu-taleb ſon fils oncle paternel du pupil, qui en priſt la tutelle & le mena voyager en Damas aagé d'enuiron neuf ans à deſſeing de luy former l'eſprit & luy donner l'intelligence des Langues: Eſtans paruenus à Boſra vn Moine appellé Bohira priſt la main de Mahomet & diſt il arriuera quelque choſe d'extraordinaire par cet enfant parce que ie l'ay veu couuert d'vne nuée lorſque il s'eſt approché de ce lieu: à l'aage de 25. ans il fut Intendant des affaires d'vne Dame appellée Kadijah auec de grands appointemens pour aller faire valoir ſon bien en Damas & autres lieux où il auoit eſté, elle recognut par ſa conduitte qu'il eſtoit homme d'eſprit & bien faict de ſa perſonne, elle l'espousa aagée de 40. ans, vescut auec luy 22. ans à la Mecque en grande intelligence & vnion iusques à sa mort. Mahomet à l'aage de 40. ans s'érigea en Prophete, & prist la qualité d'Enuoié de Dieu, & changea la Loy de ses peres en celle que professent les Mansulmans, mais apres la mort de Kadijate sa femme & de son oncle Abu-taleb il fut tellement persecuté des Koraisites qu'il s'enfuit à Medine, & se fit chef de plusieurs Arabes de la campagne, les ennemis des habitans de la Mecque se ioignirent à luy pour l'assister. La seconde année de sa fuitte il gaigna la fameuse bataille de Beder où il tua 1000. des Idolatres de la Mecque & ordonna le ieune du Ramadan, l'année suiuante il fut deffaict au combat d'Ohud & blessé à la face auec perte des dents de deuant; la quatriesme année depuis sa retraitte il declara la guerre aux Iuifs appellez Banj-nadir, les obligea de se sauuer en Syrie & ceux de la Mecque luy voulans couper chemin & le surprandre, il r'asseura ses gens, fit faire vn fossé entre les deux camps par le moyen duquel les Mansulmans demeurerent 20. iours à couuert, de l'attaque de leurs ennemis, leur Chef ayant appellé Haly en vn combat particulier demeura mort sur la place & ses troupes manque de conduite s'enfuirent. En suitte il assiegea Khaibar ville habitée par des Iuifs & l'emporta (l'Histoire des Arabes dit que Haly en prist la porte principale & s'en seruit de bouclier pour combatre) il se rendit en suitte maistre de la Mecque & commança d'escrire l'Alcoran sur les conferances que il auoit eües auec quelques sçauans Chrestiens, Iuifs, Indous, Parsis &

Sabis comme il se voit au chap. de Locman où il auoüe que Locman est vn Sainct recognu pour tel par les Indous : Au chapitre de l'Abeille il est accusé d'auoir apris la sagesse d'vn Parsi ; au chap. de la lignée de Ioachim il dit que Zacharie fut muet 3. iours : & au chap. de la verité il dit que Dieu crea les Anges de feu conformement au liure d'Adam des Sabis, le reste est pris du vieil & nouueau Testament & de la creance des Payens de son temps : Il fit vn extraict à sa fantaisie de leurs Escritures tant saintes que prophanes dont son Liure est composé que il supposa luy auoir esté enuoyé du Ciel à diuerses fois il le diuisa en 113. chapitres ou pieces détachées que les Mansulmans asseurent contenir non seulement la regle pour s'esleuer à Dieu ; mais aussi l'ordre pour se comporter discretement les vns auec les autres ce qui les oblige de rejetter la diuersité des liures, puisque vn seul suffist pour ce qui leur est necessaire, la dixiesme année de sa fuitte il mourut à Medine vn Lundy 28. du mois Sephar aagé de 63. ans dont il en auoit passé 40. deuant que de se dire Prophete, puis 13. à subsister à la Mecque & 10. apres sa retraitte à Medine où il fut enterré : L'on ne demeure pas d'accord du nombre de ses femmes, il eut 7. enfans, 4. garçons & 3. trois filles tous issus & engendrés de Kadijah excepté l'vn des garçons appellé Abraham qu'il auoit eu d'vne Chrestienne Cophte nommée Marie, Phatima seule entre ses enfans le suruescut de deux mois espouse de Haly Ebn-taleb qui succeda en partie à Mahomet, & ialoux de l'hōneur, & de la gloire de son Beau-pere, tascha d'encherir sur ses œuures, interpreta l'Alcoran, & donna lieu à vne

Sephar est la 2. Lune suiuant le Calcul des Turqs.

nouuelle Secte que les Persans, & quelques Arabes suiuent, supposa des miracles pour persuader à ses peuples qu'il estoit Prophete; il eut douze enfans appellez les douze Imants, ou Saints, entre lesquels Hassan, grand Capitaine & vaillant homme fut tué dans vn combat proche de Babylone, en la fleur de son aage; les Mansulmans conseruent de son sang comme vne Relique, & m'ont voulu persuader qu'il bout tous les ans au iour de sa mort. Abubeker, que Mahomet appelle son compagnon, & Omar, & Odeman poussez de leurs propres interests, commanterent l'Alcoran, & par leur doctrine se sousmirent plusieurs peuples, sur lesquels ils regnerent, & sont estimez auiourd'huy pour Prophetes & Peres de la Mosxée par les Turqs, qui appellent infidelles ceux qui ne croyent en l'Alcoran, ny en leurs Prophetes, & s'imaginent qu'ils ont remission de leurs pechez s'ils font quelque chose pour l'augmentation de cette Loy, & que tout leur sera pardonné s'ils croyent vn seul Dieu, & Mahomet vray messager de sa misericorde; & comme leur Empire florist, & qu'ils ne voyent que des vices & peu de vnion parmy les Chrestiens, ils se confirment en leur Religion, & croyent que Dieu en est l'Autheur, conformement à ce que l'Apostre Saint Paul dit, Le nom de Dieu est mesprisé à cause de vous parmy les Gentils.

Chap. de la conuersion.

Rom. 2. 24.

Estats & Titres du Sultan.

CHAP. XIX.

LEs Ottomans appellent leur Prince Souuerain Honkiar, ou Sultan, lequel prend la qualité de premier Roy Mansulman, & de distributeur des Couronnes : Les Princes Chrestiens pourroient facilement plumer cette Corneille d'Esope, s'ils en vouloient reconnoistre le deffaut. Son Empire s'estend au Nord, iusques à la Tartarie de Crime, Georgie, & Pologne; à l'Ouest il confine Raguse, la Dalmatie, la Hongrie, & le Royaume de Maroq; au Sud a pour limites l'Ethiopie, les Royaumes de Lybie, Arabie, & Principauté de Bassara; à l'Est la Georgie, & la Perse, dont il est separé par le Tigre.

HonKiar vient de KonKiar, qui signifie sanguinaire en Persan. Sultan signifie Sire.

Ses dominations sont les Empires de Constantinople, & de Trebisonde; les Royaumes d'Arserum, de Diarbeker, d'Armenie, de Niniue, de Babylone, de la Mecque, d'Egypte, d'Anges, de Ierusalem, de Cypre, de Syrie, de Karamanie, de Capadoce, du Pont, de Liconie, de la Bitinie, des Isles Ciclades, de la petite Tartarie, de Cassandre, de Macedoine, de l'Epire, de la Morée, de la Seruie, de la Bulgarie, de Hongrie, de Bogdanie, d'Alger, & de Tunis. Les Principautez de Crouatie, de Dalmatie, du Kourdistan, de Vvalachie, de Moldauie, & de Rhode. Les Duchez de Naxie, & de Negrepont; les Seigneuries des Deserts de Libie, & d'Arabie, & peuples de Barbarie les souuerainetez de Mingrelie, & de Raguse.

Ses Vassaux sont les Ottomans, les Grecs, les Georgiens, les Armeniens, les Coftes, les Maronites, les Hiahobites, les Nestoriens, les Esclauons, les Albanois, les Hongres, les Druges, les Tartares de Crime, les Arabes obeissans, les Kourdes, les Turcomans obeissans, & les Iuifs, auec les Ragusois, & les Mingreliens qui luy payent tribut.

Les Langues que l'on parle sur son Empire, sont la Turque, l'Arabe, la Persanne, la Tartare, la Grecque, la Franke, l'Hebraique, l'Armenienne, la Kourde, la Georgienne, la Kaldaique, la Syriaque, la Cofte, l'Albanoise, la Rousse, la Hongroise; & pour le Latin, le François, l'Italien, l'Alleman, & l'Anglois, ils ne sont entendus que des Europens qui y negotient. Le Turq & l'Arabe sont les plus generales Langues du monde.

Karache ou Tribut que le Sultan exige des Chrestiens.

CHAP. XX.

LE Sultan souffre les Chrestiens, les Iuifs, & les Indou sur ses terres, auec toute liberté de leur Loy, en payant cinq Reales d'Espagne ou plus par an, & ce tribut s'appelle *Karache*, dont les Franks sont exempts, eux & leur posterité. Des Grecs Insulaires, & autres Chrestiens des frontieres, il en prend des enfans, lesquels l'on instruit dans des seminaires, iusqu'à ce que les Docteurs fassent eslection des meilleurs

leurs esprits, & des plus beaux; raison pourquoy les chefs sont de bonne mine en Turquie, lesquels l'on enuoye dans le Serail du grand Turq pour apprendre la Politique, Theologie, ou Droict, suiuant leurs Genies, & n'en sortent point sans auoir l'vne des premiere charge de l'Estat, & cependant seruent de Ichoglans, ou Pages au grand Seigneur, & sont sous la conduitte d'Agas, ou Euneuques blancs, qui ne les laissent iamais seuls & la nuict les font dormir dos à dos enuelopez chacun en vne couuerture dans vne salle où il y a plusieurs lampes allumées, & se promenét au milieu: Cette coustume ne semble point barbare à ceux qui ont connoissance de l'antiquité. En l'année de la Creatió du monde 3328. Nabucodonosor pilla Ierusalé, & fit choisir les plus beaux enfans par Asphenes Aaga des Euneuques, lesquels il fit instruire en toute science. Le Prophete Daniel fut choisi auec Misael, & Asarias. Et entre les grands presens que Nabarzanes fit à Alexandre Bagoas ieune enfant fort bien proportionné, fut le plus estimé, & gouuerna en suitte vne partie de l'Empire de son Maistre. Pour les autres enfans de Tribut que l'on ne iuge pas auoir l'esprit propre à l'employ, ou maniement des affaires d'Estat, l'on les fait Iannissaires de la Porte, ou Boustangis du Sultan.

Daniel 1. 3.

Boustangis, Iardiniers.

Les Prestres Religieux, ou Euesques Chrestiens ne payent aucun Karache, mesme les Rabis des Iuifs qui sont employez à la lecture de la Bible dans la Synagogue, politique qui tient & oblige les Directeurs de la conscience des peuples, afin de les maintenir dans vne sousmission perpetuelle. Il y a deffence de disputer &

parler mal de la Religion Mansulmane à peine du feu, rigueur necessaire pour maintenir vne Loy qui ne peut auoir de Sectateurs raisonnables. Vn Chrestien ne se peut faire Iuif, ny pareillement vn Iuif Chrestien, mais tous deux se peuuent faire de la secte des Mansulmans. Vn Iuif, ou vn Chrestien estans trouuez auec vne femme Turque, & qu'il y ait preuue suffisante que la copulation charnelle s'en soit ensuiuie, est condamné au feu s'il ne se fait Mansulman, & la femme n'encoure aucune peine, si elle n'est mariée ; & s'il arriue qu'vn Mansulman soit trouué auec vne Chrestienne, ils n'en font que rire. Il y a plusieurs Mansulmans dont les femmes sont Chrestiennes, & lors qu'vn Grec, ou Armenien renie sa Foy, s'il veut laisser & retenir sa femme Chrestienne, & qu'elle le veüille bien, le Kadi n'y forme aucune opposition. De tous les Chrestiens Vassaux du Sultan, les Armeniens sont exempts des galleres, & de donner des enfans, mais ils payent le karache ordinaire.

De la Milice Ottomane.

CHAP. XXI.

LA Milice du Sultan consiste en 200000. hommes effectifs payez & entretenus en paix, & en guerre, dont 120000. sont de cheual, appellez Ispahis, & 80000. de pied, appellez Inghissari, que nous connoissons sous le mot de Iannissaires, ordonnez & distribuez par les garnisons de l'Empire, de maniere que le Sultan a assez de peine quelquesfois à faire

45000. combatans ſans prendre de ſes garniſons, ayant ſi peu d'Ottomans naturels, que ie m'eſtonne comme il peut conſeruer tant de conqueſtes auec ſi peu d'hommes; ie ſuis aſſeuré que le Roy a plus de François, que le Sultan d'Ottomans naturels; ie ne parle point des autres nations ſouſmiſes au Turq, leſquelles ſont tellement ennemies de la famille Ottomane, que s'il y auoit iour de ſe reuolter, ils chaſſeroient les Turqs, & ſe remettroient dans leur liberté premiere. Ie n'ay point de doute que ſi Naples eſtoit entre les mains des François, & qu'ils fuſſent en paix auec le Roy de Caſtille, ils prendroient tres-facilement Ieruſalem, Conſtantinople, & toutes les Iſles de la mer Ægée ſuiuant les propheties des Orientaux, leſquels ſont ſi foibles ſur mer & ſur terre, qu'ils cederoient plutoſt que de conteſter, & les hommes que perd iournellement ſa Majeſté Catholique en Flandres, luy pourroient ſeruir à ſe rendre Maiſtre de toute l'Amerique, ce qui ſeroit plus aduantageux pour le Chriſtianiſme, lequel eſtant diuiſé s'ouure ſes propres entrailles, plutoſt que d'aller aux Eſtrangers.

La ſolde d'vn Ianniſſaire eſt de trois ou quatres aſpres par iour, & monte iuſques à dix; d'autres ont des Timars qui leur ſont donnez par benefice du Prince, dont le reuenu eſt de cinq à ſix cent eſcus, ſuiuant la commiſſion de leur employ, le meſme des Iſpahis à proportion, & viuent tous contens, à cauſe des Priuileges qu'ils ont touchant l'exemption des payemens des doüannes en leur negotiation.

Aſpre eſt vn carolus.

Les Iannissaires de la Porte sont extremement vnis ensemble, & dominent l'Empire Turq; les autres Iannissaires sont assez considerables, mais s'ils sortent de leurs garnisons, ils n'ont plus aucun pouuoir, par exemple si vn Iannissaire de la garde de Babylone vient en Alep pour traffiquer, ou voir ses parens, ou pour se marier, il n'est point consideré en Alep; mais si vn Iannissaire de la Porte y vient, il a plus d'honneur & de commandement que les Iannissaires de la garde d'Alep, ce qui oblige les Consuls du Kaire, d'Alep, de Smirne, & autres lieux du Leuant d'auoir à gages trois ou quatres Iannissaires de la Porte, sur lesquels les Pachas mesmes n'ont pas grand pouuoir.

Des Ambassadeurs de la Porte.

CHAP. XXII.

LE grand Visir voit tous les iours le grand Seigneur le peuple ne le voit que lors qu'il sort de son Serrail, à cette sortie chacun éuite de se trouuer dans les ruës, à cause que ses Officiers frappent inconsiderement ceux qu'ils rencontrent; L'Ambassadeur de France ne le voit que deux fois à son arriuée, & à sa sortie de Constantinople. Le mesme s'obserue de celuy d'Angleterre, Moscouie & autres lieux; Le Sultan ne traitte d'esgal auec aucun Prince, qu'auec l'Empereur d'Allemagne, auquel il enuoye vn Chiaux Bachi, ou Preuost, pour Ambassadeur, pour les autres Monarques il ne leur enuoye qu'vn Chiaux ou Sergent, qui prend la qualité d'Elchi ou d'Ambassadeur, afin d'estre regalé. Lors qu'il arriue quelque Ambassadeur à Constantinople, il enuoye ses presens au grand Turq, s'ils luy agreent il luy donne Audiance, sinon il la luy refuse; Le grand Visir prattique cette maxime, & prend plusieurs Vestes des Ambassadeurs qui le vont visiter la premiere fois, & leur en fait donner aussi quelques vnes deuant qu'ils se presentent à sa Hautesse.

Vestes sont des pieces de drap pour faire des robes lõgues à la Turque.

Lors qu'vn François meurt en Turquie, la Iustice Turque ne prend aucune connoissance de son bien le Chancelier de la Nation va sceller la maison, si le deffunct n'a point d'heritiers propres & legitimes en Leuant, fait vn inuentaire en presence des plus honnestes Marchands, & transporte ce qu'il trouue dans la Chancelerie, iusques à ce qu'il vienne vn ordre d'Europe touchant la succession du deffunct. Monsieur l'Ambassadeur de France a puissance de mort & de vie sur tous les François, & les fait punir s'ils ont fait quelque chose de consequence, il est leur vray Iuge lors qu'ils sont en procez les vns contre les autres: Les François ont deux moyens pour decliner de sa Iurisdiction, le premier se faisans Grecs, & payans le Karache au Sultan ils sont reputez vassaux du grand Turq; le second en se faisans Renegats, comme depuis peu vn nommé Fusil Generois, lequel pour euiter le iugement de Monsieur de la Haye Ambassadeur touchant quelque crime, se fit circoncire: Ce Fusil est fils d'Anthoine Fusil Gentil-homme Lorrain, Curé de Saint Leu Saint Gilles & Saint Barthelemy de Paris, Docteur de Sorbonne Confesseur & Predicateur ordinaire de Henry IV. Roy de

Frãce, lequel apres auoir assisté le mal-heureux Rauaillaq à la mort, & suby vne prison de 12. ans dans les Officialitez de Paris, Sens & Lyon, & auoir esté interdit d'exercer aucun acte de Prestrise, & priué de ses Benefices se retira à Geneure pour abjurer sa Loy; Et comme l'on luy conseilloit d'appeller à Rome de sa Sentence, informé de la detention de l'Abbé du Bois dans l'Inquisition, il respondit qu'il n'auoit garde, parce qu'il ne falloit qu'vn petit Fusil pour allumer du Bois. Les Anglois, Venitiens, & Hollandois ont leurs Ambassadeurs à la Porte, mais tous les Estrangers qui n'ont point d'Ambassadeur à la Porte, sont sous la protection de France, & payent les droicts à Constantinople à Monsieur l'Ambassadeur, & aux autres Echelles, aux Consuls de France, qui reuient à deux pour cent. Les Consuls n'ont aucun pouuoir de vie, ny de mort sur les sujets de sa Majesté, ils iugent seulement les differens du negoce, dont il y a appel à l'Ambassadeur.

Gouuernement des Ottomans.

CHAP. XXIII.

En chaque ville de consequence il y a vn Chef absolu, qu'ils appellent Pacha, lequel peut tout sur le peuple, pour la Milice elle ne luy obeist pas tousiours. Il y a peu de temps qu'à Babylone il y eut contestation entre les Iannissaires, & les Ispahis, le Pacha prist le party des Ispahis, & les Iannissaires ne pouuans supporter cette partialité l'assiegerent dans le Chasteau, & deputerent vn de leurs Serdars à Constantinople, lequel apres euoir remonstré au Sultan la fidelité des gens de pied qui ont conquist toutes les villes, & les gardent actuellement, & que la caualerie n'est bonne qu'en campagne, supplia sa Hautesse de leur faire iustice du Pacha, lequel ils auoient enfermé dans le fort de Babylone; à cause de sa tirannie: Le Sultan donna vn ordre secret au Serdar de le faire mourir, & d'executer luy mesme l'Arrest dont il estoit porteur, pour ne pas fascher les Ianissaires, lesquels l'estranglerent auec des cordes d'ark, & tuerent plusieurs Ispahis, chefs de la sedition, & donnerent permission aux autres de se sauuer en Perse, lesquels y ont esté receus aux mesmes appointemens qu'ils auoient en Turquie.

Serdars signifie Chefs.

A la moindre faute des Pachas on leur enuoye vn ou deux Courriers de Constantinople, lesquels les viennent declarer Mansouls, ou priuez de Charge, ou bien les estranglent, & en portent la teste au Sultan sans aucune resistance aux Ordres de la Porte, parce que leurs seruiteurs les abandonnent, & les Ianissaires qui sont dãs les villes où il y a Pacha, tiennent la main à ce que les volõtez du Sultan soient executées. Lorsque le Pacha est Mãsoul, il sort à vn quart de lieuë de la ville de son Gouuernement, & y demeure sous des tentes, iusqu'à ce que le nouueau Pacha entre dans le Gouuernemẽt, puis il prẽd son chemin pour Cõstantinople, où il attend que l'on luy donne quelque autre employ, & quelquesfois estant Mansoul d'vn lieu, on luy donne l'ordre d'aller dans vn autre pour y commander, & en ce cas il ne va point à

Constantinople. Entre les Gouuernemens, il y en a qui portent titre de Beglerbeik, & de Pachalaix, le Beglerbeik est dautant plus noble qu'vn Visir, ou Beglerbeg, est au dessus d'vn simple Pacha, le grand Kaire, Alep, Bude, & Bagdat sont commandez par des Beglerbegs, Tripoli, Ierusalem, & Bourse par des Pachas.

La cause du massacre de quantité de Pachas, & Beglerbegs prouient du changement du grand Visir, lequel voulant aduancer aux dignitez ses creatures, declare ces Pachas Mansouls, ou les fait mourir s'il y a lieu, & la raison pourquoy le Sultan se deffait du grand Visir, est la crainte & l'apprehension qu'il a qu'il ne vienne à se faire Roy, & nonobstant tous ces spectacles tragiques, & assez ordinaires vn chacun tasche d'estre grand Visir, ou Pacha, ou Tefftardar, ou Kasinadar, ou Capoutan Pacha, ou Capigi Bachi; les Turqs croyent que l'heure de la mort estant predestinée & fatale, il est meilleur d'estre Visir ou Pacha en mourant, que pauure, & miserable; & lors que leurs parens sont morts de la peste, ils se seruent de leurs vestemens sans apprehension, d'vn mal qu'ils disent estre vn fleau de Dieu, que l'on ne doit, & l'on ne peut éuiter, n'y ayant aucun lieu pour fuir l'ire d'vn Estre infiny.

Alcoran chap. de la gratification.

Les Ottomans sont fort superbes, parlans des amis & alliez du Sultan, les nomment obeïssans, i'en fis la remarque à Fokia, où il parut sur la coste vn vaisseau Corsaire de Ligourne, les naturels disoient que les Francs qui estoient dans ce Vaisseau n'estoient pas obeïssans, & la pluspart deux croyent que le Sultan a des doüanniers dans toute la Chrestienté, on les entretient

tient dans cette ignorance par politique, afin qu'ils ne puissent connoistre qu'il y ait rien d'esgal à leur Empire, ils mesprisent & mettent au dessous d'eux toutes les autres Nations, & principalement les habitans des lieux où ils dominent, ce qui se voit à Constantinople, où ils mal-traittent plus les Grecs que les Armeniens; & en Armenie les Armeniens que les Grecs, & à Babylone ils font plus d'honneur à vn Egyptien qu'à vn Arabe, parce que les naturels de Babylone sont Arabes. Pour nous autres Europens ou Francs, nous sommes hays des Ottomans à cause des antipaties qui sont entre eux & nous, ils nous battent impunement, l'on se peut plaindre au Kadi, mais l'on n'a pas iustice sans tesmoins, i'ay creu que pour reparer vn affront, le plus expedient estoit de se faire pour amy aux despens de sa bourse vn Iannissaire de la Porte, qui peut, auec authorité, mal-traitter celuy qui aura fait insulte, parce que aucun Turq n'oseroit leuer la main contre ceux de la milice, outre que les Iannissaires ne reconnoissent point les Iuges ordinaires.

Voila en peu ce que i'ay cogneu de plus particulier dans la Religion & politique des Ottomans; ie n'ay voulu escrire vne infinité d'autres choses, lesquelles feroient vn gros Liure, tant d'autres en ont escrit, que ce seroit perdre temps de repeter la mesme chose.

Emplois, & Dignitez des Ottomans.

CHAP. XXIV.

HOnkiar, ou Sultan,	Le grand Turq.
Sultan,	La Reyne.
Visir asim,	Grand Visir, ou premier Ministre d'Estat.
Ikingi Visir,	2. Visir.
Vcheingi Visir,	3. Visir.
Dortingi Visir.	4. Visir.
Becheingi Visir,	5. Visir.
Altingi Visir.	6. Visir.
Iedingi Visir,	7. Visir.
Beglerbeg,	Seigneur des Seigneurs, ou Vice-Roy.
Kaimacan,	Lieutenant general.
Capoutan Pacha,	Admiral.
Nichingi Pacha,	Garde du Sein, ou Secretaire d'Estat.
Pacha,	Gouuerneur & reuient au Baston de Mareschal.
Capi Aga.	Chef de la porte Euneuque.
Tefstardar,	Sur-Intendant des affaires d'Estat.
Kasinadar,	Tresorier general.
Bostangi Bachi, Serrail.	Chef des iardins, & Iardinier du
Inghissari Agasi,	Colonel de l'infanterie.
Capigi Bachi,	Capitaine de la porte.
Mufti Asim,	Grand Mufti.
Chekelsalem,	L'ancien des Moustis.
Chiaux Bachi,	Preuost ou Chef des Sergens.
Boloux Bachi,	Colonel.

Serdar,	Capitaine.
Chelebi,	Ieune Gentil-homme.
Bee,	Capitaine de gallere.
Reis,	Capitaine de vaisseau.
Beg,	Seigneur ou Gentil-homme.
Odabachi,	Mareschal des Logis.
Kaia,	Secretaire.
Kasi, ou Kadi.	Iuge.
Capi,	La Porte.
Capigi,	Archer de la porte.
Chiaux Bachi,	Chef des Sergens, ou des Chiaux.
Topgi,	Canonier.
Topgi Bachi,	Chef des Canoniers, ou grand Maistre de l'Artillerie.
Bostangi,	Iardinier du Serrail.
Inghissari,	Iannissaire.
Ispahi,	Caualier.
Chiaux,	Sergent ou Procureur du Diuan.
Ichoglan,	Page, ou enfant du dedans.
Aga,	Maistre, non que l'on donne aux Euneuques.
Soubaschi,	Archer du guet.
Bacha,	Monsieur.

Delou, Fou, ou braue & genereux, & est espece d'Ordre & de Cheualerie. Le General de Candie prend cette qualité, son nom est Hassan Pacha, & il se fait appeller Delou Hassan Pacha; & les Turqs tiennent que les Delous peuuent affronter quatres autres hommes, leur habit est particulier, & portent vn bonnet à deux cornes.

Instruction des Karauanes qui vont par les diuerses parties du monde.

CHAP. XXV.

PEndant le sejour que ie fis à la porte du Sultan, ie recherché l'occasion de passer en Perse, & fis amitié & connoissance auec Minas marchand Armenien, lequel m'offrit tout ce qui estoit en son pouuoir pour mon seruice, & me donna aduis de me tenir prest au premier Septembre, pour faire voyage auec la Carauane de Tauris & achepter vne robe fourée pour passer les montagnes d'Erzerum; vn bonet fouré pour la nuit, vn turban blanc pour la campagne affin de n'estre point distingué des Mansulmans, vn autre turban meslé de bleu & de blanc à la Chrestienne pour la ville; Vn feutre rouge pour le couurir pendant la pluie, vn tappi pour s'asseoir, vne couuerture, vn coissin, vn cheual auec le harnois à la genette, vne longe de soie pour le mener en main, des fers battus à froid à la mesure de ses pieds, vne housse de feutre qui empesche les cheuaux de se blesser & dont l'on se sert pour dormir, vne couuerture de cheual de feutre, vn saq de toile pour luy donner à manger l'orge & la paille hachée; des cordes de crin de cheual auec 5. fiches de fer à boucle pour l'attacher par le licol & les quatre pieds affin que il ne puisse blesser personne dans le camp ny s'eschapper, vn grand bisac de crin de cheual à l'Arabesque pour charger sur vn chameau ou sur vn mulet pour mettre d'vn costé les habits & de l'autre les viures; vn cuir rond de vache de Russie de deux pieds & demy de diametre pour manger dessus c'est la nappe & la table des Turqs, vne petite marmite pour faire cuire le ris, & la viande vne tasse pour boire, vne bourse de vache de Russie pour puiser de l'eau sans descendre de cheual & la faire raffraichir, vn oultre pour mettre du vin, vn petit bisaq pour mettre sur la selle de mon cheual pour porter du pain, de la viande froide, du fromage, du fruit & vn flacon d'eau de vie pour boire & manger pendant la marche, vne boëtte de bois couuerte de cuir pour porter du beurre ou de la graisse pour faire le pilault, vne autre boëte de pareille matiere pour mettre du mouton ou autre viande rostie à leur façon qui se conserue trois sepmaines sans se corrompre, vn saq de cuir pour mettre du cauet; vn petit coqmart pour le faire cuire, vn estuit pour mettre des tasses de porcelaines pour offrir à boire le cauet à ceux qui rendent visites suiuant la coustume des Leuantins, vne hache pour couper du bois, vn grand bassin de cuiure estammé pour lauer le ris, la viande & le linge & vne tente si ie voulois; sinon que il m'offrit la moitié de la sienne où il seroit bien aise de me receuoir parce que i'estois bien armé & que ie luy serois necessaire pour conseruer les marchandises que il auoit dessoubs ce que i accepté.

Pilault est du ris cuit auec du boüillon ou de la graisse

Kiaruan, en Turq, ou Kiafil en Persan, que nous appellons Karauane, est vn amas de marchands ou voyageurs qui se mettent en trouppe crainte d'estre detroussez en chemin par les Turquomans, Arabes, Kougli, ou autres volleurs, cette coustume d'aller par

des Indes Orientales.

Karauane est ordinaire dans la Pologne, Vvalachie, Transiluanie, Perse, grande & petite Tartarie, Georgie, Empire du Mogol, Royaumes d'Iusbeg, Thibet, Bijapour, Golconda, Arabie, Egipte, Natolie, Grece, Barbarie & Borno.

La Karauane de Pologne pour Constantinople, part tous les mois de Cracao, l'on se sert de carosses, cheuaux & mules.

La Karauane de Smirne pour Constantinople tous les huict iours, l'on se sert de chameaux & de cheuaux.

La Karauane de Raguse pour Constantinople vne fois l'an, l'on se sert de cheuaux & de chariots.

La Karauane de Constantinople pour Alexandrie, part au mois de Septembre par Mer, composée des Gallions du Grand Turq, elle prend port à Scio, & à Rhodes; & reuient vers Febvrier.

La Karauane d'Alexandrie pour la Mecque se met en chemin apres que les vaisseaux sont deschargez, elle est de chameaux & de peu de cheuaux.

La Karauane de Damas en Sirie pour la Mecque le huictiesme Auril, & est quarante iours & quarante nuicts à aller par chameaux à la Mecque, & y demeure vingt iours, puis reuient.

La Karauane du Ziagatai ou Iusbeg pour la Mecque part de Samarcan au mois de Decembre: elle est de mules, cheuaux & chameaux, & vient par Babilone où elle se grossist.

La Karauane de Maroq, Fés, & Salée pour la Mecque & Medine, part vne fois l'an afin d'estre au 23. May au

Sainct Sepulchre de leur Prophete y receuoir les Benedictions, & y negotier : parce qu'il y a la plus belle Foire du monde.

La Karauane des Indes Orientales part pour la Mecque au mois de Ianuier & Febvrier, & va par Mer de plusieurs lieux, comme de Sourat, Iettapour, Bengourla, Sindj, Maldiues, Achen, & autres endroicts des Mansulmans ; les gros vaisseaux demeurent à Moka, & les petits vont à Giaidde, que nous appellons Ziden, qui est quarante mille de la Mecque, & est Terre Saincte des Mansulmans, où aucun Chrestien, Iuif, ou Payen n'oseroient mettre le pied sur peine de la vie, & faut auoir dispense pour les esclaues Chrestiens qui sont malades sur les Galleres de Süez que l'on est obligé de mettre quelquefois à terre pour les guerir. Cette Karauane retourne de Giaidde pour les Indes Orientales le 12. Iuin, toutes les Karauanes de la Mecque sont prodigieusement grosses, & sont quelquefois de 10. 20. 30. 40. 50. à 60000. personnes, celles qui vont par terre sont fort incommodées pour les eaux, les Arabes du desert leur font donner quelque contribution pour leur enseigner les cyternes & les puits.

Alcor. ch. de la conuersion.

La Karauane de la Mecque pour le Grand Kaire, part le premier Iuin, & faut estre dés le 23. May à la Mecque.

La Karauane de Constantinople pour Tauris, Gillan, Georgie & Iusbeg tous les trois mois. Le mesme de Smirne.

La Karauane d'Halep pour Bagdat ou Babylone tous les deux mois.

La Carauane de Damas pour Bassara vne fois l'an, l'on se sert de chameaux.

La Carauane d'Ormous à Hispahaum part tous les deux iours, depuis le premier Decembre, iusques au mois de Mars.

La Carauane de Tauris pour Kasbin, Iusbeg, ou Hispahaan part tous les mois.

Les Carauanes de Kasmin à Agra, Deli, & Laour, villes où reside le grand Mogol, tous les deux mois, elles sont six mois en chemin, & passent par Candahar, elles sont de charettes carosses, & chameaux.

La Carauane de Samarcan pour la grande Tartarie, part tous les six mois.

La Carauane de Samarcan pour Chini Macin, que nous interpretons la Chine, est six mois dans le chemin, & part vne fois l'an.

La Carauane de Agra pour Bijapour, Bengala, & Golconda tous les mois, elles sont de carosses attelez de bœufs, ou de bœufs & vaches chargez, ou de chameaux.

La Carauane de Agra pour Kambalu, part deux fois l'an.

La Carauane de Mescati pour Goa, partoit au mois de Ianuier par mer auec conuoy des nauires de guerre de Portugal, elle estoit composée des Paros de Moka, Congue, Cochin, Bengourla & Chaoul, & passoit quelquesfois par le Sindi, ou Tata. Mais depuis la prise de Mascati par le Roy Diemen cette Carauane alla aux autres villes des Indes sans conuoy des Portugais.

Voyage

Voyage de Constantinople à Tossia.

Chap. XXVI.

LE premier Septembre ie passay le canal de Constantinople à Topkane, i'arriuay de l'autre costé à Scudaret, autrefois Calcedoine où se tint ce Concile si fameux; elle est peuplée de Chrestiens, & Iuifs, scise sur la coste d'Asie, ie me joignis au Marchand Minas Armenien. A minuit nous partismes de Scudaret, & campasmes le matin dans vn village appellé Hardar, où il y a vn bon han, ou Karuasera, ou Kiaruansaray, ou hostellerie, pour les Karauanes, c'est vne espece de halle, où l'on a le couuert pour rien, & faut aller querir dehors ce que l'on veut manger: Ce bourg est peuplé de Grecs qui y vendent de bon vin à trois aspres l'ocque, qui reuient à trois liures de France, le chemin fut de cinq heures de marche au Sirok, ou Sudest. Le troisiesme à Quequebisi, petite ville fort peuplée, sept heures de chemin à l'Est, & l'on va iusques à Tauris, tenant presque la mesme latitude. Le quatriesme à Smits, petite ville sur le Golphe de Marmara ou nous sejournasmes deux iours, il y a garde de Iannissaires, huict heures de chemin nous campasmes à vn mille de la ville, & couchasmes au milieu des champs, comme en plusieurs autres lieux, lesquels on trouuera denotez par ce signe ●.

Scudaret. Topcane signifie Arsenl. Top. veut dire vn canon, & vne chambre. Hardar.

1. Ocques de vin à 3. aspres, reuient à deux carolus la pinte. Quequebisi. Smits.

Le sixiesme à Saçabangi village, huict heures de chemin: la moytié de nostre Karauane se perdit dans le

Saçabangi.

bois, & reprit son chemin à la trauerse sans estre rencontrée des voleurs qui y sont assez frequents, & en grand nombre. Le septiesme à Candac petit bourg, Kandac. sept heures de chemin ●. Le huictiesme à Ducabasar, Ducabasar. qui signifie en nostre langue le marché du Duc, c'est vn petit Kiaruansaray à l'escart, huict heures de chemin. Ponto. Le neufiesme à Bogli, ville appellée Ponto par les Europens, neuf heures de chemin, nous y séjournasmes deux iours : le douziesme à Guerrada bourgade, Guerrada. dix heures de chemin ●. Le treisiesme à Banderlou Banderlou. autre village, neuf heures de chemin ●. Le quatorziesme à Serkeslar, Han à l'escart, six heures de chemin, Serkeslar. séjour de deux iours. Le dix-septiesme à Karajoran Karajoran. village, huict heures de chemin.

Le dix-huictiesme dans vne campagne deserte où nous trouuasmes la Carauane de Brousse, ou Bitinie campée, elle estoit de chameaux, & ne pût suiure la nostre qui estoit de mulets, à cause que le chameau ne chemine pas à la chaleur du Soleil, ny si promptement que les mulets ou cheuaux, sept heures de chemin ●. Le dix-neufiesme, vingt, vingt-vn, & vingt-deuxiesme nous marchasmes à l'ordinaire huict heures, campans le long de quelque ruisseau sans trouuer aucun village propre pour nous arrester ●. Le vingt-troisiesme à Tossia petite ville où est la meilleur Tossia. eau d'Asie, ie croy que si Mahomet y eust esté, & en eust beu, il auroit desiré y faire son Tabernacle ; i'en beus auec tant de plaisir, que ie pensois que la Loy des Mansulmans estoit faite pour moy. De cette ville l'on transporte force camelots à Constantinople, Halep, & grand Kaire, huict heures de chemin ☉ : Nous y séjournasmes deux iours, pendant lesquels les Marchands de la Carauane changerent leurs richedalles d'Hollande, en richedalles d'Empire, & reaux d'Espagne, à cause qu'en Perse, & Indes Orientales, les monnoyes d'Hollande n'ont point de cours.

Voyage de Tosia à Amasia.

CHAP. XXVII.

LE vingt-sixiesme nous partismes de Tossia, & apres sept heures de marche nous nous trouuasmes dans vn petit han desert, où il y a force voleurs, appellé Agi Hamsa. Le vingt-septiesme à Osmangioux, qui tourné en François signifie le petit Osman, naissance du grand Osman, que nous appellons Ottoman, qui succeda aux Selgioukis l'an 1300. & tient le premier rang dans l'Histoire Turque ; cét Osman enuahit la Bitinie, & partie de la Capadoce, il fut fils d'vn pauure Turcoman, ou Pasteur de la campagne, huict heures de chemin ☉. Cette place est située dans vne prairie, enuironnée d'vne riuiere, au milieu de la ville il y a vne petite montagne, sur laquelle est le Chasteau qui paroist assez fort. Le vingt-huictiesme à Agi Coi, autresfois grande ville, l'on y voit les ruines de 2. Moskées, le chemin est de neuf heures, pendant lesquels on passe la môtagne dangereuse à cause des volleurs, nostre

Agi Hamsa.

Osmangioux.

Carauane estoit trop grosse, nous ne craignions point d'estre attaquez de iour : La nuict quelques volleurs de tenebres, comme les appellent les Turqs, vindrent pour desrober les sacs des Marchands, feignans estre de la Carauane, mais l'vn d'eux ayant esté apperceu par vn Chiaoux, s'enfuit, & le Chiaoux criant aux volleurs noirs, la Carauane se mist en allarme ; dans toute les Carauanes il y a quatre ou six Chiaoux ordónez, lesquels ne dorment point la nuict, & font la sentinelle, criant l'vn à l'autre Alla he, Alla he, ô Dieu, ô Dieu, à la façon des sentinelles Turques ; ces Chiaoux sont pauures Marchands, ausquels l'on donne pour leur peine dix sols par charge de chameau, ou de mulet, toute les fois que l'on en prend de frais, les cheuaux de selle ne leur doiuent rien.

Kara Keses, noirs volleurs.

Chiaoux est vn Sergent en Turq : mais ceux des Carauanes sót de pauures coquins que l'on peut plustost nommer Recors, ils ne font enuie à personne.

Le vingt-neufiesme à Chiaoux coi, qui signifie en François le village du Sergent, sept heures de chemin, il y a vn bon han. Le trentiesme à Amasia, ie ne traduiray point ce nom en François pour l'honnesteté qui me le deffend, cette ville est assise au milieu de l'Asie mineure, dans la Prouince de Panphlagonie, le Chasteau y est basti sur le roq, au pied il y a vne petite riuiere, qui se va emboucher dans la mer Noire ; ce fut le dernier Gouuernement ou Pachalaix du Prince Mustapha fils de Soliman II. estranglé par le commandement de son pere, à la priere de Roxelane Sultane Reine qui vouloit faire regner son fils Giangir puisnay de Mustapha, apres la mort du grand Soliman ; Roustan Pacha Gendre de cette tygresse, & le plus cruel des Ottomans, fust le mal-heureux execu-

Chiaoux coi.

Amasia.

Roustan homme fort & genereux.

teur de ce funeste Arrest, huict heures de chemin; nous y séjournasmes trois iours, les viures y sont à grand prix, ce qui obligea nostre Carauane à s'y raffraischir; il y a quatre ou cinq familles de Iuifs.

CHASTEAV D'AMASIA.

Voyage d'Amasia à Erserum.

Chap. XXVIII.

Aina Basar. Aladin foy de Dieu. Bachicoi. Hercar. ToKhat.

LE troisiesme Octobre nous partismes d'Amasia, apres sept heures de chemin nous arriuasmes dans vn vieil han, appellé Aina Basar, en François le Marché du Miroüer; Aladin en fut autresfois Fundateur, comme tesmoignent les escrits posez sur la Porte, par le commandement de ce grand Prince, Roy des Selgioukis; le quatriesme à Bachi coi, en François village du Chef, d'où l'on voit à main droite vne ville vulgairement ditte Hercar, six heures de chemin ☉. Le cinquiesme à Tohac, ou Tokcat, ville de la grandeur de Florence, peuplée d'Armeniens, & gouuernée par vn Pacha, qui demeure dans le Chasteau basti à la façon d'Europe, il y a quantité de belles sources d'eaux viues, sept heures de chemin, nous y séjournasmes cinq iours pour changer de voitures, nous y prismes des chameaux pour Erserum.

Salingi. Corpican

Le sixiesme à Salingi petit bourg, dix heures de chemin, nous nous escartames sept, ou huict de la Carauane, & reprismes nostre chemin par le moyen de ma Boussole. Le septiesme à Corpican bourgade, deux heures de chemin ☉. Le huictiesme, neufiesme, dixiesme, vnziesme, douziesme, & treiziesme nous marchasmes deux heures chaque iour, campans dans des prairies desertes, ☉ & le quatorziesme nous arriuasmes dans vn petit han appellé Sahabha, en François au Seigneur, aux enuirons il y a plusieurs païsans retirés dans des antres hors le grand chemin, de crainte des gens de guerre qui pourroient prendre de force leurs prouisions sans les payer, à deux ou trois milles il y a de belles villes de tous costez; ces pauures païsans estoient Grecs, il y a quatorze ou quinze ans, & se sont faits Mansulmans par necessité, ne pouuans payer le Caraggche ou tribut que l'on leur imposoit ☻. Le quinziesme, seize & dix-septiesme ayant marché dix heures chaque iour ☻, nous arriuasmes à Erzerum, autrefois Assiria frontiere des terres de Perse, & l'vne des plus importantes places que le Turq ayt en Asie: la ville est mediocrement grande, assise sur vn petit fleuue, le chasteau est fort beau, le Pacha y fait sa demeure auec quantité de gens de guerre. Erzerum.

Nous séjournasmes 16. iours à Erzerum pendant lesquels ie gardé la chambre, & lors que quelque Turq ou Persan venoit voir Minas, auec lequel i'estois logé, ie ne parlois point de crainte d'estre connu pour Franc, parce que ne sçachant que le Turq, il auroit peu demander à Minas qui i'estois qui ne parlois pas Armenien, & m'auroit fait Auanie, & possible ne m'auroit on pas permis de passer en Perse, de crainte que ie ne fusse vn espion; mais la circonspection que i'apportois à mes actions me mettoit à couuert, outre que ie n'auois aucune hardes à la France, & que i'estois vestu à la Turque auec le Turban d'Armenien, & sçauois assez de Turq pour me faire entendre. Ie changé mon nom de Francesco, afin de n'estre pas reconnu, parce que les Leuantins n'estans point accoustumez à ce mot de Francesco, m'apelloient Frank, ou Frenk, qui signifie Europeen, iniure infame parmy les Musulmans, & me fis appeller d'Ibrahim beg, qui signifie Seigneur Abraham. Nous fusmes obligez de séjourner si long temps à Erzerum, à cause que nous ne pouuions auoir la liberté du Pascha de passer la frontiere, il auoit appris qu'il y auoit cinquante ou soixante charges d'or & d'argent dans nostre Carauane, & demandoit vn present de mil esus, à quoy nostre Kiaruanbachi ne voulant entendre, luy en offrit six cens, pendant cette contestation il fut fait Mansoul, il antidata vne licence, & prist, pour ne pas tout perdre, deux cens reales d'Espagne qui luy furent presentées; en mesme temps il fit chercher des cheuaux de tous costez pour porter son bagage, & monter ses gens, il en prit quelques-vns aux Marchands de nostre Carauane, & leur fit faire le voyage de Constantinople, le mien fut deux iours enfermé sans boire, de crainte que l'on ne me l'ostast, & en mesme temps le moyen de passer en Perse.

Kiaruanbachi est le chef de la Carauane éleu par les Marchãts le nostre estoit Armenien.

Le grand Turq, le Persan, & le Mogol n'empeschent point le negoce, quoy qu'ils soient en guerre les vns contre les autres : Ils ont des doüanniers establis sur les frontieres pour prendre le droit d'entrée ou de sortie sur les marchandises, & les Gouuerneurs prennent vn present pour l'or ou l'argent qui se transporte du Royaume, & donnent permission aux Carauanes de passer les limites de l'Empire.

Belle politique des Musulmans.

Voyage

Voyage d'Erserum à Hassan Kala.

Chap. XXIX.

LE dernier du mois nous prismes des chameaux frais, & partismes d'Erserum par vn froid tres-violent à cause des montagnes couuertes de neiges qui bordent le chemin des deux costes, par dessus lesquelles le vent passe & s'affecte d'vne telle froideur, que ie suis trop heureux de n'y estre pas mort; ie me bandois le visage auec mon Turban, mais quoy que bien fouré, ie n'auois rien qui fust à l'espreuue du vent, mes bottes estoient gelées, & j'eusse bien voulu n'auoir point de pieds, nous campasmes deux iours miserablement, apres auoir osté de la campagne demie picque de neige auec des pelles, i'ay eu cette fatalité dans mes voyages que i'ay cheminé l'Hyuer dans les pays frois, & l'Esté dans les Indes Orientales, & Arabie deserte ☻.

Le deuxiesme de Nouembre nous arriuasmes à Hassan kala, en François le Chasteau de Hassan, l'vn des fils de Haly, situé dans la Georgie, & frontiere de Turquie pour entrer en Perse; l'on visita nostre Carauane, & l'on fit payer deux reales d'Espagne par chaque chameau ou cheual de charge; ie passay à pied, & donné mon cheual à vn de nos chaoux qui me seruoit de valet par l'ordre de Minas ayant conuenu de prix auec luy, craignant que ceux qui faisoient la visite, me voyans bien monté, & bien armé, ne me de- Hassan Kala.

mandassent où estoient mes charges, & eussent connu que ie n'estois ny Marchand, ny naturel Leuantin: Ce Chasteau n'est pas si fort que les Ottomans l'estiment, i'en ay tiré le plan en passant le mieux qu'il m'a esté possible, le chemin est de sept heures, nous vinsmes loger à demie lieuë au delà de ce Chasteau dans vn village de Georgiens, où nous eusmes le couuert.

CHASTEAV DE HASSAN.

Des Georgiens.

CHAP. XXX.

LE Gurgistan, ou Georgie en François, a au Nord la Moskouie, au Couchant la mer Noire, au Sud l'Armenie, & Medie, & au Leuant la mer Caspique, elle eſt dominée par ſept Princes, dont celuy de Mingrelie eſt tributaire du Sultan, & celuy de Teflis du Schah, celuy de Bachiachok, d'Adean, & de Circaſſie ſont fort puiſſans, & n'ont peu eſtre ſouſmis aux Manſulmans ; le Turq & le Perſan y poſſedent en propre quelques terres.

Schah eſt le Roy de Perſe.

Les Gurgi, ou Georgiens portent les cheueux longs ſur le deuant, ils ſe font raſer le derriere de la teſte, laquelle eſt couuerte d'vn bonnet fourré, à la maniere des Polonois ou Tartare, & leurs corps d'vn habit long, ils ſont tres-vaillans, mais ſans Foy, & ſans Religion, & n'ont du Chriſtianiſme que le nom, ils vendent leurs enfans aux Turqs, ou Perſans qui y vont trafiquer, pour les faire Manſulmans, les plus beaux Icheoglans, ou Pages du Sultan, ou du Schah ſont enfans de Georgie, & preſque tous les hommes les mieux faits de Turquie, & de Perſe en ſont originaires, à cauſe que le ſang de Georgie eſt le plus beau qui ſoit en Aſie ; Les filles de Georgie ſont de grand prix parmy les Manſulmans pour leur parfaitte beauté. Ces peuples ſont Schiſmatiques, & ſuiuent le rit & vſage Grec, mais ont pluſieurs ſuperſtitions inconnuës aux Grecs : lors qu'ils font leurs prieres, ils entrent peu dans l'Egliſe, & auant que de percer vn tonneau de vin, ils font pluſieurs ceremonies. Leur langue eſt differente des autres peuples d'Aſie, & dans la Mingrelie & Circaſſie l'argent monnoyé n'a point de cours, mais dans leurs achapts ils ſe ſeruent de l'eſchãge & permutatiõ de ſoye ou autre choſe. I'ay veu à Conſtantinople l'Ambaſſadeur de Mingrelie, lequel apporte annuellement le tribut de ſon Prince au grand

Turq, consistant en quelques toilles ou Esclaues, & amene auec soy trente ou quarante Esclaues, il les vend les vns apres les autres pour viure, à la reserue de son Secretaire qu'il garde pour la bonne bouche, mais enfin s'il a necessité d'argent, il le vend & s'en retourne seul.

VN PERSAN.
VN SOPHI.

Voyage de Hassan Kala à Vche Kilisa.

CHAP. XXXI.

LE treisiesme, & quatorziesme du mesme mois nostre route fut sur la frontiere, vn Doüannier Turq d'vn petit Chasteau qui est à main droite, vint receuoir demy escu par chameau : Ce pays est de la Georgie, nous logeasmes dans des villages de Georgiens, leurs maisons sont en terre, & n'ont pour fenestre que la cheminée, ils bastissent de cette maniere à cause des neiges ☽. Le 5.6.7.8. & neufiesme nous marchasmes sur la frontiere, & passasmes vn petit fleuue que l'on tient estre le commancement du Tygre, ce ruisseau est la fin de l'Empire Ottoman, & le commancement de celuy de Perse, nous cheminasmes dix heures chaque iour ☉.

Aja Kala ou blanc Chasteau Kala est en Perse ce que Pacha est en Turquie.

Le dixiesme nous passasmes à la veuë d'vn petit Chasteau appellé Aja *K*ala du domaine de Perse, distant vn mille du grand chemin du costé du Nord, il releue du *K*an d'Eriuan, nous fusmes obligez d'y demeurer iusques au lendemain, afin que le Commissaire eust le temps d'escrire les charges de nostre *K*arauane, & en enuoyer son memoire au grand Doüannier d'Eriuan.

CHASTEAV DE LA FRONTIERE DE PERSE.

L'onziéme du mesme mois nous arriuasmes à Vche Kilisa, qui veut dire les trois Eglises en François, demeure du Kalife ou grand Patriarche des Armeniens, dans ce village il y a vn Conuent de Religieux de l'Ordre de S.Gregoire l'on y voit trois Eglises où les Armeniens ont grande deuotion, dans la plus belle ils tiennét que Iesus s'est apparu plusieurs fois à S.Gregoire, & luy en traça le plan; dans cette Eglise il y a vn lieu couuert de grilles de fer où ils vont faire leurs Oraisons auec grande deuotion & respect, parce que ce lieu à ce qu'ils tiennent est celuy où N. Seigneur se fit voir à S. Gregoire leur Apostre. La Karauane estât arriuée les cloches sonnerent l'on dist la grāde Messe auec beaucoup de ceremonie, ils frappent quantité de plats d'argent les vns contre les autres ; quand le Prestre dit l'Euangile chacun baise son compagnon à droit & à gauche en signe de paix ; & lorsque il consacre on tire vn rideau afin de rendre le Sacrement plus mysterieux & venerable, puis on l'ouure pour monstrer l'Hostie Consacrée au peuple : la grande Messe finie l'on nous conduisit en vne chambre où il y auoit vn banquet preparé, l'on nous ietta de l'eau rose sur la face, l'on nous donna à boire de l'eau de vie à la ronde, puis on apporta du ris cuit, des canards & des poulles boüillies couppées par morceaux auec de tres-bon vin : apres qu'vn chacun eut pris sa refection, le Secretaire du Patriarche demanda depuis le plus grand iusqu'au plus petit ce qu'ils vouloient donner à l'Eglise, les vns donnerent trente escus, les autres plus, les autres moins, chacun estant ciuilement obligé de presenter quelque chose ; deux Hiahobites furent extremément faschez de s'estre rencontrez à ce banquet, où par bien-seance l'on payoit plus que son escot.

De la Religion des Armeniens.

CHAP. XXXII.

1. LEs Armeniens tiennent qu'en Iesus-Christ il n'y a qu'vne Nature, & par consequent vne volonté & vne operation, & que la Nature Diuine est conuertie en Nature humaine : Pour confirmation de leur

Iean. Euang. 1. 14. sentiment ils alleguent plusieurs authoritez de la Sainte Escriture, entr'autres celles de l'Euangile Sainct Iean,

Dieu

Dieu estoit Verbe & le Verbe a esté fait chair, moy &
mon Pere nous ne sommes qu'vn, qui me voit, voit Idem. 10. 13.
mon Pere, ô Philippe, aucun n'a monté au Ciel que Idem 14. 9.
celuy qui en est descendu, le Fils de l'Homme qui est
au Ciel. Dans les conferences que i'ay euës auec leurs Idem 3.13
Papas, i'ay fait tout mon possible pour les desabuser de cette croyance, & leur ay monstré par raison, que si la Nature diuine est changée, ou conuertie en nature humaine, elle n'est plus nature diuine, parce qu'il est contre la nature d'vn sujet, que ce qui est changé demeure ce qu'il estoit auparauant: l'estre Eternel & infiny ne peut receuoir de nouueauté, se seroit former vn opposé dans l'obiect & destruire ce que l'on voudroit establir: Ils se seruent encore des paroles du Simbole de Sainct Athanase, où il dit, que tout ainsi qu'vn corps & vne ame raisonnable font vn homme, ainsi vn Dieu & vn homme font vn Christ, d'où ils tirent cette consequence, donc il n'y a qu'vne nature, parce que le corps & l'ame raisonnable vnis ensemble, ne font qu'vne nature humaine; cét argument leur paroist extremément fort, ie le jugé d'abord fallacieux dans la diction, & leur respondis qu'ils concluoient sophistiquement de la diuision à la composition, & que les Catholiques Romains ne disoient pas qu'il y eust deux natures de Christ, mais qu'en Christ il y auoit deux nature, lesquelles vnis hypostatiquement, font vn seul Christ ou suppost, ou subsistance, si l'on veut.

Ils condamnent le Synode ou Concile de Calcedoine assemblé contre Eutique & Dioscore, & ont pour 2.
S. Leon Pape, qu'ils croyent perdu & excommunié.

L

5. Soustiennent que tous les Patriarches sont esgaux comme estoient les douze Apostres, & ne croyent pas que leur Eglise soit la seule bonne, & que l'on ne puisse faire son salut dans les autres ; ils officient en Armeniens grammatical, que le bas peuple n'entend pas.

4. Ils ne mangent point de sang ny de chair estouffée, & ne peuuent conceuoir comme les Romains ont reformé le Concile des Apostres, qui à leur dire doit estre vn commandement & non vn Conseil Euangelique.

Acte 15. 26.

5. Ils n'admettent point le Purgatoire ny la priere pour les Morts, & nient que les Bien-heureux entrent en Paradis deuant le iour du Iugement, auquel iour ils ne verront pas Dieu face à face, mais iouyront d'vne clarté : Il y en a entr'eux qui croyent que les Gens d'Eglise seront plus haut dans le Ciel que les autres, comme si Dieu faisoit acceptation des personnes.

Rom. 2. 11

8. Ils ont pour constant que les ames sont crées dés le commancement du monde. Leur Caresme est de 50. iours, & les Mercredis & Vendredis ils font abstinence de chair, de poisson, d'œufs, de cresme, de jocourt qui est vne espece de ionchée, de beure, d'huille, & les vieilards comme plus Religieux ne boiuent point de vin, se substentans de pain, de ris, de fruict, d'eau & de bosan : Ie leur ay remonstré plusieurs fois que Moyse & Iesus-Christ ne furent que quarante iours dans leur Ieusne, mais pour responce ils me disoient que Sainct Gregoire leur Apostre, leur auoit ainsi laissé par escrit, ce qui monstre qu'ils sont plus attachez à leurs tradi-

Iocourt lait aigre ou espece de ionchée.

Exod. 33. 28.

Marc. 1. 13.

Bosan breuuage

tions, qu'à l'Euangile de Christ: Ie rends toutesfois ce tesmoignage d'eux qu'ils sont plus ciuils & honnestes, & plus amis des Francs que les autres Schismatiques, parce que dans leurs Propheties ils lisent que les Europeens doiuent reprendre Constantinople, & en chasser les infidelles Turqs. Ils repudient facilement leurs femmes, & chassent de leur Eglise ceux de leur nation qui se sont faits Catholiques, & les excommunient, auec deffence à qui que ce soit de leur parler, s'il ne veut encourir la mesme peine. Pour les remettre dans le chemin de salut il faudroit enuoyer vn Nonce en Perse, homme de bien, & fort liberal, pour assister les pauures Armeniens, lesquels se feroient tous Catholiques, & obtenir du grand Duc de Toscane, & des Serenissimes Republiques de Venise & de Genes, que ceux qui ne seroient pas Catholiques, & n'apporteroient les certificats de leurs Confessions, & Communions des Missionnaires de Rome, ne pussent negocier dans leurs Ports: Cette affaire regarde le Saint Siege, i'en ay dit mon sentiment à Rome, pour la descharge de ma conscience, à ceux qui y peuuent donner ordre, & sont establis pour la propagation de la Foy.

fort vsité parmy les Orientaux fait de mil boüilly, il fortifie extremement.

Voyage d'Vche Kilisa à Eriuan.

Chap. XXXIII.

Eriuan.

Peisket estvn present.

Agrdagh signifie pesante montagne en Turq, cōme qui diroit tres-grande. Dans l'Alcoran Chap. de la fourmy il est escrit, Dieu a apesanti

LE treisieme du mesme mois nous marchasmes quatre heures pour arriuer à Eriuan petite ville scituée dans l'Armenie superieure, & conquise sur Sultan Morat, par Schah Abbas le Conquerant, lequel la fit fortifier & entourer de quelques murailles de terre qui ne pourroient autrement souffrir le canon. Nostre Carauane arriuée, le Kiaruanbachi porta, selon la coustume du pays, le peisket au Kan d'Eriuan, il nous permit de partir pour Tauris quand nous voudrions, & le soir enuoya quelques moutons aux principaux Marchands de la Karauane, en eschange des presens que on luy auoit faits, recognoissance qui sent la generosité des Persans & non pas l'auarice des Ottomans qui prennent sans rendre le reciproque. Cette forteresse est située au pied du mond Gordieus appellé par les Turqs Agrdagh, le plus haut du monde, on l'apperçoit de dix iournées de Carauanes, sur cette montagne les Iuifs, Armeniens & Mansulmans tiennent que l'Arche de Noë s'arresta apres le deluge, quoy que plusieurs ayent creu que ce fust sur vne montagne proche Ginik; l'Escriture Saincte dit seulement sur les montagnes d'Armenies, sans en specifier aucune : Ceux qui ont asseuré que ç'a esté sur le mont Gordieus alleguent le texte de Moyse, que l'eau passa quinze coudées les lieux les plus esleuez. Aux enuirons de cette montagne croist

le meilleur vin de toute l'Asie, que les Persans ap- les montagnes.
pellent Eriuan Scharabi, mais il n'y a point d'Oliuiers, Alcor. ch.
ce qui fait que plusieurs s'estonnent où la Colombe de Hod.
peut prendre le Rameau qu'elle apporta à Noë à l'heu- elle est appellée
re de Vespres: Les Naturalistes & Cabalistes donnent Giondi en
vne explication à ce passage qui contenteroit les Sça- Arabe. Gen. 7. 20
uans si ie l'osois escrire, mais ce n'est point la matie- Vin d'E-
re de nostre Relation, & ie semblerois affecter de dire riuan.
ce que ie dois taire. Gen. 8. 11.

I
4
2
2
4
6
7

I. Lieu où l'Arche de Noë s'arresta.

II. Neiges.

III. Broüillards.

IV. Continuation des hautes montagnes d'Armenie, allans iusques au mont Taurus du costé de l'Orient, & iusques à Erzerum du costé du couchant.

V. Euesque Armenien assis faisant sa priere.

VI. Voix disant à l'Euesque qu'aucun ne montast audit lieu.

VII. Pied de la montagne.

Les Armeniens ont par tradition qu'au sommet de cette montagne, l'on pourroit voir vne partie de l'Arche de Noë, mais que l'on n'y sçauroit monter : Qu'vn de leurs Vertabetes, homme de saincte vie, y voulut aller, & paruint iusques au milieu de la montagne, comme l'on voit dans cette Figure, & venant à manquer d'eau, fit sa priere, & Dieu fit naistre vne fontaine qui luy conserua la vie ; Il entendit vne voix qui luy dist, qu'aucun ne fust si temeraire de monter au haut de la montagne, veu que nul homme viuant n'en estoit digne : Plusieurs personnes s'y sont perduës par trop de curiosité, non que ie m'imagine qu'il soit deffendu d'y aller, si c'est vn lieu Saint comme ils disent, il y faut aller auec les pieds de Moyse : Ie croy que tout le danger consiste aux precipices de neiges où on peut tomber, n'y ayant aucun chemin frayé.

Vertabete est l'Euesque des Armeniens, le mot signifie Docteur.

Exode 3. 4.

Voyage d'Eriuan à Tauris.

CHAP. XXXIV.

NOVS changeaſmes de chameaux, & partiſmes le dix-neufieſme du meſme mois, noſtre marche par iour eſtoit de douze heures, nous arriuaſmes à Naxchiuan le vingt-quatrieſme, ville renommée du temps de Cyrus, appellée Artaxata, limite des Medes, & des Armeniens; elle eſtoit plus grande que Tauris, comme l'on voit par le reſte de l'enclos des murailles, elle fut entierement ruinée & deſtruitte par Schah Abbas le Conquerant, lors qu'il en chaſſa les Ottomans. Le vingt-cinquieſme nous paſſaſmes le fleuue Ara appellé Araxes par les Grecs, auec beaucoup de peine, parce que l'eau venoit iuſques à la ſcelle des cheuaux, les chameaux paſſerent auec plus de facilité, ce qui nous obligea de camper proche d'vn village appellé Eſki Vſulfa, en François le vieil Vſulfa, d'où ſont ſortis les Armeniens d'Hiſpahaam, tranſportez de ce lieu par Schah Abbas le Conquerant, lequel s'empara de ce pays, mena le peuple eſclaue en Hiſpahaam, & donna permiſſion à ces pauures bannis de faire vne ville à demie lieuë d'Hiſpahaam, que l'on appelle Vſulfa, où il y a 6000. maiſons, dont les habitans trafiquent auec les Indou, Manſulmans, & Francs. A peine fuſmes nous campez, que le Vertabete nous enuoya vn mouton boüilly tout entier pour faire Korban: La Kiaruanbachi le fit diſtribuer à ceux de la Carauane

Naxchiuan ſignifie premiere faite, parce que c'eſt la premiere ville qui ait eſté baſtie apres le deluge.

Herodote Liure 4.

Eski Vſulfa.

Indou ſōt les Payens des Indes.

Korban eſt vne eſpece de

Karauane, & ensuite fit faire la queste pour l'Euesque; Ie reconnus que leur coustume n'estoit pas de donner ce qu'ils vendoient.

Le vingt-sixiesme nous campasmes dans vn vieil Han construict par Alladin Roy, où l'eau & le bois nous manquerent, nous fusmes fort incommodez, nos cheuaux ne furent abreuez que de neige, dix heures de chemin. Le vingt-septiesme nous arriuasmes à Marante petite Ville, où les Armeniens disent que la femme de Noé est morte & enterrée; ce qui leur confirme que l'Arche est demeurée sur le mont Gordieus, huict heures de chemin. Le vingt-huictiesme nous rencontrasmes vn Kan qui venoit de la Porte du Schah, pour commander à Eriuan & s'asseurer du Kan Manssoul, & l'enuoyer prisonnier en Hispahaam rendre raison de ses mœurs & de ses deportemens, les peuples d'Eriuan auoient formé leur plainte au Schah qu'il beuuoit du vin & desbauchoit leurs femmes. Le vingt-huictiesme nous arriuasmes à Sophia, huict heures de chemin: Aux enuirons de ce village se voyent plusieurs Sepulchres de grands personnages pour les combats frequents qui s'y sont donnez entre les Ottomans & les Keselbaches. Le lendemain vingt-neufiesme nous cheminasmes quatre heures par la Medie Superieure, Tauris nous parut, Ville fort renommée dans les histoires, elle s'appelle vulgairement Teurise, autrefois Ecbactana où estoit la Librairie des Roys de Medie; elle est scituée au pied du Mont Oronse, à quatre iournées de Carauane de la Mer de Glillan, ou Mer Caspique; la Ville n'est point ceinte de murailles, n'a

Communion, ils prennent vn animal & le font bouillir tout entier, puis le donnent à toute la cõpagnie ce que les Mansulmãs, Armeniens, & Grecs pratiquẽt pour se resiouir.

Alladin foy de Dieu.

Marante cõme qui diroit enterré là, à cause de la femme de Noé qui y est morte.

Sophia.

Keselbaches sont les gẽs de guerre de Perse.

Tauris. 1. Esd. 6.

aucune forteresse & n'est assise sur aucune Riuiere, sa grandeur peut estre comparée à celle de Florence, à l'esgard de ce qui est habité; Si l'on prenoit l'enclos ancien & le tour de quelques pans de murailles, elle se trouueroit esgalle à celle du Grand Kaire, ou de Londres: mais Schah Abbas le Conquerant en ruyna tous les bastimens quand il y surprist les Ottomans; aux enuirons de la Ville il y a vn Chasteau fort ancien où sont enterrez les Roys des Parthes & des Medes, & le Prophete Daniel, lequel apres vn long sejour, y est mort.

Les habitans de Tauris sont Turqs de Nation, & de Langue de la Secte de Haly ennemis mortels des Ottomans, ie fus contraincts de m'habiller à la Persane & quitter mon vestement Turq, parce que les enfans couroient apres moy, & m'appelloient infidelle & cornard Ottoman. Les fruicts y sont semblables aux nostres, le peuple y est blanc, & les naturels si ialoux de leurs femmes qu'elles n'oseroient sortir hors de la maison si elles ne vont aux bains: Cette Ville est la plus Marchande de l'Asie à cause du passage & abbord des Karauanes, lesquelles y apportent toutes sortes de marchandises; celles de l'Ouest qui viennent d'Arabie, Syrie, Grece, Pologne, & Venise, quantité d'or & d'argent, draps fins, brocaltel, corail, ambre gris, & ambre jaune. Celles de l'Est, sçauoir de Tartarie, Iusbeg, Thebet, Chine, Pegou, Indes Orientales & Ghillan, de la soye, cambresines, rubis, diamands, fourures, toiles peintes appellées chites, canelle, rubarbe, poivre, & toutes sortes d'espiceries: Le Schah tire de ce commerce

Bié Ghidi. Bré Dinsis. Osmantou.

beaucoup de Contributions ; il s'y faict quantité de turbans & mouchoüers de soye que l'on transporte en Grece & Affrique.

De la maniere que les Persans donnent la question aux Criminels.

Chap. XXXV.

Dans nostre Han l'on volla 600. Abbassis à vn Agy Persan, lequel forma sa plainte au Kadi ou Iuge, & dist qu'ayant couché hors le Han il auroit laissé 600. Abbassis dans sa chambre ; laquelle il auroit fermée auec vn kadenac, que le matin il seroit retourné & auroit trouué sa porte ouuerte ; son kadenac faucé & son argent pris, dont il reclamoit le Kadi, le suppliant de faire la recherche des volleurs qui auoient commis le deslit : le Kadi vint en personne dans le Han, fit apprehender aux corps nos seruiteurs, puis nous interrogea tous les vns apres les autres, nous menaçant de nous faire du mal si cét argent, ou celuy qui l'auoit pris ne se trouuoit : A mon tour ie luy respondis, que ie m'estonnois qu'il peust auoir la pensée que i'eusse pris cét argent : qu'ayant despensé plus de 4000. abbassis pour venir voir la Perse, il n'y auoit apparence de m'en soubçonner ; qu'il me faisoit conceuoir autre chose des Persans que ce que l'on m'en auoit dit en Europe, où on les croit ciuils & honnestes aux estrangers, & que i'en ferois mon rapport suiuât qu'il me traitteroit : Sa response, Ie ne te sçauois pas Frank, & iusqu'icy quel

Abbassis reuient à vn testō.

Agi, Pelerin de la Mecque.

Kadi ou Kasi est le Iuge.

mal t'ay-ie fait, ie ne t'ay pas tué, qui t'auroit conneu pour homme de si loin auec l'habit de Keselbache, & la langue Turque que tu parle, Va t'en que Dieu te conserue, ie sçay, tu n'és pas homme à voler l'argent des Mansulmans, ie te dis, tu trouueras beaucoup de tes compatriotes en Hispahaam. N'ayant peu tirer par douceur la verité du vol il y ioignit la rigueur des loix, & fit donner la question à quelques-vns de nos seruiteurs, lesquels auoient la plus mauuaise phisionomie, & aux deux Odabachi du Han, l'on leur fit boire quantité d'eau salée, puis l'on leur appliqua vn fer rouge sur la poictrine, & n'ayant rien confessé l'on les laissa aller; à quelqu'autres l'on donna des coups de baston, l'on leur attacha les deux pieds ensemble à vn posteau la teste en bas, puis l'on leur frappa sur la plante des pieds auec vn baston, cette façon de fouëtter ou battre est ordinaire en tout le Leuant, où l'on ne frappe point sur les fesses, pour l'honnesteté qui le deffend parmy ces peuples.

Odabachi sont les cameriers. Oda signifie chambre & bachi la teste, comme quidiroit les chefs des châbres.

PeisKet des habitans de Tauris fait au Kan.

Chap. XXXVI.

Le dixiesme Decembre la Ville de Tauris fit present à son Kan ou Gouuerneur d'vn parfaitement beau turban, lequel l'on porta en pompe dans vne Meskiet hors la Ville, où le Kan alla en procession accompagné des Keselbaches vestus à qui l'emporteroit par dessus son compagnon, ce iour se passa en réjouys-

MesKiet est la Mosquée, ou Temple des Mansulmans.

ſance, les boutiques des Artiſans fermées, & ne ſe peut eſcrire la felicité & le bon-heur d'vn peuple qui eſt regy en iuſtice & iugement, non plus que l'amour & les reſpects qu'il porte à ſon Gouuerneur.

Reception du Kan d'Eriuan Manſoul & priſonnier d'Eſtat par le Kan de Tauris.

CHAP. XXXVII.

LE quinzieſme du meſme mois le Kan d'Eriuan Manſoul & priſonnier d'Eſtat dont nous auons cy-deuant parlé, arriua à ſix milles de Tauris, toute la Ville eut ordre de ſe parer & ſe mettre en armes pour le lendemain iour de ſon entrée. Le ſeizieſme le Kan de Tauris fut auerty que le Kan d'Eriuan eſtoit à deux lieuës de la Ville, monta à cheual & alla au deuant accompagné de 1200. Keſelbaches d'eſlite, pour s'aſſeurer de la perſonne du priſonnier, parce que ſuiuant l'ordre de Perſe les Gouuerneurs ſe remettent de main en main les priſonniers d'Eſtat, & les Ambaſſadeurs des Princes Eſtrangers, pour les conduire au Schah; Le Kan de Tauris eſtant proche de celuy d'Eriuan, l'embraſſa luy diſt tu es le bien venu & le bien trouué, ne t'afflige point, ſois ſein & allegre! ô mon Sultan, ie te rendray tous ſeruices, ie te dis tout ce qui n'ira point contre le Schah, que ma teſte ſoit tienne ſi tu ne l'obtient de moy, tu ſeras de la meſme façon que mon frere ſur mon Gouuernement. Le Kan d'Eriuan, homme parfaitement bien fait, aagé de 38. ans au plus, & fils de

Benum ſiſum Bachi. Mienne tienne teſte.

Gianem ame miene.

Georgie, mist la main droicte sur son turban & s'enclinant vn peu, fit cette response! O Kan mon ame, ie connois ta bonté, où y a-t'il homme esgal à toy, ie t'ay veu aux combats pour accroistre l'honneur des Keselbaches, ie te voy maintenant secourir, & consoler vn affligé qui a la teste mal-faite, estant priué de son Gouuernement? que Dieu t'aime, as-tu oüy pour quelle cause l'Etmaldoluet de l'ordre du Schah m'a mandé. Le *K*an de Tauris luy dist; qu'est ce, ô *K*an ma vie, le Schah est plein de misericorde pour toy, pour te remettre dans ton Gouuernement, si tu n'as point forfaict, & confondre tes ennemis, s'il plaist à Dieu. Le Can d'Eriuan repliqua, ô mon bon Sultan, ô mon Cordial maistre, tu sçais, ton sçauoir & ta valeur t'ont rendu recommandable au dessus des autres *K*eselbaches: il y a vn Dieu, Dieu est grand, & Hali est vray Prophete de Dieu, vse librement de ton pouuoir, croy que ie suis sans liberté, & me fais lier les mains, ie te dis, ô Mansulman & vray Schai, que ie n'ay point peché contre le Schah, s'il le croit, ie m'accuse criminel, & n'ose dire qu'il se soit laissé preuenir de mes ennemis, i'auray cette consolation de mourir obeyssant, il verra en me faisant estrangler que ie l'honoreray iusques à la fin de ma vie; les larmes luy osterent la liberté de parler: Ce qui donna lieu au Can de Tauris de luy dire, O vray croyant, en vn seul Dieu qui ne peut auoir de compagnon, & qui fait misericorde aux misericordieux, premier des Estres & Roy des Roys, tu ne dois point auoir les mains liées, ie te dis ta prison sera mon Serrail, tu t'affliges, pourquoy? parle genereux Can, que veux tu

Etmaldoluet est le grand Visir de Perse.

Schai qui est de la Religion du Schah.

Alc. ch. de l'abeille.

de moy ? Ie veux ce que tu ne me peus refuser ! ô veritable *K*eſelbache, cher compagnon de bataille; permets que ie ſéjourne icy quelque peu, & enuoye au plutoſt mes femmes, & mes concubines dans mon Serrail en Hiſpahaam, & mes armes, tapis, cheuaux, & autres richeſſes au Serrail du Schah : Ie te dis, tu feras deux œuures de vray Manſulman, tu empeſcheras que mon lict ne ſoit ſoüillé apres ma mort, ſi mon heure fatalle eſt venuë, lors que i'arriueray à la Porte du Schah, & tu feras retourner au treſor du Prince ce que i'ay amaſſé à ſon ſeruice; tu ſçais, ie ſuis venu pauure enfant de tribut, de parens infidelles, & ie croy d'Idolatres Georgiens, au ſeruice du Schah, & nud ie m'en retourneray iouïr de Dieu, & du Paradis, promis par ſon Meſſager, & par le Liure de la Loy. Le Prince de Tauris luy accorda ſa demande, ils s'acheminerent par l'at Meydan, ou Hipodrome de la ville, ie les laiſſé aller, & m'arreſté à conſiderer le train & bagage du *K*an Manſoul, qui conſiſtoit en deux cens Caualiers, cent cinquante chameaux, & mulets chargez de tapis, coffres, & de vingt-cinq, ou trente femmes ſur des chameaux, ſix Eunuques noirs pour les garder, & vingt Pages; Ie demandé à quelques Perſans leur ſentiment touchant le priſonnier, ils m'aſſeurerent qu'eſtant bel homme, genereux, & eſtimé l'vn des premiers *K*eſelbaches, il n'auoit rien à craindre, parce qu'il eſtoit en Perſe, & non en Turquie, où les infidelles Ottomans ne demandent que la mort de leurs Grands.

At Meydan, marché aux cheuaux, at ſignifie cheual, & Meydan Marché.

Description de la Mer Caspique.

Chap. XXXVIII.

LA Mer Caspique n'est pas nauigeable l'Hyuer, elle est fermée de tous costez, & n'a aucune communication visible auec les autres mers ; son sable & sa couleur sont semblables à ceux de la mer Noire ; les Turqs, Persans, & Iusbegs l'appellent Ghilian Degnisi, ou mer de Ghillan, à cause de la ville de Ghillan capitale des Parthes, qui en est proche ; sa longueur est de deux cens cinquante lieuës, & sa largeur de deux cens, sa figure presque oualle : Elle a au Nord la Moscouie & Tartarie, au Leuant la Tartarie, au Sud l'Empire du Schah, & au Ponant la Georgie. Cent, tant riuieres que ruisseaux s'y rendent, & ne la grossissent point, parce qu'au milieu il y a vn trou dans lequel l'eau entre de tous costez, & si vn vaisseau y vient, il est perdu, & ne s'en peut retirer. L'on ne sçait au vray si cette eau va par dessous la Georgie se rendre dans la mer Noire, & dans la mer de Van, qui est vne autre petite mer dans l'Armenie, ou bien si elle retourne en terre pour entretenir la source des ruisseaux, & des riuieres : Cette mer est perilleuse à cause de plusieurs rocqs & escueils qui y sont à fleur d'eau : Quand l'on va de Moscouie en Perse, l'on s'embarque à Astracam sur le Vvolgue, & ayant trauersé on arriue à la Plage, distante six iournées de Chamak, dans vn canton où l'air est extremement mauuais, comme sur toutes les

Ghilian Degnisi, mer Ghillan.

Astracam. Chamak

costes,

costes de ce lac salé, ce qui fait dire aux naturels de Ghillan, que les morts dans leurs pays ressemblent aux viuans, parce que les hommes y sont sans couleur, pasles & deffaits : Le Saulmon de la mer Caspique est tres-bon, ie n'en ay point mangé de semblable en Angleterre, ny en Irlande.

Voyage de Tauris à Cachan.

CHAP. XXXIX.

LE 27. Decembre ie partis de Tauris auec quinze Marchands Iusbegs, & Persans, sans Carauane, les volleurs estans en petit nombre en Perse, à cause que les Kans leur donnent la chasse, & qu'il n'y a point de Turcomans, ny d'Arabes rebelles sur les terres du Schah; ie fus en doute si ie prendrois la route du Kathai, pour entrer dãs la Chine auec la milice du grãd Kan de Tartarie, dont i'entendois vn peu la Langue; mais i'appris que les Chinois l'auoient chassé hors la muraille, i'aymé mieux voir la Porte du Schah, l'Empire du Grand Mogol, & aller à Goa capitalle des conquestes des Portugais; nous marchasmes six iournées logeans dans de petits bourgs fort peuplez, pour arriuer à Zangan, autresfois l'vne des grandes villes d'Asie, Zangan. destruite par les guerres, & le temps qui consomme tout. Le vingt-septiesme à Sultania petite ville fort an- Sultania. cienne, assise au pied de quatre hautes montagnes, appellez par les anciens, Nyphates, Caspius, Coatras & Zoogras; Le long du chemin nous trouuasmes plu-

ſieurs païſans la pelle à la main, qui remuoient des monceaux de neiges, pour en tirer des cadaures, & leur donner ſepulture, parce que les iours precedens il y auoit eu de ſi grands vents, que ceux qui s'eſtoient trouuez à la campagne furent enſeuelis dans les neiges, ſept heures de chemin ☻. Le 28. & 29. apres auoir cheminé dix heures nous nous arreſtaſmes proche vn village appellé korumdara fort peuplé, nous attendiſmes deux
korumdara. iours, que quelqu'vn euſt frayé le chemin, qui eſtoit tellement remply de neiges par les vents, qu'il y auoit danger de tomber en quelque precipice ☻.

De korumdara nous arriuaſmes à koum en ſix gran-
koum. des iournées: Cette ville eſt fort grande, ſaccagée par Temerlang Tartare, autresfois la terreur de l'Aſie; il y a vne petite riuiere fort ſabloneuſe, d'où cette ville a pris ſon nom, parce que koum ou kum, en Turq ſignifie du ſable; le pont eſt aſſez beau, l'on y mange les meilleures grenades de Perſe, groſſes comme des œufs d'Autruche, les Perſans en font de tres bon vinaigre.
Coum. L'acier de koum eſt fort eſtimé en Hiſpahaam, ils l'ap-
Coum Poulati. pellent koum Poulati, & en font les eſpées damaſquinées, qui ſont ordinaires aux keſelbaches. Le dixieſ-
Coum acier fin. me nous partiſmes de koum, & le treiſieſme nous vinſ-
Cachan. mes à Cachan belle & grande ville, la quatrieſme de Perſe, où il y a grand negoce pour les vaiſſeaux de cuiure, & eſtoffes de ſoye que l'on y fait, nous y ſéjournaſmes quatre iours, dans le plus grand & beau kianuanſarai qui ſoit en Aſie.

Voyage de Cachan en Hispahaam.

CHAP. XL.

LE dix-huictiesme Ianuier nous prismes nostre route pour Hispahaam, demeure & Porte du Schah, où nous arriuasmes en cinq iournées de Carauanes, nous ne fusmes plus incommodez des neiges, sur lesquelles nous auions marché depuis Erserum, ce qui debilite fort la veuë, à cause de la blancheur, dont le propre est de dilater.

Hispahaam, ou Hichipahaam, comme veulent les Persans, estoit autresfois Eccaronpolis, dont la grandeur est égalle à celle de Paris; elle est assise proche Zenderouh petit fleuue sur lequel il y a vn beau pont pour passer à Vsulfa, demeure des Armeniens, dont nous auons parlé; entre ce pont & la ville il y a vne allée plantée d'arbres, & aux deux costez sont les iardins du Schah; Il y a douze portes principales, chaque maison a son iardin, auec des arbres fruictiers, & de la vigne, le sejour en est beau, & l'air tres sain, les fruicts s'y conseruent d'vne année à l'autre, ie fus estonné d'y manger des melons, & des raisins au mois de Fevrier, qui me sembloient estre nouuellement cueillis. Les Cadaures, quoy qu'ils se corrompent, n'y rendent aucune mauuaise odeur, ce qui procede de la grande secheresse du pays: Le Meydan, ou Marché, est la plus grande place qui soit en aucune ville du monde, vn peu plus longue que large, ayant tout autour des maisons

Hispahaam.

Chap. 43.

basties esgallement, auec des galleries au dessous, où l'on va à couuert de la pluye, & du Soleil; à l'vn des bouts il y a vne belle Moskée, & tout proche est le Serrail du Schah. Les Naturels d'Hispahaam ont estez subiuguez par les Turqs Keselbaches, & parlent Persan, mais tous les gens de guerre sont de langue Turque, vn peu differente de celle de Constantinople, il y fait beaucoup de neiges, & de pluye, qui incommodent fort, à cause que les ruës n'y sont point pauées.

Il y a quatre Eglises de Catholiques Romains, l'vne est fondée par Monsieur l'Euesque de Babylone, autres fois de l'Ordre des Carmes Deschauds; L'autre est de Capucins François, qui ont acquis leur maison sous le nom du Roy de France, afin de n'estre point molestez; La troisiesme est d'Augustins Portugais, autresfois bastie par la magnificence des Roys de Castilles, lors qu'ils estoient Roys d'Ormous, & souuerains des conquestes des Indes Orientales; La quatriesme est de Carmes Deschauds Italiens, enuoyez par la Congregation de Propaganda Fide, dont Monsieur le Cardinal Capponi est à present Prefet. Ces Religieux ont dequoy exercer leurs Missions, & ont pour object la conuersion des Mansulmans, Armeniens, Iuifs, Parsis, Indou, Georgiens, & Sabis, qui se rencontrent tous en grand nombre en Hispahaam. L'on y mange la chair des cheuaux, des asnes, des mulets, & des chameaux, que les Keselbaches trouuent à leur goust, & se mocquoient de moy, m'appelloient superstitieux de n'en pas manger, que bien leur face, ie suis nay dans vn pays où l'on aime les chappons, & ce qui est bon, ils ont autant d'aduersion

Parsis sõt les adora teurs du feu.

Indou Payés des Indes.

Sabis Disciples de S. Iean Baptiste.

aux grenoüilles, que i'auois à la chair de cheual. Le chagrin y est à grand prix, on le fait de peaux d'asnes, ou de mulets. Proche Hispahaam il y a vn village de Gœuures ou Parsis, qui sont de l'ancienne Religion de Perse, laquelle nous descrirons dans la troisiesme Partie de nos Obseruations.

Du Schah, son Origine, ses Forces, & estenduë de son Empire.

CHAP. XLI.

LEs Persans, autresfois dits Cephenes, par les Grecs, & Artées par les Assiriens, s'appellent Parsi, depuis que Perseus alla espouser Andromede, & ont pris le nom d'Agem, depuis que les Parthes, & les Medes les ont subiuguez, ils nomment leur Roy Schah, qui reuient au mot de Sire en François, & les Turqs le leur Sultan, qui a la mesme signification, parce que Baaschah, & Sultanem, signifie Monsieur, ou Sieur mien: Quelques-vns ont aduancé que le Roy de Perse estoit nommé Dieu par ses sujets, ce qui est faux, ils appellent Dieu Koda, & leur Monarque Schah. Celuy qui regne à present peut auoir vingt-deux ans, son nom est Abbas, & par consequant Schah Abbas: Il est descendu des Turcomans, ainsi que le Sultan des Ottomans, mais d'vne autre branche. Le plus grand Roy de cette famille a esté Schah, Ismaël Sophi, puis Schah Abbas le Conquerant, l'vne des grands politiques & fourbes qui aye iamais esté, il faisoit croire aux Espagnols qu'il estoit Chrestien, alloit chez les Peres Augustins d'Hispahaan boire du vin vne Croix au col, dont il se seruoit pour cacheter les Lettres qu'il escriuoit à sa Majesté Catholique, cependant qu'il tramoit auec les Anglois la prise d'Ormous, pour chasser les Portugais du sein Persique, qui se flattoient de sa conuersion; D'autre costé il endormoit les Ottomans, lesquels il surprist à Zangan, Tauris, & Eriuan, & les chassa iusques à Hassan kala, Erzerum, & Moussol, leur ayant osté vingt-cinq iournées de terre; Il se comporta de mesme façon enuers les Georgiens, qui se virent conquis deuãt que de le sçauoir leur ennemy; Il laissa Schah Sophi son petit fils, pere de Schah Abbas, à present regnant, lequel tire sa Genealogie de Cherisim douziéme fils de Hassan, dont les deux freres furent massacrez par Maui, lequel Hassan estoit fils de Haly Pehrember, Gendre de Mahomet, se dit Scherif, ou Saiette, suiuant les Arabes, & pour parler François, du Sang du Prophete, & s'estime le plus grand Prince, Roy & Seigneur des Mansulmans, qualitez qui luy sont contestées par le grãd Turq, qui prend le titre de Distributeur des Couronnes, & se croit estre le premier Roy de la terre, parce qu'il est Souldan d'Egypte, Gardien de Koussi Cherif, & seruiteur de la Mecque. Les autres titres du Schah sont Empereur & Souuerain de Pharsi; Arac, Scheruan, Sablestan, Kandahar, Tokaristan, Erei, Zagathai, Mozendram, Turquestan, Syrgian; Phargan, Thalxan, Maurenahar, Kalsistan, Sigistan, Maqueron, Istigias, Kyrmam, Laristan, Syndi, Armousia, Laar, Iaziry, Chusistan, Ajaman, diarbek, Gurgi, Ermeni,

Moussol est Niniue.

Pehrember veut dire Prophete.

Coussi Cherif, Ierusalem Iusbeg, veut dire cent Princes.

Kerkaho, Vaſprakan, Aramnoh, Adozar, Tovvrachovv Iarual, Deriobkoraſan, Deriobpharſi, Diglah, Araz, Sindi.

L'Agemiſtan ou habitation des Perſes, où l'Empire du Schah a au Nord la Georgie, la mer Caſpique & partie du Royaume d'Iusbeg; au Sud le ſein Perſique, le deſtroict d'Ormous, & la grande mer des Indes. A l'Eſt confine l'Empire du Mogol à Candahar Multan, & peu s'en faut qu'il ne s'eſtende iuſqu'au fleuue Indus, & ioinct vne partie du Royaume d'Iusbeg, l'Oueſt a pour limites la riuiere du Tigre, le Courdiſtan & Eriuan en Armenie. La force de cét Eſtat conſiſte en 45000. Keſelbaches, auec leſquels le Schah affronte & fait teſte au Grand Turq, aux Arabes, Iusbegs, Georgiens, Mogols, Portugais & Hollandois, d'où l'on peut tirer cette conſequence que le grand nombre ne fait pas gaigner les batailles, mais l'ordre & le cœur des combatans auec la conduite des Generaux & l'addreſſe des Miniſtres.

Mogol. blanc.

Courdiſtã, habitatiõ ũes Courdes.

Gouuernement de Perſe.

CHAP. XLII.

LE Schah, auec ſa milice, & tous ceux qui ſont appellez au Gouuernement de l'Eſtat parlent vne langue Turque differente de celle des Ottomans, comme la Venicienne de la Toſcane: Dans les grandes villes il y a vn Kan qui eſt le meſme en pouuoir que les Pachas en Turquie, il demeure dans ſon gouuernement tant qu'il fait bien ſa charge, il y en a quelquefois à qui les enfans succedent, & maintiennent par cette voye quelque Noblesse dans leur race. A la porte du Schah il y a vn premier Ministre d'Estat appellé Etmaldoluet, semblable au Visim Asim du Sultan des Ottomans, sur lequel il se repose entierement des affaires du Royaume, & ne le fait pas estrangler s'il ne le merite : Apres la mort du Schah son fils aisné succede comme en toutes les Couronnes des Mansulmans, & ne fait pas mourir ses freres, il est vray que s'ils sont conuaincus de trahison l'on leur passe vn fer rouge deuant les yeux qui les priue de la lumiere & non de la vie. Ces Princes sont tellement ialoux de leurs femmes, qu'apres leur mort l'on ne peut sçauoir où elles ont esté enterrées. S'il arriue quelque Ambassadeur le Schah voit les presans & les fait apprecier, & apres les reconnoist en soye ou autre chose à l'equiualent : les Anglois & Hollandois y ont deux principaux Facteurs qui seruent de Residens, dont le principal employ, est de vendre & achepter les marchandises & les enuoyer à Ormous, pour les embarquer & transporter en Europe, & autres diuerses parties du monde.

Les Chrestiens, Iuifs, Indou, Sabis & Parsis portent publiquement le verd, ce que les Keselbaches permettent pour se mocquer des Ottomans, qui l'estiment vne couleur saincte & marque de la Mansulmanité; mais les Persans respondent, si les Chrestiens & autres infidelles ne sont pas dignes de porter le verd, & que ce soit vne couleur saincte, les superstitieux & heretiques Ottomãs ne deuroient pas marcher sur l'herbe. L'on dispute publiquement de la Religion, sans crainte du Iuge, auec les Persans

Alcoran chap. de l'homme, il est dit que les bien heureux seront vestus de

Persans, qui se plaisent fort dans les Conferences : & ont les mesmes principes de Philosophie, & de Mathematique que nous, mais non de Theologie, non plus que les Parsis, Iuifs, Indou, & Saby; ce qui fait que nous ne pouuons conuenir en mesme creance, & que nous sortons de la dispute comme nous y sommes entrez. Outre cette liberté qu'ont les Chrestiens & autres estrangers de parler de la Religion, ils peuuent porter l'habit Persan auec le Cimeterre & le Gangeard, ou autres armes dont ils se peuuent deffendre contre qui que ce soit, auec raison, il n'y a que le bonnet de Sophi à 12. 9. ou 7. pointe qu'aucun ne peut porter s'il n'est descendu d'vn des 12. Imans. Les Chrestiens peuuent habiter auec les Mansulmanes sans apprehension du feu, quoy qu'il y ayt chastiment si elles sont mariées, mais auec vne femme publique l'on n'en feroit que rire, parce que les estrangers sont reputez les hostes du Roy, & le Kadi les fauorise en tout. Si vn François, vn Tartare, vn Canadois, ou autre estranger meurt en Perse son bien est conserué à ses heritiers, & le Schah ne se l'approprie pas non plus que les desbris des vaisseaux. Le Schah ne tire pas le harache des Chrestiens esgallement, mais ceux qui sont plus riches luy payent dauantage que les pauures ; des estrangers il n'exige rien, il leue quantité d'enfans de tribut de Georgie & du Korasan, desquels l'on se sert au gouuernement apres que l'on les a fait instruire dans des seminaires. Les Keselbaches & Ispahis sont la pluspart Medes ou Parthes, & ont certaine sommes d'argent par an pour leur solde, ou 15. ou 20. ou 30. Tomans, suiuant leur valeur & bon-

poupre & de couleur de soye verte.

Gangeard est la dague des Persans & Ottomans.

ne mine, vn Toman vaut 50. abbassis, & 3. abbassis vallent vne realle d'Espagne, ils boiuent du vin impunement contre la Loy; mais le peuple n'en oseroit boire. Les Kans des villes frontieres font visiter les Karauanes, & ne permettent pas que l'on emmene des cheuaux de prix, ny que l'on transporte nombre des especes d'acier de Kom, que nous appellons damasquinés. Les femmes n'y ont aucune liberté, & dans le reste du gouuernement & des coustumes ils imitent les Turqs, dans leurs mariages, circoncision, ordre de rendre la iustice, diuision du iour en cinq parties, bains & lauemens, fabrique de leurs Moskées, Festes, Ieusnes, & mortifications, education des enfans de Tribut, esclaues & Euneuques, &c.

De la Religion des Persans.

CHAP. XLIII.

LEs Persans, & Keselbaches se disent Schai, qui veut dire tenant le party du Schah, mais sont appellez Raffasis par les Ottomans, Iusbegs, Mogols & Tartares, qui signifie heretiques, parce que les Persans sont seuls de leurs Sectes; ce que les Schah ont politiquement estably pour mettre plus d'antipathie entre leurs sujets, & les Ottomans, ou autres Mansulmans leurs voisins: Si les Ottomans estoient Schais, ou de la Secte de Haly, les Persans se feroient Sonnis, qui est la Secte des Ottomans. Ils prennent le nom de Keselbaches, qui signifie teste rouge, parce que les hommes de

Keselbache rouge teste.

commandement, & principalement les Sophis portent en teste vn bonnet rouge à douze pointes, & vn turban tourné en rond sur le front, signal qui denote qu'ils sont de la Secte de Haly, & de la Religion du Schah; L'institution de cette ceremonie est venuë de Schah Ismaël Sophi au nom des douze Imans, ou Saincts descendus du Prophete. Les Sophis ou descendans de ces douze Imans portent tous les iours ce bonnet, les Keselbaches, ou Agis ne le doiuent mettre qu'aux combats & iours de parade : La difference de cette Religion procede de ce que les Schais ont plus de foy en Haly, qu'aux Interpretes de l'Alcoran, & les Sonnis croyent plus en Mahomet, Omar, Abubeker, & Odeman; ils ont toutesfois le mesme Alcoran, & mesmes ceremonies dans leurs prieres, les Schais sont plus subtils dans leur Religion, ils en conferent publiquement auec les Chrestiens, Indou, Iuifs, Parsis, & Sabis; cette parfaite connoissance de leur Loy leur vient de la version de l'Alcoran en Persan, pretendant que l'on ne le puisse traduire en autre Langue sans en alterer le sens, & l'eloquence, à cause de la conuenance de l'Arabe escrit auec le Persan : Lors qu'on leur fait voir quelques contradictions dans le Coran, ils les tirent en mystere, & disent que ce sont Passages difficiles qu'on n'entend pas. Autant que les Gens de Loy sçauent leur Religion; autant les gens de guerres, ou Keselbaches l'ignorent, connoissant aussi peu le Coran que son Autheur; n'ont aucune antipathie auec les Chrestiens, boiuent & mangent auec eux sans scrupule; Ie ne leur ay iamais

Keselbaches vertes testes.

Alc. ch. des portes.

Alc. ch. de la lignée des Ioachins. Chap. des limbes.

veu faire leur Namas, & ie croy que la plus part ne la sçauent pas. Ceux de langue Persanne sont fort superstitieux, il s'en trouue entr'eux qui ne portent plus leurs habits s'ils ont touché vn Chrestien, les reputans immondes pour auoir frotté vn kiaffer, ou homme sans Dieu, si le Schah, les keselbaches, & autres de Langue Turque leurs permettoient de mal-traitter les Chrestiens, & les Estrangers : Ils feroient pis que les Ottomans, mais ils craignent le baston, & sçauent que nous sommes supportez des gens de commandement.

Kiaffer, qui n'a pas plus de notice de Dieu qu'vne beste.

Interest du Schah.

Chap. XLIV.

LE Schah donne liberté aux Chrestiens, Parsis, Iuifs, & Sabis, afin de les faire venir sur ses terres, & enrichir son Empire : Il se maintient en estroitte intelligence auec le grand Duc de Moscouie pour l'attirer contre le Turq, en cas qu'il luy voulust faire la guerre, & se seruir des Tartares qui sont bridés par les Moscouites; il a en quelque estime l'amitié des Polonois, & des Venitiens pour la mesme raison. Il protege en tout le Prince de Samarchand Roy des Iusbegs, & s'en sert à propos contre le grand Mogol, quand il veut estendre ses limites sur l'Empire de Perse : Le Prince de Bassara est son tributaire, & deux Princes de Georgie, d'où il tire force cheuaux, & hommes en temps de guerre ; il ne veut point souffrir que les Anglois, Hollandois, ou Portugais ayent aucune terre adiacente à ses costez, de crainte que deuenans Maistres du negoce, ils ne prennent les doüannes. Il s'entretient par maxime d'Estat auec le Scherif de la Mecque, dont il n'est pas beaucoup aymé à cause de son heresie. Il a quelque amitié auec l'Empereur, le Roy d'Espagne, & le grand Kan de Tartarie, & en reçoit des Lettres fort souuent, ausquelles il respond, fauorise ceux qui les apportent, & ne croit pas que leur alliance luy soit vtile en rien, il estime bien plus celle des Portugais, Anglois, & Hollandois.

De l'Habit des Persans.

Chap. XLV.

Les Persans se font raser toute la teste & la barbe, portent des moustaches de la longueur qu'elles peuuent croistre, de sorte que quelques-vns en pourroient faire deux ou trois tours à leurs oreilles : leur turban est fort gros, sans bonnet dessous ; leurs souliers sont faits en forme de nos galoches, pointuës par le bout, de chagrin, vert, ou rouge, auec le talon de la hauteur d'vn demy pied : Leurs robes sont plus courtes que celles des Ottomans ; au lieu de les boutonner, ils les croisent, & les attachent au costé droit par dessus ils portent vne petite casaque fourrée en Hyuer ; les gens de guerres vont rarement sans leurs espées, & leurs Ganjards ; ils sont plus somptueux en turbans que

Alc. ch. de la conqueste.

les Ottomans. Il fait beau voir aux assemblées, ou Festes publiques, les Gens de commandement, & Officiers de la Couronne, lors qu'ils mettent leurs bonnets de Sophi, & par dessus plient vn turban de soye, & de fil d'or auec deux ou trois tours de perles, & force diamands, & autres pierres precieuses aux endroits où leurs aigrettes sont attachées: Leurs espées sont de pur acier, & battuës à froid comme nos faux. S'ils veulent traitter quelque affaire ils vont au Meydan, & s'y promenans à cheual la terminent. Les Persannes vont habillez de la mesme façon que les hommes, excepté les bas qu'elles portent de velours rouge, & la ceinture dont elles laissent pendre les deux bouts aux costez, & ont les robes ouuertes par deuant à la Turque, elles ne portent point le turban non plus que les femmes Ottomanes; dans les ruës elles se couurent d'vn drap blanc, qui les cachent depuis les pieds iusques à la teste; leur naturel est fort enclin à l'amour, mais les maris les gardent de si prés, qu'il leur est difficile de prendre l'occasion de mal faire, si ce n'est en feignant d'aller au bain. Elles sont plus propres que les Ottomanes, mais non plus belles ny plus enjoüées. Les cheueux noirs sont reputez les plus beaux parmy elles, comme les rouges en Turquie; ces femmes sont amoureuses de celles de leur sexe, comme les Persans de ceux du leur, & Rom.ch. 1.v.26. prattiquent ce que sainct Paul reprochoit aux Dames Romaines, lors qu'elles changeoient l'vsage naturel en celuy qui est contre nature, s'eschauffant femmes auec femmes, receuans en elles-mesmes la recompense de leur erreur. La discretion m'oblige à ne pas escrire dauantage sur cette matiere ; ie fus surpris de trouuer des femmes paillardes ne se point soucier des hommes, & auoir d'autres moyens pour esteindre leur concupiscence : Et rappellé en ma memoire ce que l'Apostre en a escrit. Apres la mort des femmes du Schah ; L'on ne sçait où elles sont enterrées, afin de luy oster tout sujet de jalousie, de mesme que les anciens Egyptiens ne vouloient point faire embaumer leurs femmes que quatre ou cinq iours apres leur mort, de crainte que les Cirurgiens n'eussent quelque tentation : Et i'ay veu à Rome dans l'Eglise sainct Pierre vne Nudité de marbre sur le Tombeau d'vn Pape, laquelle l'on a couuerte de bronse, parce que certains Estrangers en estoient amoureux, & y furent surpris.

Herodote liure 2

Iustification du Kan d'Eriuan.

Chap. XLVI.

LE Kan d'Eriuan, dont nous auons parlé cy-dessus, arriua à la porte du Schah, se iustifia des calomnies de ses ennemis, & fut renuoyé dans son Gouuernement, auec ordre expres de ne point mal-traitter les peuples, & vser de la mesme clemence de laquelle l'on s'estoit seruy en son endroit, de ne point boire de vin, & ne point desbaucher les femmes des Mansulmans, dont on l'auoit accusé, mais non conuaincu.

Rapport du Turq, Persan, & Arabe à l'Espagnol, François, & Italien.

CHAP. XLVII.

C'Est peu de sçauoir les coustumes & naturels des peuples, il les faut comparer pour en connoistre les differences & les rapports qui s'y rencontrent; Ie trouue que les Ottomans ont beaucoup de simpathie auec les Espagnols, les Persans auec les François, & les Italiens auec les Arabes : pour preuue de mon dire l'on peut obseruer de quelle façon les Turqs mal-traittent les Arabes, Egyptiens, & Kourdes, qui sont Sonnis & Mansulmans, & tourner la medaille, & considerer sans passions le mespris que les Espagnols ont pour les Neapolitains & Flamands. Le Sultan voulant faire la guerre se iette à l'improuiste, & s'approprie toutes sortes de conquestes par bien-seance; si les Espagnols ne pratiquent ces maximes, ils obseruent celles de ne rien rendre. Les Ottomans n'apprennent point les Langues Estrangeres, & si quelques-vns d'entr'eux sçauent l'Arabe vulgaire, ou le Grec, ils s'en mocquent, & les appellent bastards, ou demy Ottomans : Les Espagnols ont cette vanité, que toutes les Nations deuroient parler leur Langue, & appellent Mestissos leurs vassaux, qui ne parlent pas naturellement Espagnol. Dans le Gouuernement Ottoman, l'on ne pardonne aucune faute à ceux qui commandent, & l'on estrangle, ou l'on coupe souuent la teste aux Chefs par maxime d'Estat,

Kourdes, peuples d'Assirie de Religion Mãsulmane.

Mestisso fils d'vn Espagnol & d'vne Indienne ou Italiene, il les appellent à Naples Iéniﬀeri d'Estat, c'est la politique Espagnolle: Les Turqs ne veulent aucuns Estrangers pour leurs Generaux, & les mesprisent si fort, que parlans des Arabes, Kourdes, & autres peuples Vassaux du Sultan, ils les appellent leurs sujet, si bien que le dernier des Ottomans s'estime plus que le premier des Arabes, & des Egyptiens, procedé qui n'est pas beaucoup esloigné de l'humeur des Castillans. Les Turqs sont inhabiles aux Arts, & n'ont pas assez de naturels Ottomans pour dominer dans l'estenduë de leurs Conquestes; ils ne desirent dans ce monde que de bien manger, & passer leur temps; & les Espagnols ayment la faineantise ou dessus de toutes les Nations, se contentent de ioüer de la guitarre, au lieu de trauailler pour acquerir du bien. Les Turqs naturels dans leurs franchises ont beaucoup de rapport auec certains Espagnols, lesquels autant qu'ils sont à contracter amitié, autant la conseruent ils; & si les Turqs entr'eux sont tres ciuils, & barbares aux autres nations, les Espagnols n'ont pas moins d'humanité pour ceux de leur patrie, & autant de mespris pour les Estrangers, ce qui leur attire d'vn costé la haine de tous, & de l'autre les fait subsister. Les Turqs dans la necessité se contentent d'oignons, d'eau, & de biscuit, quoy qu'ils ayment extremement le ris cuit auec la viande: & les Espagnols font abstinence librement, lors qu'ils n'ont pas dequoy, & se réjoüissent quand ils ont l'abondance, particulierement s'il ne leur couste rien, & qu'ils soient aux despens d'autruy.

Les Persans tiennent plus du naturel des François, donnent liberté de conscience, permettent de parler

& disputer de la Religion aux naturels, & aux estrangers, confessent de bonne foy la perte d'vne bataille, ou d'vne ville; mais les Ottomans alleguent tousiours quelque trahison qui en a esté la cause: sont meilleurs caualliers, que pietons, allegres, curieux, & ialoux d'estre creus les plus braues d'Asie, superbes en habits, ceintures, turbans, & armes, courtois & ciuils, mais plus aux Estrangers, qu'à ceux de leur païs: Les nations estrangeres ont tousiours esté repoussez, lors qu'elles ont voulu enuahir la Perse, il semble qu'vn genie particulier, se porte protecteur de cette ancienne Monarchie.

L'Arabe tient le milieu entre l'Ottoman & le Persan, comme l'Italien n'est pas si iouial que le François, mais plus que l'Espagnol, ny si graue que l'Espagnol, mais plus que le François. L'Arabe est dissimulé, addroit à cacher ses desseins il dit vne chose, & pense l'autre, ambitieux pour regner, chaque Arabe croit estre nay pour estre Roy, d'où est venuë la perte de cette Nation, laquelle s'estant diuisée à moins eu de force pour resister au Turq, qui l'a en partie subiugée, & nonobstant qu'ils soient mal-traittez des Turqs, & en quelque façon estimez des Persans, ils ont plus d'affection aux Ottomans, qu'aux Keselbaches. Les Italiens suiuent le mesme chemin, lesquels ayans reconnus entr'eux plusieurs Souuerains, ont esté vaincus, eux qui autrefois estoient les Maistres du monde, & sont à present Esclaues des Espagnols; Et quoy que les Castillans ne les estiment pas, il s'en trouue plus d'affectionnez à l'Espagne, qu'à la France, où ils sont assez bien receus,

Les Arabes ont grand exterieur de Religion, & sont tous propres à estre Mouftis, ou Moullats, moins superstitieux que les Turqs, & les Persans, bons Astrologues & Medecins, ils ont le temperamment du cerueau plus disposé aux sciences speculatiues, ie parle des Arabes obeïssans au grand Turq, ou à quelque autre Prince; pour ceux du Desert ils ne s'addonnent qu'à la petite guerre, & menent vne vie semblable à celle des Bandis d'Italie. L'on pourroit faire milles autres rapports sur le sujet de ces trois Nations, lesquels seroient trop lógs à escrire, & plus que suffisans pour faire vn gros Liure.

Voyage d'Hispahaam à Lar.

CHAP. XLVIII.

LA sortie du Schah, auec toute sa milice, pour aller assieger Kandahar, ville frontiere des terres du grand Mogol, la plus importante de l'Asie, pour les grands tributs que l'on y reçoit des Karauanes des Indes Orientales, abregea mon séjour d'Hispahaam, pour aller à Ormous; ie m'accompagné de quatre Armeniens & deux Persans, ie 6. iour nous arriuasmes à Schiras, à 29 deg. 40. minut. de latitude, autresfois la demeure des Rois de Perse, Adorateurs du feu, deuant que les mahometans, les keselbaches, & autres Turqs de Medie, & Turqstan les eussent subiuguez. L'air y est mauuais & a obligé les Carmes Deschauds Missiónaires Italiens d'abandóner leur maison: La grandeur de Schiras est égalle à celle d'Orleans, le kan y cómande force milice, elle est

Schiras.

Turqstan habitatiõ des Pasteurs.

la derniere ville sur la route d'Ormous, où l'on trouue des fruicts semblables à ceux d'Europe.

L'on obserue auec admiration aux puits de Schiras que l'eau si hausse peu à peu pendant 30. ans, & qu'estant arriuée à vn certain poinct, elle se baisse petit à petit 30. autres années : aux enuirons de cette ville sont

Persepolis. les ruynes de la vieille Persepolis demeure de Darius, saccagée par Alexandre le Grand ; l'on y voit quelques piramides & vestiges de l'antiquité, elle estoit autresfois la Schiras de Perse, ou plutost Schiras est aujourd'huy la Persepolis antique, embellie de sa destruction. L'on dit que si Mahomet eust esté à Schiras, & qu'il eust eu connoissance de la bonté du vin, & de la beauté des femmes, il auroit demandé à Dieu de ne point mourir, mais ie doute fort qu'il luy eust accordé.

De Schiras ie m'acheminay auec vn Persan, & vn Armenien, les autres estans demeurez malades à cause du chemin, & voyage fascheux que nous auions fait, & en quatres iours i'arriué à Lar, à 28. degrez 30. mi-

Lar. nutes de latitude, belle & grande ville, mais non si agreable que Schiras, il y a vn Kan auec de la milice, l'eau y est si corrompuë, qu'elle engendre des vers dans le corps de ceux qui en boiuent, l'on y vend de bonne eau de vie faite de dattes, ie cheminé ordinairement quinze lieuës le iour.

Voyage de Lar au Bandar-Abassi, auec la rencontre du Reuerend pere de Rhodes de la Compagnie de Iesus, & du Sieur de Forest Huissier de la Chambre de la Reine.

CHAP. XLIX.

IE parti seul du matin de la ville de Lar, sur les huict heures ie rencontré vne Carauane de Mulets qui venoit du Bandar Abbassi composée de Persans, Armeniens, Indous, Parsis & Arabes, vn moment apres i'apperceu au milieu du chemin vn Religieux qui auoit vne grande barbe, habillé à la Iesuite, il estoit à pied, disoit son Breuiere & tenoit son cheual par la longe, ie piqué de son costé, & luy demandé en Latin d'où il estoit, il me respondit en nostre langue. Monsieur ie suis François, ayant recognu à ma prononciation Latine le pays de ma naissance, ie descendis de Cheual, ie l'embrassé, & luy dis en peu de parolles mes aduentures, sa Reuerence me fit cognoistre qu'il estoit Iesuite, natif d'Auignon, que le zele de la Religion l'auoit rappelé de la Chine pour venir en Europe demander des Missionaires, afin d'arborer la Croix dans ces pays Orientaux, que dans la Carauane qui venoit de passer, il y auoit vn François de Saint Iean d'Angeli appellé le Sieur de l'Estoille joüaillier marié, & estably en Hispahaam, & vn Flamend associé du Sieur Tauernier de Paris aussi joüaillier, tous deux Hugnos mais tres honestes gens, dont il auoit receu beaucoup de cour-

Bandar Abbassi, port d'Abbas appellé Goumerõ par les Portugais

toisie; Ce bon pere s'appelle Alexandre de Rhodes d'Auignon de la Compagnie de Iesus, qui a mis au iour ses voyages, par lesquels l'on peut voir la peine que il prend pour la cause de Dieu, ie l'ay veu à Rome à mon retour, ou i'ay eu l'honneur de l'introduire diuerses fois à l'audiance de l'Eminentissime Cardinal Capponi, ie l'ay rencontré depuis à Paris, ou tous les curieux l'ont entretenu, ie trouuois dans le recit de ses aduentures vn rapport à l'Eglise naissante, & tant de douceur & de d'estachement dans sa Conferance, que ie croy que ie l'aurois accompagné dans son second voyage si mes affaires eussent esté reglées, & que i'eusse receu de Rome le Breuet du Pape de Cosmographe Apostolique pour aller voir & descrire les lieux ou ie n'ay point esté, & en faire vne relation veritable, & tascher par mes obseruations de cognoistre au vray les Globes Celeste & Terrestre, trauail digne de la protection du Souuerain Pontife. Ie quitté le pere de Rhodes sur les 3. heures du soir, i'attrapé vne Carauane de Chameaux, qui alloit au Bandar Abbassi, elle estoit campée aupres d'vn petit Kiaruansarai dans lequel ie trouué place pour moy & pour mon cheual, ie pris ma refection, en suitte ie dormi suiuant la coustume du Leuant, à mon resueil i'entendis parler François, ie me persuadé que c'estoit vn songe, & que mon imagination auoit rappellé les especes du discours que i'auois eu le matin auec le Reuerend pere de Rhodes, i'escouté vne seconde fois & discerné l'accent naturel de nostre nation; ce qui me fit approcher de trois hommes, dont il y en auoit vn fort agé de bonne façõ & bien vestu, les deux autres estoiẽt plus ieunes & plus mal en Ordre, & apres auoir remis le recit de mes voyages lorsque nous serions à Ormous, ie les prié de me faire part de leurs bõne ou mauuaise fortune, le Vieillard prist la parolle, me dit, ie vous satisferay, mais auant que de parler de moy, vous sçaurez que l'vn de ces deux Messieurs est Dominicain, & Calabrois son nom est le pere Dominico, il a esté enuoyé de la Cour de Pologne auec des Lettres pour le Schah, dont il a responce, mais il n'a pû passer par la Moskouie pour s'en retourner, il est venu de Varsovv en Ispahaam par la petite Tartarie, Circasie & Georgie, où il a tant eu de peine à passer, qu'il n'a osé reprandre ce chemin, l'autre s'appelle Monsieur Pierre, il est Sculteur & Bourguignon Vassal du Roy d'Espagne, nous sommes venus ensemble depuis Varsovv, il pretend passer aux Manilles, & dela au Perou par la mer pacifique pour s'y establir, i'en ay receu de grands seruices le long du voyage, & principalemẽt dans vne grande maladie que i'ay euë en Hispahaam, où il ne ma point abandonné; pour moy ie suis d'Auignõ, ie m'appelle Nicolas de Forest, i'ay pris femme à Paris, dont i'ay vn fils, i'ay vne boutique de ioüiallier sur le pont Saint Michel à l'enseigne de la belle Estoille, i'ay de plus l'honneur d'estre Huissier de la Chambre de la Reine, la necessité de mes affaires m'appella en Pologne il y a quelque temps, d'où ie suis party de l'ordre de leurs Maiestez Polonoises le 1. Octobre *1646.* auec le Seigneur George Illis Noble Polonois, & leur Ambassadeur extraordinaire vers le Schah; apres auoir trauersé toute la Moskouie & nauigé la mer Caspique auec beaucoup de fatique & de danger nous arriuasmes à Chamak le 25. Iuillet 1647. cette ville depend du Schah, le Kan ou Gouuerneur nous receut humainement, & nous regalla de la belle maniere, mais le Seigneur Illis estant fort difficile à contenter, & plus propre à demeurer en Pologne, qu'à negocier en Perse des affaires d'Estat, au lieu de recognoistre la ciuilité du Kan de Chamak luy parloit auec tant de mespris, que nous en auions honte nous mesme, & tous ceux de sa suitte, l'insultant à tous rencontre, de maniere que le Kan n'osant mal traitter vn hoste insolent ny se vanger ouuertement d'vn Ambassadeur dont la personne est sacrée, nous fit vn banquet ou l'on nous donna du poison lent, & de tous ceux qui mangeoient à la table de l'Ambassadeur, il n'est eschappé que moy, l'Ambassadeur est mort en Hispahaam, & les autres en diuers lieux de Perse, il y a huict mois que i'ay vne langueur, dont ie ne croy pas guerir, voila ce que vous souhaittiez de moy, puisque vous allez mesme chemin que nous, nous vous prions de ne nous pas abandonner, parce que aucun de nous trois ne sçait que sa langue naturelle, les peres Capucins François d'Ispahaan nous ont donné vn Armenien pour nous côduire iusques au Bandar Abassi, lequel sçait vn peu de Portugais, & qui nous sert d'interprete le mieux qu'il peut, ie les prié de ne se point mettre en peine que soubs mon habit de keselbache, i'auois conserué les sentimens de Chrestien, que i'auois receu des graces si particulieres de la prouidence diuine que ie serois indigne du nom de sa creature de ne pas soulager, & assister tous ceux qui auroient besoing de moy, que le le plus expedient estoit que i'allasse deuant au Bandar Abbassi pour loüer vne chambre pour nous quatre, & m'asseurer de nostre passage pour les Indes Orientales sur le premier vaisseau Anglois qui partiroit que ie me ferois bien entendre du Chef des Anglois dans sa Langue laquelle ie n'auois pas oubliée. Ie poursuiui donc mon chemin sans aucune compagnie, i'arriué au Bandar Abbassi le troisiesme iour que i'estois parti de Schiras, ie marché 17. heures le iour auec beaucoup de peine pour la soif à cause des eaux qui sont salées, & qui prennent leur source des montagnes de sel qui bordent le chemin des deux costez. Ce païs est vn desert, où il y a seulement de petits Hans, auec des Odabachis, qui vendent de la paille & de l'orge pour les cheuaux, il n'y a point de volleurs, i'y ay cheminé seul sans auoir eu, ny ouy parler d'aucune mauuaise rencontre à cause du Kan de Lar, & du Sultan, ou Gouuerneur du Bandar Abbassi, qui y donnent ordre. Le Bandar Abbassi est fait de la destruction d'Ormous, les Portugais l'appellent Goumeron; Il y a vn Sultan auec peu de milice, qui garde deux petits Chasteaux : Elle est à 27. degrez 9. minuttes de latitude vers le Pole Arctique; peu de personnes l'habitent l'Esté, à cause des grandes challeurs : L'eau y est mauuaise & demie salée, il n'y a qu'vne plage sans port, où arriuent de tous costez des vaisseaux pour negocier. Il y a deux grandes Maisons pour les compagnies des Anglois & des Hollandois, au dessus desquelles l'on voit les pauillons de ces deux nations, les maisons sont en terrace, les tremblemens de terre y sont si frequent que le chef des

Bandar Abbassi ou Port d'Abbas.

Sultan en Persan signifie Gouuerneur vtile le moindre que celuy du Kan.

Anglois vouloit dormir ſous vne tente.

Deſcription & Hiſtoire d'Ormous.

CHAP. L.

A Quatre lieuës du Bandar Abbaſſi, vers le Sud, eſt la fameuſe Iſle d'Ormous à vingt-ſept degrez de latitude, terre infertille ſans grain, ſans eau, & ſans bois, mais autresfois la Veniſe d'Aſie, poſſedée à diuers temps par les Arabes, & Portugais, & deſtruitte par les *K*eſelbaches qui en ſont les Maiſtres comme nous allons declarer.

Le Roy d'Ormous, outre cette Iſle dominoit la pointe d'Arabie qui en eſt voiſine : Ce Prince eut guerre dans l'Arabie auec deux Roys Manſulmans, & craignant le Schah s'allia auec Alphonſe Albukerque General des Portugais en 1507. les appella dans l'Iſle d'Ormous, où ils baſtirent vne fortereſſe, & vne ſuperbe ville y attirerent tout le commerce des Indes, ordonnerent qu'aucun Eſtranger n'y pourroit amener des marchandiſes ny en ſortir que ſur les vaiſſeaux Portugais, ce qui obligeoit les Arabes, Grecs, Armeniens, & Tartares d'y venir faire emploite, & conduire leurs ballots par terre. Les Portugais donnoient de groſſes penſions au Roy d'Ormous, lequel auoit ſa Moſquée, & ſa iuſtice auec l'exercice libre de la Religion Manſulmane. Les Portugais s'eſtoient ainſi rendus Maiſtres d'Ormous, que les Anglois leur ont fait perdre, leſquels ayans eſtablis à Londres vne compagnie pour le negoce des Indes Orientales, auec permission du Roy de la grande Bretagne entreprirent d'y faire commerce, & furent viuement repoussez par les Portugais, qui se disoient les Maistres de ce traffiq, & des Indes par vn don qui leur en auoit esté fait par sa Saincteté pour y arborer la Croix, & y establir le Christianisme; les Anglois respondirent que ceux qui ne possedent que trois ou quatre petits Forts dans vn si grand païs, ne s'en deuoient dire les Maistres, que la donnation du Pape estoit de nulle consideration, parce qu'il ne peut donner vn temporel, qui n'est pas à luy, & que sa puissance ne s'estend que sur le spirituel des Catholiques, qui le reconnoissent; qu'ils vouloient negocier dans les Indes, & principalement en Perse, où les Portugais ne possedoiẽt pas vn poulce de terre, aller & venir sur leurs vaisseaux, en payans la doüanne au Roy de Portugal, comme tous autres estrangers, qu'ils ne pretendoient rien à la conqueste des Indes Orientales, parce que la terre est aux Seigneurs qui la possedent de bonne foy en ligne directe ou collaterale; que si les Portugais ne vouloient consentir à leurs propositions ils protestoient de leur faire la guerre, & establir leur negoce par leur destruction, au lieu que s'ils leur accordoient comme à Chrestiens, hommes blancs, & Europeens ce que iustement ils demandoient, ils les assisteroient en tout & par tout dans leurs conquestes, & auroient pour ennemis leurs ennemis, faisans auec eux ligue offensiue & deffensiue.

Façon de parler des Indes appeller vn hõme noir est l'appeller sans cœur,

La response & conclusion des Portugais, qu'ils ne vouloient souffrir aucune nation Europeenne dans les Indes, non pas mesme la Castillane Catholique, &

vassalle de leur Roy, qu'ils en auoient fait la descouuerte, que le Pape, comme Vicaire de Dieu en terre peut donner les Royaumes à qui bon luy semble, suiuant la raison & l'equité, qu'ils empescheroient par la force les Anglois & autres Europeens d'y venir, & leur feroient connoistre la valleur Portugaise.

En 1622. les Anglois s'armerent puissamment, donnerent choq aux Portugais, & ne les espargnerent en aucun endroit, s'allierent auec tous les Roys des Indes, establirent la demeure de leur Chef à Sourat ville appartenante au grand Mogol, dans le Royaume de Guzerat, & ayant descouuert quelques ports de Perse esloignez d'Ormous, ils y establirent leur traffiq auec les Keselbaches, & porterent Schah Abbas le Conquerant a surprendre & s'emparer d'Ormous, luy promirent de l'assister, pourueu qu'il les admist au partage esgal du butin, que il les exemptast de toute doüanne au Bandar Abassi, que il leur donnast le Chasteau d'Ormous auec pouuoir d'en faire bastir vn autre pour luy, que il leur fournist la moitié des prouisions, munitions, poudres boullets & ce dont il estoit necessaire pour le siege, que ils peussent prendre prisonniers tous les Chrestiens & luy tous les infidelles; ils s'obligerent de tenir la Mer & combattre les Portugais s'ils osoient paroistre sur leurs bords pendant que les Keselbaches passeroient dans l'Isle sur des barques : Le dessein aussi-tost suiuy que proposé, Schah Abbas enuoya si promptement sa milice, soubs la conduitte de Emangoli Kan Viceroy de Schiras, que les Portugais la virent dans l'Isle deuant que d'en estre aduertis : Les

Perſans minerent le Chaſteau, pendant que les vaiſſeaux Anglois tenoient la mer, & obligerent les Portugais à venir à capitulation, ils offrirent premierement à Emangoli Kan de luy faire preſent de 200000. realles, & d'en payer annuellement au Schah 140000. ſa reſponſe que s'ils en vouloient donner 500000. contant & en payer 200000. tous les ans au Schah que il leueroit le ſiege, ce que n'ayant accepté ils furent fort preſſez & ne ſe fiant point aux Perſans remirent le Chaſteau entre les mains des Anglois à condition d'auoir la vie ſauue & d'eſtre portés à Maskati ce que les Anglois leur accorderent & en paſſerent 3000. auec deſſein de faire la meſme faueur aux autres, mais les Perſans ialous de ce procedé en prirent 300. leur firent trancher la teſte & les enuoyerent au Gommeron par brauade : Si le Capitaine de la forteresse euſt noyé les foſſez, les Keſelbaches ne s'en fuſſent pas rendus ſi facillement les Maiſtres. Schah Abbas partagea auec les Anglois les richeſſes par égalle portion, les exempta de tous tributs ſur ſes terres, & leur donna la moitié du reuenu de la doüanne d'Ormous, qu'il transfera en terre ferme au Bandar Abbaſſi ; ſe ſaiſit des Chreſtiens, qui auparauant auoient eſté Manſulmans, & du grand Viſir du Roy d'Ormous ; leur fit trancher la teſte, fit demolir la ville, & des materiaux tranſportez en la terre ferme, l'on en baſtit le Bandar Abbaſſi, qui veut dire le Port d'Abbas, dont il eſtoit fondateur, & y transfera la doüanne d'Ormous, laiſſa la forteresse en ſon entier, où ſes ſucceſſeurs entretiennent bonne garniſon.

Said Mahmet Schah Roy d'Ormous fut faict prisonnier & enuoié à Schiras, entre les armes qui furent trouuées dans Ormous & prise par les Persans, il y auoit 53. pieces de batterie, 4. canons, 6. demi-canons, 16. pierriers, 9. couleurines, 1. demie couleurines, 10. orgues, 7. pieces battardes, 92. pieces démontée & plusieurs basiliqs de 22. pieds de long le tout de fonte.

Pendant le siege d'Ormous vn vaisseau Anglois fut mal-traitté par les Portugais, & contrainct de venir à la plage du Bandar Abbassi pour se calfeutrer, le General de Mascati Portugais ne pouuant endurer la prise d'Ormous, ny le procedé des Anglois enuoya dix-huict Nauios d'Armada, qui se saisirent du vaisseau Anglois, sur lequel il y auoit 90. hommes; le General leur fit à tous couper la teste, pour vanger la mort du Visir du Roy d'Ormous & de plusieurs Chrestiens, que les Anglois, contre la capitulation auoient abandonnés au Schah. Le General d'Angleterre appellé Vvoodcochs Catholique Romain, partit du Bandar Abbassi auec deux vaisseaux chargez des despoüilles & des perles des Portugais; & de plus d'vn milion de reales d'Espagne; l'on n'a peu sçauoir ce qu'il est deuenu, si c'est punition de Dieu pour auoir remis Ormous entre les mains des Mansulmans, i'en laisse le iugement au Lecteur.

Espece de demies galleres appellées Paros par les Malauars.

Les Portugais iusques à present payent pension aux descendans du Roy d'Ormous, qui demeurent parmy eux, & s'attribuent la qualité de Roys d'Ormous, ils sont Mansulmans.

Kischemiche. LarecKh.

A trois ou quatre lieuë d'Ormous il y a deux Isles appellées Kischemiche, & Larecke, où il y a de l'eau douce, l'on y pourroit restablir l'ancienne Ormous ; le Schah y entretient quelque garnison auec de petits forts, mais il seroit facile de s'en emparer ; ce sera quand les puissances d'Europe auront la volonté de se sousmette ces Orientaux.

Noms des principaux Ministres de Perse.

CHAP. LI.

SHah le Roy, celuy qui regne à present s'appelle Schah Abbas, son pere auoit nom Schah Sephi petit fils de Schah Abbas qui estoit fils de Kodobanda fils de Tamas qui estoit fils du grand Schek Ismael Sophi.

Begun, Reine ou Espouse du Schah.

Schah Zadeh, fils du Scah.

Etmaldoluet, premier Ministre que les Ottomans appellent Grand Visir.

Spassalar, Connestable.

Courchi Bachi, le Chef de l'ancienne Caualerie, il a 12000. Caualiers qui reçoiuent ses Ordres.

Kouller Agasi, Chef de 8000. Caualiers de la nouuelle milice.

Inghissari Agasi, Chef de 12000. soldats de pied.

Kan, Gouuerneur de Prouince qui est le mesme que Pacha en Turquie.

Nasir, est le Sur-intendant des meubles du Schah, sur lesquels il pose son cachet.

Gherekyarak, celuy qui achepte les meubles du Schah.

Echikagasi Bachi, celuy qui offre au Schah les presens des Ambassadeurs ou des autres personnes, c'est à plus proprement parler le Capitaine de la Porte du Schah.

Diuan Begki, cette charge est la mesme qu'auoient autrefois les Maistres des Requestes.

Mehter, c'est vn Officier qui ne quitte iamais le Roy soit qu'il dorme ou qu'il veille du temps de Schah Abbas il n'estoit pas Euneuque comme à present.

Visirler, ce sont Tresoriers qui reçoiuent dans les Prouinces les deniers du Schah, les Ottomans les appellent Tastardarler.

Minichkar Bachi, grand Veneur.

Muhurdar, Garde des Sceaux.

Mirakour Bachi, grand Escuier.

Zindarbachi, Gardes des harnois & equipages des Escuries du Schah.

Khepgegi Bachi grand Maistre de la Garderobe.

Ferrache Khane d'Argassi Garde des tentes & des licts du Roy, il a 1000. Valets de chambre soubs luy.

Topgi Bachi, Grand Maistre de l'Artillerie.

Gebegi Bachi, Garde des munitions de guerre.

Suffragi Bachi, Grand Maistre ou pour mieux dire Chef des Maistres d'Hostel.

Thuschemaal, Escuier de cuisine.

Seuhhbet Yassaoul Bachi, Chef des Huissiers de la chambre du Schah.

Ekimbachi, le premier Medecin du Schah.

Schirakgi

Schirakgi Bachi, le grand Maiſtre des Chandelles du Schah.

Mecheâeldar Bachi, le grand Maiſtre des Lampes du Schah.

Schireggi Bachi, grand Echanſon.

Gilaufdar Bachi, celuy qui tient le Cheual du Schah par la bride, lorſque il monte deſſus.

Giargſchi Bachi, le grand Iuré crieur.

Koryaſſaoul Bachi, Sergent general de bataille.

Yaſſaoul Bachi, Chef des Exemps des Gardes du Schah.

Yaſſagi Bachi Preuoſt des Bandes qui aproche de la charge de grand Preuoſt de l'Hoſtel.

Kliche Kourchiſi, porte eſpée du Schah.

Sadak Kourchiſi, porte Karquois du Schah.

Tifengi Kourchiſi, porte fuſil du Schah.

Kalkan Kourchiſi, porte Bouclier du Schah.

Gidak Kourchiſi, porte Zagaie du Schah.

Tage Kourchiſi, porte Couronne du Schah.

Ghiunlux Kourchiſi, porte Paraſol du Schah.

Gikagi Bachi porte Plumet du Schah.

Maimandar Bachi, grand Maiſtre des Ceremonies.

Alemdar Bachi, porte Baniere du Schah.

Sazenda Bachi, Chef des Muſiciens.

Zerger Bachi, Chef des ouuriers du Schah.

Terſi Bachi, Chef des Tailleurs du Schah.

Deuet Darougaſi, grand Maiſtre des Chameaux du Schah.

Chatir Bachi, Chef des Vallets de pied qui va deuant le Schah à pied.

Vikia Bachi, porte Haches, qui suiuent le Schah à pied.
Zerrabi Bachi, Chef des Monoyeurs du Schah.
Cheikelsolam, premier Moufti.
Sader, preposé pour la reception des pelerins, qui vont aux Sepulchres & Mosquées des douze Imans ou Sainct.
Muteneli, garde des Mosquées ou des Sepulchres des douze Imans.
Kalifé, maniere de Deruiche, le Chef demeure à la porte du Schah, il y en a trois ou quatre en chaque Prouince.
Sultan, Gouuerneur, ou Capitaine d'vne petite place.
Minbachi, Colonel, ou Chef de mille soldats.
Iusbachi Capitaine, ou Chef de cent soldats.
On Bachi Chef de dix Soldats.
Kasi, Iuge.
Kichikkoul, Page, ou petit Esclaue.
Darouga, Preuost de la ville.
Karassoram, Preuost de la Campagne.
Tiffengi, Soldat de pied, ou mousquetaire.
Keselbache, Cheualier du party du Schah de la Secte de Haly.
Mirsaa, Gentil-homme, non dont l'on appelle les enfans du Roy, comme Mirsaakan.

Voyage de Perse aux Indes Orientales, & la saison qu'il faut prendre pour s'embarquer.

CHAP. LII.

DEpuis le vingtiesme Nouembre, iusques au dernierMars, l'on trouue des commoditez pour passer du Bandar Abbassi au Royaume de Guserat. La mer des Indes n'est pas nauigable en autre temps, à cause des tempestes & vents contraires qui y sont continuels. Le vingt-sixiesme Mars ayant obtenu permission du Chef des Anglois & du Sultan du Bandar, nous nous embarquasmes le pere Dominique Calabrois, Les Sieurs de Forest & Pierre, & moy sur vn vaisseau Anglois appellé Blessein. Le vingt-neufiesme nous arriuasmes à la veuë de Mascati ville de l'Arabie heureuse à 24. degrez de latitude, qui estoit alors sous la domination des Portugais, par le don qui leur en a esté fait du Roy de Mascati, petit Prince Arabe, à l'imitation du Roy d'Ormous : Ils y ont basti vne Citadelle, & obligent tous les vaisseaux qui nauigent dans le sein Persique, & sur la mer rouge, de leur payer tribut, à l'exception de ceux qui vont à Ormous ; ils n'obseruent pas cette rigueur contre les Anglois, & Hollandois, parce qu'ils n'ont pas la force, mais contre les Mansulmans, & les Payens. Mascati.

De Mascati nous cinglasmes en haute mer, & passasmes le Tropique du Cancre, laissans au Nord-Nordest les costes de Perse.

Le dixiesme Auril nous eusmes vn calme, & vne chaleur extraordinaire, quelques Anglois se baignerent, ie voulus estre de la partie, ie me ietté dans la mer auec les autres, & me laissant aller doucement sur cét element, ie ne me souuenois plus de mes trauaux dans la satisfaction que ie receuois de ce raffraischement, mais elle ne fut pas de longue durée, parce que le Capitaine du vaisseau appella ceux qui se baignoient, tout transporté, de crainte qu'vne Cherke qui paroissoit, & venoit du costé de la prouë ne luy deuorast quelqu'vn de ses gens : Alors la peur me saisit, me sçachant vn ennemy contre lequel il n'y auoit point à combattre, mais en recompense elle redoubla mes forces par vn eslancement que ie fis vers la prouë, où prenant vne corde pour grimper sur le vaisseau, ie vis ce poisson à trente pas de moy, la teste hors de l'eau, qui tiroit vers le lieu où i'estois, ie n'eus pas empoigné la corde, que ie me trouué sur le tillaq, la nature ayant fait vn effort dont ie ne m'apperceus qu'apres auoir eschappé du peril.

CherKe en Anglois est vn poisson que les Prouençaux appellent Lamy qui mange les hommes : & à mon aduis le gros chien de mer, il a 4. rangs de dents dessus & dessous les machoires, il est assez bon à manger.

Le vingt-troisiesme Auril nous parut Diou, que nous appellons Diu par corruption de langage, Forteresse dominée par les Portugais, où ils ont estably vne doüanne pour les vaisseaux qui entrent & sortent de Goga, ou de Sourat, à l'exception du plus grand nauire du Roy Mogol, lequel part tous les ans pour passer à Moka les Pelerins de la Meke : Les Anglois & Hollandois sont exempts de ce tribut. Le vingt-septiesme du mesme mois nous iettasmes les ancres à vingt-vn degré & cinquante-six min. de latitude, dans

Diou.
Goga.

vn lieu appellé par les Anglois le trou de Soüali, & Soüali par les Indiens, à la veuë des terres du grand Mogol; nous nous desbarquasmes sur la riue où il n'y a aucun village, mais bien quelque tentes des Marchands qui y arriuent de toutes pars, & s'y embarquent pour diuerses parties du monde: Les Facteurs Anglois, & Hollandois y séjournent depuis Nouëb. iusqu'en Auril, qui est le temps que la mer des Indes est nauigeable. Soüali.

Du Royaume de Guzerat.

CHAP. LIII.

AMadabat est la capitale ville de Guzerat, appartenant au grand Mogol; il y a vn Omara ou Gouuerneur auec de la milice; elle est à cinq iournées de Soüali; les Anglois & Hollandois y ont des Facteurs qui y debitent des draps, & du korail, & y acheptent des Baftas, Alajas, & Chites. La deuxiesme est Cambaja; autresfois le siege des Roys de Guzerat, elle est trois iournées de Soüali; il y a vn Feitor Portugais, ou espece de Consul, le port n'y vaut rien à cause du sable qui peu à peu en bouche l'entrée. Cette ville est fameuse pour la quantité de couppes d'Agates, & autres pierres precieuses que l'on en transporte. La 3. Baroche petite ville où se font les plus beaux Baftas, & Alajas des Indes, elle est à deux iournées de Souali. La 4. Goga autre petite ville à vne iournée de Souali, où l'on charge plusieurs vaisseaux de toilles de coton pour Moka,

Omara est le mesque Pa- Turquie, ou Kan en Perse.

Baftas sont toilles blanches de coton.

Alajas estoffes de coton ou de soye de diuerses couleurs.

Chites sont toilles peintes & imprimées.

Feitor est

le Consul de la nation Portuga se mis par le Vice Roy de Goa.

& Achen ville principale de l'Isle de Sumatra. En suitte l'on trouue Diou, & Damaon dependantes de Portugal, lesquelles sont places d'armes, & les clefs de ce Royaume.

Baroche. Goga. Diou. Damaon. Sourat.

Finalement Sourat premier port des Indes Orientales, à 21. degrez 3. minutes de latitude vers le Pole Arctique, où les Anglois, & Hollandois font tout leur negoce ; il y a vn beau Chasteau, sa construction a de la conformité auec le Chasteau de S. Ange de Rome : Nous ne deuons point croire que les Indiens ayent appris à faire des forteresse des Europeens, puis que celle de Sourat est bastie deuant que les Portugais eussent fait la descouuerre de leur pays. Sa grandeur est esgalle à celle de Roüan, fort peuplée; il y a vn Nabab, & de la milice, la riuiere n'est pas autrement profonde. Les vaisseaux d'Europe iettent l'ancre à Soüali, qui en est à deux iournées par eau, & cinq lieuës par terre : mais les Nauires des Indiens, s'ils sont petits, arriuent auec leur charges iusques au pied de la doüanne, & s'ils sont grands l'on les descharge au bas de la riuiere, à vne iournée de la ville, puis montent à vide. Les vaisseaux du Roy Mogol portent beaucoup plus que ceux d'Europe, & se peuuent comparer aux galions du grand Turq, qui vont de Constantinople en Alexandrie, sont d'autre forme que ceux d'Europe, & leurs Pillotes ne se seruent point de boussolle, ny d'astrolabe pour nauiger des Indes en Perse, à Bassara, Moka, Mozambik, Mombas, Sumatra, Makassar, & autres lieux où ils conduisent leurs nauires par l'estoille du Nord, leuer & coucher du Soleil. C'est vn abbus de se

Nabab est le gouuerneur.

persuader que les Indes Orientales soient vn monde nouueau, descouuert par les Portugais. Il est vray qu'ils y ont trouué le chemin par mer en tournant le cap de bonne Esperance, mais d'autres l'auoient desia fait deuant eux. Herodote au Liure quatriesme, rapporte que Necus Roy d'Egypte enuoya des vaisseaux par la mer rouge, lesquels reuindrent à l'embouchеure du Nil, il est certain que les Indiens de temps immemorial sont venus à Moka, Giaidde, & Golphe de Perse, & y ont apporté les espiceries que les Marchands d'Halep, & du kaire enuoyoient en Europe. Ie voudrois sçauoir si les anciens Romains ne mangeoient point de poivre, noix, de muscade, gingenbre, ou clou de giroffle, & s'ils en vsoient d'où l'on leur apportoit.

Traffiq de Sourat, & les saisons que les vaisseaux en partent.

CHAP. LIV.

LE traffiq de Sourat est grand, & le reuenu de la doüanne prodigieux, à cause de la quantité de vaisseaux que l'on y charge pour diuerses parties du monde, suiuant les marées, les saisons, & les vents qui sont reglez entre les Tropiques: Ceux qui vont à Ormous, ou Mascati partent depuis le premier iour de Decembre, iusques au dixiesme Mars: Pour Bassara, Moka, Suaken, Mombas, Mosambik, & Melinde, depuis le premier Mars, iusques au cinquiesme Auril; pour Achen, Zeilaon, Manilles, Makassar, Bantan,

& Batauia, ou mois d'Octobre & Nouembre : Pour l'Angleterre depuis le premier Ianuier, iusques au dixiesme Feurier, Les marchandises que l'on en transporte sont cambresines, alajas, baftas, chites, turbans, musc, indico, fil de coton, salpestre, & diamands: Celles que l'on y apporte, or, argent, perles, ambre jaune, & gris, esmeraudes, & quelques draps. Le Nabab fait payer deux pour cent de l'entrée de l'argent, & quatre pour l'or, il fait foüiller ceux qui arriuent, de crainte que l'on ne passe quelque chose de contrebande.

Il decacheta les lettres du Schah escrittes au Roy de Pologne sans aucun respect, dont le pere Dominico Calabrois estoit porteur, & n'y ayant rien trouué contre le seruice du Grand Mogol les luy rendit, ce Religieux prist son chemin par terre pour Goa accompagné du sieur Pierre Bourguignon: Monsieur de Forest & moy nous rencontrasmes fortuitement à Sourat vn R. Pere Capucin homme de sainte vie de la Prouince de Tours originaire de Baugé en Anjou, il nous mena au lieu de sa demeure ou il a faict bastir vne petite Eglise, & depuis dix ans trauaille auec aduantage à la conuersion de ses peuples. Douze iours apres nostre desbarquement les pieds du sieur de Forest s'enflerent fort, ie me trouué vn peu la teste chargée & constipé, vn Bramen me fit prendre dans des mirabolans de la poudre blanche & me deffendit d'vriner apres auoir estudié mon temperamment & iugé par les Astres que c'estoit vne position de sphere differente de celle de ma naissance qui me causoit cet estourdissement, pour le le sieur de Forest il ne s'en donna aucune peine, pronostiquant que il n'en reuiendroit pas comme en effet il mourut le troisiesme iour dans la maison du pere Zenon, l'on en aduertit le President des Anglois & son Conseil, sa response, qu'il ne pretendoit aucune Iuridiction dans les Indes sur la Nation Françoise; mais bien de la proteger en ce qu'il pourroit, que nous estions nombre suffisant d'honestes gens pour faire inuentaire des meubles du deffunct, qu'il offroit de les passer à Londres gratuitement sur les Vaisseaux de la compagnie qui en seroit bien aise; Le pere Zenon appella pour tesmoings de son inuentaire, les sieurs l'Escot Orpheure Orleanois; le Boult Horlogeur Geneuois, l'Estoille le ieune Orpheure nepueu du sieur de l'Estoille estabil en Perse, d'Acosta Gentil-homme Mestisso Portugais & moy, nous trouuasmes quelques bagues & forces turquoises brutes, vn petit coffre d'ambre, beaucoup de quincaillerie, auec 180. realles d'Espagne; Ie me chargé de remettre à Paris à sa veufue ou heritiers les 180. realles d'Espagne, pour les bagues & autres hardes ie ne m'en voulus point embarasser de crainte d'estre volé, nous fusmes d'auis de les mettre sur le premier Nauire qui iroit à Londres soubs le bon plaisir du President des Anglois & de son Conseil, nous en laissasmes le soing au pere Zenon, nous fismes lauer le corps auant que de l'enseuelir suiuant la coustume du païs; puis l'on l'enterra au cimetiere des Anglois dans vn endroit où l'on met les Catholiques; A mon retour en France i'ay rendu les 180. realles d'Espagne à Madame de Forest sa veufue, & luy ay donné certificat de la mort de son mary sur lequel l'on l'a espousée au sieur Bernard demeurant ruë sainct André des arts proche la porte de Bussi au Signe de la Croix où il tient maison garnie.

Du grand Mogol, & de l'estenduë de son Empire.

Chap. LV.

Schah Geaann Roy du monde.

LE plus puissant Roy des Indes est Schah Geaann Roy des Mogols, connu par les Europeens sous le nom de grand Mogol, parce qu'en Indien Mogol veut dire Blanc, & que les hommes Blancs conquirent autresfois ce pays, dont les naturels sont Oliuastres ; Apres que Temurlan eut rauagé l'Asie il s'en fit Seigneur, & le grand Mogol est son successeur en ligne directe : Son Empire confine au Nord auec le grand Kan, & le Roy de Samarkan ; au Sud auec le Royaume de Bijapour, le Golphe de Bengala, la grande mer des Indes, Diou & Damaon terres des Portugais ; à l'Est il a les Royaumes de Pegou, d'où viennent les rubis balets, d'Edrabat, où croissent les diamands, & Thebet, d'où on apporte force rubarbe, & musc ; à l'Ouest il est borné de l'Agemistan, ou Empire du Schah, qui est vn dangereux & terrible ennemy, leurs limites sont à Moultan, Kandahar, & Tata : Le Roy d'Edrabat est son tributaire, & les diamands qui se trouuent dans les mines d'vne excessiue grosseur, sont pour son tresor.

Ce Prince a plusieurs enfans, entr'autres deux fils

employez aux grands Gouuernemens de son Empire ; & vne belle fille , laquelle peut tout sur l'esprit de son pere : I'en ay apporté le Portraict par curiosité, dont en voicy vne coppie ; elle est vestuë en Mogoglie, ou femme Blanche des Indes ; elle tient en sa main droitte vne couppe pleine de sorbet pour le Roy son pere , & dans la gauche vn esuantail pour luy faire du vent , & chasser les mouches , ciuilité ordinaire des Indes , à cause de la chaleur du climat.

FILLE DV GRAND MOGOL.

De la Politique & Gouuernement du grand Mogol.

Chap. LVI.

Le Roy des Mogols parle Persan, & la plusspart de ses Officiers sont Keselbaches, lesquels estans pauures dans leurs pays quittent le seruice du Schah, pour paruenir à sa Porte, où ils sont aduancez aux premieres charges ; & pour couurir leur trahison se pretextent de la superbe de ce Prince, qui se pretend estre le seul & vnique Roy du monde, & ne donne la qualité de Roy à aucun Prince ; s'il escrit au Schah, ou au Sultan, ou au grand Kan, l'inscription de sa Lettre est telle ; Au Pacha, ou Kan, d'vn tel lieu : Et lors qu'en sa presence l'on interprete les Ambassades des autres Roys, l'on ne fait point entendre à sa Hautesse qu'ils s'attribuent la qualité de Souuerains. Sa politique est extremement douce, il ne fait point estrangler, ny aueugler ses freres, il n'emprisonne point ses enfans, & ne fait pas mourir ses Omaras, ou Nababs pour quelque faute legere. Il permet toute sorte de Religions, pourueu qu'elles aillent à l'accroissement de son Empire, & se sert de Payens dans sa milice. A la Porte de ce Prince il y a plusieurs Omaras, & autres Chefs, ausquels il donne grands gages, aux vns la solde de 12000. cheuaux, aux autres de 1000. & de 100. suiuant le merite d'vn chacun, & le seruice que l'Estat peut tirer de leur espée, ou de leur conseil, motif qui incite ses sujets à la vertu : Cét argent leur est exactement payé toutes les Lunes,

Omaras sont les premiers de l'Estat

ſans eſtre obligez d'entretenir le nombre des cheuaux & caualiers dont ils reçoiuent la monſtre, ce qui les fait ſubſiſter en bon ordre : Mais au commandement du Mogol, il y va de la teſte s'ils ne ſe tiennent preſt pour la marche : Ces Officiers decedans, leur bien retourne au treſor du Roy, lors qu'ils n'ont point d'enfans capables de leur ſucceder. L'on ne ſçait au vray combien il pourroit mettre de gens ſur pied, mais il eſt conſtant, qu'il donne aux Omaras, & autres Chefs employez ſur l'Eſtat, la ſolde de 100000. hommes,

Le grand Mogol ſiege fort ſouuent dans ſon Lict de Iuſtice, & prend connoiſſance des affaires de ſon Eſtat: Il eſt tres-facile de luy parler & demander iuſtice, quoy qu'il ſoit le plus grand Monarque, le plus riche, & le plus ſuperbe d'Aſie. Il change d'habits tous les iours, & enuoye celuy qu'il a laiſſé aux Omaras ſes fauoris, auec magnificence, leſquels tiennent à grand honneur de ſe parer des habits de leur Empereur.

Dans les principales villes & ports de mer, il y a trois Chefs ou Officiers du Roy, l'Omara de la ville, le Capitaine de la fortereſſe, & l'Enqueſteur du Prince ; ce dernier eſt la veille, & la garde des deux autres.

L'Omara Principal ou Gouuerneur, commande le dedans & le dehors de la ville, prend les doüannes, confiſcations, tributs, & rentes, &c. de quoy il tient compte au Roy directement ; il prend la qualité de Nabab, qui vault autant à dire que Monſeigneur, il entretient deux Preuoſts, l'vn à la campagne, qui s'appelle *K*araſſoran, auec cinq ou ſix cens Archers, pour empeſcher les vols des chemins publics : L'autre dans la ville, que l'on appelle Cotoual, qui est le mesme que le Sousbaschi en Turquie; son Office va à prendre les mal-faicteurs, & autres garnemens, & ne peut faire capture hors de la ville, sans ordre exprés du Gouuerneur. Le Nabab traicte de la paix, & du negoce aux frontieres & ports de mer; Mir Moussah Nabab de Sourat a passé tous les accords auec les Anglois, Portugais, Hollandois, sous le bon plaisir du Scahah Geaann, lequel s'en est remis à luy, comme plus intelligent dans le traffic, & valleur du port. Mir Moussah Prince Moyse.

Le Capitaine du Chasteau sort rarement de sa forteresse, & prend le titre d'Omara, & en peut refuser l'entrée au Nabab, s'il y vient sans ordre du Roy, ou trop accompagné, il intimide le peuple par vne garde estrange, fait battre le tambour, & sonner les trompettes trois fois le iour, & autant la nuict, & à chaque fois vne heure & demie.

L'Enquesteur du Prince obserue les actions, & la fidelité du Nabab, du Capitaine du Chasteau, & des autres Officiers inferieurs, s'informe de tous les desordres, & aduertit par Lettres la Majesté du Souuerain de tout ce qui se passe tous les huict iours, il s'appelle Vakea Neuis.

Chaque Roy Mogol fait vn tresor, pour vne guerre qui peut arriuer dans ses Estats, & pour la grandeur & richesses de l'Empire, auec grande facilité, parce qu'il n'entre que de l'argent sur ses Estats, & n'en sort point: Si les Europeens se seruoient aussi bien de la politique des Indiens, que de leur drogues pour la santé du corps, tout en iroit mieux; l'authorité des Roys seroit plus affermie, & les sujets seroient plus contans.

De la Religion des Sujets du Mogol.

CHAP. LVII.

LE grand Mogol est Mansulman de la Secte des Sonnis; ses vassaux sont de plusieurs Religions; Chrestiens, Iuifs, Mansulmans, Parsis, & Indou, ils ne peuuent changer de Religion & creance, s'ils ne se font de sa Loy, mais peuuent viure & mourir auec toute liberté dans la Religion dans laquelle ils sont nays, & paruiennent indifferamment aux premieres charges de l'Estat.

Les Mansulmans sont ou Mogols, ou Indistannis, les premiers sont blancs & de langue Persanne; les autres Oliuastres de langue Indienne, & sousmis aux premiers; ils font profession tous d'estre Sonnis, mais extremement superstitieux; ne boiuent, ny ne mangent auec les Chrestiens, Iuifs, Sabis, ou Parsis, &c.

A vne Feste qu'ils celebrent la dixiesme Lune en memoire de la mort de Hassan. Et Houssain fils de Haly, ils dressent dans les ruës des Sepulchres de pierres, qu'ils enuironnent de Lampes ardentes, & les soirs ils y vont dancer & sauter crians Hassan, Houssain, Houssain, Hassan, & feignent de se battre les vns contre les autres, & representer le combat funeste où ces deux infortunés freres furent tuez. Le huictiesme iour ils font des sepulchres portatifs, sur lesquels ils couchent deux represen-

representations de ces Princes auec de gros turbans en teste, portent cette machine par les ruës, & en chassent les mouches auec des esuantails à l'Indienne ; en suitte ils s'animent tellement, qu'ils en deuiennent en fureur, tirent leurs espées, & dancent toute la nuict, appellans incessamment à haute voix Hassan, Houssain, Houssain, Hassan. Les Keselbaches font cette Feste d'vne autre maniere, ils se barboüillent auec du noir à noircir, & de l'huyle, la face, les mains, & toutes les espaules, & frapans deux petites pierres l'vne contre l'autre, chantent des chansons fort tristes.

Interest du grand Mogol.

CHAP. LVIII.

LE Prince auec lequel le Roy Mogol a plus d'intelligence est le Turq, afin de s'en seruir contre le Schah, s'il vouloit luy faire la guerre. Il est fort aymé du Scherif de la Mecque, pour la Religion de Sonny qu'il professe, & les grands presens qu'il enuoye tous les ans au Sepulchre du Prophete. Il tient extremement bas les Hollandois, & les Anglois, & ne leur permet pas d'acquerir vn poulce de terre sur son Empire, il traitte auec les Portugais auec plus de respect, à cause des forteresses de Diou, & de Damaon, qui bornent sa puissance : Il repute les Roys de Bijapour, & d'Edrabat ses esclaues, quoy qu'ils ne soient que ses tributaires, & que celuy de Bijapour luy aye secoüé le joug du tribut. Il donne toute sorte de liberté aux Estrangers, afin de les attirer sur ses terres; il s'entretient du grand Kan, & du Roy de Thebet, pour opposer le premier aux Iusbegs, & le second au Roy de Pegou; Il fait son possible pour empescher que les Portugais ne conuertissent à la Foy Chrestienne ses esclaues, ou sujets, de crainte que sous pretexte de Religion ils ne s'emparent de quelques places de son Empire, & la retiennent par bienseance.

De l'Habit des Mogols.

CHAP. LIX.

LEs Mogols de condition, marchans dans les ruës, ou dans la campagne, font porter deuant eux vn estendart rouge & iaune, ou vert & blanc, suiuant les couleurs qu'ils ayment, ils n'ont aucune connoissance des tymbres, ny des escussons, & se seruent de lettres alphabetiques dans leurs cachets, comme tous les autres Mansulmans. A l'imitation des Mogols le Chef de la compagnie d'Angleterre, fait porter deuant soy le pauillon d'Angleterre, & le Commandeur des Hollandois celuy d'Hollande, & moy qui vous parle me suis seruy de celuy de France.

La peinture estant au discours ce que l'original est à la peinture, ie croy plus satisfaire le Lecteur par quelque Figures des habits Mogols, que par les descriptions que i'en pourrois faire.

Ce Portraict represente vn Mogol, & vne Mogoglie, auec leurs habillemens, & vne Esclaue Indistani, qui leur apporte à boire, & les voyans aux prises tourne la teste par respect, pour leur donner toute liberté. La Mogoglie tient en sa main gauche vn esuantail, ce qui marque la chaleur du pays.

Les Mogols portent la grand barbe, & des cheueux qu'ils plient sous le turban, le ceinture vn peu ballante, & les calleçons iusques à la cheuille du pied: Les femmes ont leurs cheueux treslez par derriere, & quantité d'anneaux aux bras; Elles menent la mesme vie que celles de Turquie & de Perse, sans communication d'autres hommes que de leur maris : Elles ne vont iamais aux Mosquées, non plus que les autres Mansulmanes : Pour bains elles ont les eaux de fontaines ou de pluye qui sont tousiours chaudes entre les deux tropiques ; leur propreté est si grande, que ie semblerois vouloir affecter de la décrire, si ie disois quelque chose des huylles odoriferantes, dont elles s'oignent tout le corps apres le bain.

Ordre des dignitez de la Porte du Schah Geaann.

CHAP. LX.

SChah Geaann, Roy du monde, c'est le grand Mogol.

Begun, La Reine.

Mirsaah, Seigneur, qualité des enfans du Roy.

Duosdasaré Omara, Chef de 12000. hommes.

Dasaré Omara, Chef de 1000. hommes.

Achtsaré Omara. Chef de 8000. hommes.

Chessasaré Omara, Chef de 6000. hommes.

Pengeasaré Omara, Chef de 5000. hommes.

Sehairasaré Omara, Chef de 4000. hommes.

Sinsaré Omara, Chef de 3000. hommes.

Duosaré Omara, Chef de 2000. hommes.

Asaré Omara, Chef de 1000. hommes.

Ponsadi Omara, Chef de 500. hommes.

Omara, Grand Seigneur, Gouuerneur d'vne ville, ou d'vn Chasteau.

Vakea Neuis, Escriuan du Roy, qui escrit tout les

huict iours à la Cour, ce qui se passe dans la ville où il est resident.

Ketoüal, Preuost de la ville.

Karrassoran. Preuost de la campagne.

Nabab, Grand Seigneur, non que l'on attribuë aux Omaras.

Mogol, Mansulman blanc.

Indistani, Mansulman oliuastre, ou noir.

Indou: Payen Ramiste, ou de la Secte de Ram.

Parsi, Payen Adorateur du feu, ces deux derniers sont les moins honorez des subjets du grand Mogol.

SECONDE PARTIE DES VOYAGES ET OBSERVATIONS DV SIEVR DE LA BOVLLAYE-LE-GOVZ.

DES INDOVS, ET DE LEVR HABIT.

CHAPITRE PREMIER.

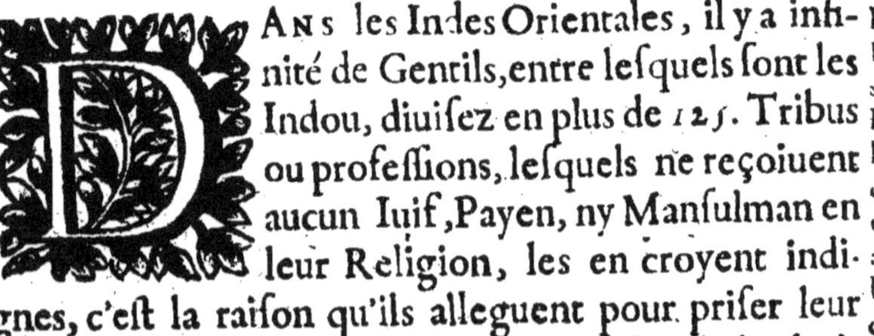

DANS les Indes Orientales, il y a infinité de Gentils, entre lesquels sont les Indou, diuisez en plus de *125*. Tribus ou professions, lesquels ne reçoiuent aucun Iuif, Payen, ny Mansulman en leur Religion, les en croyent indignes, c'est la raison qu'ils alleguent pour priser leur Secte. Ils escriuent de la main gauche à la droi-

Indie en Indien s'appelle Indoustã habitatiõ des Indou qui sõt les anciens habitans des Indes.

cte, & ont vne escriture particuliere; ils n'enferment point leurs femmes, & n'en sont point ialoux: Leur teste n'est point rasée, leur cheueux sont longs, ils les oignent, & tout le corps auec des huylles de Iasmin; cette onction rend les nerfs soupples, i'en parle par experience; ils se font raser la barbe, à la reserue des moustaches, & portent le mesme habit, & turban que les Mogols.

Caualier Indou, dont les oreilles sont percées, & la barbe rase il a le Chappelet au col, signal de la Gentilité, ses cheueux cachez sous son turban, comme ceux des Mogols, & des Indistannis.

Cette femme Indou a le front & les oreilles peintes, le chappelet au col, & des anneaux d'or aux bras, & aux iambes ; elle est esleuée sur vn petit siege de bois, ayant aupres de soy deux pots à l'Indienne, dont l'vn est plein d'eau, & l'autre d'huyle odoriferante ; son corps est couuert d'vne cambresine si desliée, que l'on voit la peau à trauers. Lors qu'elle va dans les ruës elle a les mesmes habits que les femmes Indistannis, dont nous auons fait voir vn Portraict à la fin du premier Liure cy-dessus.

Les Indou estiment leurs femmes au dessus de toutes les autres pour leur propreté, elles n'ont point de poil en aucune partie du corps, qu'à la teste, & aux sourcils, se lauent le corps toutes les fois qu'elles veulent manger, ou que leurs marys ont habité auec elles, ou qu'elles ont esté à leurs necessitez. Elles sont oliuastres, & ont les cuisses, & les iambes fort longues, le corps assez court, au rebours de celles d'Europe; Le Graueur n'a pas en tout poinct imité l'Original de mon dessein, de peur que le corps ne parut disproportionné par de trop longues cuysses, il a cru faire vn sacrilege de dessigner vne femme nuë faitte autrement que celles de son païs, comme si la figure faisoit l'homme, & non les trois principes Images de la diuinité qui le constituent.

De la creance generalle des Indou.

CHAP. II.

LE premier article de leur Foy, est qu'il y a vn Dieu Createur du Ciel & de la Terre, infini, Tout puissant & tres-sage, lequel au commencement du temps fit vn homme & vne femme, dont furent engendrez quatre enfans masles de complexions differentes, l'vn flegmatiq, le second iouial, le troisiesme choleriq & le quatriesme choleriq, que le premier fut Sacrificateur, le second Marchand, le troisiesme Laboureur, & le quatriesme Soldat, ausquels Dieu forma quatre femmes conformes à leur temperamment, du Sacrificateur sont descendus les Bramens, du Marchand les Baguians, du Laboureur les Paysans,

& du Soldat, les Rajapour ; ils croyent de plus que ce mesme Dieu s'est faict cognoistre dans la personne de Ram, & leur a donné la Loy sacrée, qu'ils obseruent de pere en fils depuis 120000. ans, dont voicy les huict principaux commandemens.

1. Tu ne tueras ny ne destruiras aucune creature viuante, parce que l'vne comme l'autre vous estes l'ouurage de mes mains.

2. Tu ne pecheras point en aucun de tes cinq sens, tes yeux ne regarderont point la vanité, tes oreilles seront bouchées pour ouyr le mal, ta langue ne profferera aucune falleté, le pallais de ta bouche haira le vin, la chair & les autres choses semblables, tes mains ne toucheront point ce qui est pollu & immonde.

3. Tu seras attentif & ne te presseras point au temps de la priere, du Baptesme, de la Meditation, &c.

4. Tu ne mentiras ny ne dissimuleras point.

5. Chasse de toy la dureté de cœur, embrasse la misericorde pour ayder ton prochain.

6. Tu n'oprimeras ny ne tyranniseras personne.

7. Tu obserueras certains iours de ieusne & de Feste.

8. Tu ne deroberas point.

Ils tiennent que comme par le meslange du masle & de la femelle il s'en conçoit vn animal, de mesme dans la generation humaine de l'esprit & du corps, il en resulte la formation de l'ame, laquelle par la mort de l'indiuidu passe dans l'immortalité & commence à agir d'elle mesme, le cadaure qui reste n'estant qu'vn arriere fais.

Leur salut ordinaire est Ram, Ram, & se seruent du mot Ramgi pour appeller les Indou, dont ils ne sçauent pas le nom, qui signifie en François seruiteur de Ram.

Apres Dieu ils reconnoissent Schita femme de Ram, puis Locman, Kan, Bagoti, Glacmi, Hermand & autres Saincts, dont les Portraicts se verront cy-apres.

Ils se lauent le corps auant que faire leur priere, & se marquent de rouge au front, ou se font marquer par le Bramen, ou Sacrificateur, pour obtenir remission de leurs pechez, & obseruent auec ceremonie le iour de la mort de leurs parens pour se lauer; & apres auoir vriné, & vidé leur ventre, ils se nettoyent auec de l'eau, coustume qui s'est respanduë par tout le Leuant.

Pagodes sont leurs Temples

Ils vont en pelerinages à certains temps, où ils pretendent gagner de grands pardons dans la visite des Pagodes, & Images, ou reliques de leurs Saincts. Ils ieusnent auec beaucoup de deuotion, i'en ay veu parmy eux se passer plusieurs iours sans manger, ce qui est facile aux Indes à cause de la chaleur extraordinaire qu'il y fait.

Ils ne mangent point la vache, ny le bœuf, & les ont pour animaux benists, & cheris de Ram, dont la figure est differente des nostres, les cornes plus droictes, & vne seelle de chair sur l'eschine: Ils traisnent les carosses, auec autant de vitesse que les cheuaux, seruent au bas & à la seelle pour faire voyage: le laict de vache est souuerain contre le flux de sang, qui est frequent à ces peuples. I'ay veu à Rajapour vne carauane de bœufs, & de vaches chargées pour Birampour, d'où i'inferay qu'attendu la necessité que les Indiens ont de cét animal, Ram leur Legislateur, lequel ils tiennent pour Dieu, leur a deffendu de le manger, & de le tuer, par vne politique necessaire, parce que les cheuaux n'y vallent rien, & ceux que l'on y mene de Perse y deuiennent lasches, & sans cœur. A cette deffense de Ram quelques Indou ont meslé beaucoup de superstition, en ce qu'ils croyent que les esprits des bien-heureux peuuent habiter dans les corps de ces animaux: Quelques femmes Indou se lauent la face de l'vrine de la vache, les Mansulmans s'en mocquent, & les vieilles superstitieuses disent, que cela est excellent pour la veuë, si c'est par medecine, ou par Religion, ie m'en rapporte à leur croyance. Metempsicose creuë par quelques Indou, mais non par tous.

Le bœuf a de tout temps esté estimé, & de toutes nations les Poëtes ont feint que Iupiter s'estoit changé en Taureau pour rauir Europe, & auoit donné la figure de vache à sa chere Io, luy ostant celle de femme. Les Egyptiens portoient respect aux veaux, & appelloient Apis, vn veau conceu par le tonnerre, & le tenoient pour Dieu; Cambises l'ayant meurtry, fut puny miraculeusement, & deuint furieux suiuant le dire des Prestres Egyptiens. Le peuple mesme d'Israël retournant à l'idolatrie d'Egypte fit vn veau d'or, auquel on fit sacrifice. Les Rabis Iuifs, tirent en grand mysteres les deux vaches qui ramenerent l'Arche du Seigneur; les douze figures Meta. li. 2. fab. 14. Ibid. li. 1. f. 12. Herodote li. 3. Exod. 32. 4. 1. Roys 6. 12.

de bœufs qui supportoient la mer, ou la grande cuue dans le Temple de Salomon ; & les quatre faces de bœuf, auec les huict pieds de veau dans la vision d'Ezechiel ; & nos Cabalistes ont interpreté la vision de sainct Iean l'Euangeliste, sur les quatres complections, ou temperamment, attribuans à chacun des Euangelistes l'vn des animaux sacrez à Sainct Mathieu l'homme, à Sainct Iean l'aigle, à Sainct Mark le lyon, & à Sainct Luc le bœuf, suiuant les quatre Elemens, dont ces quatre animaux sont les signes parfaits, le bœuf de la terre, l'aigle de l'air, le lyon du feu, & l'homme de l'eau, le sens moral y fonde les quatre Vertus, la Temperance, la Iustice, la Force & la Prudence. Les Astrologues mesmes ont commancé leur second triangle celeste par vn taureau qu'ils disent estre la maison Diurne de Venus, parce que elle cause toutes les generations sublunaires, & conserue les especes par la multiplication des indiuidus. Mahomet autheur de l'Alcoran a commencé son Liure par le titre de cét animal, dans la plus part des villes de nos Prouinces au temps du carnaual, l'on ne conduit ordinairement que des bœufs que l'on fait promener auec beaucoup de rejouyssance.

Ezechiel 1.

Apoc. 4. 7.

Ptolomée du iugement des astres li. 2. ch. 16. Alkabice 1. difference. Ch. des maisons des planettes.

Du Bramen, Bagnian & autres Tribus nobles.

CHAP. III.

LEs differences que l'on obserue entre les 125. Tribus des Indou sont si opposées, qu'il semble qu'ils n'ont iamais esté vnis, chaque tribu a sa langue particuliere qui n'est pas autrement entenduë des autres par le long-temps que leur loy est en vigueur: Leurs Pagodes sont separées suiuant les tributs & seruies par vn, deux ou trois Bramens suiuant le peuple de la Tribu. Celle des Brameens est la premiere que nous appellons Bracmanes par corruption, lesquels peuuent estre seuls Sacrificateurs, & ont beaucoup de rapport auec les Leuitiques du vieil testament. La seconde des Bagnians ensuite celles des Katris, Rasepouts, Scharaf, Dalsis, & autres Artisans suiuant l'ordre & la noblesse de leur profession: Vne Tribu ne s'allie iamais auec vne autre Tribu, de sorte que le Bramen ne peut prendre femme que dans la Tribu des Brameens, ny le Bagnian, que dans celles des Bagnians, ainsi des autres, d'où est venu la diuersité des Langues qui est entr'eux.

Katris Marchand. Rasepout soldat. Scharaf Changeur. Tarsi Tailleur.

Le Bramen, Breamen, ou Breameni ne peut boire de l'eau, ny manger du pain d'aucune des Tribus, qui sont au dessous de la sienne, & elles peuuent toutes boire de l'eau du Bramen, & manger de ce qu'il aura cuisiné. Le Bagnian qui est de la seconde Tribu, ne peut boire de l'eau d'aucune Tribu, que de celles du

Bramen, de mesme des autres qui peuuent boire & manger chez ceux qui sont esleuez dans leurs Tribus, & non chez leurs inferieurs. Le Bramen & Bagnian ne peuuent manger ny boire dans vn vase, dont quelqu'vn se soit seruy, s'il n'est de leur Tribu, ce que Ram leur Legislateur a ordonné, à cause des poisons subtils des Indes, & s'est seruy de la sagesse humaine, autant qu'vn Payen pouuoit faire pour rendre les Sacrificateurs, & Marchands spirituels, les Artisans forts & robustes, & les soldats vaillands, & genereux, leur prescriuant des Loix differentes: Il a deffendu aux Bramens, & Bagnians, comme nuisible à la pureté de l'esprit le vin, les œufs, la chair, toute sorte de poisson, les oignons, les aux, & les autres choses dont le rapport est desagreable, leur a osté la poligamie, & repudiation de leurs femmes, si ce n'est pour auoir attenté sur l'honneur & la vie du mary, ou commis adultere: Leurs femmes mortes, ils ne peuuent conuoler en seconde nopces, qu'auec vne pucelle, autrement ils seroient immondes, à cause du meslange & commixtion des semences. Apres vne seconde femme ils n'en peuuent plus espouser, mais si le Bramen, ou Bagnian vient à mourir le premier, sa femme ne se peut remarier, l'on brusle le corps mort, & en quelques lieux la femme toute viue, pour accompagner le mary, & luy tenir compagnie dans l'autre monde: ce qui a esté ordonné par Ram, pour obliger la femme à auoir soin de la santé du mary: Le grand Mogol & autres Princes Mansulmãs leurs permettent de brusler publiquement les corps morts, mais non les femmes viuantes, ils l'obtiennent

quelques-

quelquesfois des Nababs par presens: Ie n'ay peu voir cette ceremonie pendant que i'ay esté aux Indes, & n'en puis parler que suiuant le recit que les Bramens m'en ont fait. L'on porte le cadaure hors la ville sur vne petite montagne, l'on l'esleue sur vn bucher, où l'on fait vne petite cage de canes où la femme est, laquelle au signal que luy fait la compagnie, met le feu aux canes ou roseaux de la chambre, qui enflamme tout le bois, & la reduit en cendre auec son mary mort. Ce Sacrifice est bien different de celuy de Iephté, lequel poussé par l'Esprit Diuin offrit sa fille vnique en sacrifice bruslé, & accomplit son vœu: Et cette obeïssance n'est pas semblable à celle de Ysaac, qu'Abraham lia sur le bucher pour l'immoler, suiuant la tentation & le commandement de Dieu. Ie m'informay de l'Astrologue du Nabab de Sourat, quelles raisons ils auoient de brusler les cadaures, il me dist, le feu est le plus noble de tous les estres sublunaires, & le plus esleué, l'ame estant au Ciel, le corps en est plus proche, lors qu'il est à la Sphere du feu, & n'engendre aucune corruption, l'eau, l'air, & la terre peuuent seruir de sepulture aux Chrestiens, aux Mansulmans, & autres sortes de gens immondes, mais non aux Indou, qui sont trop purs, pour estre ainsi corrompus & mangez par les vers.

Iuges 11. 10.39.

Gen. 22.9.

Ram pour les rendre d'vn naturel doux, leur a deffendu de mal faire à aucune chose sensible, ie leur ay veu chasser du chemin plusieurs fois des tourterelles de crainte que ie ne leur iettasse ma canne; ils ne tuent iamais leurs vermines, comme poux, punaises, &c. mais les iettent en quelque lieu, où ils puissent chercher leur vie, ce qui a esté ordonné pour les tenir propres de linge : Lors qu'ils veulent espancher de l'eau ils s'accroupissent, comme les femmes d'Europe, & s'ils apperçoiuent quelque petit animal ils le chassent auec la main, de peur que la chaleur de l'vrine ne luy cause du mal : ils ont de grandes Festes 6. ou 7. fois l'année, ausquelles ils n'allument point de lampes ny de chandelle, & ne font point de feu, de crainte que les moucherons venans à en approcher ne se bruslent les aisles : Ils donnent aux Pescheurs Mansulmans plus qu'ils ne peuuent gagner à la peche, pour les obliger à n'y point aller, & garantir les poissons de la prise : Ie leur ay veu faire des presens au Nabab de Sourat, & obtenir des deffenses de tuer ny vendre aucun animal à la boucherie pendant trois ou quatre iours, & n'ayant fait aucune prouision il me failloit faire abstinence par force, ils m'ont offert plusieurs fois de l'argent pour m'empescher d'aller à la chasse dans la crainte que ie ne tuasse quelque sanglier ou quelque gaselle ; si l'on les frappe ils ne se deffendent que de la langue & ont quelque rapport auec les Anabaptistes d'Allemagne, dont nous parlerons dans nostre troisiesme Liure.

Les Bramens portent vne petite corde en forme de baudrier sur la peau qui est vne espece d'habit benist, & quelqu'vns ont des figures de Ganes ou autres Saints, ils ne s'addonnent qu'à la Sacrificature, à la Medecine & à l'Astrologie, ils ont plusieurs Saincts de leurs Tributs, dont ils honorent les Images, Reliques, & simulacres, ces Saincts ont autrefois excellé pour la Religion, ou pour les Miracles qu'ils en croyent, les autres Tributs ont aussi leurs Sainĉts particuliers que les Bramens & Bagnians ne connoissent point, le semblable est de leurs Festes, Ieusnes, Sacrifices & lauemens. Les Bagnianes sont tous courratiers, & font tout le negoce des Indes, & ont en depost l'argent des Compagnies de Londres & d'Amsterdam.

Des Rasepout, & Conuoyeurs de Karauanes.

CHAP. IV.

LEs Rasepout sont Indou, & fort genereux, ils sont aduancez aux plus belles Charges de l'Estat du grand Mogol, des Rois de Bijapour, & Golconda: Ils ne craignent point de venir aux mains auec les Persans; ils ont pour armes vne demie picque, & vn sabre pendu à leur costé: ils sont en reputation d'estre les meilleurs caualiers des Indes. Dans le milieu de l'Empire du grand Mogol il y a quelques Rois Rasepout, qui ne sont point sousmis au grand Mogol: Cette Tribu est fort estenduë & addonné au larrecin, qui dit Rasepout en Indien, dit vn volleur: Ram leur a permis la pluralité des femmes, & aux autres Tribus de gens de guerre, afin de ne pas acquoquiner les soldats en certain lieu, & les rendre plus propres à la conqueste, & à establir des colonnies, parce que pouuans prendre femme dans le lieu de la conqueste, ils y demeurent plus facilement, & s'y establissent sans desir de retour.

Les Rasepout & Conuoyeurs de Karauanes mangent de toute sorte de viande, excepté celle de bœuf, boiuent du vin de palmier, & eau de vie, mais non en aucun vase qui ait seruy à d'autres qu'à ceux de leurs Tribu: Ie menay vne fois auec moy vn Rasepout à la chasse du sanglier, ie luy demandé s'il vouloit boire de l'eau de vie que i'auois fait porter auec moy, il me dist qu'il m'auroit obligation de luy en donner, cueillit vne fueille d'arbre, la mist à sa bouche en forme de couppe, & luy en ayant versé sa suffisance, il me fit signe en branslant la teste de n'en pas mettre dauantage; il en beut plus de demy septier, mesure de Paris.

Des Katris, & Dalsis.

Chap. V.

Les Katris tuent & mangent toutes sortes d'animaux, à l'exception de la vache, & du bœuf; ils ont vne contestation pour la Noblesse, auec les Bagnians, ils disent que ils leur sont de beaucoup inferieurs, parce qu'ils ne sont que courratiers, qui est vne espece de seruitude: Les Bagnians respondent que la vraye Noblesse se prend dans le sang des parens, & dans la rigueur de la Religion, & que les Katris beuuans du vin, & mangeans de la viande, sont bien plus esloignez de la pureté des Brameens, qu'ils n'en approchent par leur profession.

Les Darsi ou Tarsis sont les Tailleurs Indous & sont fort diuisez entr'eux, & ont plusieurs heretiques, ils peuueut tuer leurs poux, punaises & autres excremens de misere, ils boiuent du vin, & mangent toute sorte de chair excepté celle de bœuf: ils ne peuuent tuer les animaux, & disent que n'ayans point trampé les mains dans le sang de l'animal, ils ne sont point coupables de sa mort; ils croyent que Dieu est implacable pour les ceremonies, mais qu'il sauue qui bon luy semble: i'en ay practiqué de cette Tribu qui m'ont dit que Ram auoit esté vn grand Roy, que quelques vns de ses domestiques l'auoient fait passer pour Dieu apres sa mort, & que la pluspart des Indous croyoient que il ny auoit que vn seul Dieu Createur du Ciel & de la Terre & que ce mot de Dieu a plusieurs significations, entre autre tout ce qui est beau ou bon, ie monstrois assez souuent vne image de Nostre-Dame à mon Tailleur, il me dist vne fois apres l'auoir bien considerée que c'estoit Schita la Mogoglie, femme de Ram, & qu'il en auoit desia veu vne semblable à Bassain, appellée par les Portugais Nossa Sehnora de bon Souccez où il auoit faict dire plusieurs Messes, y ayant la mesme deuotion qu'à Schita qui estoit dans sa Pagode.

Tribus des trauaux extraordinaires & gens d'Arts inconnues aux autres Nations.

CHAP. VI.

LEs Mareschaux, Orfevres fendeurs de bois & autres Tributs où les artisans font choses penibles boiuent du vin de Palme, de l'eau de vie, & mangent de la chair de plusieurs animaux.

Il y a d'autres Tributs dont les hommes ne peuuent

aller plus de cinq ou six heures sur la mer, les autres iusques au Cap de Comorin, & les autres n'ont point la permission d'vriner en mer ny de s'y vuider le ventre, ce que Ram & ses successeurs ont ordonné pour les retenir dans leurs pays, & les empescher d'aller communiquer aux estrangers leurs secrets: iusqu'icy l'on n'a peu sçauoir comment ils appliquent si bien les couleurs aux soyes & aux toilles peintes qu'elles ne les perdent point au blanchissage; i'en ay fait voir en France à plusieurs Teinturiers qui les ont admirées, & m'ont aduoüé qu'ils croyent que les teintures des Indiens sont pures & simples, & que celles d'Europe sont alterées.

Des Sacrificateurs & Religieux Payens.

CHAP. VII.

LE seul Bramen peut estre Sacrificateur, & a pouuoir de faire les mariages, benir les images de leurs Saincts, peindre le front aux Indou en signe que Dieu leur a pardonné leurs offences, apres le lauement, offrir à Dieu & aux Saincts les presens, faire les Sacrifices & estre directeur des Pagodes & des reuenus d'icelles. En tout lieu le Bramen peut dresser vne Pagode & la benir, s'il se trouue en campagne où il n'y ait point de maisons pour faire les prieres & sacrifices, il prend de la terre qu'il detrempe auec de l'eau & de la teinture rouge, & en fait vne pierre laquelle il consacre, ceux qui font leurs prieres deuant cette pierre auec offrande & s'en rougissent le front ont grand merite, mais le meilleur est d'estre marqué de la main du Bramen. Chaque Tribu des Indou a vn Pontife ou Euesque Bramen qui a plus ou moins de Iurisdiction suiuant la profession noble ou raualée de ceux qui luy sont soubmis ; ils font leur visite de temps en temps, & quelques vns les laissent maistres de leurs maisons & de leurs femmes pour plus de soubmission. Les Religieux qu'ils appellent Fakirs ou pauures, sont dediez au seruice diuin, ils ne viuent que d'aumosne & portent des habits rappetassez de vieux chiffons qu'ils ramassent dans les ruës pour mespriser le monde & le fouller aux pieds ; ils portent de gros chappellets au col & vn esuentail à la main, leurs cheueux leur seruent de turban & ne les font iamais couper ; ils les lauent souuent & les graissent d'huille sans les peigner, ils vont de ville en ville pour attendre le temps des pelerinages des grandes Pagodes, ou des lauoirs sacrez, où ils se trouuent au iour de la Feste pour receuoir la charité des gens de bien.

Ces Fakirs obseruent l'heure que les Indou mangent & se vont asseoir effrontement aupres d'eux sans estre conuiez ; quelques vns d'eux à ce que m'ont dit les Gentils, espient soir & matin si le mary est sorty de la maison & taschent d'y entrer pour en corrompre la femme ; ils ont des chefs, lesquels ils font monter sur des bœufs lors qu'ils vont en campagne ou dans les ruës & les accompagnent auec des cris d'allegresse qu'il marient auec le son des hault-bois, ils portent vn esuentail à la main & au contraire de nos pauures,

Pessa est 6. deniers de France. Kicher est vne piece de pois. Beetlé vn herbe que l'on mãge

quand ils demandent l'aumosne il chantent & proferent en leur langue que l'on me donne vn mouchouër, vn peu de ris & vn double, & quelquefois que l'on m'apporte vn quart de ris, deux pains, & six pessas, ou bien que l'on me fasse present d'vne liure de *Kicheri*, d'vn quarteron d'assa fœtida, & d'vne poignée de beetlé.

Lauemens, Prieres, & Penitence des Indou.

CHAP. VIII.

LEs Lauemens sont reputez pour Sacremens parmy les Indou, les matins les hõmes & les femmes vont à la riuiere, despoüillent leurs habits à l'exception d'vn linge qui leur cache les parties, entrent dans l'eau se lauent tout le corps, & au sortir du bain ils viennent les mains jointes aux Bramens de leurs Tributs, lesquels sont assis à l'Indienne sur des tables aupres du fleuue, le Bramen a sur son siege vne espece de lacque rouge destrempée, il y met son poulce & leur porte au front & au bas des oreilles, & y applique quelques grains de ris en figure ronde : Les Indou en recompense luy mettent deux ou trois poignées de ris dans son sac, en sorte que la grande quantité de personnes qu'il marque luy fournist de quoy sustenter sa famille ; les riches se lauent dans leurs logis où ils font venir le Bramen pour estre marquez & le payent au double des autres ; ils se lauent derechef sur le midy, & les Bramens & Bagnians ne mangent iamais qu'ils ne se soient lauez tout le corps.

Lors

Lors qu'ils veulent adorer ou saluer à l'ordinaire, ils mettent par trois fois la main droite en terre, puis autant de fois la portent sur leur teste ; ils ont vne autre adoration plus penible, ils s'estendent de leur long & ne touchent la terre que de l'extremité des pieds, des mains & du front, & se releuent sans mettre les genoux en terre, ils portent vn chapelet au col pour prier Dieu, & quand ils sont dans la Pagode sur chaque grain ils proferent Ram, Ram, Ram.

Les Indou se font Mansulmans sur les terres des Princes qui professent la loy de Mahomet, pour plusieurs considerations.

La premiere pour auoir tout le bien paternel, suiuant l'ordonnance faite par le Mogol & autres Roys Mansulmans. La seconde pour auoir esté surpris en adultere, ou pour auoir tué quelqu'vn, parce que les Mansulmans pardonnent toute sorte de crimes à ceux qui embrassent leur Religion : Si l'Indou se repent de s'estre fait Chrestien, Mansulman ou Iuif, il vient trouuer le Bramen & les principaux de sa Tribu & crie misericorde, s'il n'a pas laschement apostasié ils le reçoiuent, & luy enjoignent quelquefois entr'autres penitences de faire ieusner vne vache trois ou quatre iours, & luy donner vne certaine quantité d'orge, & apres que la vache l'a digerée & renduë, prendre l'excrement & le manger, comme si l'orge qui a passé par les entrailles de la vache estoit capable de luy nettoyer le corps & l'ame, pour sçauoir au vray si cette penitence est douce, il le faudroit demander au Secretaire de Minnoussah Nabab de Sourat, lequel s'estant fait Chrestien à Goa, est retourné depuis dans la Gentillité, sous les conditions qu'il a pleu aux Bramens qui ont iurisdiction sur sa Tribu.

Offrandes, & Sacrifices des Indou.

CHAP. IX.

LEs presens qu'offrent les Indou sont de deux sortes, aux grands pelerinages ils donnent de l'argent, des estoffes, & pierres precieuses ; mais aux Pagodes ordinaires ils portent du ris, de l'eau de Koq, de toutes sortes de fruicts, de l'huylle odoriferante : Leur ceremonie est telle, ils deschaussent leurs souliers auant que d'entrer dans la Pagode, & mettent au pied du Sainct leurs presens, vont aduertir le Bramen, lequel est logé proche la Pagode, il prend le present, & l'offre de diuerses manieres, suiuant la qualité du don ; Exemple si c'est de l'huylle, ou de l'eau de Koq, il l'a respand sur le Sainct, luy en oingt tout le corps, & la face ; Le Sainct est esleué sur vn grand bassin de pierre qui est percé au milieu, de façon que rien ne se perd de l'huylle, ou autre liqueur : Et lors qu'il n'y a plus personne dans la Pagode le Bramen l'emporte à sa maison ; il en fait de mesme des autres presens. Si le Pelerin a offert du ris, ou du fruict, le Bramen le met dans les mains du Sainct pour quelque temps, puis l'oste & s'en sert : Cecy se peut voir cy-apres dans la figure de Ganés portier de Ram, dans les mains duquel l'on a mis vn plat de fruict. Aux grandes Festes les Indou leur mettent eux-mesmes dans les mains, parce que les Bramens ne peuuent receuoir toutes les offrandes.

Les Indou de Damaon qui honorent Seruan, font des sacrifices sanglans esgorgent vn mouton sans tache, ou deffaut de membre, ou vn Koq à longue creste, & ont plusieurs autres ceremonies, lesquelles excedent les commandemens de Ram, & les traditions des Bramens, ce sont abbus qui se sont glissez dans certaines Tribus, qui ne sont rien à l'essence de la Religion des Indou.

De l'amour des Freres, & puissance Maritale, & Paternelle des Indou.

CHAP. X.

LEs Indou demeurent trois & quatre familles dans vne mesme chambre, auec vne paix & concorde qui n'est pas croyable : les freres & sœurs s'ayment vniquement, la puissance du mary sur la femme s'estend iusqu'à la mort dans certaines Tribus, elles sont obligées de suiure leur mary au tombeau, & si elles sont adulteres, ce qui arriue rarement, ils les peuuent tuer.

Le pere ou la mere Indou peuuent vendre leurs enfans pour subuenir à leur necessité, & si par bon heur l'achapt s'en fait par des Armeniens ou Portugais, ils ont soin de les faire instruire à la Religion Chrestienne. Le grand Mogol en ayant eu connoissance a fait deffense aux Estrangers d'enleuer hors des Indes aucuns de ses sujets Esclaues, mais les Gouuerneurs des ports se laissent corrompre par argent, & font faire la visite, où les Esclaues ne sont pas. Depuis la prise d'Ormous les Keselbaches en font passer en Perse vne infinité sur les vaisseaux Anglois & Hollandois, ausquels il payent vn toman, pour le passage d'vn chacun. Lors que les Portugais estoient Maistres d'Ormous, ils ne permettoient point aux Mansulmans de transporter les enfans des Indou pour les faire de leur Loy, les ostoient de force aux Patrons en les leur payans, & les faisoient instruire dans des seminaires.

Depuis quelques années vn Moufti de Constantinople achepta deux enfans de Russie vassaux du Roy de Pollogne, leur fit faire profession de la loy Mansulmane, & les mena à la Mekque, de la Mecque il passa à Moka, & de Moka à Aden, & d'Aden à Mascati forteresse des Portugais, où il fut contraint d'aborder, à cause que son vaisseau estoit chargé pour Bassara, qui est dans le sein Persique, & par consequent obligé de payer la Doüanne & le Tribut ordinaire au Chasteau de Maskati : Les deux petits esclaues se voyans sur la terre des Chrestiens, reclamerent les Religieux, leurs dirent qu'ils auoient esté rauis des mains de leurs parens par les Tartares de Crime, puis vendus à ce Turq, à Constantinople, lequel les auoit fait circoncire de force, & leur auoit tant donné de coups de baston qu'ils n'auoient point trouué de fin ny de remede à leur misere qu'en renians de bouche la foy de Iesus-Christ, laquelle ils auoient conseruée de cœur, & y desiroient persister iusqu'à la mort, sur le recit de ces deux enfans, les Religieux les rauirent des mains de leur Patron & les remirent dans leur premiere liberté, mais comme les Turqs sont auares, & que les pertes ne leur plaisent point, le Moufti fit grand bruit & s'adressa à la iustice Portugaise, & demanda qu'on luy rendist l'argent qu'il auoit donné pour ces deux esclaues, n'estant pas raisonnable ny iuste que l'on luy fist perdre son bien, Le Iuge respondit, qu'il ne parlast point de ses esclaues ny de leur prix s'il aymoit sa conseruation, qu'il estoit criminel d'auoir forcé deux ieunes garçõs à quitter la foy de Iesus-Christ, qu'ils n'estoient point esclaues de droict ayans esté enleués par les Tartares, & derobez à leurs parens & qu'il se retirast; l'on le menaça en outre de l'inquisition, ce qui le fit sauuer, & gagner promptement Bassara ville dominée par Hali Pacha Roy des Arabes, où les Portugais font grand negoce, il forma sa plainte deuant Hali Pacha, le suppliant de luy reparer vn affront que les Portugais luy auoient fait qui regardoit tous les Mansulmans, & qu'il pust auoir son recours contre les Marchands Portugais qui estoiēt à Bassara: Hali Pacha luy respondit sagement, ô vray fidelle & croyant en vn seul Dieu, qui n'a & ne peut auoir de compagnon, Pelerin sanctifié par le voyage de la terre Saincte de la Mecque, les marchands Portugais qui sont sur mes terres ne sont pas ceux qui t'ont derobé tes esclaues, ie te dis, ie m'en vais escrire au General de Maskati qu'il te renuoye tes deux esclaues ou le prix d'iceux, il remonstra fort ciuilement aux Chefs de Maskati que ces enfans pouuoient tomber à Constantinople en d'autres mains, que la foy promise se deuoit garder si l'on vouloit auoir la liberté du traffiq, & que les Portugais qui amenent pour leur seruice des Esclaues à Bassara ne sont point recherchez, si leurs Esclaues sont nays Mansulmans, ou contraints par le baston à se faire Chrestiens. Apres la lecture de cette Lettre le General de Mascati expedia vingt-vn nauires d'Armada, auec commandement expres d'aller à Bassara, se mettre en Estat de battre la ville, & dire à Hali Pacha, que les Esclaues dont estoit question, estoient à la bouche des canons, & que l'on s'estonnoit de ce qu'vn si bon Prince qui auoit tousiours eu les Portugais pour amis, les prioit d'vne chose si iniuste. Hali Pascha fut tellement surpris de cette venuë, qu'il commanda au Moufti de vuider ses terres, enuoya des raffraischissemens aux Portugais, & les asseura que son dessein n'auoit pas esté de les choquer, qu'il estimoit à grand aduantage d'estre bien auec eux, qu'il se desportoit de ses bagatelles, & les prioit de se retirer, ce qu'ils firent. Le Moufti s'embarqua sur le Tygre, & arriua dans vne Doüannikque à Babylone, & se porta contre les Peres Capucins François, qui y ont vne belle Eglise; demanda au Pacha qu'il luy fist auoir raison de ces Papas Frank d'vn insulte que d'autres Papas Franks luy auoient fait: Les Peres Capucins par l'entremise d'vn Turq de commandement, leur bon amy, firent entendre au Pacha, que leur nation estoit differente de celle des Portugais, ce qui sauua leur mission.

Doüannikque est vn bateau d'Arabe pour aller sur le Tygre, & l'Euphrate, cousu auec des cordes au lieu de clous, & poissé par dessous, & aux enuirons d'vn demy pied.

Hermau.
Scyta.
Ram.
Maedou.
Ram.
Locman.
Ganés.

Des simulacres des Indou, ce qu'ils croyent du Dieu Ram, de sa femme Schita, de son frere Locman, d'Herman son Seruiteur, de Ganés son Portier, & Maedou pere de Ganés.

CHAP. XI.

Ram le Legislateur des Indou se voit en plusieurs postures dans les Pagodes, quelquesfois assis auec sa femme Schita, qui luy presente vne fleur, d'autrefois habillé en Archer. Dans la Figure cy-dessus il est representé auec sa femme Schita, & Herman leur seruiteur, qui leur fait du vent auec vn mouchoir. Ram a sur sa teste vne Couronne, & non pas des cornes, comme quelques vns ont escrit, cette couronne approche du bonnet de Sophi, il a autour vn bonnet plié; ils disent qu'ils ne peuuent rien mettre de plus honneste sur sa teste, que ce qui sert de couuerture aux Rois; Schita est vestuë à la façon des femmes des Indes le front & les oreilles peintes. Herman a vn Langouti pour tout vestement, le chappelet au col, auec vn esuantail à la main, ce singe est fort honoré des Indou, il y a plusieurs Pagodes dediées en son nom où l'on garde de ses Reliques. A trois lieuës de Sourat, Royaume de Guserat, il y a vne figure de pierre d'Herman, à laquelle l'on attribuë plusieurs miracles, les Pelerins y vont à cause des grands pardons, que l'on gaigne à visiter cette Image, & luy faire quelques oignemens & offrandes. Les Bramens racontent vne histoire de ce Singe;

Estats & Empires au discours du Roy de Calicut.

Langouti est vne piece de toille qui cache les parties naturelles & est l'habit ordinaire des gens de trauail.

i'en

i'en ay voulu ſçauoir l'interpretation & l'inſerer dans mon Liure, afin de donner plus de connoiſſance de la Religion des Indou.

Ram mary de Schita euſt guerre auec vn de ſes ſujets rebelles, quitta ſa maiſon pour aller en perſonne donner ordre à ſes affaires, & laiſſa auec beaucoup de regret ſa femme Schita, laquelle il aymoit comme ſes yeux, à cauſe de ſa vertu, & de ſa beauté, luy diſt en s'en allant, ne paſſe point! ô mon ame, le ſueil de la porte en mon abſence, de peur qu'il ne te meſaduienne, & partit: Mais l'infortunée Schita n'obſerua pas le commandement de Ram, parce qu'eſtant venu vn homme mal veſtu luy demander l'aumoſne, approche que ie t'aſſiſte, luy diſt-elle; le pauure repliqua! helas, belle Mogoglie, ie ſuis tout rompu, ie ne puis marcher, & ie m'en vais mourir ſi vous n'auez la bonté de m'aſſiſter promptement. Schita fut en doute, & diſoit elle meſme en paſſant le ſueil de la porte, il ne m'arriuera aucun mal ſuiuant la Prophetie de Ram mon mary, mais ie ſeray coupable de la mort de ce miſerable ſi ie ne l'aſſiſte: elle prefera la charité au commandement de ſon mary, ce qu'elle ne deuoit, la femme eſtant pour complaire à l'homme, & faire ſes volontez, elle paſſa indiſcrettement les limites que Ram luy auoit preſcrites à ſon deſpart, & s'alla mettre entre les mains d'vn ſeruiteur du Roy de Zeilan, lequel s'eſtoit deſguiſé à deſſein de la rauir; il l'amena au Roy ſon maiſtre, perſonne ne s'en apperceut, Ram retourna à ſa maiſon victorieux de ſes ennemis, pour y reuoir ſa bien-aymée Schita, laquelle il ne trouua point, & ne

Schita eſtoit Mogoglie ou blanche, & l'on a par tradition qu'elle eſtoit de la grande Tartarie.

peut sçauoir de ses nouuelles, ny ce qu'elle estoit deuenuë, ce qui le rendit triste, & se repentit de ses victoires, & d'estre allé à la guerre, parce qu'il sçauoit que Schita auroit passé le sueil de la porte, & ne luy auroit pas obey par ignorance. Il auoit entre ses domestiques vn Singe appellé Hermand, tres-grand Capitaine, & le plus fauory de son maistre, lequel voyant la mélancolie de Ram, luy dist j'iray & trouueray Schita, & te la rameneray, donne moy vn peu de ta vertu, & quelque signal, quand ie l'auray trouuée pour l'asseurer que tu m'as enuoyé. Ram luy mist dans le doigt vn de ses anneaux; Hermand se met en campagne pour trouuer sa Maistresse, tourne toute l'Inde sans en apprendre aucune nouuelle; l'on luy dist au Sud des Indes qu'il y auoit vne Isle appellée Zeilan, où il n'auoit point esté; il resolut d'y passer, & dressa vn pont de la terre ferme à l'Isle, ou par vertu diuine, ou par force naturelle, & arriua dans Zeilan apres beaucoup de peine, chercha sa Maistresse, & la trouua dans les iardins du Roy, mesláncolique & baignée de pleurs, sous vn arbre appellé kasta, il luy monstra l'anneau de Ram, ce qui estonna fort Schita, elle estoit resoluë de se laisser mourir de faim, se voyant priuée de son mary, de son païs, & de sa liberté; Hermand la demanda au Roy de Zeilan, il la luy refusa absolument, ce qui obligea Hermand d'arracher les arbres & les plantes des iardins du Roy; ce desordre paruint aux oreilles du Roy, lequel le fit apprehender, & mal-traiter à coups d'espée sans que l'on le pust tuer, parce qu'il estoit benist de Ram, le Roy entra en telle rage que Hermand le voyant hors les bornes de la raison, luy dist, tu es fol de me traitter de cette façon, prends des Goudrins, & me les faits attacher à la queuë, & commande que l'on y mette le feu, ie pourray estre bruslé, autrement tu ne me peux faire mourir, le Roy, trop credule aux paroles d'Hermand, aueuglé de sa propre passion, fit attacher à sa queuë les Gouldrins & les fit allumer; Hermand s'enfuit embrasa toute l'Isle, enleua genereusement sa Maistresse Schita, & la remist entre les mains de Ram.

Goudrins sont des couuertures picquées de cotton dont l'on se sert aux Indes.

Cette Fable passe pour Histoire Sainte aux Indou, & ils n'ont pas grande difficulté à la croire, puis qu'ils s'imaginent que les animaux sont raisonnables, & m'ont dit fort souuent qu'vne personne qui auroit esté nourrie dans le Desert les croiroit raisonnables, parce que l'on ne luy auroit pas dit qu'elles ne le sont pas; c'est vne question agitée entre les plus habiles de nostre siecle, mais non determinée entre eux, ceux qui pretendent qu'ils ayent l'vsage de la raison, apres tous les effets que nous admirons en leurs natures ont recours aux SS. Escriptures, qu'ils disent fauoriser leur party, & soustiennent que le serpent n'auroit point esté capable de tenter Eue, ny de meriter vne punition de Dieu pour l'auoir seduite sans cette faculté; & que l'asne de Baalan n'auroit point sauué la vie à son Maistre, sans vne operation, qui est au dessus de l'instinct, que Salomon a aduancé, que l'homme n'a rien plus que la beste, & que la condition de l'vn & de l'autre est esgale, que Sainct Iean

Genes. ch. 3. 2, 14. nomb. 22. 32. Eccles. 4. 19. Apoc. 4. 7.

les met dans le Paradis, pour souftenir le Throsne de Dieu, & chanter ses loüanges; en vn mot que la seule

Nombre 21. 8. 9. figure du serpent, que Moyse fit par commandement de Dieu a operé des miracles dans le vieux Testament: Les autres au contraire maintiennent que les animaux

Daniel 4. 30. n'ont point de raison, & rapportent les paroles de Nabucodonosor, lequel dit que son sens luy fut rendu auec la figure d'homme: Et le passage de Tobie où il est dit, que ceux qui se marient pour leur concupiscence sont comme le cheual & le mulet, esquels il n'y a point d'entendement, & plusieurs autres passages dispercez dans l'Escripture.

LOCMAN FRERE DE RAM.

RAm eut vn frere appellé Locman homme de guerre estimé Sainct, ils disent qu'il a esté deux ans sans manger ny dormir: il estoit Roy des Amasones pays tirant vers le Nord des Indes. Mahomet en a eu connoissance, & a inseré dans son Alkoran vn chapi-

Chap. de la beatitude. tre de Locman, où il dit que Dieu luy inspira la science, que Locman eut vn fils auquel il dist, que Dieu n'auoit

Chap. de l'Ocman point de compagnon, & que c'est vn grand peché de le dire. Il a esté aussi dans le sentiment que les animaux

Chap. de la fourmy. raisonnoient à dessein d'attirer les Indou à sa Secte, & dit que Salomon parloit la langue des oyseaux, & que

Iemen est l'Arabie Heureuse. la huppe porta vne de ses lettres à la Reine de Saba ou de l'Iemen, apres l'auoir asseuré que cette Reine adoroit le Soleil, & n'auoit pas connoissance d'vn seul Dieu Seigneur de l'vniuers, que passant auec son equipage dans la vallée des Fourmis, la Reine des Fourmis cria aux Fourmis entrez dans vos Fourmillieres, de crainte que Salomon & ſes gens ne vous foulent aux pieds, mais les Manſulmans les croyent ſans raiſon & prennent l'authorité du chapitre du Butin, où il eſt eſcrit l'ignominie & le mal-heur que Dieu donne aux animaux eſt d'eſtre ſourds & muets & de ne pas auoir l'vſage de la raiſon.

GANES PORTIER DE RAM.

GAnés fut fils de Maedou & de Parouti, il eſt portier de Dieu, dans toutes les Pagodes dediées à Ram, il eſt derriere la porte, la hache à la main auec quatre bras pour monſtrer ſa force aſſis à l'Indienne, ſa teſte eſt de l'Elephant, parce que ſuiuant les hiſtoires Brameniques, il offenſa ſa mere, laquelle le maudit, & luy deſira vne teſte d'Elephant, puis qu'il eſtoit enfant ingrat, Ganés ſe repentit, demanda pardon à ſa mere, & la pria de luy oſter ſa malediction, elle luy reſpondit, ie t'ay deſiré vne teſte d'Elephant elle te demeurera, mais ta langue ſera libre. Ce Ganés eſt vn grand ſeruiteur de Ram & fort honoré des Indou qui luy portent des preſens, comme l'on peut voir dans la figure cy-deſſus, vne femme luy a apporté du fruit & luy fait du vent pour le rafraiſchir comme s'il eſtoit ſenſible, c'eſt de ces Indou dont Mahomet parle, en ces termes qui donnera ſecours aux idolatres, ils offrent à leurs idoles vne partie des fruicts que Dieu à créez, & difent ſuiuant leurs penſées, voila noſtre Dieu. Ganés ſe maria, & n'eut point d'enfans. Il faut obseruer que dans les grandes Pagodes les saincts sont figurez auec 4. bras & 4. mains, les Indou disent que si l'on va visiter vn Roy, il est à propos de saluer le Portier pour auoir plus de facilité d'approcher de sa personne, de mesme si quelqu'vn veut estre exaucé de Ram, il est raisonnable de saluer Ganés, & luy faire quelque present. La pluspart de nos Philosophes nient ce changement pouuoir estre fait en vn homme viuant, nous en auons toutesfois vn exemple en Nabucodonosor, que les Iuifs, & les Chrestiens croyent auoir esté changé en bœuf, & en la femme de Lot qui fust changée en statuë de sel, & les Mansulmans disent que Dieu a autrefois metamorphosé des hommes en singes, & en pourceaux.

Dan. 4. 30.

Alc. ch. de la table.

MAEDOV.

Maedou est icy despeint assis sur Godo sa seruante, il estoit Deruiche ou Fakir, & menoit vne vie solitaire dans les bois, addonné à la contemplation de Dieu, de soy, & de la nature ; il est appuyé sur vn trident, & a dans la main gauche vn esuantail, il n'a aucune coiffure sur sa teste que ses cheueux à la mode des Religieux ou Fakirs Indous, il est fort honoré vers Bengala, au Royaume de Guzerat ; I'ay veu plusieurs Bagnians se nommer du nom de Maedou, parce qu'ils prennent les noms de leurs Saincts, comme les Mahometans ceux de leurs Prophetes.

Bagoti.
Parouti.
Maedou.
Maedo
arouti.

De Maedou, Parouti, Bagoti, & Gliacmi.

Chap. XII.

MAEDOV, ET PAROVTI.

Maedou menant la vie dont nous auons parlé, fut tanté par Parouti, laquelle le sollicita de l'espouser, il resista long-temps, estant accoustumé à la solitude, & à la contemplation. Il est despeint cy-dessus en habit de Fakir, ou Religieux Indou, assis sur son diuan, ou siege à l'Indienne, auec vn espece de trident, ou baston ferré de trois pointes, & aupres de luy Parouti, qui le vient tenter.

Dans vne autre figure suiuante l'on voit que la mesme Parouti ne perdant point de temps aux poursuittes amoureuses qu'elle faisoit à Maedou, le rencontra monté sur Godo, & le supplia de se marier, & la prendre pour femme, il accorda aux importunitez de Parouti ce qu'il auoit desnié à sa beauté, & changea de nom, se trouuant marié comme les autres hommes sans y penser. L'on peut voir dans la mesme figure la forme & le harnois des boeufs, & vaches des Indes.

Maedou ayant pris à femme Parouti changea son nom, en celuy d'Issouarche, elle est icy despeinte habillée à l'Indienne, offrant vne fleur à son mary, marque de sa virginité. De ce mariage nacquit Ganés portier de Ram; Issouarche est mort à Doarkan au Nord de la ville de Deli, presque en mesme lieu que Ram.

BAGOTI.

BAGOTI.

BAgoti est vne Saincte qui eut la force de combattre & vincre les Geans, laquelle n'est point morte : elle est montée sur vn lyon auec huict bras tesmoignage de grande sainctetée, & de grande vertu ; ç'a esté à mon aduis vne autre pucelle d'Orleans, laquelle aura combatu auec succez pour le zele de sa Religion, & la liberté de sa patrie, ou plutost vne Heroyne de l'antiquité.

GLIACMI.

GLiacmi, ou Saincte des biens de la terre, est fort honorée des Indou ; elle est debout dans sa Pagode, ayant sa main droitte sur vne vache, & tenant vne fourmy dans sa gauche ; sur sa teste l'on met vn parasol par grandeur, & vne pierre pointuë peinte en rouge de laquelle ils se marquent le front : Ie l'ay veuë de cette façon sur la terre du Roy de Bijapour, à l'emboucheure du fleuue de Karoli, & à Bichouli, que Iean Mocquet Autheur tres-veritable, & qui a rapporté les choses comme il les a connuës, appelle Pichelin par corruption de langage ; il remarque auoir veu gresser la teste d'vn veau d'vn huylle par vn Gentil ; la teste de ce veau n'estoit autre chose que la vache que Gliacmi a sous sa main droitte, & le Gentil estoit le Bramen ; ie n'en ay point mis icy la figure, ie laisse à tirer la consequence au Lecteur, pourquoy ils donnent à cette Saincte vne vache, & vne fourmy.

Iean Mocquet dans ses voyages des Indes Orientales.

Kan, ou Kochetna.

Kan.

Seruan.

De Seruan, & Kan.

CHAP. XIII.

SERVAN.

SEruan est honnoré à Damaon & lieux circonuoisins, il est mort dans le Royaume de Guserat, & a esté mis au rang des Saincts, son pere & sa mere estans extremement vieux & ne pouuans plus aller, il les portoit à la promenade dans vne balance à l'Indienne, afin de les diuertir, ce Sainct est le signe de l'honneur & assistance que les enfans doiuent aux parens apres le soin qu'ils ont pris à leur education, heureux le pere & la mere qui engendrerent Seruan, & plus heureux Seruan d'auoir esté fils obeyssant.

KAN, OV KOCHETNA.

CE Sainct est reputé Ange du Ciel dont nous dirons plusieurs miracles, il est cy-dessus despeint, comme ie l'ay veu dans sa Pagode; il tient vne flutte & trois femmes Indou luy font des offrandes & l'esuentent par humilité.

KAN SE REND INVISIBLE.

DAns vne autre figure Kan eſt deſpeint joüant de la flutte ſur l'arbre Kaſta, & Gopagna auec ſes trois compagnes, le prie de luy rendre les habits qu'il leur auoit pris ſans eſtre apperceu d'elles, parce qu'il ſe rendoit inuiſible quand il vouloit, s'il y auoit des freres de la roſée croix, ou pour mieux dire de la roſée cuitte, parmy ces Indou il prendroient ce Sainct pour Patron de leur Cabale.

Kan.
Kan.
Gopagna.
Kan.
Gopagna.
Gapagna.
Kan.

De la maniere que Kan fit le Serpent Caguenay esclaue, & comme il est despeint dans ses Pagodes auec Gopagna.

CHAP. XIV.

LE mesme Kan ou Cochetna se trouuent dans les Pagodes assis à l'Indienne sur vn serpent, ayant auprès de soy vn autre serpent qui a vne teste de femme qui luy presente vne fleur, en voicy l'explication. Il y a dans les Indes plusieurs tanquets ou lauoirs où se trouue vn serpent appellé Gemena, celuy-cy s'appelloit Caguenay à 100. testes & estoit grand comme vne forteresse, sont les termes des histoires Brameniques. Ce Caguenay tomba esclaue de Kan par vn estrange accident, Kan se joüoit auec vne fleur à la main auprès d'vn tanquets, sa fleur tomba dedans par hasard, Kan se ietta dans ce tanquets pour la chercher, où il apperçeut ce serpent & luy mist vne corde au nez qui est la façon des Indes pour arrester les Buffles, l'emmena esclaue pour s'en seruir, & se faire porter lors qu'il ioüoit de la flutte, la femme de Caguenay Nagen rapporta la fleur de Kan, le supplia tres-humblement de luy rendre son mary, ce qu'il ne voulut faire, & l'emmena, les Indous ne croyent pas que Nagen eust la teste de femme, ils la depeignent de cette façon, parce qu'elle parla à Kan, lequel on met sur vn serpent; quelques vns ont aduancé que les Indou adoroient les vaches & les serpens, parce qu'ils en ont dans leurs Pagodes sans s'estre informez de leur Religion, comme si l'on disoit

Nagenen Turq signifie immonde. Aloysius Cadamustus. chap. 616.

que nous adorons les diables, parce que l'on en met vn sous les pieds de Sainct Michel l'Archange, ils n'adorent point aussi les Elephans comme l'on escrit faucement non plus que nous n'adorons pas les bœufs, parce que Nabucodonosor y fut changé. Estats & Empires au disc. du Roy de Narsinigre.

KAN ET GOPAGNA.

KAn est encor depeint joüant de la flutte sous l'arbre *Kasta* où il est à l'ombre auec sa chere Gopagna laquelle le raffraischist en luy faisant du vent auec vn Mouchouër, coustume ordinaire des Indes.

Dans les Images des Indou *Kan* est quelquefois depeint auec Gopagna dans vn iardin de fleurs en reçoit de sa main, & semble que iusques là elle se soit conseruée Vierge.

Gopagna est aussi depeinte à la main droite de *Kan*, elle ne luy presente plus de fleurs, & leur passe-temps est de lire des histoires amoureuses escrites en vers dans la langue des Indou.

Des Miracles & Reliques des Saincts des Indou.

CHAP. XV

LEs Indou gardent soigneusement dans leurs Pagodes les Reliques de Ram, Schita, & autres personnes illustres de l'antiquité, les honnorent plus que leurs images ou statuës, & leurs attribuent plusieurs miracles; Les Portugais conquirent au commencement de la descouuerte des Indes vne dent du singe Hermand dont nous auons parlé dans l'Histoire Sainte de la captiuité de Schita; les Roys Indou leurs enuoyerent des Ambassadeurs pour traicter du rachapt de la dent sacrée, ou bien si ils vouloient s'en porter Protecteurs, permettre qu'on la reposast en vne Pagode sur leurs terres où il y eut des Bramens establis pour la seruir, & y faire Sacrifice, & que l'on taxast vn tribut raisonnable pour les pelerins qui l'iroient visiter; Les Portugais plus zelez dans la Religion que politiques dans le gouuernement d'vn nouueau peuple conquis, la firent brusler en presence des Deputez pour ne pas fomenter l'idolatrie des Indou, & se priuerent en mesme temps de pouuoir tirer vne partie de l'argent des Indes.

Kicheri est vn espece de petits poid, que les Indou mangent cuits auec du sucre ou de l'assa fœtida, & chantent ordinairement, ikman iKicheri, iKman ingue dozané, vne liure de Kicheri, vne liure d'assa fœtida sont mes deux ames, ou desirs.

Entre les Fakirs ou Religieux Indou, il y en a qui sont estimez Saints dans cette vie & capables de faire des miracles. L'on raconte qu'en l'année *1648.* dans vne Pagode proche Birampour où les Pardons & le Iubilé estoient assignez, vn de ses Fakirs vit la multitude des pauures pelerins, en eut compassion, fit cuire vn peu de Kicheri dans vne petite marmite de bronse, lequel il departit & en substenta 100000. personnes, sans que le pot, apres la distribution fust moins plein, les Bramens m'ont fait le recit de plusieurs autres prodiges, dont la deduction donneroit autant d'ennuy au Lecteur qu'elle m'a cousté de patience de les ouyr.

Des

Des Lauoirs Sacrez, & Pagodes des Indou.

CHAP. XVI.

IL y a plusieurs Tanquets ou lauoirs, où ces peuples croyent auoir remission de leurs pechez lors qu'ils s'y lauent le corps à certaines Festes de leurs Saincts; les Portugais en ont destruit vn à Bassain, où ils gagnoient continuellement les pardons: I'en ay veu vn à Rajapour, lequel se remplist d'eau tous les cinq ans, & comme les Bramens ont attribué à leurs Saincts les œuures de la nature, dont ils n'ont peu donner raison pour y fonder la croyance de leurs peuples, & les gouuerner en paix; ils ont fait vne Histoire de ce prodige, & disent qu'au territoire de Rajapour il y auoit vn vieux Bramen, personnage de merite, lequel eut desir de se baigner dans le Gange, où il y a quelques pardons à gagner, à cause qu'elle est la plus grande riuiere des Indes, & qui par consequant tient plus de la diuinité: Ce vieil Ramgi alloit souuent sur cette montagne faire sa priere à Dieu, & l'inuoquoit d'auoir compassion de son zele; il fut exaucé, & Ram fit naistre ce lauoir où l'eau vient de cinq ans en cinq ans, la cause est la mesme que celle des puits de Schiras, dont nous auons parlé, ie laisse au Lecteur à la chercher, de crainte de paroistre plustost Philosophe, que Geographe, dans mes obseruations. Les Indou viennent en pelerinage aux Tanquets sacrez, & aux grandes Pagodes, de quatre à cinq cens lieuës, & ceux qui sont bien riches payent

Liu. 1. ch. 48.

la despence des pauures de leur Tribu par le chemin, pour auoir plus de merite.

La pluspart de leurs Pagodes ou Eglises n'ont point de fenestres, qu'au haut de la muraille. Dans le Chapitre suiuant l'on en peut voir la figure sous l'arbre Kasta ; il y en a de toutes grandeurs, i'en ay veu d'aussi belles que les Synagogues des Iuifs, où Moskées des Mansulmans ; l'on monte ordinairement pour entrer par la porte deux ou trois marches.

Arbre appellé Kasta en Indou, & Lul en Persan.

Ibrahim Peg. Petite Pagode.

De l'arbre Kasta, que les Persans nomment Lul, & les Portugais arbres à Pagodes.

CHAP. XVII.

LEs Indou honorent d'vn culte respectueux l'arbre Kasta, le disent chery des Saincts, & racontent que Kan se plaisoit dessous, lors qu'il ioüoit de la flutte; ils y bastissent de petites Pagodes, où ils tiennent les statuës de Ram, ou autre Sainct; cét arbre commance à croistre au vingt-huictiesme degré de latitude vers le Pole Article, sur l'Empire du Schah, & est fort commun dans les Indes Orientales; il s'estend prodigieusement en largeur, pour sa hauteur elle est esgalle à celle d'vn noyer, de ses branches naissent des racines qui peu à peu croissent, & viennent iusques en terre, où elles prennent de nouuelles racines, & se grossissent autant que le tronq, & la branche estant supportée de ce nouueau tronq, en pousse vn autre qui fait le mesme effet que la premiere: I'en ay mis icy la figure au naturel, suiuant que ie l'ay dessignée sur les lieux: Quincurse descrit cét arbre dans l'Histoire d'Alexandre, & accuse les Bramens de l'adorer, le tesmoignage de cét Autheur, comme celuy d'Herodote fait voir l'antiquité de cette Religion, dans laquelle Ram a confondu les choses diuines & naturelles, afin que le peuple grossier qui n'est pas capable de connoissance, le soit d'admiration, & tiennent pour mysterieux ce qu'il ne peut entendre.

Quincurce li. 9. & li. 8.

Herod. li. 3.

Dans le voyage que i'ay fait de Sourat à Goa, i'ay campé plusieurs fois sous cet arbre, où i'estois à l'ombre du Soleil que i'auois au zenit, & à couuert de la pluye, à cause de la quantité de ses branches entrelassées les vnes dans les autres : A midy le bestail y vient prendre son repos, & se garentir de l'iniure du temps. Il me semble que ces raisons ont obligé le Gimnosophiste Ram, l'ornement & la gloire de son siecle, a rendre l'arbre Kasta en quelque veneration, mais ses Sectateurs ont meslé de la superstition à ses ordonnances. Au Royaume de Guzerat i'ay veu vn de ces arbres dont les Indou n'oseroient cueillir vne fueille de crainte de mourir dans l'an : Les Fakirs & autres pauures se retirent sous cét arbre sans payer de giste, lequel vient dans les lieux mesmes les plus arides, & au bord de la mer, & est le tresor des voyageurs pour se reposer.

Voila ce que i'ay remarqué de la Religion des Indou, dans les conferences que i'ay eu auec leurs Bramens & Docteurs : Ie conjure les Missionaires Apostoliques, entre les mains desquels cette Relation pourra tomber, de ne se pas porter auec trop de zele contre la Loy de ces Payens, qui est fondée dans la nature, mais qu'ils leur fassent voir peu à peu que leurs mysteres sont vn effet de la politique de leurs Sages, & que Dieu n'en n'est l'Autheur, afin de leur insinuer peu à peu les veritez Euangeliques, & les rendre fidelles, & participans de la gloire, & connoissance de Iesus-Christ le vray Messie, dans laquelle gist toute la felicité des creatures.

Amours de Megilon, & de Lelé.

Chap. XVIII.

Megilon fut amoureux de Lelé, & n'osa par discretion tenter la chasteté d'vne si vertueuse Dame, la passion qu'il auoit pour elle luy fit abbandonner le repos, & la profession ordinaire de sa vie, pour satisfaire son imagination par la pensée de sa Maistresse, se contentant de meriter ce qu'il n'osoit pretendre sans crime : En peu de temps il deuint si maigre, & tellement deffait, qu'il auoit plus de ressemblance d'vne esquelette, que d'vn homme viuant. Lelé de son costé qui faisoit estime de ce caualier, luy demandoit aux rencontres la cause de ses ennuis, & auoit compassion de le voir à telle extremité. Megilon ne trouua point de remede à son mal que l'esperance de la mort, pourueu que Lelé eust connoissance que son merite en auoit esté la cause; il escriuit l'origine de ses amours, & pressé par Lelé de luy donner quelque connoissance de sa melancolie, luy presenta vn papier où elle leut l'estime qu'il faisoit de sa vertu, elle souffrit d'estre aymée, & soulagea la passion de Megilon, qui reprist son embonpoint en peu de temps. Les Arabes, & les Persans attribuent cette Histoire aux Indiens, & s'en seruent d'original pour composer leurs romans, & leurs chansons. Les Ottomans à leur exemple appellent de ce nom les fols, faisans allusion à cette fable. I'ay mis cette figure pour obliger ceux qui lisent les liures Arabes, ou Persans, parce qu'elle leur est comme à nous les fables des Poëtes.

Vn Parsi.

De la Religion des Parsis, leur foy & creance, appellez par nous adorateurs du feu.

CHAP. XIX.

LEs Ottomans appellent gueuure vne secte de Payens que nous connoissons sous le nom d'adorateurs du feu, les Persans sous celuy d'Atech perés, & les Indou sous celuy de Parsi, terme dont ils se nommét eux-mesmes. Ils sont blãcs, genereux & fort traittables, origi-

Atech Peres idolatres du feu.

originaires Persans, apres auoir esté subiugués par les Mansulmans sous le commandement d'Omar, successeur de Mahomet, ils ont abandonné leur pays natal, & se sont fort estendus dans le *K*irman & Iesdre, Prouinces du Schah, & dans le Royaume de Guzerat appartenant au grand Mogol, leur escriture & leur langue est la Persanne, ils s'habillent en Perse à la *K*eselbache; & aux Indes à l'Indou, leurs femmes en font de mesme, ils portent la grande barbe, & se font arracher le poil qui vient soubs la leure, que les François appellent bouquet, par ce moyen l'on les distingue; ils sont laborieux au possible, les Indous les haissent au dernier point, à cause de leur beauté, leur adresse & force de corps.

Ils ont leur Sainčte Escriture ou Zundeuastavv en deux volumes composée par vn nommé Zertost, ils disent que il les apporta du Ciel, conduit par vn Ange nommé Abraham ou plustost Bahaman Vmshauspan, ils le croient Prophete de Dieu, il viuoit 500. ans auant la naissance de Iesus-Christ, ces liures sont gardez par les Prestres, qui les expliquent au peuple, ils asseurent, qu'il ny a qu'vn Dieu seul, sans compagnon, estre infini & eternel; aymable & adorable en tout temps & en tout lieu egallement; lequel aimant leur nation leur a enuoyé par Zertoost vn feu sacré, par celle de sa diuinité, pour leur seruir de Dieu visible; apres Dieu & ce feu sacré ils honorent le Soleil & le Lyon; parce que le Soleil dans le Ciel a plus de rapport auec la Diuinité, & le Lyon entre les choses perissables tient plus du Soleil principe de la lumiere & de la chaleur; c'est pourquoy les Roys de Perses portent dans leurs armes vn Lyon, qui regarde fixement vn Soleil, comme l'on peut voir dans le Bouclier que ie tiens en main dans mon portrait de Leuantin, mis au commencement de cette relation; ils ont par apres le feu Elementaire en quelque estime: parce que il est semblable au feu qu'ils ont receu de Dieu plus esleué que les trois autres Elemens & plus proche du Soleil pere de la vie des estres d'icy bas.

De Zertoost Legislateur des Parsi, & des commandemens de leur Loy.

Chap. XX.

L'an du monde 5500.

Les Parsi tiennent par tradition que soubs le regne de Gustasp XIV. Roy de Perse, apres Kuyomarraz, Dodooes mere de Zertoost, eut des reuelations que elle conceuroit vn fils qui seroit plus puissant que le Roy de la Chine, qui estoit son pays natal & celuy de son mary Espintaman qu'elle engendra Zertoost, en suitte qui s'enfuit de la Chine pour euiter la persecution de son Prince, & arriua en Perse, que dans vne vallée ou il s'estoit retiré pour mediter, se vit l'Ange de Dieu appellé Bahaman, qui luy demanda ce qu'il vouloit; il repliqua que il ne desiroit que d'estre en la presance de Dieu, pour sçauoir sa volonté, & instruire sa nation, à l'instant il fut enleué deuant le throsne de Dieu, d'ou il rapporta dans sa main droitte le feu sacré & dans sa gauche le Zundauastavv; que sa renommée porta le Roy Gustasp à embrasser sa secte, & a rejetter les superstitions & idolatrie de ses Prestres.

Le Zundauastavv ou Liure sacré des Parsi est ordinairement en deux traittez; le premier a deux partie, la premiere est l'Astrologie iudiciaire, & la seconde sont les principes du mouuement de la Phisique.

Le second contient les Tables de la Loy; Sçauoir, cinq commandemens pour les Laiques. Vnze pour les Prestres. Treize pour leur grand Prestre, mais il faut obseruer que les Prestres doiuent garder les cinq des Laïques; & le grand Prestre les cinq des Laïques & les vnze des Prestres, parce que sa vie doit estre sainte & exemplaire, autant qu'elle passe les autres en dignité.

Preceptes pour les Laïques.

1. DE cherir la pudeur, la modestie & l'équité, affin d'esloigner de leurs mœurs la concupiscence, l'orgueil, la vangeance, le larcin, l'adultere, l'yurognerie & la perfidie.

2. D'Aymer la crainte.

3. D'Vser de premeditation en tout ce qu'ils doiuent faire, afin que s'il est mauuais il soit rejetté, & s'il est bon qu'il soit executé.

4. Que la premiere pensée de chaque iour soit l'amour de Dieu, comme l'obiet de leur recognoissance.

5. De se tourner de iour du costé du Soleil, & de nuit du costé de la Lune, pour faire leurs prieres, parce que ce sont les deux tesmoins de la lumiere diuine, opposée aux Diables, qui se delecte dans les tenebres.

Preceptes pour les Prestres.

1. DE ne point changer la forme de prier & d'adorer du Zundeuastavv.
2. De ne point conuoiter ce qui est à autruy.
3. D'Abhorrer le mensonge.
4. De rejetter les pensées immondes.
5. De sçauoir par cœur le Zundeuastavv.
6. De se garder de pollutions.
7. D'Oublier les injures.
8. D'Enseigner les Laiqs à prier & à adorer.
9. De donner dispenses du mariage.
10. D'Estre assidus à l'Eglise.
11. De ne croire autre loy veritable que la leur, de ny adjouster ou diminuer sur peine du feu eternel.

Preceptes pour le grand Prestre.

1. S'Il a touché quelque chose ou personne profane de quelque creance quelle puisse estre, mesme de la sienne, il doit se lauer ou purifier.

2. Il doit faire de ses propres mains ce qui est pour l'entretien de sa personne, comme planter, semer, cuisiner, &c.

3. Qu'il reçoiue les dismes qui luy sont legitimes deuës par les Laïques.

4. Qu'il euite la pompe & la vaine gloire, & employe en charité ses reuenus.

5. Que sa maison soit si proche de l'Eglise qu'il y

puisse aller sans estre apperceu.

6. Que il se laue plus souuent que les autres, que son boire & manger soit tres net, & qu'il se retire de la compagnie de sa femme pendant qu'elle a ses ordinaires.

7. Que il sçache non seulement le second volume du Zundeuastav, qui contient les preceptes de la Loy, comme les simples Prestres, mais que il les surpasse dans la cognoissance de l'Astrologie iudiciaire, & de la Philosophie naturelle.

8. Qu'il soit sobre.

9. Que il ne craigne que Dieu.

10. Qu'il reprenne tout homme quelque grand qu'il puisse estre de ses offenses.

11. Qu'il sçache faire la distinction des veritables apparitions ou visions dans les faulces & imaginaires.

12. Que ce Dieu luy communique sa bonté ou sa gloire dans les visions de nuit, qu'il admire sa misericorde & la tienne secrete.

13. Que les Pyrée ou feux sacrez apportez du Ciel par le Prophete, Zertoost soient entretenus & allumez iusques à ce que le feu consomme le monde, & que il regarde le feu sacré en faisant sa priere.

Ceremonies & Sacremens des Parsis.

CHAP. XXI.

Mariage.

LEs Parsis ne prennent qu'vne femme & ne se remarient point estans dans le veufuage, ils ne s'allient qu'auec ceux de leur loy & nation, qui est la raison pourquoy ils ont conserué la blancheur & la beauté de leur sang dans les Indes, & autres lieux où ils ont fuy, parce que la blancheur ne vient nullement du climat, mais de la semence des parens : Sur les Empires de Schah Geaann, d'Adel Schah, & Kodum Schah, les Indistanis sont oliuastres, les Mogols, Anglois, Hollandois, Parsis & Portugais, y engendrent des enfans tres-blancs, pourueu qu'ils habitent auec des femmes blanches ; & les Abissins & Caffres que l'on y transporte d'Affrique, y engendrent des enfans aussi noirs qu'en Ethiopie. Les Parsis ne sont point ialoux, leurs femmes trauaillent & soulagent leurs maris.

Adel Schah est le Roy de Biiapour. Kodum Schah est le Roy de Golconda.

Sacrificature.

Ils offrent à Dieu pour l'expiation de leurs pechez du sandal, & autres bois odoriferant qu'ils portent à leur Prestre, ou luy donne de l'argent pour achepter du bois pour entretenir le feu sacré que l'on n'esteind iamais, à l'imitation de celuy que les Iuifs conseruoient sur l'Autel, il y a apparence que Zertoost auoit leu les Liures de Moyse ; le Sacrificateur leur monstre le feu Sainct, à la veuë duquel ils croyent estre regenerez & auoir de grands pardons, & leur persuade qu'il bruslera le sandal & autres bois de prix, qu'il vent pour entre-

Leuitiq. 6.13.

tenir sa famille se seruant de la simplicité de ce peuple credule.

Ils mangent de toutes sortes de viandes, & aux Indes pour se conformer aux Indou, ils ne veulent point manger de chair de bœuf, ils boiuent du vin de Palme ou Tari & de l'eau de vie, mais ne veulent point boire dans vn vase ou vn Chrestien, Mansulman, Indou, ou Sabi ait beu. Ils ont plusieurs festes & iours de abstinences, pour vaquer à la priere.

A la naissance d'vn enfant le Prestre calcule la figure celeste, & luy trouue vn nom que sa mere luy impose, ils ont aussi vne maniere de Baptesme ou de lauement: s'ils meurent en estat de grace auec approbation de tous, l'on les porte dans vne grande sale, apres les auoir embaumez, les vns aupres des autres. Mais si l'on doute qu'ils soient morts en peché, l'on ne les embaume point & l'on les sequestre des autres, ce qui arriue peu, parce qu'il est difficile de iuger des derniers sentimens de l'homme. Sepulture

---

Voyage de Sourat à Chaoul.

CHAP. XXII.

LE dix-septiesme Septembre ie pris congé de Mestre Breton General des Anglois, lequel me chargea de lettres pour le Vice-Roy de Goa, & m'embarqué sur vne petite barque d'Indou, pour Damaon, en compagnie du R. Pere Zenon de Baugé. Le dixhuictiesme nostre barque s'atterra dans la riuiere de Sourat; nous fusmes en danger de nous perdre, parce que la marée dans le flux ostoit le sable d'vn costé de nostre barque qui estoit à sec, & fallut la soustenir auec force pieux, de crainte qu'elle tournast. Le vingt-vniesme nous arriuasmes à Damaon petite ville extremement forte, laquelle est venuë à la Couronne de Portugal de cette façon: Les Indou ayans permis trop facillement aux Portugais de faire vn fort auprés de la ville pour la seureté de leur negoce les voulurent chasser par apres, mais n'en peurent venir à bout, parce que les Portugais, auec leur forteresse bien munie, se rendirent maistres de la place, & sousmirent les naturels, ce qui a seruy d'exemple aux autres Roys des Indes, & principalement au grand Mogol, qui s'est rendu sage par la destruction de ses voisins, & ne permet aux Portugais, Anglois, Danois, ou Hollandois de faire aucun fort sur ses terres, ny d'y acquerir aucun fond.

Damaon.

Il y a à Damaon vn Capitaine de la forteresse qui commande la milice ordonnée pour la garde de la place, il y a quatre Conuens, & vne maison de Religieux, Capuches, Augustins, Dominiquains, Obseruantins, & Iesuittes: lors que les Portugais sont attaquez par les Mansulmans, l'on donne des armes à tous les Religieux, politique qui les maintient: Les Noirs, ou naturels de ce pays, conuertis à la foy de Iesus-Christ, sont les meilleurs mousquetaires des Indes; dans le dernier siege formé par le fils du grand Mogol auec 10000. hommes, ils se deffendirent si bien, que ce Prince se retira auec confusiõ, & perte de la meilleure partie de ses trouppes. Don Leonel de Lyma, Capitaine de la forteresse nous fit vn banquet à la Portugaise, où le vin de Canarie

estoit

estoit en telle abondance, que ie m'imaginois estre à Libone.

Le vingt-quatriesme ie party de Damaon en chariot. Le vingt-septiesme ie passay vn petit bras de mer, ie fus obligé de laisser mon chariot, & me faire porter en pallankin, iusques à Bassain; le chemin de Damaon à Bassain se feroit en vn iour en Europe, mais l'on rencontre si grande quantité de rios d'Agua salgada, ou riuieres salées, par le flux de la mer, qu'il est impossible de le faire en moins de trois, à cause qu'on est obligé d'attendre le reflus pour passer.

Pallankin est vn espece de brancart porté par 4. ou 6. hommes.

Bassain ou Bassin est vne grande ville peu habitée, à cause des guerres des Portugais contre les Anglois & Hollandois, lors qu'ils estoient sous la domination de Castille. Dans cette ville il y a plus de Gentils-hommes Portugais qu'en aucune autre des Indes; il y a de belles maisons, & plusieurs Monasteres de Religieux.

Bassain.

Le vingt-neufiesme ie m'embarqué sur vn petit bras de mer, & arriué à Tana en six heures de voiles, ville autresfois capitale d'vn Empire, mais à present ruinée, & fort petite. Aupres de Tana l'on voit les vestiges des Pagodes anciennes des Indous, & plusieurs lauoirs sacrez entierement destruits, n'en restant que la place, & la memoire qu'en ont les Bramens.

Tana.

Le deuziesme Octobre ie passay à Bombain petite Isle dominée par les Portugais, il y a trois ou quatre villages; dans cette Isle les Anglois ont autrefois

Bonbain.

bruslé les Eglises, & destruit les maisons, & en reste peu. Le mesme iour ie party sur le soir pour Chaoul, où i'arriuay le lendemain matin. Cette place est vne petite ville à dix-huict degrez de latitude, sous la domination des Portugais, extremement forte, le Chasteau où demeure le Capitaine a esté fabriqué assez de temps deuant la descouuerte des Indes Orientales par les Portugais : De l'autre costé du port de Chaoul il y a vne forteresse qui commande la ville, bastie par les Mansulmans, & conquise par les Portugais, qui firent peur auec du feu, & des mousquetades à vn elephant que les Mansulmans auoient mis pour en garder la porte, ayant vne chaisne à sa trompe, lequel se tourna de costé, & les Portugais passerent par dessous son ventre, & se rendirent maistres de la place.

Chaoul.

Voyage de Chaoul à Goa.

CHAP. XXIII.

DE Chaoul ie m'embarquay sur vn almadié pour Goa. Le troisiesme nous prismes terre à la veuë de Daboul, ville appartenante au Roy de Bijapour. De Daboul nous vogasmes paisiblement toutes les nuicts, prenans terre les matins, iusqu'au huictiesme iour de nostre embarquement que nous fusmes assaillis par vne galleuette de Malauars, laquelle fortifiée de deux paros nous voulut fermer la bouche du Rio ou riuiere de Karoli; mais nos vogueurs

Almadié espece de bateau long & estroict.

Daboul.

Galleuette est espece de batteau long, & paros espece de demie gallere.

Malauars

s'estans surpassez eux-mesmes, deuancerent la galleuette, & entrerent les premiers dans la riuiere : Ce hazard me fit connoistre le danger qu'il y a de s'embarquer sur de petites barques, ie pris resolution de poursuiure mon voyage par terre ; ie fus fort incommodé, parce que le chemin estant remply de montagnes de difficil accez : Ie ne trouué ny chariot, ny bœufs, ie fus contraint de faire le chemin à pied, & faire porter mon bagage par des Noirs du païs ; apres vn iour & demy de marche dans vne challeur extraordinaire i'arriuay à Bengourla, petite ville appartenante au Roy de Bijapour, à huict lieuës de la barre de Goa : Les Hollandois y ont vn Facteur & vne maison, pour auoir des raffraischissemens lors qu'ils sont en guerre auec les Portugais.

sont voleurs de mer qui habitent les maldiues, & le Sud des Indes.

Bengourla ou Bingourla.

De Bengourla ie vins coucher dans vn petit village peuplé de Bramens, Bagnians & Tribus Nobles des Indous, i'y fus fort incommodé, ie n'y trouué ny pain ny eau de vie, ny viande ny poisson, seulement vn peu de ris & de beure que ie fus contrainct de faire cuire dans vn plat de terre & le manger à pleine main, les Payens m'ayans refusé pots, plats, cuilliers & couppes, de crainte que ie ne les eusse polluës & renduës immondes, tant est grande l'obeyssance aueugle, le zele indiscret & la superstition des hommes. Le lendemain ie dinay dans vn autre village peuplé d'Indou, où i'eus la mesme peine que le soir precedent, ie me tiray le plus promptement que ie peus de cette tyrannie, & pris mon chemin pour Bichouly où i'arriuay le soir fort tard, c'est vne petite

Bichouli.

ville du domaine du Roy de Bijapour à deux lieuës de Goa, il y a vne maison de Missionnaires establie par vn Euesque Canarin.

De Bichouly ie marché vne heure, j'arriué où les barques passent du continent des Indes dans l'Isle de Goa, & m'embarqué auec le pere Zenon pour y aller; dans vne heure de temps nous arriuasmes à la premiere forteresse, l'on demanda quels gens estoient dans la barque, nous respondismes que nous estions François amis de Portugal, le Capitaine du Fort nous commanda d'aller trouuer le Viceroy suiuant l'ordre qu'il auoit de luy enuoyer tous les estrangers, nous allasmes droit à la Casa da Poluere, qui est vn peu hors la ville tirant du costé de Pangin, où le Vice-Roy despechoit vne armée pour Mascati en Arabie, & demandasmes à luy parler; l'on nous y conduisit, ie luy remis les lettres du General des Anglois entre les mains, il tesmoigna vne satisfaction de nostre arriuée, embrassa le Pere Zenon, & luy dist, qu'il auoit tousiours eu grand desir de le voir sur la terre des Portugais pour seruir sa reuerence, que le Roy de Portugal son inuincible Maistre, luy auoit commandé par ordre exprez d'assister en tout deux Peres Capucins François, dont l'vn estoit le Pere Ephrain de Neuers, qui a sa mission à Madraspatan proche Meliepour, & l'autre le Pere Zenon de Baugé, qu'il croyoit estre sa Reuerence, à la sollicitation du sieur Lasnier Angeuin, Ambassadeur en Portugal pour sa Majesté tres-Chrestienne; puis dit au Pere Zenon qu'il choisist quel Conuent il voudroit dans Goa, &

Casa da poluere, maison de poudre.

qu'il luy feroit donner son appartement, & les choses necessaires pendant son sejour, que pour moy il me vouloit loger en son Palais, & que si i'auois la volonté de retourner à Lisbone par mer, il me feroit embarquer sur les premieres Karaques; le Pere Zenon luy dist, que nous estions de mesme ville, fils de parens amis, que nous ne pouuions nous separer, & que mon dessein estoit de m'en retourner par terre pour voir l'Arabie, la Kaldée, la Surie, & l'Egypte, & estre l'année Saincte à Rome; le Vice-Roy repliqua, ie ne vous veux empescher d'estre ensemble, ny vous priuer de la satisfaction que vous auez à vous entretenir, & faisant apporter de l'ancre & du papier, escriuit vn billet à l'vn des principaux de la ville, luy ordonnant de nous bien traitter, & en tenir compte à la Couronne de Portugal, puis le remit à son premier Gentil-homme, lequel nous accompagna à nostre maison, & nous fit monter sur la fallouque du Vice-Roy, parée de beaux tapis de soye; & comme nous commencions à nous esloigner de la riue, vn autre Gentil-homme me vint asseurer de la part du Vice-Roy que ses cheuaux, & ses fallouques estoient à mon seruice, & que ie le desobligerois de n'en pas vser librement, comme de choses qui estoient à moy; ie remerciay le Vice Roy par ce Gentil-homme, me reconnoissant son obligé des courtoisies qu'il exerçoit en mon endroit, ce qui ne me sembloit pas extraordinaire veu la ciuilité, & generosité des Portugais.

Goa est à quatorze degrez 40. minutes de latitude Goa.

dans la Prouince de Canara & Isle de Goa, qui a sept lieuës de tour; cette ville est bastie à la façon de Portugal, ce qui en est habité est de la grandeur de Florence, l'air y est tres-mauuais & les rayons du Soleil tres-dangereux & mal-faisans, elle est la Capitale des Indes de Portugal & peuplée de toutes sortes de nations, Indiens, Chinois, Malais, Parsi, &c. A trois lieuës de la ville est la barre ou la rade, où il y a vn beau chasteau; le long de l'ençeade ou entrée du canal qui est depuis la barre iusqu'au Port de Goa, il y a de tres-belles maisons de plaisance, d'vn costé & d'autre auec quantité de beaux arbres appellez palmiers de koq.

Palmiers de Koq, arbre des Indes descrit cy-apres. Pangin. Salcete. Chorraõ. Capuches sont vne sorte de Capucins sans barbe. Et en Portugais l'on appelle les nostres Capuchos barbados ou Capucins barbus.

Dans la mesme Isle de Goa il y a vne petite ville appellée Pangin sur le chemin de la barre au Sud de l'Enceade, Salsete, Chorraon; & quelques autres Isles sont en la domination des Portugais, scituées aux enuirons de l'Isle de Goa, où il y a quantité de nouueaux Chrestiens ou Indous conuertis à la Foy. Il y a dans Goa trois ou quatre maisons ou Conuents d'vn mesme Ordre, les plus remarquables sont ceux des Augustins, Iesuites, Capuches & Carmes Des-Chauds; celuy des Augustins pour le portail, celuy des Carmes pour l'Eglise, celuy des Iesuites pour le College; & celuy des Capuches pour les jardins & eauës viues.

Milice & ordre des Colonies Portugaises.

Chap. XXIV.

LA milice des Portugais consiste en soldats & Gouuerneurs des forteresses, dont le Chef & Generalissime est le Viceroy, leur force principale est sur la mer, la solde d'vn soldat est de dix pardaux par voyage, qui reuiennent à quatre realles & demie d'Espagne, le voyage est de six mois : & les autres six mois s'il demeure à Goa, il ne touche point d'argent, mais s'il veut aller en quelque place d'armes comme Chaoul, Damaon, Diou, &c. il a encor dix pardaux auec ses viures ; Sur les Nauios d'Armada, galiotes, ou vaisseaux de guerre l'on donne à la milice du ris cuit, auec de l'eau & du sel, du biscuit, de l'eau douce, du poisson sallé, de l'achar ou fruicts d'Inde confis dans le sel & vinaigre comme les concombres que l'on vent à Paris chez les droguistes.

Les soldats tirent tous les ans acte de leur seruice, & apres auoir seruy huict ans, ils sont capables dans leur Ordre d'estre Capitaines & Gouuerneurs des forteresses, suiuant leurs amis, & la volonté du Roy de Portugal. Les Gouuerneurs ne demeurent que trois ans en charge, & ce temps expiré ils ne pretendent plus rien de tous leurs seruices, & taschent à gagner dans ces trois années dequoy s'entretenir le reste de leurs iours : si vn soldat a seruy deux ou trois ans & ne veut plus porter les armes desirant se marier ou se faire Religieux, il peut donner les certificats de ses seruices qu'il a rendu à la Couronne à vn autre soldat, lequel s'en preuaut & s'en sert auec les siens. Le Viceroy, le grand Inquisiteur & ceux qui sont appellez aux grandes charges des Conquestes Orientales, sçauoir les Generaux d'Armée, l'Archeuesque de Goa, &c sont reinols, ou natifs du Royaume de Portugal, le Viceroy n'est en charge que trois ans & ne peut y auoir de femme.

L'ordre de Portugal est tel concernant les colonies nouuelles, les Portugais qui desirent venir aux Indes & y seruir le Roy de Portugal viennent à Lisbonne, s'ils sont nobles ils en prennent attestation, auec la verification de leurs armes, escussons, timbres, & cachets, & sont par apres reconnus pour fidalgos aux Indes, sur la vie desquels le Viceroy ne peut rien attenter sans ordre expres de Portugal, s'ils sont de race basse & condition roturiere, ou qu'ils soient venus aux Indes sans auoir faict verifier leur naissance en Portugal, le Viceroy les peut faire mourir auec raison; Les fidalgos soldats, ou Religieux qui s'embarquent à Lisbonne, pour les Indes, auec la permission du Roy de Portugal ont leurs appartemens dans les Gallions ou Karaques, auec les viures ordinaires qui leurs sont distribuez du corps du vaisseau; mais lors qu'ils sont arriuez aux Indes, ils ont difficilement permission de retourner en Europe: Et le Vice-Roy estant en bonne intelligence auec les Anglois, Hollandois, & Danois, ils n'en passent aucun en Chrestienté. La flotte estant arriuée à Goa, le Vice-Roy distribuë les soldats reinols par les places où il les iuge necessaires, mais si vn soldat reinol se fait Reli-

gieux,

gieux, ou se marie, l'on ne le peut plus contraindre à suiure les armes; les Fidalges & gens de commandement, qui dans les occasions se signalent, ont leur recompense, ou des marques d'honneur, comme l'Habito de Christo, qui est l'ordre du Roy de Portugal, que le Vice-Roy leur fait venir d'Europe.

Il y a peu d'Estrangers dans la milice des Portugais à cause du peu de solde qu'ont les soldats, aussi qu'ils ne paruiennent iamais à estre Generaux & Capitaines des forteresses; il est vray que la pluspart des Ingenieurs sont Estrangers, mais ils ont plus de solde que les Portugais. Deuant que les Portugais se fussent sousleuez de la domination de Castille, il y auoit plusieurs François mariez aux Indes parmy eux, & donnoient liberté à tous Europeens, excepté aux Castillans de demeurer sur leurs terres, mais depuis la reuolution peu de François ont pû demeurer parmy eux, à cause de la rigueur extraordinaire de l'Inquisition, qui les arreste au moindre soubson: Les François passe pour Louteranos entre eux, & comme les François n'ont point l'exterieur de la Religion, & disent leur sentiment auec trop d'ingenuité, ils sont incontinent perdus; en sorte que les soldats François qui sont en grand nombre au seruice des Hollandois ne se veulent plus ranger du costé des Portugais, parce qu'ils ont plus de liberté pour la Religion Catholique parmy les Hollandois qu'entre les Portugais: Quelques Fidalgues reinols vrais seruiteurs de leur Prince, m'ont dit que cela procede de certaines personnes affectionnées à Castille, lesquelles dans l'esperance que le Portugal retourne sous la domination

Politique d'Espagne.

du Roy d'Espagne, accusent malicieusement les François, & les font prendre prisonniers par le Sainct Office, afin que ces deux nations ne s'vnissent iamais à la confusion des Castillans, Anglois, Hollandois, & Danois, qui est empescher laschement l'accroissement de la Foy Catholique, parce que les François tenans le party des Hollandois, il est certain que les Portugais n'auront iamais le pouuoir de les chasser des Indes, non plus que les Anglois, à moins de grandes diuisions dans ces deux Republiques.

Vice-Roy, Noblesse, & grand Inquisiteur.

CHAP. XXV.

Vice-Roy. LE Vice-Roy des Indes commande depuis le Cap de bonne Esperance, iusques en la Chine, le long de la coste d'Affrique, dans la mer Rouge, sein Persique, destroit d'Ormous, costes de Perse, Arabie, Indes Orientales, Golphe de Bengala, destroit de Malaca, costes des Royaumes de Pegou, Camboia, Siam, Cantaon & Chine, & generallement par toutes les Isles de la mer du Sud, son pouuoir s'estend à créer & casser les Generaux, Capitaines, & Officiers de guerre par tous les lieux où les Portugais ont leurs forteresses, a donner permission aux Mansulmans & Gentils, qui ne sont pas vassaux de Portugal, de nauiger ; a nommer les Feitours ou Consuls dans les ports Estrangers, où les Portugais ont leur negoce; a faire mourir les Portugais qui ne sont pas Fidalgues, & n'a que deux choses qui bornent son pouuoir, & ternissent sa charge, la Noblesse, & l'Inquisition.

Vn Gentil-homme Portugais ayant commis quelque crime peut estre arresté prisonnier de l'ordonnance du Vice-Roy; s'il merite la mort, il faut vn ordre exprés de Portugal pour l'executer, ce que les Roys de Portugal ont sagement ordonné pour obliger les pauures Gentils-hommes à conquerir les pays estrangers, & y planter la Croix en y establissant des colonies contre lesquelles les Vice-Roys n'eussent pas la force de se maintenir au preiudice de leur Maistre, par la destruction de la Noblesse le bras droict des Princes: mais comme les hommes ne peuuent rien establir que d'humain & que dans la plus fine politique il y a tousiours a redire & à corriger: raison pourquoy les Monarchies, & les Republiques les mieux ordonnées ont eu leur fin & changement aussi bien que les Estats qui ont subsisté par la confusion; ainsi l'on pourroit dire que ceux qui ont fait les loix des Conquestes de Portugal, n'ont pas consideré que le naturel des Portugais estant fort graue, & hautain, il arriueroit souuent que la Noblesse se banderoit contre le Vice-Roy, & le mespriseroit, ce qui retourne contre la Majesté du Roy; parce que s'il est vray, que celuy qui se mocque du Prince se mocque de Dieu, il est vray de dire que celuy qui se mocque du Lieutenant du Prince se mocque du Prince: il arriua lors que i'estois aux Indes qu'vn Gentilhomme appellé Dombras auec quelques siens amis & vn Religieux en habit deguisé, firent faire vne Statuë de la grandeur & ressemblance du Viceroy, Don Philippe Mas-

Noblesse ou fidalguerie.

caregnas, qui estoit alors en cette charge, laquelle ils porterent par les ruës vne nuict auec quantité de tambours, fiffres & torches allumées, estans tous masquez & habillez en gens de Iustice, la pendirent auec les mesmes formalités que l'on fait celle d'vn mal-facteur, & s'estans retirez chacun chez soy l'effigie du Viceroy demeura attachée iusques au iour à la veuë du peuple, ce qui estonna le Viceroy, il fit rechercher les autheurs de cette faction, l'on en descouurit quelques-vns, entr'autres le Religieux, lequel le Viceroy fit mettre à la chesne; pour Dombras chef de cette conspiration, il se mocqua du Viceroy, & se sauua à Bichouly en attendant quelque mouuement dans l'estat ou changement de Viceroy pour faire sa paix.

Inquisition. Le grand Inquisiteur de Goa est Reinol & Prestre seculier, lequel a des assistans & vn Dominicain pour son compagnon d'office, & puis quelques autres Commissaires auec l'Archeuesque de Goa; ce Sainct office est extremement rigoureux, & n'est estably que pour les nouueaux Chrestiens qui Iudaïsent, ou pour les Catoliques qui font scandalles ou commettent quelque enorme peché; & n'inquiete point les Anglois, Hollandois, Danois, ou Iuifs estrangers ny mesme les Indou & Mansulmans, parce qu'ils ne sont point nays Catholiques, & n'ont iamais fait profession de la Foy; Le pouuoir de l'Inquisition est de prendre & arrester indifferemment tous les Portugais, Gentils-hommes, roturiers, Prestres, Religieux, mesme le Vice-Roy, auec ordre secret de Portugal; & le prisonnier estant encoffré, on n'en peut sçauoir aucune nouuelle, non pas mesme si au vray il est viuant ou mort, parce qu'il y a peine d'excommunication à solliciter pour luy : l'on ne confronte point les tesmoins, ny les denonciateurs, il faut que le criminel declare luy mesme son crime.

Religion des Portugais, & moyens dont ils se seruent pour l'establir.

CHAP. XXVI.

TOus les Portugais sont Catholiques Romains, fort zelez, ils font toutes choses pour l'accroissement de la Religió, il y a quelques differences entre eux & les François, ils ayment extremement sainct Anthoine de Lisboa, que nous appellons de Pade, ils luy ont vne particuliere deuotion lors qu'il ne fait point de pluye; ils prennent sa statuë l'attachent par les pieds, la trampent dans des puys la teste la premiere, & apres l'auoir bien moüillée & trempée plusieurs fois, ils la retirent par la corde qu'elle a attachée aux pieds, & font le mesme à celle de la Vierge Marie. Comme ie m'estonnois de cette ceremonie extraordinaire, i'en demandé la raison au Pere Gardien des Capuches de Damaon, lequel me dist que sainct Anthoine vouloit estre ainsi traitté, & auoit operé par ce moyen vne infinité de miracles, & la saincte Vierge laquelle fit retrouuer l'enfant d'vne pauure femme qui alla dans l'Eglise apres l'auoir perdu, & prenant le petit Iesus d'entre les bras de Nostre-Dame luy dist, si tu ne me rends mon fils, ie ne te rendray pas le tien; & à quelque temps de là l'enfant reuint à la maison sein & sauue. Vne autrefois vn Frere Portier d'vn ordre de Franciscains perdit par mesgarde les clefs du Conuent, alla dans l'Eglise & lia la statuë de Sainct Anthoine de Lisboa par les pieds, la trampa dans vn puys où il l'auoit descenduë la teste la premiere, la retira, & elle apporta les clefs penduës miraculeusement à son col ; ce qui est digne d'admiration, & non d'imitation.

Les Indiens conuertis à la Foy, qui sont de la race des Bramens, gardent la mesme superstition des Gentils de leur Tribu dans leurs mariages, parce qu'ils ne s'allient qu'auec les nouueaux Chrestiens de la mesme Tribu, reputans comme immondes les autres Chrestiens, mesme les Portugais reinols, & lors qu'ils viennent à mourir leurs femmes ne se remarient point, ce que les Religieux Portugais souffrent ; il est à craindre que ces nouueaux Chrestiens ne conseruent la Gentilité entr'eux, & venans à multiplier ne chassent les Portugais, & retournent à estre les Directeurs & Sacrificateurs des Gentils, restablissans leur ancienne liberté, & secoüient le ioug de ceux qui les dominent, sous pretexte de Religion,

Nous auons dit cy-dessus, comme sur la terre des Portugais il y a vne infinité d'Indous & Mansulmans lesquels n'ont point la liberté d'exercer leur Religion, ils peuuent seulement se professer Payens ou Mansulmans sans auoir aucune Mosquée, Pagode, ou statuës, ils n'osent faire leur priere publiquement ny aucun sacrifice à moins de grosses amandes : Entre Damaon & Bassain ie rencontray vn Padré Clerigo Mestisso, lequel venoit de Goa auec plusieurs ordonnances de l'Archeuesque qu'il me fit voir entr'autres pour faire couper les oreilles à tous les moutons & les crestes aux coqs de son village, parce que comme nous auons dit parlant des sacrifices que l'on offre à Seruan, l'immolation ne se doit & ne se peut faire que d'vn animal ou d'vn oyseau sans tache ou deffaut de membre ; il y auoit encor prohibition & deffences expresses à tous Bramens de faire aucun mariage sans y appeller le Padré Clerigo Vicaire, ou Recteur de leur village.

Clerigo, ou Clero.

Liure 2. chap. 13.

Lors que les Portugais trouuent vne Idole des Gentils ils la rompent ou la bruslent ; ils ont destruit vn Tanquié à Bassain, où les Indou pretendoient de gagner pleniere Remission de leurs pechez tous les iours en s'y lauant le corps ; ils ont bruslé la dent sacrée d'Hermand le Singe, grand seruiteur de Ram, comme nous auons dit ; le Roy de Portugal se rend protecteur des enfans orphelins, lesquels on enleue des mains de leurs parens pour les mettre dans des seminaires entretenus par la Couronne de Portugal, où ils sont instruits dans la Foy Catholique, & baptisez à mesme iour tous les ans, puis l'on leur donne chacun vn habit ou quelque autre chose equiualente, n'osans plus retourner dans la Gentilité à peine du feu, parce que l'Inquisition les feroit punir com- apostats & renegats de la Foy ; Voila pourquoy il se fait des Baptesmes prodigieux de deux à trois cens enfans : mais pour les Gentils qui sont aagés il s'en conuertist peu, parce qu'ils croyent la pluspart que tout est bon ; i'auois fait amitié auec vn habille Bramen,

Liure 2. chap. 15.

auquel vn iour ie demanday pourquoy il ne se faisoit pas Chrestien, veu qu'il estoit sçauant Medecin & Astrologue, & deuoit par consequent connoistre & suiure la verité. Il me fit cette response, Ibrahin Beg, toute creance que l'on a de Dieu est bonne, ie ne m'estonne pas pourquoy vous ne desirez pas vous faire de ma Religion, pourquoy donc vous estonnez-vous de ce que ie ne me fais pas de la vostre, il faut laisser le monde comme il est, il y a plusieurs chemins pour aller à Birampour les vns plus droicts & plus courts que les autres, mais enfin l'on y peut venir, de mesme, est-il du Ciel & du Paradis où chacun peut monter de quelle Nation ou Religion qu'il soit, parce que c'est la patrie commune, & la demeure destinée aux ames de ceux qui auront bien fait en cette vie, & se seront portez à suiure les Vertus qu'ils auront connuës : Les Mansulmans disent que leur loy est bonne, & que leur Koran est venu du Ciel, & se seruent de tous moyens pour augmenter leur Secte. Les Iuifs nous veulent persuader qu'ils sont enfans d'Abrahaam, & souffrent d'estre bruslez pour le maintenir; Vous autres croyez estre le peuple esleu par le Messie, par lequel vous esperez vostre iustification. Les Sabis ont cette opinion que leur Liure est escrit dans la langue matrice, parce que Adam, à leur dire, en a esté l'Autheur, aussi bien que premier homme: Les Parsis ne croyent pas se tromper, se laissans conduire à leurs Chefs, non plus que les Chinois, qui adiouste foy en tout à leurs Bonses : & nous autres nous disons que nous auons la vraye connoissance du Createur du Ciel & de la Terre par

Biram-pour est vne ville des Indes.

nos

nos escrits, & que nous suiuons la bonne Religion, à cause du long-temps qu'il y a que nous sommes Indous de pere en fils, & loing de forcer les autres hommes à prendre nos sentiments, nous ne les receuons pas mesme dans nostre Religion, & n'abusons point des animaux, lesquels sont d'vne mesme famille que nous, & sont aussi peu pour nous que nous sommes pour eux, aucun n'ayant domination sur les creatures que leur Autheur.

Les persecutions que les Portugais font aux Indou, Parsis & Mansulmans, les contraignent d'abandonner leurs terres, pour aller demeurer sur l'Empire de Schah Geaann ou d'Adel Schah, où ils ont libre exercice de leur Religion, Temples, Sacrifices, lauoirs, &c. & à present entre Damaon & Bassain, il y a si peu de naturels Indou que la pluspart des aldées sont en friche sans estre cultiuées, ie suis certain que les Indou aiment mieux les Portugais que les Mansulmans, ny les Anglois, Hollandois, ou Danois, mais leur conscience les oblige souuent à chercher vn Asile où ils puissent seruir leur Dieu, suiuant les rits & les ceremonies des Bramens.

Aldeas en Portugais sont maisons de gétils-hommes à la campagne aupres desquelles sont plusieurs petites maisons où meurent les vassaux & suiets des Nobles.

Diuersité des Vassaux de la Couronne de Portugal, & de leur employ suiuant l'ordre de leur generation.

CHAP. XXVII.

Reinols.

LEs Reinols sont les Portugais venus du Royaume de Portugal, lesquels seuls ont les premieres charges dans les Indes, comme dans la profession militaire la Vice-Royauté ou Generalité de Zeilaon ; & dans l'Estat Ecclesiastique, eux seuls peuuent estre Archeuesques de Goa, grands Inquisiteurs, & Lecteurs en Theologie.

Castisso. Les Castissos sont ceux qui sont nays de pere & mere Reinols ; ce mot vient de Casta, qui signifie Race, ils sont mesprisez des Reinols ; dans la milice ils paruiennent au Gouuernement des places, & à la generalité des vaisseaux de l'armée, & dans les Conuens ils peuuent estre Gardiens & Prieurs.

Mestisso modes. Les Mestissos sont de plusieurs sortes, mais fort mesprisez des Reinols & Castissos, parce qu'il y a eu vn peu de sang noir dans la generation de leurs ancestres, d'autant qu'vn Reinol prenant pour femme vne Indienne, les enfans en naissent iaunastres, puis ces iaunastres se marians auec des personnes blanches, les enfans en naissent blancs, & à la troisiesme & quatriesme generation, ils sont aussi blancs que les Reinols & Castissos, mais la tache d'auoir eu pour ancestre vne Indienne, leur demeure iusques à la centiesme generation : ils peuuent toutesfois estre soldats & Capitaines de forteresses ou de vaisseaux, s'ils font profession de suiure les armes, & s'ils se iettent du costé de l'Eglise ils peuuent estre Lecteurs, mais non Prouinciaux.

Karanes. Les Karanes sont engendrez d'vn Mestis, & d'vne Indienne, lesquels sont oliuastres. Ce mot de Karanes vient à mon aduis de Kara, qui signifie en Turq la terre, ou bien la couleur noire, comme si l'on vouloit dire par Karanes, les enfans du païs, ou bien les noirs : ils ont les mesmes aduantages dans leur profession que les autres Mestis.

Les Abissins sujets naturels du Prete Iean, nays de pere & mere Abissins, ou de pere Abissin, & de mere Kararie, Indienne, ou Mestisse, peuuent estre Prestres, mais non Religieux, & ne paruiennent iamais à estre Chefs, ny Capitaines dans la milice.

Abissins. Prete Gét signifie noire nation en Portugais, c'est à mon aduis d'où nous l'appellons Prete Ian parce qu'il est noir.

Les noirs de la terre, ou naturels de pere & mere Indiens, Chrestiens, ou conuertis à la foy entrent dans le Gouuernement immediatement apres les Abissins, & peuuent estre soldats & mariniers s'ils suiuent la milice, & Prestres s'ils le sont d'Eglise, n'estans iamais receus à estre Religieux, à cause qu'ils en sont indignes estans de couleur basanée. Ie m'estonne de voir des statuës & images noires de Saincts sur les Autels, & qu'vn naturel noir ne fut pas digne d'estre Religieux en cette vie, quoy qu'il soit Sainct en l'autre, & ie croy que pour les exclure de cét honneur, l'on se sert plus de la politique, que des constitutions des Fondateurs d'ordres. Ces Noirs sont de plusieurs figures, suiuant le lieu de leur naissance : Les Malauars sont fort noirs qui habitent le Sud des Indes, les Guzerates sont vn peu iaunastres, & sont aux enuirons du Golphe de Cambaïa : Les Canarins sont assez oliuastres, & sont ceux de Goa, ou des Isles circonuoisines.

Noirs de la terre.

Les Caffres, ou Mores en François, ne paruiennent iamais à aucune dignité, & sont tous esclaues ou seruiteurs affranchis des Gentils-hommes, ou Cuisiniers dans les Conuents n'aspirans point à la Prestrise.

Caffres.

Les moins estimez de tous sont les esclaues, lesquels sont fils de parens Mansulmans, ou Indou, & conuertis à la Foy de Iesus-Christ, lesquels demeurent eux, &

Esclaues.

leur generation esclaue ; & si par vn extraordinaire ils viennent à estre affranchis, ils ne peuuent estre soldats, ny Prestres, ny les enfans de leurs enfans, mais se peuuent marier.

Mansulmans, Indous, &c. Les Mansulmans, Indou & Parsis, sont soubmis à toute cette diuersité d'hommes, & n'oseroient porter l'habit Portugais ny le chapeau, ny disputer de la Religion en aucune façon, de crainte de l'Inquisition.

Ciuilitez & visites des Portugais aux Indes.

CHAP. XXVIII.

LOrs qu'vn Gentil-homme Portugais va faire visite; il sort en palankin, ou à pied : s'il se met en palankin, il se fait porter d'ordinaire par 4. ou 6. noirs de la terre libres ou esclaues qu'ils appellent Boïas, ou bœufs, comme nous appellons les porteurs de chaises mulets, les hommes ne se contentent pas d'abuser de leurs semblables, ils les baptisent des noms d'animaux par derision; s'il va à pied le palankin suit tousiours par grandeur, & vn esclaue porte le parassol ou sombrere, comme l'appellent les Portugais, lequel est extraordinairement grand, & est emmanché en vn pambou, qui sert aux rencontres à mal-traitter leurs ennemis : Ils se quarrent fort superbement dans les ruës, se tournent le corps à droit & à gauche par affectation, les iambes fort tenduës, ils les considerent de fois à autre, & marchent droict, sans s'arrester a regarder çà & là de peur de perdre leur grauité ; Arriuez qu'ils sont

Pambou est vn arbre des Indes.

proche la maison de leurs amis leurs esclaues vont deuant aduertir & sçauoir si le maistre de la maison est au logis, lequel les vient receuoir au bas de l'escalier ou plus loin, suiuant la condition des personnes, & entre le premier, afin d'estre dans sa chambre pour les y receuoir, ils s'assient sur des fauteils, & se couurent si peu les vns deuant les autres, que ie puis asseurer que dans plusieurs visites que i'ay renduës au Vice-Roy, il ne s'est iamais couuert deuant moy. Vn peu de temps apres que l'on a esté assis le maistre de la maison se leue, & demande aux visitans comment ils se portent s'ils sont esgaux, ou bien les remercie de l'honneur qu'ils luy ont fait de le venir voir, parce que c'est vne inciuilité de questionner & interroger vn plus grand que soy: apres cette ceremonie ils se remettent sur les sieges fort grauement les iambes estenduës, & ne les mettent iamais l'vne sur l'autre : Leur entretien & passe-temps ordinaire est le ieu des cartes, ou bien ils racontent quelque combat, ou la valeur de leur nation est énoncée:Les sciences sont presque bannies de ces nouueaux argonautes, lesquels estiment à titre de Noblesse de ne sçauoir pas escrire, en quoy ils sont imitez par la plus-part de nos François.

L'on ne porte point de santés dans leurs banquets, mais l'on met les verres pleins de vin sur la table, afin qu'vn chacun puisse boire à sa soif.

La visite finie le Visité sort le premier, & accompagne celuy qui luy a fait l'honneur de le venir voir iusques au lieu où il l'est allé receuoir; le Visité sort le premier de crainte que l'on ne dise qu'il les auroit chassés de sa maison : Au retour ils obseruent les mesmes ceremonies qu'à l'arriuée, & montent en palankin, où se retirent à pied : S'ils passent à pied deuant la porte d'vn amy, s'il est assis il se leue, & saluë le premier le passant, Les raisons de cette ceremonie se prennent, de ce que celuy qui a aduantage & est en vne posture plus graue & decente doit honorer celuy qui est en vne plus incommode, comme est celle du passant, qui n'est, ny si noble, ny si graue que celle de celuy qui est assis dans vn fauteuil sur le pas de sa porte. Voila les principales de leurs coustumes, dont ie n'ay voulu iuger, de crainte d'obliger le Lecteur qui doit estre libre, auquel ie conseille d'aimer & approuuer sans passion ce qu'il estimera plus raisonnable & naturel.

Voyage de Goa à Rajapour.

CHAP. XXIX.

I'Appris à Goa qu'vn vaisseau Anglois estoit arriué de Moka, & auoit moüillé à la barre pour cingler à Iettapour apres auoir pris quelques raffraischissemens, ce qui m'occasionna de prendre congé du Vice-Roy, & le remercier des faueurs que i'auois receu de sa Signeurie illustrissime, ie luy reïteré les offres de ma personne, & ne fus pas long à finir mes complimens dans vne langue estrangere ; i'en receu de nouuelles ciuilitez, il me tira à part, & me pria de luy descouurir franchement s'il me manquoit quelque chose,

En Portugais l'on traitte de Signoria les grãds seigneurs.

que ie ne pouuois sans iniustice dire mes necessitez à autre personne, qu'il sçauoit que le chemin par terre estoit de grande despense, & que les François n'ayans aucun commerce dans les Indes, il me seroit tres-difficile d'y trouuer de l'argent à emprunter, qu'il ne demanderoit iamais ce qu'il me donneroit, & se tiendroit satisfait d'auoir obligé vn Gentil-homme François compatriotte du Sieur Lasnier ; ie le remerciay de cette façon ; Tres-illustre Seigneur, i'ay pris des lettres de recommandation du President des Anglois pour auoir vn pretexte de saluer vostre Signorie illustrissime, & luy faire offre de mon tres-humble seruice, & non pour luy estre à charge, & l'importuner de quoy que ce soit, iusques icy il ne ma arriué aucune disgrace qui m'ait obligé d'emprunter de l'argent d'autruy, i'ay si bien mesuré mes forces & mes facultez que ce qui me reste me suffist pour aller reuoir ma chere patrie, où ie desire renaistre, & y seruir mon Prince & ma nation à l'exemple de mes ancestres ; ie tiens à l'honneur de faire mes voyages auec ce que i'ay apporté : Il me repliqua qu'outre l'estime que faisoit de moy le chef des Anglois dans ses Lettres, ma modestie, & ma generosité le poussoient égallement à me vouloir du bien : Ie donnay lieu au R. Pere Zenon de luy dire adieu : Le Vice-Roy luy promist de le seruir en tout, & le proteger aux Indes : Nous nous retirasmes pour nous embarquer sur le vaisseau Anglois & fismes voile le lendemain, & partismes de la barre de Goa qui est à quatorze degrez & 40. minuttes de latitude vers le Pole Arctique.

Vossa Merced les honestes gens, de Vosse ceux qui sont au dessous de nous, & d'irmaon les pauures.

Le second iour nous moüillasmes à quinze degrez de latitude dans vne rade où les vaisseaux sont à l'abbry des vents; nous descendismes dans l'esquif, & arriuasmes dans vn quart d'heure à Iettapour, village distant de dix-huict milles de Rajapour par eau, & huict par terre, d'où les barques descendent chargées de poivre pour les gros vaisseaux qui sont à l'encre proche Iettapour: aupres de ce village est vn autre bourgade appellée Karapatan, où il y a vn bon havre; il seroit tres-facille d'y faire vne forteresse, & se rendre maistre du traffic & negoce du poivre, parce qu'il y a vn Cap sur lequel l'on l'a fabriqueroit, qui est en figure de presque-isle, & la profondeur de la mer, va à dix-sept brasses d'eau. Ie m'estendrois dauantage sur cette matiere, n'estoit que ie crains que les ennemis de ma nation ne se seruissent de mes escrits au preiudice de la France. Il sera assez à temps lors que les François auront dessein de negocier dans ces parties Orientales, aussi bien que tous les autres Europeens.

Iettapour.

Karapatan en Turq signifie noir, & patan en Indien pays ou Prouince

De Iettapour nous montasmes vne petite riuiere, & arriuasmes à Rajapour petite ville, où il y a trois choses remarquables: La premiere l'arbre & le fruict du poivre; La seconde vn bain d'eau chaude entourré de quantité de beaux arbres sur lesquels il y a vn grand nombre de singes: La troisiesme le lauoir Sacré des Indou, dont nous auons parlé au chap. 15. cy-deuant. Tout ce pays est au Roy de Bijapour, qui s'appelle Adel Schah, ou veritable Sire, auquel le Mogol ne donne le titre que d'Adel Kan, ou Gouuerneur veritable, d'où par corruption nous l'appellions Hidelkan: Ce

Rajapour. Raja en Turq signifie vassal, & pour en Indien ville ou plustost faux-bourg.

Prince

Prince eſt tres-puiſſant, & peut mettre 80000. hommes ſous les armes : Il a pluſieurs Perſans & Mogols à ſon ſeruice leſquels dominent, & ont les plus belles charges de ſon Eſtat : Sa cauallerie eſt en partie compoſée de Raſepout, & ſon infanterie d'Indiſtannis Manſulmans ou Indiens de la Secte des Sonnis, qui eſt la meſme que celle de leur Prince, dont les predeceſſeurs ont autrefois conquis la ville de Goa ſur les Portugais, mais ils ne la peurent garder pour n'auoir point de force par mer : Ce Prince a encore aujourd'huy ſes terres eſtenduës iuſques à deux milles de Goa du coſté de l'Oueſt ; ſon Empire commence à l'Eſt au Golphe de Bengala ; au Nord aux terres du grand Mogol ; & au Sud au Royaume de Cochin.

Caualier Rasepout.

Ce Portraict represente vn Caualier Rasepout, lequel est au seruice d'Adel Schah, Kodum Schah, ou de Schah Geaann, & a laissé venir sa barbe pour se conformer aux Mansulmans ; son habit est à l'Indienne, aux oreilles il a des perles, & vn chappelet pendu au col, marques de la Gentilité ; il ne porte à la guerre pour toutes armes qu'vne espée courbée, & vne demie picque, & se mocque des Keselbaches, ou Mogols, qui endossent le Karquois, & les appelle par brauades & mocquerie batteurs de cotton, ce que nous dirions batteurs de laine, à cause que ceux qui battent le cotton aux Indes, où la laine en Europe, ont vn baston courbé auec vn boïau, qui ressemble vn ark ; Ces Rasepouts sont tres vaillans, & ne craignent point de venir aux prises auec les Persans ou Iusbegs.

Le Gouuerneur de Rajapour m'arresta prisonnier, auec le Pere Zenon, le Capitaine de Moka, & deux Anglois.

Chap. XXX.

Apres auoir demeuré vn iour dans cette ville, nous voulûmes retourner au vaisseau que nous auions laissé à la rade de Iettapour ; mais comme nous pensions nous embarquer, soixante ou quatre vingts soldats nous inuestirent de la part du Gouuerneur, sans nous dire pourquoy, auec commandement exprés de nous reintegrer dans nostre maison, & de n'en point sortir sans l'ordre du Gouuerneur, ce que nous fismes par force : Vn de ses Officiers nous vint voir de sa part, & nous consoler de nostre prison, asseura le Capitaine de Mokqua qu'il n'auoit esté detenu pour estre regallé du Gouuerneur, afin qu'estant sorty il en pût publier les courtoisies par tout, mais c'estoit pour autre chose, & nous ne nous trouuions point trop en seureté, parce que ce Gouuerneur estoit l'vn des plus meschands Mogols qui aye iamais entré au seruice d'Adel Schah: il auoit depuis peu empoisonné vn Capitaine Portugais, qui s'estoit retiré dans cette ville auec son vaisseau, afin de se rendre maistre des biens de cét infortuné Banny: Les raisons de nostre emprisonnement estoient celle-cy: Il y a quelques années que le Roy d'Angleterre donna permission au Cheualier Courtin l'vn de ses fauoris, d'establir vne nouuelle compagnie pour les Indes Orientales: Courtin Anglois de nation, se rendit si puissant en peu de temps, qu'il establit des colonies dans Madagascar, dont il se seroit rendu maistre absolu, & de tout le negoce des Indes, si sa fortune eust esté plus stable: il auoit plusieurs facteurs à Rajapour qui faisoient achapt du poivre & autres espiceries; Mais comme il y a des grandeurs là haut, ialouses de celles d'icy bas, Courtin perdit tous ses vaisseaux, & tout son bien en vne année, demeurant engagé à Rajapour & autres lieux de sommes immenses, & fut moins de temps à se ruïner, qu'il n'auoit esté à s'enrichir, & les affaires du Roy Charles le grand, son Protecteur, estant tousiours allées de pis en pis, il luy a esté impossible de se releuer, ses peuplades & ses colonies se sont destruites d'elles-mesmes, & ses Facteurs sont demeurez endebtez hors du pouuoir de satisfaire les creanciers de leur maistre, duquel ils estoient caution, qui sont Parsis, Bagnians, ou Katris, pour la pluspart, ou autres Indou du territoire

Le feu Roy Charles prenoit la qualité de Grand & de Deffenseur de la Foy.

de Rajapour, à la requeste desquels le Gouuerneur nous arresta prisonniers, alleguant que nous estions Anglois & sujets de mesme Roy, que ceux qui auoient volé & emporté le bien des esclaues d'Adel Schah son souuerain Seigneur, qu'vn de nostre compagnie auoit esté autrefois Facteur de Courtin à Rajapour, & que nous estions au seruice de la nouuelle compagnie, & les mesmes affronteurs & banquerouriers qui auoient emporté les marchandises des Indous de son Gouuernement contre les promesses & la parolle donnée, qui doit estre inuiolable, si l'on ne veut renuerser les Loix & le droict des Gens, en sorte que pour vn mechant homme, comme il estoit, nous auions assez de sujet de craindre vne auanie tirannique, & hors de raison.

Le iour d'apres nostre emprisonnement ce Gouuerneur enuoya querir le Capitaine de Moka, auquel il dit tout ce que ie viens descrire cy-dessus, mais il trouua vn homme autant hardy à luy respondre, pour nostre iustification, qu'il auoit esté facille à nous faire vn affront, & nous arrester contre le droict d'Hospitalité, qui doit estre inuiolable, il luy dist que nous estions sujets du Roy d'Angleterre, mais non les mesmes qui auoient pris les marchandises des Indou, qu'à la verité il y en auoit vn de nous cinq, qui auoit autresfois esté Facteur, & Resident à Rajapour pour la compagnie de Courtin, mais que depuis il auoit entré au seruice de la vieille compagnie, qu'il trouuoit que son procedé tenoit peu de l'homme blanc. d'arrester vn marchand principal, & Capitaine de Moka, qu'il s'en plaindroit au President, & au Conseil general des In-

Hommes blancs sont fort estimez en l'Inde Orientale

des, qu'il n'estoit venu à Rajapour que pour en voir les particularitez, mais qu'ayant receu des Lettres auec ordre d'achepter quantité de poivre, il en auoit desia arresté depuis deux iours pour 60000. escus, lequel il pretendoit charger sur le vaisseau qui estoit à la rade de Iettapour, que le poivre dont il auoit conuenu de prix n'estoit pas encore payé, parce qu'il auoit laissé l'argent de la cõpagnie dans le vaisseau, qu'il auoit tort de rompre le premier auec la vieille compagnie d'Angleterre plus florissante que iamais, & se priuer imprudemment de la doüanne que l'on luy auroit payée de la sortie des espiceries: Pour sa liberté & celle de ses compagnons il n'en estoit pas en peine, parce que ses compatriotes la luy rendroient bien tost, & que les vaisseaux de Daboul, Bengourla, & autres lieux appartenans au Roy de Bijapour en patiroient, puis se retira, & l'on nous commanda de rechef de ne point sortir de la maison.

Le lendemain de ce premier interrogatoire nostre Capitaine de vaisseau apprist à Iettapour ce qui nous estoit arriué, fit armer son esquif, & enuoya son premier Pillote, auec ordre de nous desliurer, & suiure en tout les volontez du Capitaine de Moka, l'esquif arriua le soir à Rajapour, le Pilote sauta en terre sans estre apperceu, & fit retirer le batteau au milieu de la riuiere, de crainte que les Mansulmans ne s'en emparassent; il vint à nostre logis, & dist au Capitaine de Moka que son Capitaine ayant appris nostre disgrace, il l'auoit enuoyé sur l'esquif armé pour tascher à nous enleuer, que nous pouuions sans crainte d'estre veus, sortir de nostre maison, & aller au port, & sauter dans l'esquif, qui s'approcheroit au premier signal qu'il donneroit à ses gens, lesquels nous feroient faire place les armes à la main, si nous y trouuions de la resistance. Le Capitaine de Moka luy remonstra qu'il auoit obligation au Capitaine du Vaisseau, & le prioit de le remercier du zele qu'il auoit à son seruice, qu'il ne pouuoit fuïr de cette façon d'vne ville dont le traffiq estoit tres-important à la compagnie, outre l'achapt de plus de 60000. escus de poivre, qu'il falloit charger sur les vaisseaux qui partoient cette année pour Londres.

Sortie de Raiapour, embarquement pour Souali, emprisonnement du P. Ephrain de Neuers, & ce qui arriua au fils de Don Francesco d'Acosta.

CHAP. XXXI.

DEux iours estans écoulez le Gouuerneur enuoya querir de rechef le Capitaine de Moka, & luy dist qu'il luy donneroit permission de sortir de Rajapour, & à nous autres, excepté à celuy qui auoit esté seruiteur de Courtin, lequel il vouloit retenir iusqu'à ce qu'il fust asseuré qu'il auoit entré dans le seruice de la vieille compagnie, pourueu qu'il luy iurast qu'il n'auroit aucun ressentiment de ce qu'il nous auoit fait, & n'empescheroit point la liberté du traffiq. Responſe du Capitaine, qu'il mettroit dessous les pieds tout ce qui s'estoit passé, à la charge que l'on luy permettroit d'embarquer ses marchandises, & qu'il le feroit informer par lettres du Conseil general des Indes,

Mestre Oxenden Gentil-homme Anglois estoit Capitaine de Moka pour la vieille cõpagnie.

que l'Anglois qu'il desiroit retenir estoit au seruice de la vieille compagnie. Apres six iours de prison nous partismes auec ioye, & les sacs de poivre estans chargez en quatre autres iours, nous leuasmes les ancres, & arriuasmes à Soüali le vingt-neufiesme du mesme mois, où nous trouuasmes deux grands nauires d'Angleterre, que l'on chargeoit pour Londres, commandez par les fameux Capitaines Blac-man, & Millet, lesquels tous deux m'offrirent le passage pour Londres, auec tant de courtoisie qu'ils m'auroient persuadé de passer le Cap de bonne Esperance, sans la passion que i'auois de voir l'Arabie, Mesopotamie, Syrie, Palestine, & Egypte, qui me priua des aduantages de reuenir à mon aise en Europe.

Estant desbarquez le R. P. Zenon receut lettres de Madraspatan de la detention du R. P. Ephrain de Neuers par l'Inquisition de Portugal, pour auoir presché à Madraspatan que les Catholiques qui foüetoient & trampoient dans des puys les images de Sainct Anthoine de Pade, & de la Vierge Marie estoient impies, & que les Indous à tout le moins honorent ce qu'ils estiment Sainct, comme les images & reliques de Ram, Schita, &c. Cette doctrine dépleut aux Religieux Portugais, ils manderent le P. Ephrain à Meliepour, il y fut & maintint ses sentimens les Conciles en main, lesquels declarent anathemes ceux qui n'honorent pas les images des Saincts, & sur ce que l'on luy dit que c'estoit de petits abus qui s'estoient glissez dans l'Eglise, & qu'il n'estoit pas à propos qu'vn Padasso d'estranger vint reformer les Portugais; il respondit, que dans l'Eglise il

Padasso d'estrāger morceau ou lopin d'estranger.

n'y

n'y auoit, & ne pouuoit auoir d'abus, que Iesus-Christ la Sagesse du Pere Eternel, auoit pris vn corps viuant, lequel estoit mort pour la maintenir sans tache : Et les Peres Franciscains ayans en quelque façon fauorisé son party, il ne fut pas arresté cette fois, mais à quelque temps de là estant allé sur la terre des Portugais, les Officiers & Confreres du S. Office le mirent en prison pour l'enuoyer au grand Inquisiteur de Goa, afin de le faire brusler : Ces nouuelles surprirent le Pere Zenon, lequel m'en ayant fait lecture, me dist, il ne faut pas s'estonner si les Peres Portugais ne sçauent pas les Conciles, parce que la plusspart sont venus en qualité de soldats aux Indes où ils ont embrassé la Religion ; ce seroit vn grand bien pour la Chrestienté si les François auoient leur negoce estably en ce pays, parce qu'ils ameneroient sur leurs vaisseaux plusieurs personnes lettrez, qui pourroient faire beaucoup de fruict, & conuertir à la foy plusieurs Indou & Mansulmans ; ie suis obligé d'aller à Madraspatan pour conseruer la mission, & faire mon possible pour la deliurance du Pere Ephrain, lequel est vn des grands personnages de nostre Ordre, & le plus capable pour les sciences Speculatiues, & facilité des langues estrangeres, dont la connoissance est tres-necessaires à vn Missionnaire, pour persuader aux Gentils les veritez Euangeliques : Ie luy repliquay que ce procedé m'estonnoit, veu la grauité des Religieux Portugais, que ie ne pouuois croire qu'il n'y eust de la faction Castillane dans la detention du Pere Ephrain, & que m'en allant à Rome, ie solliciterois pour sa liberté, à cause des rares vertus desquels il estoit doüé,& dont i'auois esté informé en France auant mon despart par le R. P. Esprit d'Iuoye Capucin de merite excellent, que ie le suppliois de ne se point commettre à la longueur d'vn voyage de 50. iours, ny au iugement des hommes, dont l'euenement est incertain, qu'il estoit caduc, chargé d'années, & que difficilement pourroit-il supporter les iniures du climat: En mesme temps nous apprismes que le fils aisné de Don Francesco d'Acosta Gentil-homme Mestisso Portugais demeurant à Sourat, épris d'amour d'vne Mogoglie, s'estoit seruy de l'absence de son pere,lequel estoit allé en Perse, & de celle du Pere Zenon qui estoit venu à Goa,pendant cét entre-temps s'en alla chez le Nabab pour protester la foy Mansulmane, que son pere estoit à la verité du sang des Portugais, mais que sa mere estoit de sang Rasepout, que si l'on ne luy donnoit protection qui l'iroit demander au Roy: le Nabab voyant sa perseuerance fit amener vn Elephant, auec vn throsne dessus, suiuant la coustume des Indes pour le faire promener par la ville deuant que de le faire circoncire. Mestre Briton General des Anglois deputa vn Gentilhomme au Nabab pour le prier de ne point precipiter la circoncision de ce ieune homme, qui appertenoit aux plus apparens de Portugal, que possible c'estoit par desespoir, par amour, ou par le vin qu'il se portoit à cette extremité, que le temps feroit connoistre sa fermeté; le Nabab le remist entre les mains du Cotoüal, ou Preuost de la ville dans la maison duquel il estoit quand nous arriuasmes: Le Pere Zenon y fut,

&d'abord se ietta à ses pieds la larme à l'œil le suppliant de rentrer en soy-mesme, de ne point faire cette insulte à sa famille, qu'il se souuint qu'il estoit Chrestien, qualité la plus glorieuse qu'il pouuoit iamais auoir, que c'estoit s'amuser à rien d'y vouloir renoncer pour vne femme : A ses remonstrances le ieune homme persistoit d'estre Chrestien, & d'abort que le Pere Zenon estoit retiré, la partie inferieure dominant la superieure, son dessein luy reprenoit d'estre Mansulman; pendant tous ces changemens le General des Anglois, auec nous, prist resolution de le faire raser, dans l'apprehension qu'il n'y eust quelque filtre amoureux dans ses cheueux ; en mesme temps qu'il fut rasé il perdit ses amourettes, & persista dans le dessein d'estre Chrestien, & son pere retourné de Perse le Nabab luy rendit son fils, & fit commandement au Pere Zenon de se retirer promptement, parce qu'il empeschoit la propagation de la Religion du Prince, & qu'il n'auoit point à faire dans vn païs où les François n'ont point de negoce. Le Pere Zenon sur cét ordre s'en alla, & me laissa ses clefs, i'en aduertis le General des Anglois pour sauuer ses meubles, lesquels auroient estés autrement confisquez. Mestre Briton à l'heure mesme enuoya par vn Gentil-homme dire au Nabab, qu'il faisoit mettre les bœufs à son carosse, & s'en alloit à Soüali pour s'embarquer & transferer la Compagnie d'Angleterre sur les terres du Roy de Bijapour, puis qu'il n'auoit pas le pouuoir aupres de luy de conseruer vn amy qu'il estimoit, & qui estoit toute sa consolation dans l'esloignement où il estoit de l'Europe. Le Nabab luy fit responſe que ce n'eſtoit que par politique pour ſe mettre à couuert du Vaxea Neuis, ou Enqueſteur du Roy, & conſeruer ſon eſtime parmy la populace, & en meſme temps donna ordre pour chercher le Pere Zenon, & le ramener, & perſuada d'autre part au peuple que ce qu'il en faiſoit n'eſtoit que pour entretenir le negoce des Anglois, par lequel le pays ſubſiſtoit, & qu'il iroit de ſa teſte au cas qu'il vint à les deſobliger.

Saiſons des Indes Orientales.

Chap. XXXII.

Dans les Indes il y a deux Eſtez & deux Hyuers, ou pour mieux dire vn Printemps perpetuel, parce que les arbres y ſont touſiours verds : Le premier Eſté commance au mois de Mars, & finit au mois de May, qui eſt le commancement de l'Hyuer de pluye, qui continuë iuſques en Septembre pleuuant inceſſamment ces quatre mois, en ſorte que les Karauanes, ny les Patmars ne vont, ny ne viennent : i'ay eſté quarante iours ſans pouuoir ſortir de la maiſon, la pluye de ce pays eſt chaude, & les Indiens s'en lauent le corps ſur leurs terraces : Ie me trouue obligé de faire vne diſgreſſion pour admirer la prouidence du Createur d'auoir ſi bien ordonné les ſaiſons que dans les lieux où le Soleil vient au zenits, il y fait de la pluye dans le temps que cét Aſtre bruſleroit tout ce qui luy feroit directement oppoſé, n'eſtoit cette grande humidité. Le ſecond Eſté eſt depuis

Patmard eſt vn Meſſager de pied.

Octobre iusques en Decembre, auquel mois il commance à faire froid, à cause que le Soleil decline fort de l'Equinoctial vers le Tropique du Capricorne, ce froid est le second Hyuer qui finit au mois de Mars.

Dans la partie Orientale des Indes de l'autre costé du Cap de Comorin, l'Hyuer de pluye, & les vents furieux ne commancent qu'apres qu'ils sont finis dans la partie Occidentale, ce qui arriue suiuant les Cosmographes, à cause des hautes montagnes qui empeschent les Astres d'y pousser les Meteores: Les Phisiciens disent que c'est le feu central de la terre qui cause cette diuersité de pluye ou de sueur, comme ils pretendent, & moy ie suis persuadé que c'est le mouuement propre du Soleil, lequel allant d'Occident en Orient reuient au zenits de ce païs, lors qu'il aduance dans le signe de la Vierge, que les Indiens marquent de nostre mesme figure ♍, n'ayans point d'autre Caracteres pour les Estoilles, que ceux dont nous vsons, aussi que les Egyptiens les ont pris des Bracmanes, & nous les auons empruntez des Egyptiens & Arabes; mais ils leurs donnent d'autres noms, & appellent la Vierge le signe de l'Elephant, parce que dans le temps que le Soleil occupe cette douziesme partie du Zodiaques, il se fait des vens impetueux aux Indes, & que l'Elephant est l'animal terrestre qui souffle le plus fort, & le Caractere de ce signe est fait comme vn Elephant, qui tient sa trompe ployée, nos Astrologues luy attribuent le nom de Vierge, parce que la terre estant bruslée au mois de Iuillet & Aoust, pendant que le Soleil est dans sa maison du Lyon, elle ne produit rien par apres, & ceux qui se plaisent d'expliquer les pensées des Anciens, & deuiner les Hieroglifiques qu'ils n'entendent pas, nous veulent faire croire que cette marque ♍ a la figure d'vne fille qui leue sa robe par derriere.

Des animaux des Indes, Bœufs, Tygres, Gaselles, Leopards, & Sangliers.

CHAP. XXXIII.

DV BOEVF.

LE bœuf est le plus necessaire animal des Indes, l'on en peut voir la figure, & les proprietez au Chapitre second de ce present Liure.

TYGRE.

LEs Tygres des Indes sont prodigieusement grands, i'en ay veu des peaux plus longues & plus larges que celles des Bœufs; Ils s'addonnent quelquefois à manger les hommes, & en plusieurs endroits des Indes il y a peril de voyager sans estre bien armé, parce que cét animal estant de la figure d'vn chat, se hausse sur les pieds de derriere pour sauter sur celuy qu'il veut assaillir; Mais Dieu la source de nostre principe, & de nostre conseruation, auoit l'homme en son idée en formant les autres animaux, & leur imprima vne terreur & crainte seruille pour celuy qui les deuoit regir. Si l'on regarde donc fixement le Tygre, il ne fait iamais son saut, c'est l'addresse des Indiens pour les tuer. Les Rasepouts s'addonnent fort à la chasse de cét animal, du sanglier, & autres tres-dangereux dans leurs prises.

GASELLE.

LA Gaselle est vn animal sauuage de la figure du Daim, mais a les cornes droites, comme celles du Pacos ; la chair en est delicate, toutefois vn peu seche, & de beaucoup meilleure en paste que rostie ; l'on se sert de la Gaselle priuée pour prendre les sauuages de cette maniere : L'on luy attache de petites cordes en forme de laqs aux deux cornes, puis l'on l'a mene aux champs, aux endroits où il y en a de sauuages, & l'on l'a laisse ioüer & sauter auec les autres, lesquelles venans à s'entrelasser leurs cornes les vnes dans les autres, elles s'attachent ensemble par les laqs & petites cordes que l'on a liées aux cornes de la domestique, & la sauuage se sentant prise s'efforce de se deslier, & tombe à terre auec la priuée, & est prise par les Indiens de cette façon ; il y en a dans les deserts de Mesopotamie vne infinité, les Turqs les appellent Iairain.

Gaselle. Leopard.

LEOPARD.

LE Leopard que les Portugais appellent Vncia, est l'animal du monde le plus viste dans sa course, & le plus plaisant pour chasser la gaselle, l'on l'appriuoise premierement, puis son gouuerneur, ou celuy qui luy donne à manger, & dort auec luy, le mene sur vne charette aux lieux où il y a des gaselles, & le laisse aller apres la premiere qui part, laquelle il atteint en vn moment, luy donne de sa patte sur les deux iambes de derriere, l'abbat & l'a tuë. Dans vne matinée il en prend six ou sept, si l'on l'a vn peu fait ieusner, parce que les animaux de proye se surpassent eux mesmes lors qu'ils sont affamez, & dit on qu'il n'y a que le chat qui chasse par ieu.

Cét animal est de la grandeur d'vn leurier, marqueté de iaune, de noir, & de gris, tirant sur la figure, du du chat. Mestre Britton President des Anglois en auoit vn lors que i'estois aux Indes, lequel manqua la gaselle auec sa patte, & reprist sa course apres la mesme gaselle auec tant de vitesse qu'il tomba roide mort; Mestre Britton voulut sçauoir comme il s'estoit pû tuer, l'on apporta deux raisons; la premiere qu'il s'estoit rompu vne veine, & que le sang l'auoit suffoqué; la seconde qu'il s'estoit estouffé n'ayant peu prendre son haleine, ny respirer dans sa seconde course, laquelle fut vn effort de nature, parce que si cét animal se fust rompu quelque veine, l'on auroit trouué quelque amas de sang dans son corps; le President le fit mettre en terre & fit deffense de l'escorcher.

SANGLIERS.

LEs porcs & les sangliers des Indes n'ont nulle difference entr'eux, & sont plus mal-faits, que les nostres, leur teste a quelque chose de celle de l'Elephant; la chair en est excellente, & la meilleure qui se mange dans tout ce païs, mais elle lasche fort, & pourroit causer le flux de sang, ou la ladrerie, raison pourquoy les Egyptiens n'en mangeoient point autresfois, & ne permettoient pas mesme aux porchers d'entrer dans les Temples, ny de prendre leurs filles en mariage. Sur la terre des Mansulmans il y a si grand nombre de sangliers, qu'ils gastent & destruisent tous les iardins, à cause que les Mansulmans ne les tuent pas, ne les osent toucher, & les tiennent pour animaux immondes, dans les villes & Herodote li. 2.

dans les aldées des Portugais, il y a dés porcs en grande quantité.

Des Elephans, Singes, ScheKales, Chameaux, Rats, Cheuaux, & Chiens des Indes.

CHAP. XXXIV.

ELEPHANS.

IL y a quantité d'elephans dans les Indes dont la plusspart y sont transportez de l'Isle de Zeilan, & autres lieux Meridionaux, les Portugais en font venir quelques-vns de la coste d'Affrique; Schah Geaann en a plusieurs, les Omaras s'en seruent par grandeur, faisans mettre dessus vn trosne pour estre à couuert du Soleil où ils se mettent en leur seant, magnificence chez les Indiens, mais infamie en Perse, lors que i'estois à la Cour du Roy de Perse, il arriua vn elephant parfaictement beau que Schah Geaann enuoyoit au Schah, lequel mesprisa ce present, & ordonna que l'on le menast à Tauris ne se souciant de cet animal, parce qu'il sçauoit picquer vn cheual, & estimoit à lascheté & molesse d'aller assis comme vne femme sur vn elephant. Dans les Indes lors que les Chrestiens, les Parsis ou les Indous se font Mansulmans, la plus grande pompe & réjouyssance des Mansulmans est de les mettre sur l'vn de ces trosnes, & les promener par la ville deuant que de les circoncire.

L'elephant priué mange de tout ce que l'on luy donne & aime fort le ris cuit, mais la nourriture ordinaire des sauuages est la fueille d'arbre, ou l'herbe qui croist dans la campagne; cet animal est fort soupple, se baisse, se couche & se releue tres-facilement, il plie la cuisse de derriere afin que l'on le charge auec moins de peine, ce qui est contre l'opinion fabuleuse de ceux qui racontent que l'on le prend lors qu'il est tombé ne se pouuant plus releuer, qui est vne pure resuerie: les Indiens s'en seruent en guerre pour porter de petites pieces de canon; ils les arment de chesne dans les combats dont les elephans se seruent auec leurs trompes, si cet animal ne craignoit point le feu, il feroit des merueilles.

SINGES.

LEs Singes de l'Inde tiennent plus de la figure du chien que de celle de l'homme, ils rauagent tous les enuirons des lieux où ils se retirent, parce que les Indou n'osent les tuer, & les ont en quelque respect comme animaux raisonnables, entre lesquels ils en estiment de saincts, & capables de meriter le Paradis; Liure 2. chap. 11. ces animaux desrobent les fruicts & principalement les canes de succre, l'vn d'eux faisant la sentinelle sur quelques arbres, cependant que les autres se chargent du butin & l'apportent au lieu attitré pour retourner derechef, mais si le Guet apperçoit quelque homme, il crie fort haut, Oup, oup, oup, plusieurs fois, ce que i'ay ouy fort distinctement, & les picoureurs quittent les canes qu'ils auoient dans les mains gauches pour courir & se sauuer plus promptement à trois pieds, & s'ils sont poursuiuis ils les quittent toutes & s'enfuient sur les arbres qui sont leurs demeures ordinaires, aupres de quelques maisons des Indou, ils font des sauts que l'on ne croiroit pas allans d'arbres en arbres, les femelles sont embrassées par leurs petits & sautent auec cette charge de branche en branche auec autant d'adresse que les masles, & ce qui a fait dire que le singe embrasse si fort ses petits qu'il les tuë, vient de ce que quelquefois dans les sauts ils tombent sur le ventre & écrasent leurs petits qui les tiennent embrassez. I'obmets icy comme ennuyeuses les fables que les naturels en disent, estant ennemy des contes de l'antiquité. Ces singes ne s'appriuoisent point & les faut toujours tenir à la chesne, & ne font point de petits s'ils ne sont libres à la campagne, où ils se tiennent sur des arbres proche les maisons des Indou, desquels ils n'ont point de peur, parce qu'ils ne leur font point de mal; & s'ils apperçoiuent quelque estranger ils grimpent au plus haut des arbres prononçans clairement oup, oup, oup, le voyageur doit prendre garde d'aller sous ces arbres, ou du moins d'auoir les singes au Zenit, parce qu'ils ne manquent iamais à lascher leur excrement sur la teste du regardant, ce qui vient de la peur qu'ils ont des estrangers , mais les Indou les croyans raisonnables , disent qu'ils le font par malice pour se vanger des estrangers qui ne leur font que du mal : il y a deux sortes de singes aux Indes , de noirs & de blancs, les noirs se trouuent dans le calicut & pays des Malauars , & les blancs dans le Royaume de Bijapour & autres lieux de l'Inde ; ils sont ennemis irreconciliables à cause de la difference de leur couleur ou plustost par l'antipathie qu'il peut y auoir dans leurs complexions & temperamens,

SCHEKALES.

LE Schekal est vne espece de chien sauuage, lequel demeure tout le iour en terre ; & sort la nuict criant trois ou quatre fois à certaines heures, il y en a si grande quantité aux enuirons de Sourat, que m'en retournant tard de la chasse du sanglier en compagnie de quelques personnes de mes amis, nous ne nous pouuions entendre l'vn l'autre, à cause du grand bruit que faisoient ces Schekales crians distinctement Oüa, oüa, oüa, qui approche de l'abboy du chien. Cet animal est friand des corps morts, & fait ce qu'il peut pour deterrer les Cadaures & les manger, l'on se sert de sa peau pour faire des fourrures desquelles les Ottomans & Arabes s'arment contre le froid, il y a pareillement quantité de ces animaux dans les deserts d'Arabie le long du Tigre & de Leufrate , & dans l'Egypte.

CHAMEAVX.

LEs Chameaux des Indes ſont les plus grands d'Aſie, & portent beaucoup plus que ceux de Perſe, leſquels ſont plus forts que ceux de Natolie; les chameaux des Indes n'eſtans point trop chargez vont auſſi viſte que les dromadaires d'Arabie qui ſont de petits chameaux de meſme eſpece que les grands. Cet animal a vne ſelle de chair ſur le dos, & le col ſi long qu'il a quelque reſſemblance à l'autruche; il a trois ioinctures aux iambes & la nature en-dehors, & lors qu'il s'accouple auec la femelle il luy tourne le derriere au rebours de tous les animaux, qui montent ſur le dos ou ſur le ventre n'y ayant entre les animaux terreſtres que trois ſortes d'accouplement, ſes pieds ſont comme vn eſponge, & ne meine point de bruit en marchant, l'on s'en ſert pour porter des charges ou pour monter deſſus, & alors l'on le fait baiſſer & mettre à genoux des quatre pieds pour le charger, puis l'on le fait leuer auec ſa charge. Les Perſans leur font porter leurs femmes lors qu'ils vont en campagne, & mettent deux grandes cages des deux coſtez du chameau, où il peut tenir vne femme aſſiſe les iambes en croix auec ſes tapis & ſes coiſſains, & couurent ces cages de feutre qu'ils appellent appengis pour les garder du ſoleil & de la pluye & d'eſtre veuës de qui que ce ſoit; les perſonnes de condition ont deux Eunuques noirs armés qui vont à cheual des deux coſtez du chameau, les malades & les vieillards se seruent de cette commodité pour aller en Karauane ; cet animal est le tresor de l'Asie & se passe fort aisement de boire plusieurs iours ; & mange peu, les soirs l'on luy donne trois ou quatre boulles de paste faite de farine d'orge ou de fromant de la grosseur de deux poings, il broute toute sorte d'herbe & de fueilles, il rumine & a la levre de dessus fenduë ; au mois de Febvrier il entre en amour, & deuient demy enragé de cette passion, escumant incessamment de la gueulle.

RATS.

LEs rats d'Inde sont de deux sortes, ceux qui sont de la figure des nostres, sont gros comme nos petits chats ; la deuxiesme espece que les Portugais appellent cheroso ou odoriferant est de la figure d'vn furet, mais extremement petit, sa morsure est veneneuse. Lors qu'il entre en vne chambre l'on le sent incontinent, & l'on l'entend crier krik, krik, krik.

CHEVAVX.

LEs cheuaux qui naissent aux Indes ne sont point bons, & ceux dont se seruent les Omaras ou Nababs, y sont transportez de Perse & d'Arabie, ausquels l'on donne vn peu de foin le iour, & le soir l'on leur fait cuire des poids auec du succre & du beurre qu'ils mangent au lieu d'auoine ou d'orge, ce qui

qui leur conserue le cœur, autrement ils ne vaudroient rien du tout à cause du climat qui leur est contraire. L'on en peut voir la figure & le harnois au chapitre 28. du present Liure.

CHIENS.

LEs chiens n'y ont point de cœur, ils se tiennent aux carrefours des villes ou l'on a de coustume de leur porter à manger, ce que l'on obserue encor à Constantinople. Les Anglois qui nauigent dans ces parties Meridionales y menent plusieurs dogues qui sont tenus vniuersellement pour les meilleurs chiens du monde, mais ils y deuiennent lasches dans deux ou trois ans de mesme que les cheuaux & les hommes blancs, & l'on pourroit conclurre que le mesme climat qui cause la valeur aux hommes, donne la vigueur aux cheuaux & le courage aux chiens. Voila ce que i'ay remarqué de plus rare touchant la difference des animaux des Indes auec les nostres. Disons quelque chose des oyseaux.

Dogues en Anglois signifie chiens.

Des Oyseaux des Indes.

Chap. XXXV.

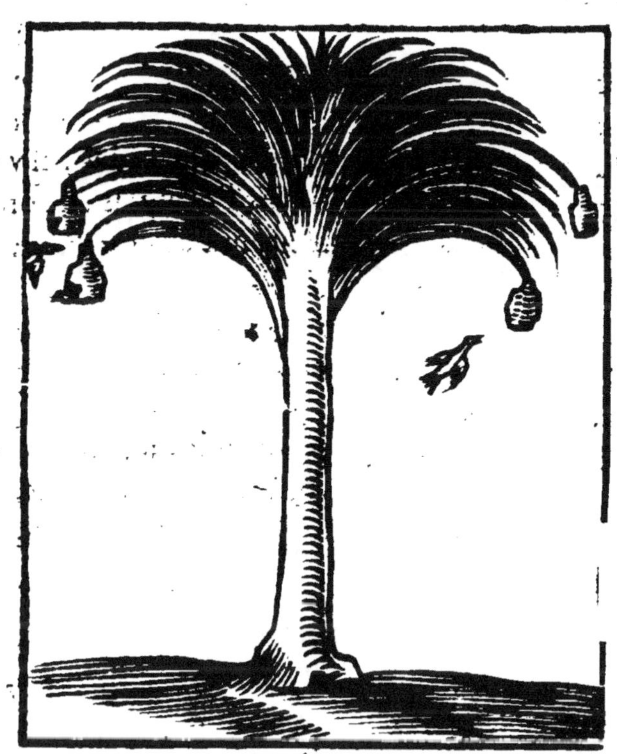

LA plusspart des oyseaux des Indes sont differens des nostres, ie n'y ay remarqué de semblable que les moyneaux, le poulet, le pigeon, le paon, la tourterelle, le corbeau & la chauue-souris. Ils font leurs nids d'vne autre façon que les nostres à cause de la pluye, & de l'excessiue chaleur de la zone bruslée, ils le construisent en forme de bouteille, l'attachent à l'extremité des branches du palmier ou de quelque autre arbre, & l'ouurent par embas, y faisant vne petite entrée qui remonte vn peu en haut, puis descend par apres de crainte que les petits ne tombent, on en peut voir la figure cy-dessus.

PAON.

LE Paon est le meilleur oyseau des Indes; il y en a vne infinité dans les bois, les Portugais en font des pastez si excellens que ie m'estonné de ce que l'on n'en fait pas estime en France.

COQ-D'INDE.

LEs François appellent coq-d'Inde vn oyseau lequel ne se trouue point aux Indes Orientales, les Anglois le nomment turki-koq qui signifie coq de Turquie, quoy qu'il n'y en ait point d'autres en Turquie que ceux que l'on y a portez d'Europe. Ie croy que cet oyseau nous est venu de l'Amerique.

PERROQVETS.

LEs Perroquets y sont en grand nombre auec beaucoup d'autres oyseaux à nous inconnus, lesquels apprennent tres-facilement à parler.

CHAVVE-SOVRIS.

IL y a de deux sortes de chauue-souris, l'vne sembla-ble aux nostres & l'autre particuliere aux Indes, cette derniere a la figure de la nostre, mais est grosse comme vn chappon & a les aisles longues d'vne aulne, les Portugais en mangent, la chair en est tres-delicate, mais vn peu douce.

Outre ces oyseaux, il y a vne infinité d'autres especes inconnuës en Europe, que ie ne veux descrire, de crainte d'estre ennuyeux par vne narration trop longue, ie diray seulement que la rareté fait estimer les choses par tout le monde & est presque leur prix, & suis certain que si l'on portoit aux Indes vne pie, vn geay ou vn estourneau qui parlassent, ils en feroient vn tel cas que ce seroit vn present pour faire à Schah Geaann, Codum Schah, ou Adel Schah.

Grains, Fruicts & Arbres des Indes.

CHAP. XXXVI.

LE froment, le ris, l'orge & autres grains y sont en abondance: l'orge y a vne autre qualité qu'en Perse ou en Europe, qui est la raison pourquoy les Bramens ne veulent pas que l'on en mette dans la tysanne des malades, ny les Mareschaux que l'on en fasse manger aux cheuaux comme l'on fait en Perse & en Turquie.

Il y a de toutes sortes de legumes, & de plusieurs autres especes que nous n'auons en Europe.

Les concombres, les melons d'eau, les citroüilles, les courges, & autres semblables fruicts y sont en quantité. Les fruicts des arbres y viennent tous differens des nostres, excepté le raisin lequel y est semblable au nostre, mais ne meurist pas assez pour en faire du vin, quoy qu'il soit bon à manger, parce que la vigne ne veut pas vn climat ny trop chaud ny trop froid.

Tous les arbres y sont differens des nostres comme les plantes, & sont de quatre sortes, sçauoir arbres à fruicts, arbres à fleurs, arbres veneneux, & arbres à faire du feu ou des nauires ou des bastimens. Des quatre sortes celle qui porte fruict est la plus estimée comme necessaire à la vie & à plusieurs genres & especes dessous soy comme le iacque, le melonnier d'arbre, le poiurier, & les trois sortes de palmier, le figuier d'Adam & plusieurs autres. La seconde sorte est celle qui donne des fleurs & est aussi diuisée en plusieurs especes, parce qu'il y a des arbres qui donnent leurs fleurs de iour, d'autres de nuict, &c. La troisiesme sorte est des arbres veneneux & est fort frequente aux Indes, i'ay couru risque de grands malheurs pour n'en pas sçauoir faire la distinction. Et la quatriesme sorte qui est de ceux dont l'on fait du feu, il ny en a point de si grand ny de si haut que descrit Latlas Minor.

Des trois ſortes de Palmier.

CHAP. XXXVII.

Palmier commun. 2. ſorte de Palmier. Palmier de Ko

LE palmier commun y porte des dattes, lesquelles ne meurissent point, à cause de la trop grande chaleur du païs, il distille le tari, qui est le vin ordinaire des Indes, lequel l'on tire de cette façon; l'on fait vn trou au palmier auec vn cizeau de Menuisier, & dans ce trou l'on met vn morceau de fueille de palmier, qui respond à vn pot attaché à l'arbre, où la liqueur se reçoit, coulant le long de la fueille, soir & matin l'on va accroistre vn peu le trou pour le faire distiller dauantage, & à mesure que l'arbre croist, l'on fait vn autre trou plus haut. Les Portugais appellent ce tari, ou vin des Indes Soure; de cette liqueur le singe, & la grande chauue-souris dont nous auons parlé cy-dessus, sont extremement amateurs, aussi bien que les Indiens Mansulmans, Parsis, & quelques tribus d'Indou, ausquelles elle est permise par la loy, & s'en enyurent comme les Grecs de vin, les Turqs d'opium, les Armeniens d'eau de vie, & les Flamans de bierre. Au Royaume de Guzerat, aux enuirons de Sourat les Parsis ont a ferme du grand Mogol les palmiers publiqs, auec deffense de faire de l'eau de vie du tari, afin qu'il soit à meilleur marché, & que le pauure peuple en puisse boire & s'en sustenter: Ce vin est bon le matin & le soir, & a le goust de laict, dans lequel on auroit dilayé du succre, mais sur le midy il s'aigrist, & à peine le peut on sentir.

De cette liqueur auec de la iagre ou succre noir mal purifié, l'on fait vne eau de vie tres-excellente appellée arak par les Indiens, de laquelle ils boiuent ordinairement, & plus elle est forte, plus elle est saine, & raffraichist extremement si l'on l'a boit à midy, ce que i'ay eſprouué pendant vne année, que ie ne beuuois à mon ordinaire que de cette eau de vie, au lieu de vin, & ne faut point que l'on m'objecte que les Galeniſtes, & Hypocratiſtes ne ſeront de cet auis, parce que ie ne croy pas qu'ils puiſſent eſtablir des regles de Medecine ſi generales qu'elles ne ſouffrent quelque exception à cauſe du climat, & des Aſtres, qui ayant vn autre regard dans la Sphere droitte, y donnent & y cauſent d'autres qualitez aux ſujets qu'ils y meuuent.

La ſeconde ſorte de palmier eſt le plus haut arbre des Indes, a le tronq de la groſſeur d'vn homme, & ſes branches ſont à la cime, & n'y a aucun rameau attaché à ſon tronq, ſes branches, ou plutoſt ſes fueilles approchent de la figure d'vne main, & peuuent auoir deux ou trois aunes de long, & les pauures Indou en couurent leurs maiſons de la campagne. Cét arbre donne du tari ou vin bien plus ſain, & meilleur que le palmier ordinaire, lequel l'on tire d'vne autre maniere; l'on couppe le nouueau rejetton, ou fueilles qui veulent croiſtre, & l'on y attache vn pot dans lequel ce rejetton à demy coupé pleure & diſtille ce nectar dont Bacchus fut allaicté, lors que Iupiter le transporta aux Indes dans ſon enfance. L'on diſtille cette liqueur auec vn peu de iagre & d'anis de Chine qui eſt fort ſtomacal, & en prouient vne eau de vie tres-bonne; l'on en peut auſſi faire du vinaigre tres-fort: Cét arbre eſt deſcrit par Solin, mais il ne l'auoit iamais veu, ou il ne ſçauoit pas la portée de la fleche, laquelle peut aller à perte de veuë, ſi l'arc eſt fort & bandé

Metamorp. l. 3. fa. 3. & li. 4. fa. 2.

bandé par vn Archer vigoureux ; & quoy que ie n'aye pas les yeux de link, i'ay fait plusieurs fois la difference d'vn perroquet, & d'vne tourterelle au haut de cét arbre.

La troisiesme espece de palmier est la cresme de tous les arbres des Indes, & merite que le curieux l'admire ; Ie croy que cét arbre diuin est demeuré du Paradis terrestre, ie le descriray succinctement, & ses proprietez, quoy que le dire, & la responsе que firent les Indou aux Portugais suffise pour confirmer l'estime que i'en fais, lesquels estans arriuez aux Indes dans le commancement de la decouuerte, voulurent loüer aux naturels la fertilité de Portugal, & faire passer leurs païs au dessus de tous les autres du monde ; mais les Indou leurs dirent ingenument qu'ils ne les croyoient point, que s'ils auoient le palmier de koq en Portugal, ils ne viendroient pas si loin mandier leur pain, parce que toute l'Europe ne valloit pas cét arbre. L'on en fait vn nauire de toute piece, l'on le charge, & l'on l'auituaille, du tronq l'on fait les planches, lesquelles estans assemblées, & cousues auec de la corde, qui se fait d'vne certaine peau qui entoure le fruict, en prouient le corps du vaisseau : du mesme tronq se fait encor le mast, ie ne pretends pas aduancer que d'vn seul palmier l'on puisse faire vn grand nauire, mais bien de plusieurs, il suffist que l'on ne prenne que de la mesme espece d'arbre.

De la peau qui vient sur le fruit que nous appellons noix de koq, & les Indiens narghijl, l'on fait de la corde dont les planches sont cousues qui est la façon

Qui porte du bois sur son col lié de corde de palmier, Alkor. ch. de la corde.

d'Arabie, Indes & Chine, où ils ne se seruent point de fer pour ioindre les planches de leurs vaisseaux, s'ils ne sont d'vne grandeur prodigieuse comme les galions de Schah Geaaun, qui portent les Pelerins de la Mecque à Aden, ou à Moka.

Du fruict l'on charge, & l'on auituaille le vaisseau, & de sa cocque l'on fait de belles pippes de tabak, des bouteilles, des coupes, & mille autres curiositez, dont l'on charge le vaisseau. Lors que ce fruict n'est pas encor meur, l'on le cueille, & l'on trouue dedans vne chopine de ius que l'on boit pour se raffraischir, & est le plus rauissant breuuage que i'aye beu, il n'enyure point comme le tari, si l'on distilloit cette liqueur, l'on en feroit vne eau de vie pour le premier Bourg-Mestre d'Alemagne. Le fruit se seche & se garde comme nos noix, a le goust d'amendes; l'on en tire de l'huylle qui sert à plusieurs vsages, pour les lampes, pour manger, pour se graisser & oindre les cheueux, & le corps, qui est la coustume des Indiens apres le bain. Cette huylle est fort souueraine pour les blessures, les Malauars, pirates fameux, ne se seruent point d'autre vnguent, & lauent leurs playes auec de l'eau froide, puis y appliquent cette huylle.

Lors qu'on voit que cet arbre n'est pas fertille, l'on en tire du tari, ou du vin comme l'on fait des deux autres palmiers, mais alors il ne donne point de fruit, parce que distillant le suc qui deuroit seruir pour l'accroissement & nourriture du fruict, il ne peut porter au dessus de sa nature du fruict & du tari tout ensemble. Pour le rendre fertille l'on luy met aux pied vn peu de poisson, ou quelque chose de gras, il y en a tant aux parties Meridionales de l'Inde, qu'il semble que ce ne soit qu'vne forest; il fait dangereux se camper dessous lors qu'il fait du vent, si l'vne de ses noix tomboit sur la teste elle tueroit infailliblement, parce qu'elles sont grosses comme des œufs d'autruche & pesantes comme des pierres. Cet arbre est vn peu plus haut que le palmier ordinaire, & porte ses noix au mesme lieu où le palmier porte les dattes; si l'on en veut tirer du vin l'on couppe les reiettons comme au second palmier, & l'on y attache les pots où la liqueur distille peu à peu.

Iacque, Melonier, Figuyer d'Adam, AreK, & Poivrier.

CHAP. XXXVIII.

POIVRIER, ET AREK.

LE poivrier est vn espece de lierre que l'on plante au pied d'vn arbre appellé arek, lequel porte vn fruict comme des noix de galles dont l'on fait le betlé des Indou auec vn peu de chaux, & de la fueille de betlé, qui approche de celle du satirion majus, ce betlé est fort stomacal, & est la regalle que l'on fait aux Indes dans les visitez, la noix arek est tres-bonne pour estancher la soif si l'on l'a met dans la bouche, l'on s'en sert fort dans les deserts. Le poivrier s'entortille autour de quelque arbre lors qu'il

Figuyer d'Adam. Poivrier, & AreK.

Iacques. Melonier.

croist, & donne son fruict approchant de la figure de la grappe de raisin, de couleur iaune par dessus, laquelle se noircist deuenant seche. Les Indiens en font de l'achar, qui est le confire dans le sel & le vinaigre, & le mangent comme nous faisons les capres, il y en a aussi de blanc. Les Bramens le tiennent plutost froid que chaud, parce que s'il auoit la qualité que luy donnent les Europeens, l'on n'en pourroit pas mettre vne poignée dans vne saulce, & ne s'en pas trouuer eschauffé apres l'auoir mangé, i'ay cherché la raison qui me pourroit persuader que le poivre, le sucre, les mirabolans, le gingembre, & le clou de giroffle n'auroient pas les mesmes qualitez virtuelles aux Indes Orientales qu'en Europe, laquelle ne peut estre autre que celle-cy à mon auis. Les estres sont esueillez, & meus dans leur temperamment par leurs contraires ; le feu en Hyuer est sans comparaison plus chaud qu'en Esté, d'où ie soustiens que le poivre de soy estant vn peu chaud dans le lieu où il croist, qui est la zone bruslée, est de beaucoup plus chaud, lors qu'il est transporté dans la zone temperée, laquelle estant plus froide que la bruslée, resserre & fortifie sa challeur, & si l'on le transporte dans la froide il deuient encor plus chaud par la mesme raison. Dans l'operation des choses naturelles il faut non seulement y considerer la vertu de l'agent & disposition du patient, mais aussi le moyen qui les fait agir & patir, qui est ordinairement l'air, le temps, & le climat, comme l'on voit en tous les secrets magiques, de là vient que plusieurs maladies se guarissent facillement aux Indes, lesquelles semblent incurrables en Europe, comme la fievre quarte que les Bramens guarissent auec vne poudre blanche, parce que les medicamens sont poussez à agir autrement dans les Indes, qu'en Europe, par vn different aspect des astres. Il n'est point à propos icy de disputer de la possibilité des choses dont i'ay veu l'experience : Il m'est arriué à mon retour de Guzerat en Perse, qu'ayant achepté de l'eau de vie, ou arak pour mon embarquement, i'y meslé quantité d'espiceries, comme succre, canelle, gingembre, &c. suiuant que i'auois prattiqué aux Indes vne année entiere ; mais lors que i'eus passé le tropique du cancre, cette eau de vie deuint si forte & brussante, que ie ne l'a pouuois tenir dans la bouche, plus nous allions au Nord, plus elle deuenoit forte, & me fut impossible d'en boire, que ie ne l'eusse meslée auec d'autre moins forte que i'achepté au Congue petite ville sur la coste de Perse.

FIGVYER D'ADAM.

CEtte canne vient de la grosseur de la iambe, ses fueilles sont longues d'vne aulne & demie, & large d'vn pied, ou d'vn pied & demy ; les Indiens s'en seruent au lieu de nape & d'assiette, s'il est vray que ce soit le figuyer d'Adam, sa femme & luy n'eurent pas grand peine à s'en couurir leur nudité, il iette vne tige de trauers, au bout de laquelle est son fruict par bouquets de quatorze à quinze figures de six poulces de long, & quatre de grosseur, il en croist dans l'Arabie & Palestine.

MELONIER.

LE melonier donne des melons excellens, lesquels sortent du tronq : Ce fruict est verd par dessus, & iaune dedans, l'arbre peut auoir dix ou douze pieds de haut, iusques à la cime.

IACQVE.

LE iacque donne son fruict sortant du tronq, ou des grosses branches, quelquefois long d'vne aulne, quelquefois d'vne demie, & gros à proportion.

Des arbres veneneux, & à fleurs.

CHAP. XXXIX.

SERPENTIERE.

IL y a vne espece de plante de la figure d'vn Serpent à plusieurs testes, les serpens se retirent dessous, & principalement celuy qui a deux testes, lequel est fort frequent aux Indes, ce qui oblige les Indiens à aller auec vn baston au bout duquel il y a de petites chaisnes, qui menent du bruict, & font fuïr les serpens.

Serpentiere.

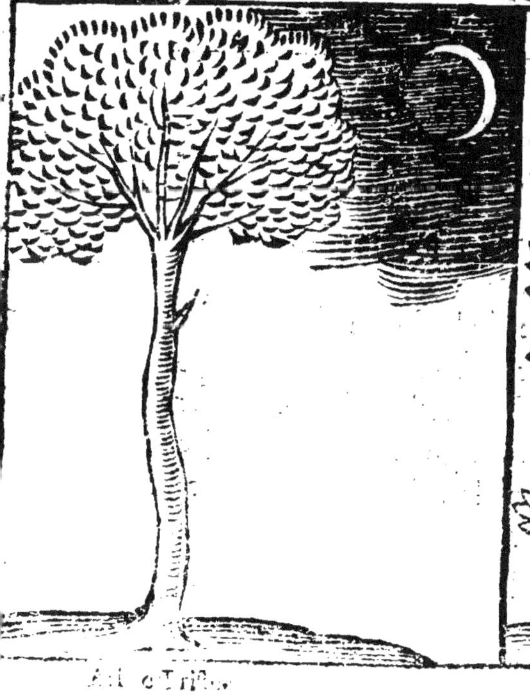

A[illegible]e Trist[illegible]

Lettiere.

LETTIERE.

L'Arbre que les Portugais appellent Lettiere eſt extremement veneneux, il en ſort vn laict tres-dangereux, & marque la partie du corps où il touche, & fait vn mal extraordinaire qui dure deux ou trois heures, il ſort de ſon tronq la meſme liqueur.

ARBRE TRISTE.

IL y a beaucoup d'arbres qui ne portent que des fleurs, & dont l'on tire des eſſences merueilleuſes; Entre ces arbres à fleurs eſt celuy que les Portugais appellent arbre triſte, lequel ne floriſt que la nuict; ſa fleur eſt blanche, & fort odoriferente, l'on eſtend des linceuls deſſous pendant la nuict, afin de la receuoir à meſure qu'elle tombe, & le iour il ne paroiſt rien, & difficilement pourroit on iuger que ce fuſt vn arbre à fleurs.

I'obmets icy les arbres dont l'on fait les baſtimens qui ſont tres-beaux dans ce païs, & ne dis rien non plus des canes de ſuccre, ny du coton qui ſort d'vne plante, ny du gingembre, qui eſt vne racine, ny de la noix de muſcade, qui ne ſe trouue que dans l'Iſle d'Amboina dominée par les Hollandois, ny du cloud de girofle que l'on a en abondance à Makaſſar, parce que mon diſcours tiendroit plus de la Coſmographie, que de la Relation ſuccincte, que ie deſire faire de ce que i'ay obſerué, & connu parfaittement dans mes voyages.

Negoce & force des Anglois, Hollandois, & Danois aux Indes.

CHAP. XL.

LA Compagnie de Londres a deux Chefs principaux pour le negoce des Indes, que l'on appelle Presidens, l'vn demeure à Sourat au Royaume de Guzerat, & l'autre à Bantan ville de l'Isle de Iaua major, dominé par le Roy des Iaues Mansulman de la Secte des Sonnis; Le premier est celuy de Saurat, lequel a son Conseil composé des trois principaux Marchands qui resident à Saurat, apres lesquels suiuent les Capitaines, ou Facteurs des villes où ils ont leur commerce, entre lesquels celuy d'Agra est fort considerable, celuy d'Amadabat suit apres, puis ceux d'Ormous, d'Hispahaam, Moka, Suaken, Ghillan, & Achen, lesquels sont tous soubmis au President de Sourat, & à son Conseil: Ces Facteurs acheptent, & vendent suiuant les Ordres du President, auquel l'on enuoye tous les ans d'Angleterre deux ou trois vaisseaux qui arriuent à Soüali au mois de Septembre, & en partent pour Londres le trentiesme Ianuier pour le plus tart. Le President de Bantan a pareillement son Conseil, auec beaucoup de Capitaines, & de Facteurs qui luy sont soubmis & suiuent ses Ordres; sçauoir ceux de Madraspatan, d'Aua capitale du Pegou, & celuy de Makassar, & autres qui sont dans les isles du Sud. La Compagnie de Londres enuoye d'ordinaire trois vaisseaux au President de Bantan, desquels deux viennent à Madraspatan, forteresse appartenante à la Compagnie, où il y a garnison, & cinq ou six cens naturels Catholiques, qui auoient pour Pasteur le R. P. Ephrain de Neuers Capucin François Missionnaire, deuant sa detention par l'Inquisition des Portugais, auquel les Anglois ont permis de bastir vne Eglise, & entretenir ces nouueaux Chrestiens dans la Religion Romaine : le Pere Zenon s'y est acheminé, comme nous auons dit cy-dessus, pour conseruer cette Mission; ces 2. vaisseaux moüillent à Bantan en retournant en Angleterre pour y prendre des marchandises.

La Compagnie a de plus vingt vaisseaux qui negocient dans les Indes, & ne viennent point en Angleterre, & tous les ans l'on prend les nouueaux mariniers venus d'Angleterre, pour renuoyer ceux qui ont fait leur temps de seruice: sur tous ces vaisseaux il n'y a point de soldats; le seruice que doiuent rendre les mariniers est de trois ans, apres lesquels s'ils s'en veulent retourner, ils peuuent demander leur congé au President, & l'obtenir, leurs gages leur sont payez en Angleterre au retour, & s'ils ont affaire d'vn peu d'argent dans les Indes, l'Escriuain de la marine leur en donne, mais il leur fait passer l'escu pour cinq quarts, ils sont fort bien nourris, ils mangent trois fois la semaine de la viande, & ont vne petite bouteille d'eau de vie tous les 3. iours. Le President auec le Conseil des Indes a puissance de mort & de vie sur tous les Capitaines des vaisseaux, Facteurs, Marchands, soldats, & mariniers : si vn Anglois se fait Mansulman à Moka, Bassara, Perse, ou Indes Orientales, les naturels ne le protegent point, & le liurent entre les mains de ses Chefs, qui sont ceux du Conseil general des Indes : & si par hazard vn Anglois auoit tué vn Indien, le President est son Iuge, & non les Indiens, de mesme d'vn Indien, s'il auoit tué vn Anglois, où commis quelque crime sur les vaisseaux de la Compagnie des Anglois, les Anglois ne le peuuent punir, ils le remettent entre les mains du premier Omara ou Nabab pour en faire iustice : Les Anglois ou Hollandois mal-contans de leur Compagnie n'ont aucun refuge que la terre des Portugais en se faisans Catholiques, parce que les Portugais ne les rendent iamais & depuis peu le Facteur d'Achen dans l'Isle de Sumatra ayant tres-mal fait les affaires de la compagnie d'Angleterre, s'enfuit à Goa auec le butin qu'il auoit desrobé, où ie l'ay veu, il se fit Catholique, les Anglois le vendiquerent, le Vice-Roy fit rendre les richesses à la Compagnie, pour la personne il dist qu'il ne le pouuoit pas. Les Hollandois ont le mesme pouuoir sur leurs gens ou seruiteurs de la Compagnie d'Hollande que les Anglois sur ceux de la Compagnie d'Angleterre, & ont mesmes capitulations auec le grand Mogol, le Roy de Perse, le Roy de l'Iemen ou Arabie heureuse, & Hali Pacha Prince de Bassara.

La nouuelle Compagnie d'Angleterre, ou de Courtin est aneantie, qui est vn grand aduantage pour la vieille, parce que Courtin auec ses colonies se rendoit maistre de l'Isle de Madagaskar, d'où il pretendoit aduancer ses affaires dans la terre ferme d'Affrique, où il y a abbondance d'or, ce qui luy auroit esté tres-facille, parce que les Madagaſkars ne ſont point à guerris, & ne ſe ſeruent que de zagaies ſans aucun vſage d'armes à feu. Les François y ont vn fort auec quelques ſoldats, & leur negoce eſtably : Si ſa Majeſté vouloit entendre à ces conqueſtes, elle ſe rendroit facilement Maiſtreſſe de toute l'Iſle, & des coſtes d'Affrique où ſont les mines d'or, à cauſe de la facilité que l'on a en France à trouuer quantité de bons ſoldats.

HOLLANDOIS.

LA Compagnie des Indes Orientales eſtablie en Hollande ſous le bon plaiſir des Eſtats, a pour principalle fortereſſe Batauia ville ſcituée dans l'Iſle de Iaua major, où reſide le General, & le grand Conſeil des Indes, en ſuitte Malaca, Amboina, Illa Hermoſa, & quelques places dans les Iſles de Zeilaon, & de Madagaſkar, les Commandeurs de toutes ces places ſont ſoubmis au General, & les Facteurs qui ſont dans les diuers Royaumes où la Compagnie à ſon negoce eſtably comme en Perſe, Arabie, Indes, Pegou, Siam, Royaume de Camboia, Iapaon, Sumatra, Makaſſar, Borneo & autres lieux. La force de cette Compagnie eſt de cinquante ou ſoixante vaiſſeaux tout au plus, qui font le negoce des Indes, & ne s'en retournẽt point en Hollande, ſur ces cinquante vaiſſeaux, il y a peu de milice, à cauſe que les Hollandois mal-traittent ſi fort leurs ſoldats & mariniers, & les nourriſſent ſi mal qu'ils n'ont plus la facilité d'en trouuer. Tous les ans il vient vnze Nauires d'Hollande pour Batauia, leſquels s'en retournent chargez des marchandises, que les autres apportent des diuers lieux, où ils vont, les Hollandois qui sont au seruice de cette Compagnie, n'oseroient retourner par terre en Europe, ils se peuuent marier : les Anglois n'ont point cette permission ; leurs soldats & mariniers ne viuent ordinairement que de ris cuit, de poisson salé, & d'eau douce, & ne sont payez qu'en Hollande de leurs gages, s'ils ont affaire d'vn peu d'argent aux Indes ; l'on leur donne des pieces de toilles ou autres marchandises que l'on leur fait valloir deux fois autant que son prix ordinaire, laquelle ils reuendent pour la moitié de ce qu'elle vaut. Le temps qu'ils doiuent seruir la Compagnie est de sept ans, au bout desquels ils obtiennent quelques fois congé de retourner, pourueu que l'on n'ait point affaire d'hommes. Les estrangers ne paruiennent point aux belles charges, entre les Hollandois : I'ay veu plusieurs soldats François, lesquels maudissoient le mal-heureux iour, auquel ils auoient esté abusez, & persuadez de prendre party dans cette Compagnie, du seruice de laquelle ils ne pouuoient se retirer, estans de pire condition que des esclaues; Ils auoient eu la volonté de se faire Mansulmans à Bassara, Ormous, Sourat & autres lieux, ou arriuent les vaisseaux Hollandois, mais la crainte que les Mansulmans ne les abandonnassent à leurs Chefs, qui les auroient fait pendre, les en auoit empesché ; ils ne se pouuoient resoudre à s'enfuïr du costé des Portugais, parce qu'ils auroient tousvescu en crainte du sainct Office, où il fait encor plus mauuais qu'au seruice des Hollandois : duquel à tout le moins l'on a esperance de sortir dans quelque temps, outre que tous leurs gages estans perdus, & n'ayans point d'argent, ny la facilité de reuenir par terre, ils seroient contrains de demeurer le reste de leurs iours parmy les Portugais, dautant que le Vice-Roy ne fait embarquer personne, qu'auec grande faueur, pour reuenir en Portugal, & seroient tres-miserables ne pouuans viure ny s'habiller honnestement, comme les soldats Portugais, qui ont des intrigues merueilleuses auec les femmes des autres Portugais, ou mestisses, qui ayment à faire l'amour au dessus de toutes les femmes du monde: Elles font manger d'vne certaine herbe à leurs maris, qui les assoupist tellement, que sur le mesme lict ou les pauures sots dorment, elles se diuertissent auec leurs enamourados soldados, & si elles sont malicieuses de leur costé, leurs marys ne le sont pas moins, parce que s'ils ont le moindre soupçon d'elles ils les poignardent auec leurs galands, & se seruent du mesme simple pour connoistre leurs esclaues sur le mesme lict où elles sont assoupies, & se font porter à qui mieux mieux le croissant inuisible; Il y a des fidalgues si ialoux qu'il faut que leurs fémes fassent les malades pour aller à la Messe, afin qu'elles ne sortét point de leur pallankin, que l'on couure d'vn tapy, & que l'on porte au milieu de l'Eglise, ie laisse la maniere des poisons dót ils se seruét pour ne pas donner horreur de la malice des hómes, qui n'ont aucune compassion de leurs semblables, & punissent en autruy ce qu'ils commettent tous les iours, aussi que parmy cette nation il y a plusieurs gens d'honneur que ie ne voudrois comprendre dans la presente Relation, le monde est tellement corrompu en ce siecle, que l'on a pas besoin de rechercher les crimes des pays estrangers, il s'en fait parmy nous & à nos yeux d'aussi execrables.

DANOIS.

LA Compagnie de Dannemark fait peu de traffiq, & n'a que deux ou trois vaisseaux ordinaires aux Indes, & deux qui y vont tous les deux ans : Le General de cette nation, tres-redouté pour sa valeur, demeure en vne forteresse qui est proche Madraspatan, où il y a plusieurs naturels Chrestiens Catholiques, fugitifs de Bengala, Meliapour, & autres lieux, desquels les Danois se seruent sur leurs vaisseaux, Le Pere Ephrain de Neuers auoit dessein d'y faire venir vn Capucin de la Mission de Perse pour y bastir vne Eglise suiuant le consentement du General de Dannemark, qui l'auoit mesme demandé, offrant tous aduantages pour cét effet, mais sa detention a trauersé le zele qu'il auoit pour la propagation de la Foy. Le negoce des Danois est dans le Golphe de Bengala costes de Pegou, & quelques Isles du Sud, où ils sont plus apprehendez que les Anglois & Hollandois.

Voila succinctement ce que i'ay veu, & remarqué dans les Indes, ayant eu cét aduantage pendant le séjour que i'ay fait sur les terres de SchahGeaann, & d'Adel Schah de conuerser iournellement auec le President des Anglois, & les principaux Commandeurs d'Hollande ; & sur celles des Portugais i'ay eu l'honneur d'entretenir plusieurs fois en particulier le Vice-

Roy

Roy des Indes, le Patriarche d'Ethiopie, l'Archeuesque de Goa, & plusieurs Generaux d'armées, lesquels ont fait leur possible pour me persuader de demeurer aux Indes, mesme les Reuerends Peres Iesuittes m'ont souuent tesmoigné auoir agreable que i'embrassasse leur compagnie sans aucun merite personel de ma part; mais toutes les nations ont cela de bon qu'elles suppleent aux deffauts des Estrangers qui sont entr'elles, c'est de là que i'ay tiré mes aduantages.

Voyage des Indes au Congue.

CHAP. XLI.

LE premier Mars 1649. ie m'embarquay sur vn vaisseau Anglois à Soüali, nous leuasmes les anchres, & cinglasmes en pleine mer. Le septiesme le vent Nord-est fut si furieux, que ne pouuans aller à la bouline, nous courusmes au Sud-Ouest iusques au dixiesme degré de latitude que le vent s'estant tourné au Sud, nous misme le cap au Nord Nord-Ouest: Pendant la tempeste vne femme Indistanni mourut sur nostre bord; vn Moufti Persan de la Secte des Schaï l'assista à cette derniere extremité luy donnant esperance d'vne meilleure vie que celle-cy, & d'vn Paradis, où l'on auroit tout ce que l'on peut desirer pour se contenter en toutes manieres, & la fit changer de Secte, parce que comme nous auons dit les Indistannis, & les Mogols sont Sonnis,

& plus mesestimez des Persans, que les Chrestiens mesmes qu'ils croyent infidelles : L'on enseuelit le corps apres l'auoir laué plusieurs fois, puis l'on le lia à vn boullet de canon, & l'on le laissa aller au fond de la mer chercher vn sepulchre viuant dans les entrailles de quelque poisson. Au treiziesme degré de latitude nous apperceusmes vn petit vaisseau, qui sembloit venir des Maldiues, & tirer à l'Isle de Sacotora à l'entrée de la mer Rouge, nous mismes le batteau long en mer, & nous estans armez vne douzaine, nous le fusmes reconnoistre, & n'y ayant dessus que sept ou huict Indous sans armes, nous nous en rendismes les maistres sans peine, & l'amenasmes à nostre bord, afin de le visiter, & voir si les marchandises n'estoient point à des Malauars brigans & escumeurs de mer, nous le trouuasmes chargé de fruict de koq, d'huylles de la mesme noix, & de quelques alajas & ris que les Indous qui le conduisoient auoient chargé à Cochin pour la coste d'Affrique, auec les Lettres patentes du Vice-Roy de Goa, portant permission à ce vaisseau de voguer sur toutes les mers des Indes : nous ne trouuasmes aucun raffraichissement sur ce vaisseau ou petit paros, ces pauures Indou n'ayans pour tous viures qu'vn peu de betlé, qui est vne herbe, comme nous auons dit cy-dessus, laquelle approche de la figure du satirion majus, & est fort chaude, ils la mangent auec vn peu de chaux esteinte & d'arek pillé, ce qui leur enflamme la bouche, & fait seigner les genciues, & leur teint les levres de la couleur de corail, ce qu'ils trouuent beau, parce qu'ils les ont naturellement basanées ; & lors qu'ils voyent les portraicts des femmes Angloises, ou Portugaises, ils disent d'abord qu'il y a de bon betlé en Europe, parce qu'elles ont les levres bien rouges. Aloisius Cadamustus escrit au Chap. 65. de sa nauigation, que dans le Sud des Indes où il a arriué, il remarqua que les Indou s'abstenoient de manger du betlé, lors que quelqu'vn de leurs parens estoit mort, afin que leurs levres deuenans noires fussent la marque de leur tristesse, mais comme chaque nation trouue estrange, & condamne tout ce qui est hors de sa coustume. Les Portugais au commancement de leurs conquestes des Indes voyans les naturels manger de cette herbe communement, se persuadoient que ces Orientaux auoient quelque chose de la nature de l'animal, & de la beste brute, estant preuenus des opinions de leur climat, mais ils eurent leur change des Indiens, lesquels leur voyans boire du vin, & manger du biscuit, dont ils n'auoient iamais entendu parler, n'osoient aller à bord de leurs vaisseaux, parce qu'ils se persuadoient qu'ils beuuoient du sang, & mangeoient des pierres. Nostre Capitaine laissa aller ces pauures gens sans leur faire tort, seulement il prist vn peu de betlé dont ils luy firent presant, & le distribua aux Mestissos Portugais qui estoient auec nous, lesquels l'ayment autant que les Indou, & leur fit donner du bois pour faire du feu en recompense : nous fismes voille ensuitte plusieurs iours sans rien trouuer que quelques barques qui venoient de Souaken, Giaidde,

Moka, Mascati, & alloient à Bassara : sur l'vne desquelles ie m'embarquay, & le vingt-neufiesme d'Avril nous arriuasmes à la Plage du Congue où nous nous debarquasmes pour nous rafraischir.

Congue est vne petite ville fort aggreable sur le sein Persique à trois iournées du Bandar Abbassi tirant à l'Ouest dominée par le Schah, il y a de tres-bonne eau, & abondance de bois, il y fait extremement chaud, parce qu'elle n'est qu'à 27. degrez de latitude, les maisons principales sont basties en voûte, au haut desquelles il y a comme vn fanal ouuert de plusieurs costez auec des souspiraux obliques pour receuoir le vent; dans ces voustes il fait fort frais, quelques-vns tiennent que cela est mal-sain, mais il est fort aggreable ; les Portugais y ont vn Feitour qui prend la moitié de la Doüanne, & donne la permission aux barques de nauiger, en luy payant vn certain droit, parce que toutes ces mers sont tributaires de la generalité de Mascati, qui est à l'entrée du sein Persique sur la coste d'Arabie, il y a aussi vne petite Eglise d'Augustins Portugais : Cette ville est peuplée d'Arabes, de Parsis & d'Indou qui ont leurs Pagodes & leurs Saincts hors la ville. Nous y demeurasmes trois iours, le Patron de nostre Vaisseau y estoit marié, & suiuant la coustume du pays, il nous mena en sa maison où il nous fit bonne chere, & ne voulut permettre que nous payassions, ny à aucun passager de retourner à la barque deuant que l'on leuast les anchres pour Bassara. Ie visité le Keselbache qui y commande vne petite forteresse, duquel ie receu beaucoup de ciuilitez, il me pria plusieurs fois d'y demeurer quelque temps, qu'il empescheroit mon vaisseau de partir, & m'asseura de la prise de Kandahar par les Persans, & du retour du Schah en Hispahaam, lequel pourroit en suitte aller à Babylone, parce que suiuant les obseruations des Persans, les Schah qui ont pris Kandahar ont pris en suitte Babylone.

Voyage du Congue à Bassera.

CHAP. XLII.

DV Congue nous tirasmes à l'Ouest Sud-Ouest, & le troisiesme iour nous arriuasmes dans vn lieu desert, où l'on voit les ruynes d'vn Chasteau, autresfois limite de l'Empire de Darius, nous y fismes aygade, & y embarquasmes trois Deruichs Persans qui alloient à la Mekque en pelerinage, pour meriter deuant Dieu en voyant le Sepulchre de Mahommet, & se sanctifier au temps du Ramasan, qui est la neufiesme Lune, comme nous auons dit autrepart. Ces Pelerins m'employerent aupres du Patron pour faire leur marché, afin de venir à Bassera, pour de là aller à Babylone ioindre les Karauanes des Iusbegs, & Tartares du Katai, qui viennent tous les ans à Niniue, ou à Babylone pour passer le desert: Nostre Patron les receut humainement, & me dist que s'ils n'auoient à manger il leur en donneroit, qu'il ne demandoit rien d'eux pour leur passage, par-

Deruiches sont Religieux Mansulmans. Li. 1. ch. 17.

ce qu'il vouloit auoir part dans le pelerinage de la Mekque, & que si Dieu luy faisoit la grace, il iroit vn iour visiter le Sepulchre du Prophete, & prist sa barbe des deux mains par vn respect qu'il portoit à ce nom de Prophete.

Le dix-neufiesme du mois d'Avril nous eusmes les vents fort contraires, & nous fusmes obligez de ietter les anchres aupres d'vn petit village peuplé d'Arabes, de la domination du Schah, où le Patron n'osa descendre, & me donna aduis de n'y pas aller, que c'estoient des canailles, qu'il n'y faisoit point seur pour luy, & moins pour moy qui estois Frank, parce que ces peuples ont opinion que nous sommes tous cousus d'or & d'argent. Estans à l'anchre il arriua sur le soir vn petit vaisseau d'Arabes, lequel moüilla proche le nostre, ils enuoyerent vn de leurs hommes auec vn oultre, pour nous demander de l'eau, pour espier quelles gens, & quelles marchandises estoient sur nostre bord, afin de nous voler en mer; nous descouurismes leurs fourbes, parce qu'ils reprirent le chemin d'où ils estoient venus, qui estoit le mesme par où nous deuions passer, de sorte que nous demeurasmes trois iours sans oser nous mettre à la voille, de crainte de ce vaisseau de pirates. Le quatriesme nous nous hazardasmes de sortir sur le soir, nous cinglasmes en mer, & le vingt-huictiesme du mois nous arriuasmes à Kaharat petite Isle peuplée d'Arabes, de la domination du Schah, où les Anglois, Hollandois & Portugais prennent leurs Pilottes pour Bassara, nous y en prismes vn, & en partismes le vingt-neufiesme du mesme mois.

Kaharat.

La nuict ſuiuante nous fuſmes battus d'vne tempeſte ſi furieuſe, que nous abbandonaſmes le timon de la barque, & nous diſpoſaſmes tous à la mort, le vent eſtoit contraire à la marée, & le vaiſſeau fort petit, il n'y auoit aucune eſperance d'en eſchaper, nous eſtions au milieu du Golphe, & ne paroiſſoit choſe du monde que la lueur des eſclairs qui ſe formoient par la rencontre des nuës, ie me recommandé à Dieu, le priant comme i'ay touſiours fait dans mes aduerſitez, d'accomplir ſa volonté, ſuiuant les idées qu'il en forme dans l'éternité ; que s'il me faiſoit la grace d'eſchaper, ie m'addonnerois plus volontiers à le connoiſtre & l'aimer, & toutes ſes œuures, ne m'ayant fait venir dans l'ordre des hommes qu'à cette fin, ou bien ſi mon heure eſtoit venuë de quitter ce corps mortel, & retourner auec connoiſſance d'où ie ſuis venu ſans connoiſſance, ie ſuppliois ſa Majeſté eternelle de me receuoir au nombre de ſes ſeruiteurs, me pardonner les offences que i'aurois commiſes contre vn eſtre parfait & incomprehenſible d'aucune creature, aduoüant que i'eſtois homme, pecheur, & ne me ſerois pas bien acquité du deuoir que ie luy aurois deu rendre, & aurois ſorty de ma nature, laquelle ſa liberalité infinie m'a donnée pure & ſans peché à ſon image & ſemblance, mais infectée & corrompuë par la ſenſualité: Ie dis en ſuitte le Cantique des trois Enfans, lors qu'ils furent iettez dans la fournaiſe par le commandement de Nabucodonoſor, & me repoſé, laiſſant ma vie & ma mort entre les mains de Dieu, parce que ſa prouidence a plus de ſoin de moy, que ie n'en puis auoir, &

ſuis tellement dependant d'elle, que ie ne ſubſiſte que par ſa bonté qui connoiſt, & veut les choſes qui me ſont plus neceſſaires, ie ne reietté point la mort, auſſi que ie ne ſçauois au vray ſi elle m'eſtoit aduantageuſe ou contraire, ny n'affecté point à viure dauantage, parce que n'ayant eu que du mal dés le commancement de ma ieuneſſe, ie ne croyois rien perdre d'eſtre deſliuré des miſeres de ce monde, & mourir paiſiblement eſloigné de mes parens & de mes amis, dont la preſence & les pleurs nous affligent plus que la mort meſme. Les Indou qui eſtoient paſſagers ſur la meſme barque appelloient à haute voix Ram, Schita, Ganes, Locman, & autres Saincts de leur Religion; les Manſulmans faiſoient leurs Oraiſons ſuiuant leurs Sectes, les Sonnis inuoquoient Dieu, & Mahomet, diſans illa illa la Mehemmet reſul alla, ia Rabi, qui s'interprete il n'y a qu'vn ſeul Dieu, & Mahomet ſon Apoſtre, ô Maiſtre: Les Raffaſis ou heretiques, tel qu'eſtoient la pluſpart de nos mariniers, l'appelloient auſſi à leur aide en ces termes, mir Hali, mir Muſtapha, Pehrember Koda, ô Prince Hali, ô Prince Muſtapha, ô Prophete de Dieu. A trois heures apres minuit la tempeſte ceſſa, & le Ciel demeura obſcur, noſtre Pilote eſtoit au bout de ſes fineſſes, parce que ne ſe ſeruant que de l'eſtoille du Nord, il ne ſçauoit où aller, ne pouuant remarquer ny grande, ny petite ourſe, à cauſe qu'il ne paroiſſoit aucun aſtre ſur l'oriſon: le Patron auoit vne bouſſolle de Barbarie qu'il auoit acheptée à Moka, mais il n'y entendoit rien, parce que, diſoit-il, elle n'alloit pas au Nord, ie le priay d'allumer du feu, & m'apporter la bouſſole, boussolle, ie l'esprouué auec vn cousteau d'Angleterre frotté d'aymant, la fleur de lys alloit & venoit du costé que ie tournois mon cousteau, ie la trouué tres bonne & ie conclu, que le deffaut que l'on y auoit trouué venoit du Patron, qui ne sçauoit point l'vsage du compas marin, ny l'art de la nauigation, ny la variation de l'éguille, qui est moins de deux pointes sur le Golphe de Perse à l'Ouest; ce qui m'occasiona de demander au Pilote où estoit nostre chemin, supposé que nous eussions le Nord à la prouë, il me fit signe que c'estoit vn peu à main gauche, & connus que le veritable chemin de l'isle de Kaharat pour aller à l'emboucheure de la riuiere de Bassara estoit le Nord-Ouest; ie fis faire voile au Nord Nord-Ouest de la boussolle, parce que la petite ourse decline vn peu du pole Arctique; Le iour estant venu le Pilote fut satisfait de la route que i'auois fait tenir, & connut par le leuer du Soleil que nous allions en droitte ligne à l'emboucheure de l'Euphrate & du Tygre, & me persecuta de luy monstrer l'vsage de la boussolle, & du quart de cercle; ie m'en excusé, parce qu'il ne sçauoit ny latitude, ny declinaison du Soleil; il me pria de rechef de luy en monstrer quelque chose, du moins ce qu'il en pourroit conceuoir, & qu'il me feroit tel present que ie voudrois, ce que ie luy accorday charitablement.

Le lendemain au soir nous eusmes vn presage d'auoir vne seconde tempeste, vne bande d'oyseaux de mer se vint asseoir sur nostre vaisseau, lesquels se laissoient prendre à la main; Nostre Patron iugeant que nous aurions vn orage, fit vne espece de sacrifice, prist des dattes, & les ietta aux quatre coings de son vaisseau dans la mer, mais cette superstition n'empescha pas le cours de la nature, & que la mer ne s'irritast de telle façon que son couroux nous pensa faire perir.

Le lendemain matin nous eusmes vn calme qui dura trois iours sans esperance de bon vent, nostre Patron fit faire vne autre folie, faisant plonger dans la mer vn marinier tout nud par trois fois, & à chaquesfois qu'il sortoit la teste, il crioit Cauche, Cauche, Cauche, qui est le vent de l'Est dans la langue du pays, & vne heure apres estant venu, il creut fermement qu'il en auoit esté la cause, en l'appellant de cette façon, comme si les choses naturelles ne se pouuoient faire sans miracles ou coniurations humaines, & le vent de l'Est souffler aussi-tost qu'vn autre apres le calme. Nous arriuasmes le mesme iour à l'emboucheure de la riuiere de Bassara, où il y a fort peu d'eau, il n'y a que les petits vaisseaux qui y puissent arriuer, nous montasmes deux iours l'eau douce, & nous arriuasmes à Bassara le huictiesme May de la mesme année ayant esté deux mois & huict iours depuis les Indes Orientales iusques à cette ville.

De Hali Pacha Prince de Bassera.

Chap. XLIII.

Bassera ville dans l'Arabie deserte a trente degrez de latitude ou enuiron, est assise sur l'emboucheure de deux riuieres du Paradis terrestre l'Euphrate & le

Tygre qui s'vnissent à vne iournée de cheual au Nord de cette ville, & font vn gros fleuue qui se iette dans le sein Persique, au couchant duquel elle est assise. Cette ville, auec ce qui en releue, faisoit autresfois partie de l'Empire Ottoman sous le titre de Pachalaix, & auiourd'huy est vne principauté appartenante à Hali Pacha, dont les ancestres ont secoüé le ioug du grand Turq auec beaucoup de facilité, à cause de la distance qu'il y a de la Porte, du Sultan. Ce Prince enuoye tous les ans dix ou douze cheuaux au Sultan des Ottomans, & autant au Schah des Keselbaches, afin de s'entretenir en paix auec ces deux souuerains, les Turqs dissimulent, parce que s'ils alloient contre Bassara, Hali Pacha remettroit cette place entre les mains des Persans. Les habitans de Bassara ne sont pas tous Mansulmans, la plusparț sont Sabis, nous en parlerons cy-apres; il y a encor plusieurs Indous, Parsis, & Armeniens qui se meslent du negoce, les seuls Mansulmans entrent dans la milice du Pacha, lequel va vestu à la Turque; & les plus polis de ces Courtisans l'imitent dans ce point; ie saluay ce Prince lors qu'il reuenoit de s'exercer au Girit, c'est vn espece de manege & course à cheual, où l'on se lance vn baston sans fer de la main droicte, Hali Pacha ne le iette plus que de la main gauche, depuis qu'il a persé le costé d'vn caualier: C'est l'vn des plus fortuné Princes qui soit au monde, & qui dans ses malheurs a eu les plus grandes assistances du Ciel. Il ne séjourne pas dans Bassara, mais dans le desert sous des tentes, & suit entierement les predictions des Astrologues: ils l'ont asseuré que s'il vouloit viure heureux, il deuoit demeurer hors de la ville, & ne se faire voir que rarement à ses sujets.

Ie me trouue icy engagé à faire voir que ce Prince, qui en apparence mene vne vie miserable est heureux, & a reciter deux accidens dont il est sorty par des faueurs du Ciel en conseruant sa vie, ses biens, & son honneur, vn Etmardoluet de Perse estant en personne de l'autre costé de la riuiere de Bassara auec 40000. Keselbaches pour s'emparer de la place, receut ordre de s'en retourner promptement en Hispahaam, à cause que le Schah estoit mort, & partit à la haste, & enterra la nuict ses canons, en sorte que Hali Pacha apprist la retraitte des Persans, lors qu'il les attendoit à l'assaut, & s'empara de leurs canons, ayant descouuert le lieu où ils les auoient enterrez. Le second bon-heur de ce Prince parut apres la prise de Babylone par Sultan Morat, lequel venoit à Bassara auec vne armée de 150000. personnes pour exterminer sa race, mettre tout à feu & à sang, & renouueller Bassara par l'establissement de nouuelles colonnies d'Ottomans naturels, lors que la Sultane Reine luy escriuit de precipiter son retour pour Constantinople, parce que son frere Ibrahim, depuis estranglé par la faction de cette Sultane, se vouloit faire Roy, ce qui obligea Sultan Morat à changer de dessein, & rebrousser chemin pour Constantinople.

A Bassara il y a vn Conuent de Carmes Deschaud Missionnaires Italiens, ils ont toute liberté de disputer de la Religion, comme en Perse, & aux Indes Orientales: Il y a vn Feitour Portugais, & deux maisons des deux Compagnies de Londres, & d'Amsterdam pour le negoce, & pour faire tenir les lettres des Indes en Europe par terre, par la voye de Ellé, Damas, & Halep.

De la Religion des Sabis, & du Liure d'Adam.

CHAP. XLIV.

SAbis par les Arabes se nomment dans leur langue Mendai, qui veut dire Disciples, ou Mendai Iaia Disciples de Iaia, que nous interpretons Iean Baptiste. Ils sont quatorze à quinze mille personnes dans Bassera & aux enuirons sous la domination du Schah, ou de Hali Pacha, il y en a peu sous la domination des Beglerbeg de Bagdat, ou de Ellé villes du Sultan. La pluspart des Sabis sont Orfevres, & tres courageux, ils vont vestus à l'Arabesque, & portent de grandes barbes à la Grecque, ils ne mettent iamais sur eux aucun habit ou attache de couleur bleuë. La connoissance qu'ils ont de Dieu est tirée de trois Liures, le premier s'appelle Liure d'Adam, qu'ils tiennent fort ancien; le second s'appelle Diuan; & le troisiesme est l'Alkoran.

Le Liure d'Adam est fort gros, ils tiennent qu'il y a 15000. ans qu'il est escrit dans la langue matrice, & premiere de toutes: Cette langue n'est entenduë que de leurs Chefs, ou Scheks, ou Prestres, si l'on veut, qui apprennent cette langue, comme nous apprenons le Latin. De ce Liure ils tirent que dans l'autre monde

Schek signifie en Arabe venerable.

il y a vn seul Dieu, qui est assis à son aise, que ce Dieu a engendré Gabriel de la lumiere, & que l'Ange Gabriel est son fils; qu'il a produit les Diables des tenebres, que les bons & mauuais Demons se marient & engendrent leurs semblables comme nous, & qu'ils ont des temples & des maisons plus belles que les nostres où ils habitent; que Gabriel a plusieurs enfans qu'il a engendrez de la lumiere: que Dieu ayant volonté que le monde fust fait, il appella Gabriel, & luy dist, ô Gabriel mon fils fais le monde, & Gabriel le fist de la figure qu'il est & se reposa. Que Gabriel ayant fait le monde & merueilleusement trauaillé à l'ordonner, Dieu y fit Adam & Eue pour l'accompagner, lesquels n'estoient ny homme ny femme à decouuert, mais le furent apres le peché, parce que leurs natures parurent apres auoir mangé du fruict: que l'enfant engendré d'vne mere qui estoit pucelle lors qu'elle a conceu est benist & consacré à Dieu.

Du Liure appellé Diuan.

CHAP. XLV.

DE ce Liure ils ont tiré plusieurs images qu'ils honorent, ils peignent Dieu assis à son aise, & aupres de luy vn Ange qui pese les bonnes & mauuaises actions des ames, parce qu'ils disent que l'homme mort le corps l'est pour iamais, mais l'ame est immortelle, & l'homme estant à l'agonie de la mort les diables prennent son ame separée du corps, & la menent par vn petit chemin estroit plein de serpens, de lyons & de tygres, où elle est deuorée, si elle est morte en peché, sinon elle passe outre, & va deuant Dieu où elle est pesée par l'Ange peseur qui regarde, s'il y a autant ou plus de bien que de mal, ce qu'ils croyent pour les autres Religions, & asseurent que tous les Sabis sont sauuez.

Ils peignent aussi l'Ange Gabriel, lequels ils disent estre fils de Dieu engendré de la lumiere, qu'apres que Gabriel eut fait le monde par le commandement de son pere, il l'alla trouuer, & luy dist qu'il estoit fort triste & se repentoit d'auoir pris tant de peine à faire de hautes montagnes, & auoir rangé les eaux en vn lieu, veu qu'il deuoit venir de meschans hommes de toutes sectes, lesquels leurs Scheks interpretent Mansulmans, Chrestiens, Iuifs, Parsis & Payens sans les autres qui sont à venir, lesquels seroient abominables deuant Dieu pour leur cruauté & corruption de mœurs, à quoy Dieu luy respondit, ne sois point triste, ô Gabriel mon fils, les Mendai Iaia, viendront qui seront tous sauuez, cette clause est vne grande adresse pour les retenir dans leur secte, parce qu'ils supposent qu'ils ne peuuent estre damnez dans leur croyance.

Ils ont aussi deux Images des deux Nauires du Soleil & de la Lune, & asseurent que tous les matins les Anges portent la Croix à ces deux Nauires qui leur sert de Mast, sans cette Croix le Soleil & la Lune ne pourroient nauiger & trouuer leur chemin, parce que toute leur lumiere vient de la Croix.

I'ay encore remarqué vne peinture de Mahomet,

lequel est despeint comme vn geant enfermé dans vne cage de fer tres-estroitte : Ils l'ont en grande abomination & tous ses Sectateurs, & asseurent que les ames des Mahometans apres leur separation du corps, & principalement de ceux qui les ont persecutez endurent beaucoup, & passent par de petits chemins estrois pleins de serpens & de lyons deuant que d'arriuer deuant Dieu.

Ils croyent encore que depuis le lieu où nous sommes, iusques au centre du monde il y a huict estages, dont le premier est la terre, le second l'argent, puis le vif argent, puis le cuyure, puis l'or, puis le fer, puis l'estain, & finalement le plomb.

De l'AlKoran, & leurs croyances touchant Iaia & Issa.

CHAP. XLVI.

ILs tiennent que l'Alkoran est vn sainct Liure, ils en ont tiré que Issa, que nous interpretons Iesus, est l'ame de Dieu, c'est à dire son bien-aymé, & qu'il n'est point mort, mais que les Iuifs ont crucifié vn phantosme en sa place, & qu'apres cette vie il y a vn Paradis tres-delicieux, & vn enfer tres-rigoureux.

Ils croyent que les ames de ceux qui les ont persecutez ne boiront pas de l'eau de fontaine en l'autre mõde: Entre leurs persecuteurs ils content Mahomet, dont ils obtindrent grace à la fin, mais ses Sectateurs & Partisans ne garderent nullement sa promesse, entr'autres Omar & Temurlang, lesquels ont presque destruict

leur

leur saincte Religion, bruslé leurs Liures, & abbatu leurs Temples, depuis la persecution de Temurlang, ils ont fait vn cas de conscience de parler en aucune façon des mysteres de leur Loy, de crainte que l'on acheuast de la renuerser. La derniere de leurs persecutions, & qui a pensé en destruisant leurs erreurs les remettre au chemin de salut, & leur donner la connoissance de l'Euangile, a esté par les Portugais, lesquels estans puissans au commancement de leurs conquestes des Indes sur le golphe de Perse, à cause d'Ormous, dont ils estoient maistres, & de consequent amis du Pacha de Bassara, obtindrent de luy que les Sabis iroient par force à leur Eglise establie à Bassara, sous peine d'amande pecuniere, & punition corporelle, & qu'ils ne pourroient trauailler le Dimanche: Les Religieux Portugais se porterent à les enseigner, donnans aux enfans des pauures à boire & à manger, & des habits; mais les Portugais ayans esté humiliez, à cause de la perte d'Ormous, l'on n'obserua plus cette rigueur contre les Sabis, lesquels retournerent tous à leur Religion premiere, où se firent Mansulmans, & ne s'en conserua pas quatre Chrestiens; la pluspart ont retenu le Dimanche auquel ils ne trauaillent point, mais ils ne sont nullement Chrestiens, quoy que les Portugais les appellent Chrestiens de Sainct Iean Baptiste.

Les Portugais taschent à traitter auec cette nation, & Don Philippe Mascaregnas, Vice-Roy des Indes, leur a offert de ma connoissance des habitations dans l'Isle de Zeilan, la difficulté est qu'ils y veulent mener leurs Cheks, & y garder les ceremonies de leur Loy, il en sort en quantité de Bassara pour aller seruir les Portugais dans leur milice ; l'habit de Portugais leur vient bien, parce qu'ils sont tres-blancs & bien faits.

Ils croyent par tradition que Iesus est parent de Iaia, & a esté conceu miraculeusement par sa mere, laquelle fut inspirée d'aller boire de l'eau au fleuue du Iourdain, & lors qu'elle beuuoit, Dieu luy souffla Jesus dans le corps, lequel estant grand vint au fleuue du Iourdain, pour estre baptisé, comme les autres par Iean, mais les Prestres Iuifs enuieux, & ialoux de la sainćteté de Iean, troublerent l'eau, & la rendirent bleuë auec du nil, qui est vne teinture bleuë qui se trouue aux Indes Orientales, que les Portugais appellent Indico, Iean fit sa priere, il descendit du Ciel vn bassin plein d'eau claire, dont il laua Iesus son Cousin : c'est la raison pourquoy cette couleur est immonde iusques auiourd'huy parmy les Sabis, d'autant qu'elle a esté capable d'empescher le baptesme, ils ne s'en couurent point, ne la regardent, & ne la touchent sans peché : Ils ont eu grande dispute depuis quelques années auec vn Euesque Romain Missionaire aux Indes, lequel leur vouloit persuader de porter cette couleur sans scrupule ; leur responce fut, que s'il venoit de la part du grand Schek, ou Pape d'Issa, Cousin, amy, & Disciple d'Iaia leur grand Prophete, il deuoit les confirmer dans la veritable doctrine d'Iaia, laquelle ils vouloient professer iusques à la mort, & non la destruire, sous pretexte de leur donner de bons & charitables aduis, & leur faire vestir cette couleur abominable, mesmes à leurs Euesques qui doiuent estre les exemples des autres. Cette Histoire de l'Indico, dont les Iuifs troublerent l'eau, est vne politique de leurs Scheks, pour les esloigner de la frequentation des Arabes Mansulmans, ou Chrestiens, lesquels, tant hommes que femmes, sont la pluspart habillez de bleu, & comme il leur est deffendu de toucher cette couleur, ils ne peuuent approcher des femmes Arabes, lesquelles s'en barboüillent la levre de dessous, & s'en marquent les mains pour les embellir à leur mode, ce que i'ay remarqué à toutes les femmes que i'ay veuës au desert, lesquelles s'en mettent au manton, & aux bras; cette coustume de se marquer est passée aux Pelerins de Ierusalem, qui se font mettre vne Croix bleuë sur le bras.

Ils ont aussi pour constant que Iaia est fils de Zacharie & d'Elisabeth, qu'il a esté conceu par le seul baiser de ses pere & mere, sans auoir eu connoissance l'vn de l'autre, que Iaia est le plus grand Prophete qui ait iamais esté, & sera iamais, qu'il a passé en sainctété & doctrine tous les hommes qui furent deuant luy, & viendront apres; qu'il se maria, & eut trois enfans, non de sa femme, mais des eaux du Iourdain, lesquels Dieu luy donna, il les esleua, & nourrit en la connoissance & amour d'vn seul Dieu, qui l'est mort à Schiouster à cinq iournées de Karauane de Bassara, où l'on ne voit à present qu'vne campagne de la domination du Schah, où ils asseurent que son tombeau est, & que par le milieu de ce tombeau, il passe vne branche du fleuue du Iourdain.

Rituel & ceremonie des Sabis, & premierement de leurs Prestres.

CHAP. XLVII.

LEs Sabis ne mangent, ny boiuent auec ceux qui ne sont pas de leur Religion, moins se peuuent ils seruir d'vn vaisseau où qui que ce soit ait beu ou mangé s'il n'est Sabi: Lors que les Mansulmans leur demandent à boire, il leur en donnent, puis rompent la coupe de crainte que quelque Sabi ne s'en serue pour boire, qui seroit vn grand peché: politique de leurs Cheks, afin de les essloigner de la frequentation des Arabes.

Nul ne peut estre Prestre ou Sacrificateur s'il n'a ouuert la matrice de sa mere. Le grand Schek ou Euesque est esleu par le Clergé apres la mort de son pere, pourueu que sa mere ait esté pucelle quand elle l'a conceu, sinon il ne peut estre ny grand Prestre, ny simple Sacrificateur, & si l'Euesque mort n'a point laissé d'enfans nays de meres Vierges l'on eslit le plus proche de ses parens nay d'vne Vierge, auquel le peuple souhaitte mille benedictions dans la ceremonie publique.

L'Euesque consacre luy-mesme les autres Scheks ou Prestres ordinaires auec cette ceremonie: le Prestre recipiendaire ieusne 7. iours, pendant lesquels il vient receuoir à certaines heures les benedictions du Grand Schek, & le septiesme iour passé il est Sacrificateur; ces

Schcks ſe vantent de pouuoir lier & deſlier les demons par la lecture de leurs Liures ; le Grand Schek demeure à trois petites iournées de Baſſara ſur les terres de Hali Pacha ; ils racontent qu'vn Manſulman demandant il y a 500. ans des ſignes pour confirmer leur creance dans la ville de Baſſara, le grand Schek fit ſon Oraiſon, & à l'inſtant vn palmier qui eſtoit hors de ſaiſon d'auoir du fruict, produiſit des dattes à la veuë du Manſulman, qui diſt qu'il en vouloit manger ; le Schek fit derechef ſa priere, le palmier ſe baiſſa ; le Manſulman porta ſes mains pour en cueillir, & le palmier ſe releua, & le Manſulman ſe trouua pendu par les bras, lequel pria le Schek d'auoir pitié de luy, qu'il ne perſecuteroit iamais les Sabis, mais leur ſeroit amy ; le Schek implora la miſericorde de Dieu, le palmier ſe baiſſa derechef, & le Manſulman ſe trouua à terre ſans aucun mal.

Du Bapteſme des Sabis, & de leurs trois Sacrifices.

CHAP. XLVIII.

BAPTESME.

ILs affectent vn certain lieu dans la riuiere, où ils font leurs lauemens le iour du Dimanche, en preſence de l'Eueſque, ou des Schcks inferieurs. La forme eſt celle-cy ; le Preſtre ſe met dans l'eau, puis vn homme luy apporte l'enfant, il le plonge trois fois dans l'eau & dit à chaque fois, Au nom de Dieu premier & dernier,

Seigneur du monde, & du Paradis ; Maistre & Createur de tous.

Ils ont trois grandes Festes l'année, ausquelles ils se font rebaptiser, & croyent par apres estre sans peché, ceux qui se marient se font aussi rebaptiser, mais le Schek ne les plonge pas, il repete seulement trois fois les parolles cy-dessus rapportées, & les laue. Ils ont le baptesme ordinaire du soir & du matin, auquel ils ne manquent point tous les iours.

SACRIFICE DV PAIN, VIN, ET HVYLLE.

ILs ont trois sacrifices, dont le premier est vne espece de Messe, & se fait en cette sorte: vn Schek prend de la fleur de farine, de l'huylle, & du vin de passe, fait de raisins secs, trempez quelque temps dans de l'eau, en fait vn gasteau, lequel il fait cuire, en mange vn peu, & departist le reste aux assistans.

SACRIFICE DE LA POVLLE.

LE second Sacrifice se peut faire par vn Schek, ou par vn enfant qui a ouuert la matrice de sa mere, quoy qu'il ne soit point consacré par le grand Schek ou Euesque, il prend vne poule, la laue dans de l'eau claire, puis se tourne à l'Orient, luy met le cousteau à la gorge, fixe ses yeux au Ciel & prononce ces paroles ; Au nom de Dieu, cette chair soit pure à tous ceux qui la mangeront.

Baptesme.

Sacrifice de la Poulle.

Sacrifice du pain, vin, & huylle.

Sacrifice du Mouton.

SACRIFICE DV MOVTON.

LE troisiesme Sacrifice est celuy du mouton auquel vn Schek couppe la gorge prononçant les mesmes paroles que l'on fait au sacrifice de la poulle, il nettoye le lieu & le couure de fueilles de palmier, deuant que d'estendre le mouton, le sacrificateur se ceint les reins d'vne toille blanche qui luy cache les parties que les Europeens appellent honteuses & luy descend iusqu'aux genoux, sur la teste il plie vn turban tres-blanc à l'Arabesque.

Du Mariage des Sabis.

CHAP. XLIX.

LEs accords passez entre les parties, l'on aduertit l'Euesque ou Grand Schek, lequel saluë la compagnie & va seul dans l'appartement de l'espouse future, & luy demande si elle est pucelle ou non, si elle dit non, il reuient à la compagnie, appelle vn Schek ordinaire & luy dit de les marier, & deuant qu'ils fussent soubmis aux Mansulmans, les Scheks ordinaires faisoient difficulté de les marier, si elle respond ouy, ie suis pucelle, l'Euesque luy en fait faire serment, puis reuient à la compagnie, comme nous auons dit, & appelle sa femme, luy commande d'aller visiter la fille soy disant pucelle, voir, toucher, & iuger de ses parties & en faire le rapport auec la fidelité

requise

requise dans vn tel mistere, puis ils vont au fleuue dans le lieu où ils ont accoustumé de se Baptiser ; sur la riue l'Euesque list quelques Oraisons puis entre dãs le Fleuue, & les deux espousez estant approchez il les rebaptise & s'en viennent par apres à la maison de l'espoux, proche la porte, l'espoux & l'espouse vont 7. fois iusques à la porte sans entrer, & reuiennent aux Schek qui list certaines conjurations pour empeschor les nouëmens d'éguillette, puis ils entrent & les espoux se couchent dos à dos sur le soffa ou tapis qui leur seruent de lict, l'Euesque les marie & cherche dans son Rituel vn iour heureux, auquel il leurs ordonne d'accomplir leur mariage par la connoissance l'vn de l'autre & multiplier leur espece.

Deux raisons ont porté les Scheks à ordonner de cette façon le mariage, pour contenir les filles dans leur deuoir, de crainte d'estre renuoyées à vn Prestre ordinaire pour estre mariées, qui est vne grande infamie ; & pour leur interest propre, parce qu'ils prennent ce qu'ils veulent pour ne pas renuoyer les parties à vn Schek ordinaire, tant pour le deshonneur des mariez que pour le premier enfant qui en naist, qui ne peut estre Prestre ny faire le sacrifice de la poulle, ny du mouton, ny du pain, vin & huille.

Les Sabis ne peuuent auoir qu'vne femme par leur Loy, mais ils en prennent 3. & 4. sur les terres des Mansulmans.

Embarquement pour Babilone.

Chap. L.

IE m'embarquay à Bassara sur vne Doüannik ou espece de barque dont se seruent les Arabes pour aller sur le Tygre & l'Euphrate, i'apprehendois d'aller par terre a Babylone à cause des volleurs du desert, qui ne laissent passer aucun voyageur sur cette route sans le destrousser. Sur nostre Doüannik, il y auoit plusieurs passagers entr'autres, vn Katri marchand de Bengala, deux Iannissaires de la garde de Bagdat, vn Deruiche du Thebet trois marchands Nestoriens de Niniue, & vn renegat Grec, l'on monte la riuiere à force de bras, & s'il fait vent l'on y fait voile.

Le deuxiesme iour de nostre embarquement nous entrasmes au milieu du desert où nous vismes plusieurs Arabes sous des tentes le long de l'eau auec force bestail, le courant entraisna nostre doüannik auec les hommes qui l'a tiroient, nous eusmes assez de peine à passer de l'autre costé de la riuiere à la voile & arrester nostre Doüannik au pied d'vn chasteau qui commande vne petite riuiere qui vient de Perse & se perd dans la riuiere de Bassara, ce chasteau est de la domination de Hali Pacha à l'Est de la Riuiere. Le troisiesme iour nous arriuasmes au lieu où l'Euphrate & le Tygre se ioignent, l'Euphrate vient de l'Occident du desert, & le Tygre de l'Orient, dans la pointe de cette vnion il y a vn beau chasteau appellé Gournahk, qui appar-

Gournahk.

tient à Hali Pacha, il y a garnison qui fait cótribuer les Arabes obeyssans des lieux circóuoisins. Le quatriesme nous prismes la route du Nord, & le septiesme nous arriuasmes proche vn petit fort du mesme Hali Pacha d'où il tire quelques contributions. Le neufiesme nous nous arrestasmes dans vn petit lieu appellé Ezekias, où les Arabes disent que le Prophete Ezechiel est mort; ce chasteau releuoit autrefois du Sultan, mais fut pris par le Prince de Bassara sur les Turqs lors que Schah Abbas le Conquerant s'empara de Bagdat. Le *10. 11.* & *12.* nous fusmes fort incommodez des mouches, lesquelles ne nous permirent en aucune façon de nous reposer. Le *13.* nous arriuasmes à Abboussoudoura petit Chasteau de la domination du mesme Hali Pacha. Le *14.* à vn autre petit fort limite de la principauté de Bassara, nous y séjournasmes vn iour, puis nous montasmes dix iournées la riuiere par le milieu du desert, sans trouuer aucun village, mais plusieurs tentes d'Arabes.

Ezekias.

Abboussoudoura.

Entretien du Deruiche de Thebet, & d'Ibrahim Beg.

CHAP. LI.

LE Deruiche qui estoit passager sur nostre Doüannik m'obserua particulierement depuis Bassara, & se rendit assez familier auec moy. Vn iour que nous auions pris terre, & que chacun alloit couper du bois pour faire cuire le ris & le pain, il me suiuit, & me voyant à l'escart vint à moy, & me dist Ibrahim Che-

Chelebi signifie ieune Gentil-homme.

lebi, quoy que le Reis ne m'eust point dist que tu es Frank, ton procedé & ta Phisionomie me l'auroient fait connoistre, ie t'aurois beaucoup d'obligation, si tu me voulois faire voir l'Ingil, & le Taurat, n'aye aucune crainte, tu te peux fier en moy, ie ne suis point Ottoman, & ceux de mon pays ayment, & estiment beaucoup ceux du tien.

Ie luy repliquay, tu as trop d'aduantage sur moy, ie te dis traittons de pair, tu me connois, & i'ignore qui tu es, d'où tu viens, ny où tu vas, ny pourquoy tu me demande les Liures de Moyse, & de Iesus, tu sçais, les Chrestiens n'ont point la liberté de parler de la Religion sur la terre du Sultan, ie te dis, ie t'ay tousiours creu Tartare, & n'ay rien remarqué en toy que le bonnet de Religieux Mansulman, sur lequel ie n'ay pas appuyé, parce que ce n'est pas l'habit bien souuent, qui nous fait estre ce que nous sommes.

Il me respondit, tu desire sçauoir qui ie suis, ie te dis, il y a quinze ans que ie mene la vie de Deruiche, & me puis dire heureux si Dieu me fait la grace d'y persister le reste de mes iours; mon païs est le Thebet, sur les confins de la Chine, & de la Tartarie, i'ay passé ma ieunesse à Kambalu, ville la plus belle que i'aye veuë, mais comme il faut auoir vne profession de vie reglée pour y séjourner, i'ay trouué toutes les conditions des hommes au dessous de mon esprit, & de la liberté qui nous doit accompagner; l'homme pense à ce qui est detaché de soy, & ne pense pas qu'il est attaché à tout; le sage doit chercher son repos, & ne se point mettre en peine pour les autres; il faut se seruir

Kambalu ville du Seigneur.

de la sottise des fols si elle nous peut rendre heureux, que t'importe, & à moy que la plusspart des peuples soient dans l'ignorance, moins ils sçauent, plus nous leur paroissons sçauans; I'ay esté persecuté dés ma ieunesse par mes parens qui me vouloient obliger à me marier, & me faire esclaue volontaire des femmes, ie me suis tiré hors de leur tirannie, sous pretexte de deuotion, ie n'ay peu me dire heureux que depuis que ie ne rēds point compte de mes actions qu'à Dieu, & à la nature. I'ay consideré tous mes amis qui ont pris femmes, ie les ay trouuez mal-heureux, & au repentir, parce qu'ils n'ont repos ny iour, ny nuict, & semble à les oüir parler que le supplice de l'homme soit la femme, & qu'elle n'a esté donnée de Dieu, que pour troubler sa felicité; cela me causa l'enuie d'embrasser la milice du grand Kan, ou de Schah Geaann, parce que la solde y est tres-bonne, mais le carnage des hommes semblables à moy, m'en detourna entieremẽt, outre que i'estime plus vn de mes bras, que la recōpense que me pourroient dōner ces deux Princes, apres l'auoir perdu à leur seruice: La cōditiō des soldats n'est point libre, s'ils obeïssent ils n'ont point de volonté, & s'ils cōmandent ils ont assez à faire à maintenir leur authorité, ce desgoust me donna quelque pensée de me fourer entre les Bōzes des Chinois, ou les Bramens des Indous, qui sont les directeurs des Pagodes, & menent vne vie fort agreable, en ce qu'ils ont des statuës ausquelles ils attribuēt plusieurs miracles, & entretiennent le sot peuple dont ils tirēt ce qu'ils veulent, mais misericorde m'aduienne d'auoir eu ce dessein contre la cōnoissance que i'ay d'vn seul Dieu.

i'aurois merité l'Enfer d'entretenir les hommes dans la superſtition,&me porter cõtrele bienque ie ſçay,ie ſuis aſſez capable pour eſtre Moufti,ou Kadi, mais i'eſtime à laſcheté d'achepter, ou d'obtenir par priere ce que ie merite, ie ne me ſuis attaché à rien depuis quinze ans, i'eſtudie,ie contemple Dieu,& la nature,i'attens paiſiblement la mort, ie bois,ie mange ſans aucun ſoucy du lendemain, là où ie trouue des Manſulmans, là ie trouue mon giſte, parce que ie mene vne vie hors du commun, ie ſuis eſtimé des grands,des Pachas,des Kans, & des Beglerbegs,qui croient ſainctęté, ce qui eſt extraordinaire, i'ay fait ſix voyages à la Mekque, & en ay touſiours plus rapporté d'argent,que ie n'y en ay porté, ie ſuis touſiours allant & venant en ce Sainct lieu,tu as peu obſeruer comme lesManſulmans de noſtre Doüannik s'eſtiment heureux de me faire manger, ils me demandent cõtinuellemẽt s'il ne me manque rien,qu'il eſt doux de viure du labeur d'autruy, ie te dis ſi tu auois mené cette vie tu en ſerois charmé; I'ay trois Alkorans eſcrits en letteres d'or, dont trois Souuerains m'ont fait preſent, ſçauoir le Schah, Schah Geaann, & Kodum Schah,i'ay les Commantaires ſur l'Alcoran,dont le Roy de Samarkan m'a enrichy, i'ay les Liures d'Auerroës, & d'Ariſtote,dont le Scherif de laMekque m'a voulu obliger,& Hali Pacha m'a offert de ſi bonne grace de petites commoditez, que i'ay dans mes ſacs, que ie les ay acceptées; vn chacun ſe preſſe à qui me donnera, toymeſme qui paſſe pour vn Kiaffer, ou homme ſans Dieu parmy les Manſulmans,& qui n'a point de foy en nos deuotions, ne m'a tu pas offert vn turban raiſonnable ſur la Doüannic, afin de m'auoir pour amy, mais ie t'en dónerays'il t'en manque, ce n'eſt pas ce que ie voudrois de toy, les Deruiches vous paroiſſent fols, & ſont autant ſages que les hommes le peuuent eſtre : i'ay touſjours eu deſſein d'aller au pays des Francs, ſi tu prenois le chemin de Pollogne ie t'accompagnerois, i'ay paſſion pour voir l'Ingil, & le Taurat, i'apprehende ſeulement que les Princes Chreſtiens ne me faſſent violence pour ma Religion, laquelle ie ne changerois pas pour leur Couronne, non plus que ma maniere de vie : Parmy vous autres il y a des Deruiches qui prennent le nom de Papas, leſquels n'ont aucune liberté de faire ce qu'ils veulent, & ſont contraincts d'obeïr à des Schefs, qui leur perſuadent qu'vne obeïſſance aueugle, eſt à preferer à vne conduitte raiſonnable; ils ne peuuent connoiſtre de femmes, & font vn grand peché de ce qui eſt naturel ; mais moy ie me puis marier, & connoiſtre les femmes qui ne ſont point à autruy ; ie vais & m'arreſte où bon me ſemble, mon bonnet de Deruiche me met à couuert de tout, i'ay aſſez de Liures de Theologie, Aſtrologie, & Medecine, mais ie ne puis eſtre contant que ie ne confronte le Taurat, & l'Ingil auec l'Alcoran, parce qu'eſtans tous dictez de l'Eſprit de Dieu, l'vn explique l'autre, ie ſçay que tu en vois plus à ma phiſionomie, que ie ne t'en ay dit, qu'à la mienne volonté tu euſſe autant de deuotion que de connoiſſance, & que le zele te portaſt à te faire circoncire, nous ſerions deux des deux extremitez de la terre qui viurions heureux, tu as de plus belles qualitez que moy pour eſtre Deruiche, tu es ſain, bien proportionné, tu ſçais les langues,

& possible entens tu celle des oyseaux, que veux tu de plus, ie te prie de croire que ie serois heureux d'estre tō compagnon, & que tu te dois seruir des aduantages que Dieu, & la nature t'ont données pour les connoistre.

Ma responce, iuste Deruiche, dont le nom m'est cher à l'esgal de mes yeux, mineral de sagesse Dieu augmente ta pieté, ta satisfaction, & ta liberté, que ta santé soit inalterable, & tes desirs soient accomplis, ie te dis ta vie est plaisante & hors d'inquietude, parce que ne possedant rien, tu n'apprehende point de le perdre, tu sçais, tu ne fais aucune chose pour le publiq, ny pour le prochain, ie te feray present de l'Ingil, & du Taurat en Arabe, dont la lecture te donnera des regrets d'auoir perdu quinze ans sans rien faire, & viure laschement du labeur d'autruy: ie t'en dirois dauantage s'il m'estoit permis d'esclaircir la diuersité de nos creances le zele de la Religion te pourroit emporter, nous ne sommes plus aux Indes, ny en Perse, ny sur les terres de Hali Pacha, où l'on a toute liberté: Les Mansulmans disent que Issa est l'esprit de Dieu, & les Chrestiens disent que l'esprit de Dieu est inseparable de son essence qui est infinie; tu crois que les Bonzes abusent les Chinois, comme les Bramens font les Indous, ie ne te dis rien des Docteurs Mansulmans, tu les connois mieux que moy, puis que tu es du nombre, mais prens garde de ressembler cét oyseau nocturne, lequel voit moins en plein midy, parce que trop de lumiere l'esblouït, & accable le foible de sa veuë: il y a de grands hommes parmy les Chrestiens doués de vertus extraordinaires, mais il est difficile de les connoistre,

Issa est Iesus Christ

noistre, chacun d'eux veux paroistre autre qu'il n'est, & ceux qui sont plus les empressez à se produire pour debiter leurs danrez & pillotages sont les plus ignorans : Pour ma mine ie suis en vn aage où le port grave est plus à estimer que la beauté, ie ne suis pas capable de cette vanité, ie sçay toutefois que plus les choses sont parfaittes en elles mesmes, plus elles approchent de Dieu ; mais veritable Deruiche dont le seul nom me réjoüit, la beauté des estres est relatiue, & ce qui te paroist beau en ce pays, te desplaira en Europe, quand tu y auras vn peu demeuré, les Abbissins s'imaginent que Dieu est noir, les Indou qu'il est oliuastre, & ceux de ta nation, & de la mienne qui sont assez grossiers pour se figurer la Diuinité, ne se l'obiecteront iamais que blanche, toy qui as esté à la Chine, & en la grande Tartarie, ces peuples ne s'arrachent ils pas la barbe, comme les Ottomans & Arabes la portent grande, & les Indou & Persans la font raser, afin de paroistre plus beaux ; tu me dis que ie parle la langue des oyseaux, ce sont les termes dont Mahomet en son Alkoran honore la suffisance de Salomon, tu es trop sage pour croire que les langues nous rendent plus sçauans, elles nous donnent le moyen de frequenter auec les hommes, mais elles ne nous font point connoistre la nature des choses, souuent i'ay fait reflexion que cette diuersité vient de l'ignorance que nous auons des sujets, il est constant que Dieu & les esprits qui supportent son throsne, ne leur donnent qu'vn nom ; Dieu n'appella iamais Adam d'vn autre nom, que d'Adam, rappelle en ta memoire les peuples dont tu as connoissance, & voy combien de noms ils donnent à la diuinité, les Indou l'appellent Ram, les Keselbaches & Mogols Koda, les Ottomans Alla, les Arabes Illa, les Armeniens Astoüas, les Grecs Tsheos, les Georgiens Kgaratao, & moy qui te parle en ma langue Dieu, & en celle de mes prieres Deus: que te reuient-il de la connoissance de ces differens noms, le muet ou le sourd qui pense mentalement que c'est vn estre infiny, eternel, qui a tout en soy, &c. n'est-il pas plus sçauant que toy, la verité est vne, & les conceptions des hommes differentes pour l'exprimer, si bien que celuy qui sçait plusieurs noms pour énoncer vn sujet, ne dit pas dauantage que celuy qui n'en a qu'vn, si tu auois dessein de te faire Chrestien, ie ne te conseille pas seulement de passer en Europe, mais ie t'accompagneray, tu y seras bien receu des Princes, lesquels t'estimeront plus que leurs sujets, parce que tout ce qui est nouueau plaist, ie sçay bien que cela te passera pour rien, parce que aux Voyageurs la veuë & l'entretien des Roys est ordinaire, & que tu ne tiendras pas à grand regalle d'auoir veu leur face, & en auoir eu audience; que si tu passe en Chrestienté, viens à Paris la Cambalu d'Europe, tu y pourras sçauoir de mes nouuelles, & m'y rencontrer si ie suis en France: Il escriuit le chemin & l'addresse, où il pourroit apprendre de mes nouuelles, & receut le presant que ie luy fis des Liures de Moyse, & de l'Euangile, afin de le conuertir à la Foy de nostre Seigneur Iesus-Christ.

Arabes du Desert, leurs coustumes, Religion, & façons de faire.

CHAP. LII.

LE douziesme iour nous arriuasmes dans vne petite forteresse qui releue du Beglerbeg de Bagdat, où l'on paya dix escus pour nostre doüannik; depuis Bassara iusqu'à ce Chasteau, il y a si grande abondance d'oyseaux, que c'est vne merueille, & de ceux que nous appellons domestiques, comme moineaux, &c. & force sangliers, schekales, &c. d'où l'on peut conclure que Dieu, l'Autheur de la nature, a mis par tout les choses necessaires pour ses creatures. Amara.

Dans ces deserts il y a vn nombre infini d'hommes, lesquels viuent sous des tentes, & se sustentent de laict, fromage, viande de mouton, bœuf, & cheureau, & quoy qu'ils ne cueillent point de bled, ils mangent de tres-bon pain, parce qu'ils menent leur bestail aux lieux où il croist du froment, & font eschange : ils sont plus heureux & contans que ceux que l'on appelle obeïssans, c'est à dire qui reconnoissent le Sultan, le Schah, ou quelque autre Prince, parce qu'ils ne doiuent, ny ne payent tribut à personne, ils ont vn Schek ou Chef par chaque camp, qui les gouuerne par l'aduis des anciens; s'il passe quelque Ottoman Keselbache, ou vassal des Princes qui leur ont enuahy leur pays, ils le volent & dépoüillent sans scrupule, mais ne tuent iamais si l'on leur donnent la bourse, sans la leur vendre; ils appellent leurs vols leurs fortunes, & disent que c'est pour appauurir le Sultan, qu'ils destroussent ses sujets: ils sont de la Secte des Sonnis Mansulmans, & fort charitables, s'il passe quelque pauure homme ou Deruiche qui aille à la Mekque, ils luy donne de grand cœur à manger; pour le peu que i'ay conuersé auec eux, ie puis asseurer qu'ils ont plus de ciuilitez pour les Estrangers que les Turqs, & viuent moralement bien; ils n'enferment point leurs femmes, & n'en ont aucune ialousie; ils trauersent fort souuent le Tygre & l'Euphrate auec des oultres pleins de vent, lesquels ils lient ensemble, & en font vne espece de bateau, surquoy ils chargent leurs vstensilles & leurs hardes.

Leurs richesses sont de bons cheuaux, quelques-vns en ont de 1000. escus pour faire leurs vols, afin qu'ils puissent fuir s'ils ne sont pas les plus forts, ou qu'ils soient poursuiuis par les Ottomans, tel Arabe ne donneroit pas son cheual pour sa femme & ses enfans: Ils ont aussi plusieurs bœufs, buffles, chameaux, moutons, asnes & chevres, mais en telle abondance, qu'il faut les auoir veus pour le croire, lors que ces Arabes ont esté quelque temps en vn lieu, ils en partent pour aller en vn autre, où il y ait des pasturages, & de l'eau, & alors ils chargent leurs chameaux, bœufs, vaches, & buffles de leurs tentes, bleds, oultres, & autres richesses; quand aux meubles de bois ils ne s'en seruent point, & se reposent à terre comme les Indiens, Turqs & Persans : ils habitent le long des riuieres du Tygre, & de l'Euphrate, qui passent par le milieu du Desert, & se desbordent en plusieurs endroits, & font de petites riuieres, qui deuiennent à sec en Esté, & alors ces Arabes ont beaucoup de peine, & comme ils descampent souuent pour trouuer nouueaux pasturages, il leur faut creuser des puyts ou cysternes : ces Arabes se sont tellement multipliez & respandus, qu'il y en a iusques au Royaume de Marok, dans tous les deserts de Lybie, d'Egypte, & d'Arabie, & dans la Barbarie.

Leur habit ordinaire est vn bist ou manteau à l'Arabesque, ayant la pluspart vne chemise par dessous, & vn meschant turban en teste, leurs femmes ont vne grande chemise bleuë à grand manche, & lors qu'il fait de la pluye, ou du Soleil, elles mettent leurs manches sur leurs testes, elles ont les mains, les levres, & le manton peint de bleu, & la pluspart ont des anneaux d'or ou d'argent au nez de trois pouces de diametre ; elles passent aussi librement le Tygre ou l'Euphrate à la nage que les hommes, auec vn oultre, où elles fourent leurs hardes, le lient bien serré, & s'en seruent pour nager, le mettans sous le ventre, & battans des pieds elles se laissent emporter à l'eau tout doucement, & passent ainsi ces riuieres : elles sont vn peu laides à cause qu'elles sont perpetuellement au Soleil, mais elles naissent blanches ; les ieunes filles sont tres-agreables, elles chantent sans cesse, leur chant n'est pas triste comme celuy des Turques, ou Persanes, mais il est bien plus estrange, elles poussent leur haleine tant

Voyez Belon li. 2. ch. 35.

qu'elles peuuent, puis remuent la langue fort menu, prononçans distinctement la ra, lala ra, il est impossible de satisfaire le Lecteur sur cette matiere.

Rencontre d'vn Pelerin de la Mecque.

CHAP. LIII.

LE 14. 15. 16. & 17. nous montasmes la riuiere & le dix-huictiesme nous prismes terre à l'ordinaire pour couper du bois & faire cuire nostre Pilloo, qui est du ris cuit auec de la viande, nourriture ordinaire de Turquie, Perse, Inde & Arabie, nous trouuasmes endormy vn Fakir ou pauure Indistanni de nation, de la secte des Sonnis, lequel estoit venu de la Mecque à Babilone, & auoit pris passage sur vne Doüannik de Bassara pour descendre le Tygre, & aller à Bassara pour de là passer en son pays auec le premier vaisseau qui partiroit pour les Indes, & comme ce miserable n'auoit pû rien donner pour son passage, & qu'il ne sçauoit aucun mot d'Arabe, de Turq, ny de Persan, qui sont esgallement entendus à Babilone & à Bassara, les Basteliers de sa Doüannik de la secte des Schais ayans pris terre, où nous le trouuasmes l'auoient laissé endormy, ne se souciant d'vne personne auec laquelle il n'y auoit rien à gagner : l'on peut icy remarquer la lascheté & malice de ces batteliers inhumains, d'auoir abandonné vn estranger à la mercy des lyons ; Dieu sans doutte le conserua, parce que tout autour de la place où nous le trouuasmes, il y auoit beaucoup de vestiges de ces fiers animaux imprimez sur le sable ; si par hazard nous n'eussions passé par là, il seroit mort de faim, parce qu'il estoit fort esloigné des tentes des Arabes, & n'eust sçeu quel chemin tenir à son réueil, n'ayant aucune connoissance des parties de l'horison, ny du desert, où il estoit ; il fut extremement surpris de voir d'autres visages, apres que nous l'eusmes éueillé, que ceux qu'il auoit accoustumé de voir, & vne doüannik plus grande que la sienne, il fut plus d'vn quart d'heure sans pouuoir respondre à ce qu'vn Marchand Katri Indou luy demandoit en Indien, nous l'embarquasmes sur nostre doüannik, & le menasmes auec nous iusqu'à ce que nous en rencontrasmes vne autre, qui descendoit à Bassara, nous luy fismes charité d'vn peu de farine, de ris, & de dattes, le Deruiche de Thebet, dont i'ay parlé cy-dessus, fist la queste pour luy, nous l'embarquasmes, luy souhaittans bon voyage, & heureux retour dans sa patrie.

Le dix-neufiesme nous visme vn lyon sur le bord du Tygre qui donnoit la chasse à vne gazelle. Le 20. parurent deux hommes à cheual la picque sur l'espaule nous commandans de prendre terre, & payer vn tribut ordinaire à leur Schek qui gardoit ces pays, & n'y souffroit point de volleurs, ce qu'il fallut faire, le Reis leur donna en dattes molles, & toilles de cotton la valeur de dix escus.

Rugissement d'vn lyon, & arriuée à Bagdat.

Chap. LIV.

NOus partismes le mesme iour, la nuict suiuante nous entendismes rugir vn lyon si effroyablement qu'il ne se peut descrire, chaquefois qu'il poussoit son haleine paroissoit vn coup de tonnerre, & la voix se perdant peu à peu le long de la riuiere, il en prouenoit des escos sans nombre; sur nostre doüannik il y auoit vn coq, & plusieurs poulles que le Reis portoit à Babylone, parce que les poulles de Bassara sont les plus belles & les plus grosses d'Asie; ce coq suiuant sa nature se mist à chanter, & au lieu de faire peur au lyon, comme i'esperois, il le faisoit rugir plus fort, nous eusmes cette musique iusques à l'aube du jour que nous tirasmes quelques arquebusades sur le lyon pour le faire fuir, mais il s'animoit dauantage de colere, & tesmoignoit à sa morgue vouloir estre plus proche de nous, pour se repaistre de nostre chair, & se desalterer de nostre sang: cecy peut desabuser ceux qui liront mon Liure touchant l'opinion de plusieurs Autheurs, que le chant du coq fait peur au lyon, quelques-vns d'eux ont supposé que cela se faisoit par la composition antipathique de ces deux animaux, d'autres ont dit que lors que le coq chante, le lyon s'imagine que c'est vne plus grosse beste, ou bien que la voix du coq affectoit l'air d'vn certain mouuement contraire à la constitution du lyon; & quelques Phisiciens en ont

ont rapporté la cause à la superiorité du coq, lequel estant maistre, & chef des oyseaux passe de beaucoup la nature du lyon, qui n'est que le plus noble des animaux terrestres, lesquels ne sont pas si esleuez que les Aëréens ou vollatilles : Agrippa mesme asseure dans sa Philosophie occulte, que le coq a l'ascendant au dessus du lyon, & s'abuse soy-mesme & autruy par vne apparente raison; de là sont venus tant de belles comparaisons, & allegories tirées d'vn principe faux, & fondé en l'air comme le chant du coq; ie croy que l'on n'aura pas oublié dans les secrets de la magie blanche que pour faire peur aux lyons il faut porter sur soy le cœur d'vn coq à grande creste, tué, & seché pendant l'equinoxe, mais possible dira-t'on le lyon domestiqué, & priué change de nature; ie n'en sçais rien, ie n'en ay iamais gouuerné.

Le vingt-vniesme nostre Doüannik coucha deux fois à terre, nous eusmes toutes les peines du monde à la demarer, à cause que le Tygre cómence à n'estre pas autrement profond dans ce lieu, les galleres à vuide ny pourroient pas monter. Le vingt-deuxiesme nous courusmes risque d'estre volez par 5. ou 6000. Arabes, lesquels passerent vn peu deuant nous, sans estre aduertis que nostre doüannik d'eust arriuer; ils rauagerent iusques aux portes de Babylone. Le vingt-troisiesme nous arrestames aupres d'vn enclos où estoit Babylone du temps des Romains, les murailles de terre qui restent ont plus de circuyt que celles d'Orleans; cette antiquité est à l'Est du Tygre du costé de la Perse.

Le 24. 25. & 26. nous montasmes à l'ordinaire, & le Bagdat.

vingt-septiesme nous arriuasmes à vne iournée de Bagdat par terre, & trois par eau, ie pris resolution d'y entrer par terre inconnu, i'abbandonné mon bagage, & vne partie de mon argent dans la barque sur la bonne foy du Reis, & plié mon turban comme vn Cassis ou Religieux Armenien, auec vn pot à l'eau dans ma main, estant arriué aupres de la porte de la ville, ie vis en haye 40. ou 50. Iannissaires de la garde de cette ville, ie fus vn peu surpris, & me souuins alors d'auoir esté en Perse, qui est vn crime pour vn Frank chez les Ottomans, & principalement depuis la guerre de Candie, parce qu'ils soubçonnent auec raison que plusieurs Europeens passent inconnus par la Turquie, pour porter en Perse les Lettres des Princes Chrestiens, pour obliger le Schah de venir assieger & surprendre Bagdat: dans cette crainte & apprehension d'estre connu, i'apperceu vn ruisseau proche la porte de la ville, où ie fus reprendre vn peu mes esprits, & me lauer la face, les mains, & les iambes à la veuë des Iannissaires pour leur donner quelque croyance que i'estois homme de bien, & ayant emply mon pot à l'eau, ie passay au milieu d'eux, & leur dis tout doucement Salemalek, qui est leur salut, & eux me respondirent Alekem salem ei Kassis, qui veut dire le salut te retourne bon Religieux, sans s'enquerir d'où ie venois, ny où i'allois, ny qui i'estois; estant vn peu auant dans la ville ie me fis conduire à la maison du Topgi Bachi de Bagdat, lequel n'estoit pas de retour de Damas, ie me dis son nepueu pour plus de seureté pour moy, parce qu'il est Chrestien, Catholique & Venitien, & en grand credit à

Babylone ; il a eu cette Charge auec vn Timar en Damas de *1300.* escus de reuenu, par la liberalité de Sultan Morat, ayant seruy ce Prince de simple canonier à la prise de Bagdat ; s'il eust voulu se faire renegat il auroit esté Pacha, il porte titre d'Aga, le turban rouge, & lorsque il marche en campagne il a sur sa tente vn estendart, auec la figure d'vn canon en broderie d'or, & se fait escorter ; son nom est Michaëli, & vient tous les ans au mois de Septembre à Bagdat, & y reste 2. mois, de crainte que les Keselbaches ne surprennent la place.

La doüannik estant arriuée à Babylone trois iours apres moy, ie fus visiter mes hardes, ie repliay mon turban sur ma teste en Medecin, ou homme de science, ie n'y trouué rien de manque, ie les fis porter à la douanne, d'où ie les retiray fort facilement, parce que le Douannier auoit ouy dire que i'estois parent du Topgi Bachi, il fit visiter legerement mes sacs, entr'autres choses il y trouua vn pot de terre fine de la Mekque, & me demanda où ie l'auois pris, combien ie l'auois achepté, ie luy dis que ie l'auois apporté des Indes Orientales, qu'il m'auoit esté donné en present par vn Reis Indistanni, lequel l'auoit achepté à Giaide, il me pria de luy dire combien i'en voulois, & que ie ne le pourrois porter par terre sans le rompre, ie luy repliquay que s'il luy agreoit ie le priois de le prendre, & tout ce qu'il verroit de plus rare dans mes hardes, que le Topgi Bachi mon oncle auoit tant d'obligation aux Ottomans, que ceux de sa famille ne leur pouuoient rien offrir qui ne fust à eux, & me desplaisoit de n'auoir quelque chose plus digne d'estre presenté à vn mien grand Seigneur comme luy, que ie souhaitterois auoir pour Patron, & estre son esclaue, il n'en voulut point, me remercia, & me tesmoigna estre extremement obligé des parolles dont i'auois vsé en son endroit, & se mist sur les loüanges du Topgi Bachi, auquel l'on deuoit la prise de Bagdat.

Babylone ou Bagdat capitale de Kaldée.

CHAP. LV.

BAbylone que les Turqs, Arabes, & Persans appellent Bagdat, est de la grandeur de Lyon a *33.* degrez où enuiron de latitude sur la riuiere du Tygre du costé de la Perse ou de l'Est; elle n'est pas autrement fortifiée, ses murailles sont assez simples du costé de la terre, & ne pourroient pas soustenir le canon; la garde de cette ville estoit de *1400.* Ispahis, & *3000.* Iannissaires; mais y ayant eu remuëment l'année passée par tout l'Empire Ottoman entre les Iannissaires & Ispahis, la pluspart des caualiers de la garde de Babylone s'en sót fuis du costé du Schah, où ils ont esté bien receus, le nombre des Iannissaires s'y diminuë tous les iours depuis la guerre de Candie, parce que le Turq manquant d'hommes, & de vieux soldats agguerris a esté obligé d'appeller ceux de ses frontieres, tesmoignage de grande foiblesse, pour vn Prince auquel l'on a donné laschement la qualité de grand Seigneur en terre: Nous dirons cy-apres, lors que nous descrirons nostre voyage de Niniue, comme l'on en tira *900.* hommes de la vieille milice de Sultan Morat, ayant marché 25. iournées auec eux.

Bagdat a esté conquise sur les Ottomans par Schah Abbas le Conquerant, & nouuellement reprise victorieusement par Sultan Morat, sur Schah Sephi pere de Schah Abbas à present regnant. Sultan Morat y vint en personne auec 150000. personnes, l'assiegea, la prist, & ordonna que tous les Keselbaches qui voudroient prendre son party seroient biens-venus, & leur donneroit bonne solde, les ayant fait intimider auparauant, & menacé de les faire tous mourir, ce qui obligea plusieurs Persans dans la necessité à se presenter, & prendre le seruice du Sultan contre le Schah; Sultan Morat apres les auoir fait enrooller dans sa milice, leur fit à tous couper la teste, comme à ses esclaues, dont il pouuoit disposer; il me semble qu'il raffinoit sur Machiauel, parce que Schah Sephi ne pût rien dire, ny mesme se plaindre de la perte de ses traistres qui auoient pris le party de son ennemy. Sultan Morat ne fut pas contant d'auoir ainsi destruit la fleur des Keselbaches, il fit en outre massacrer la pluspart de ceux qui ne se rengerent pas de son party, & donna par adresse la ville de Bagdat en proye à ses Iannissaires, pendant trois iours suiuant la coustume des Mansulmans qui pour l'ordinaire esgorgent la milice ennemie si elle est de leur Loy, ou la font esclaue si elle est Chrestienne ou Payenne.

Il me semble à propos de declarer les 150000. hommes qui accompagnerent Sultan Morat à la prise de Babylone, afin de desabuser ceux qui parlent de la force du Turq auec passion & opiniastreté : Il y auoit 18000. corbeaux ou conuoyeurs d'eau, parce qu'il falloit passer le desert, 10000. Iuifs Escriuains ou Facteurs des Chefs & Capitaines de l'armée, & la pluspart des Iannissaires ont des garçons pour se seruir, en sorte que cette armée se pouuoit reduire à 60000. combattans, qui n'est pas vn million d'hommes, ainsi que beaucoup nous veulent faire croire en estans tres-mal informez, mensonge infame qui sert à nous intimider, & nous faire apprehender de venir aux mains auec cette nation, par vne mauuaise estime que nous auons de nous mesmes, pour moy ie ne fais mestier de braue, mais les Turqs & les Persans ne m'ont iamais fait peur, & ne feront lorsque ie seray en lieu où il me sera permis de me deffendre, ou les attaquer à armes esgalles, & en homme de bien, ils sont hommes comme nous, & n'ont pour exercice que le deduit de Venus en toutes manieres, le seul nom d'vn Maltois les fait trembler, & croyent que Malte soit plus puissante que toute l'Europe, parce qu'elle leur fait plus de mal : Ce que i'ay aduancé de la foiblesse du Turq sera confirmé, parce que l'on peut lire, & voir dans les Histoires de Perse, où les Keselbaches dans les combats frequens qu'ils se sont donnez, ont tousiours eu aduantage sur les Ottomans. Comme à Tauris, Casbin, Eriuan, Van & autres lieux de la frontiere, dans lesquels les Keselbaches n'ont iamais esté plus de 40000. ou 45000. combatans, mais ils ne menent ny femmes ny garçons à la guerre, & ne s'adonnent qu'à monter à cheual & faire la cuisine, les Ottomans au contraire s'adonnent aux arts dans leurs garnisons, à cause du peu de solde que leur donne le Sultan, ce qui les a rendus marchands, & sedentaires, & osté le cœur & le courage de leurs ancestres, dont les conquestes peuuent estonner celuy qui auroit la curiosité de les lire : Kalkondille en a assez bien escrit, mais les adionctions que l'on a faites à son Liure, ne se trouuent pas toutes veritables, ny conformes aux originaux de la langue Turque.

Babylone estoit autresfois la demeure de Nembrot, qui en a esté l'vn des Fondateurs, puis de Nabucodonosor, lequel a pillé trois fois Ierusalem, & fait esclaue la nation Iuifve, pour auoir abandonné le seruice de Dieu, & auoir embrassé les Sacrifices des Gentils : Daniel auec ses compagnons, qui furent iettez dans la fournaise, accreurent le nombre des captifs. Cette ville a esté ruynée plusieurs fois, ce qui se voit par les anciens vestiges qui sont aux enuirons.

Les Venitiens ont enuoyé ces dernieres années vn Ambassadeur au Roy de Perse, auec Lettres du S. Pere, de l'Empereur, du Roy de Castille, & de la Serenissime Republique de S. Marc, pour l'obliger a assieger Bagdat, Conseil de gens peu entendus dans la politique Ottomane, parce que si le Turq auoit perdu Bagdat, le Persan ne pourroit plus aduancer de ce costé là, & le Turq n'en seroit que plus fort, à cause que les contributiõs que l'õ leue sur le territoire de cette ville, ne sont pas bastãs pour payer le quart de la milice qui est ordonnée pour la garde de la place, il seroit plus à propos de se liguer auec le Persan, & l'obliger à venir rauager la Natolie, cependant que l'on chasseroit le Turq d'Europe,

& pour traitter d'vne telle affaire, & la mener à bout, il faudroit y enuoyer vne personne d'Estat, & d'experience dans les interests des Princes, par la voye de Portugal auec l'equipage que merite le nom d'Ambassadeur des Rois Chrestiens, & non pas vn buffle nommé à cét employ par la faueur, & non par le merite personnel.

Dans le temps que i'ay demeuré à Bagdat, l'on commançoit à s'amasser pour le voyage de la Mekque, & l'on promenoit tous les iours dans les ruës vn chameau auec vn beau pauillon, dans lequel l'on deuoit mettre le presant de la Karauane, pour le Sepulchre de Mahomet.

Tour

Tour de Nembrot, ou Babil confusion de Langues.

CHAP. LVI.

Fragmens de la Tour de Babylone.

ENtre les antiquitez que i'ay remarquées dans l'Asie apres le mont Gordieus, où l'Arche de Noë prist terre, ie puis descrire la Tour de Nembrot, laquelle ie fus voir à trois lieuës de Babylone; ie pris vn Iannissaire pour m'accompagner, & m'en montrer le chemin, nous partismes du matin de Bagdat, passasmes le pont de batteaux, & marchasmes à l'Ouest Nord-Ouest trois heures, & trouuasmes la campagne couuerte d'eau, parce que le Tygre s'estoit desbordé, & l'auoit innondée, nous ne peusmes passer à cheual, & n'eusmes point d'autre expedient que de nous desabiller, & lier nos hardes sur les selles de nos cheuaux, que nous portasmes sur nos testes, tenans nos cheuaux par le licol, lesquels estans à la nage nous incommodoient fort, & nous touchoient souuent de leurs bouches, peu s'en fallut que le mien ne me fist tomber ma selle & mes hardes dans l'eau, parce que ayant l'eau iusques au menton, ie ne pouuois marcher si viste qu'il alloit à la nage; ayant ainsi marché vn demy quart d'heure, & passé l'eau nous mangeasmes sur l'herbe ce que nous auions porté pour nous raffraischir, & laissasmes paistre nos cheuaux les attachans fort legerement, parce que dans le Leuant les cheuaux ne s'enfuyent point ordinairement, ils se destacherent toutesfois, nous ne peusmes reprendre que le mien, & passasmes deux heures à courir apres l'autre; ie m'impatienté & fis monter le Iannissaire sur le mien, & luy dis d'aller au plus profond de l'eau, par où nous auions passé, & faisant aller l'autre apres, ie le pris à la nage par la queuë, monté dessus, & luy passé mon turban dans la bouche en forme de bride, puis nous nous acheminasmes à la Tour, laquelle est située dans vne campagne rase entre l'Euphrate & le Tygre, elle est toute solide par dedans, & a plus forme de montagne que de Tour, elle a encore aujourd'huy par le pied 4. ou 500. pas de tour, & comme la pluye en a affessé les materiaux, elle n'a pas plus de 300. pas de circuit: dans sa fabrique il y a 6. puys, 7. rang de briques faittes de terre grasse, ou argille cuitte, puis derechef 6. & 7. iusques au haut, & entre les 6. & 7. il y a de la paille de trois doigts d'espais, laquelle est encore aussi iaune & fraische que lors qu'on l'y a mise : Chaque brique a vn pied de Roy en quarré, & 6. doigts d'espais, & la liaison des briques peut auoir vn doigt, laquelle estoit de guitran & de terre, c'est encore à present la façon de bastir à Bagdat, y ayant là aupres vn grand Lac de poix, i'ay conté 50. de ces ordres de 7. & 6. briques, en sorte que le tout peut reuenir à 138. pieds de Roy, & 4. pouces de haut. L'on voit au haut de cette Tour vne grande fenestre, où ie ietté vn grappin pour m'y guinder, mais les briques de terre s'esboulerent, & fus en danger de me tuer ; au pied on voit vne magara, ou antre de lyons, & vers le milieu il y a vne ouuerture qui passe de part en part d'vn pied & demy en quarré tout au plus.

Cette Tour a esté si bien descripte par Moyse, qu'il *Gen. 10. 13.* en faut voir les fragmens, & les ruynes, pour admirer la verité des escris de ce grand Prophete.

Figure de la Tour de Babylone, comme elle estoit au commancement, suiuant le sentiment de l'Autheur.

De la Religion des Nestoriens.

Chap. LVII.

ENtre les Chrestiens qui habitent Bagdat, les Nestoriens sont en grand nombre, ils ont vne Eglise, leurs Prestres ont eu diuerses contestations auec les Peres Capucins François qui y ont vne Mission sous la protection & l'authorité du Signor Michaëli Topgi Bachi de Babylone.

Ils asseurent qu'en Iesus-Christ il y a deux personnes, aussi bien que deux natures ; & voicy l'argument qu'ils m'ont fait : Il y a deux natures, donc il y a deux personnes, il y a la nature humaine, donc il y a la personne humaine, autrement la nature humaine ne seroit pas parfaitte : Ils nient absolument que la Vierge soit mere de Dieu, mais bien mere de l'humanité de Christ, ou plutost, comme ils disent, de la nature & personne humaine de Iesus-Christ : Ils condamnent Sainct Cyrille, & disent qu'il est excommunié, ils inuoquent Nestor Autheur de leur schisme, lequel auec Arrius a encliné au Mahometisme, ils nient que l'Euesque de Rome soit Chef de l'Eglise Militante de Christ, & croyent que leur Patriarche est de beaucoup plus que le Pape ; ils different des autres Schismatiques Orientaux, parce que leurs Prestres estans veufs se remarient plusieurs fois, & le Mardy ils soupent deuant le Soleil couché, aussi bien que le Ieudy ; le Vendredy, & Mercredy apres le Soleil couché ils mangent de la viande, & disent auoir esté vingt-quatre heures en abstinence, suiuant la coustume des Babyloniens, dont les Astrologues commancent à conter le iour naturel au Crepuscule Vespertin.

Voyage de Bagdat à Niniue.

Chap. LVIII.

LE troisiesme Aoust ie pris la compagnie de 900. Iannissaires, 4. Souruagis, & 4. Odabachis, lesquels receurent ordre de la Porte de partir, & se rendre à Constantinople, pour aller en Candie : Nous partismes de Bagdat à quatre heures apres midy, nous allasmes vn quart de lieuë hors la ville au rendez-vous, le soir nous decampasmes, & apres auoir marché toute la nuict, nous nous arrestasmes à l'aube du iour au bord du Tygre du costé du Ponent. Le quatriesme nous campasmes derechef le long de ce fleuue, & appereeusmes de l'autre costé les ruynes de l'ancienne Babylone, laquelle comme nous auons dit a esté en plusieurs lieux, ces ruynes sont appellées par les Turqs Eski Bagdat, vieille Babylone. Le 5, & 6. ayans marché à l'ordinaire nous arriuasmes dans vn petit village où il y a eu autresfois vne forteresse, qui commandoit le Tygre, mais ruynée à diuerses fois par les Keselbaches & Ottomans ; dans ce village nous acheptasmes des moutons, nous les fismes rostir les ayans desossez, nous les mismes auec des oygnons & du poivre dans de petits baris, cette viande ainsi assaisonnée se garde vn mois, c'est la prouision ordinaire que l'on fait pour les grands voyages du Leuant.

Le septiesme continuans nostre route nous fusmes

extremement incommodez, ayans pris par le milieu du desert pour abbreger le chemin, nous fusmes obligez à boire de l'eau croupie au Soleil toute verdastre, que les gazelles nous indiquerent par leurs traces. Le 8. nous reuinsmes camper au bord du Tygre, où ie pensay creuer à force de boire. Le 9. nous arriuasmes au grand Lac de Bitume, qui est aupres du Tygre, dans ce lieu ie fus obligé de me baigner 7. ou 8. fois, n'en pouuant presque plus à cause de la grande challeur. Le dixiesme nous arriuasmes au bain de Haly, où les Mansulmans disent qu'il se fait de grands miracles, lesquels ils luy attribuent, & le croyent Auteur de ce bain, qui est vne faucceté, parce que tout autour il y a plusieurs mines de souffre, & de Bitume, par lesquelles passe l'eau de ce bain, qui est noire, espaisse, & extremement chaude, elle a grande vertu contre la lepre & indisposition de membres, il y auoit des Pelerins de Marok, & de Fés, qui y estoient lors que nous y passasmes, à cause des miracles qu'ils croyent y estre operez par le moyen de leur Prophete Haly, nous y séjournasmes deux iours, & m'y laué le corps, dont ie me trouué bien, & me senty fort soulagé de mes trauaux. Bain de Haly.

Le treiziesme nous arriuasmes à Niniue, & campasmes hors la ville du costé du Sud, sur le bord du Tygre, où nous fusmes fort incommodez de la poudre par le vent du Nord, ne pouuans fermer nos tentes de ce costé là, à cause de la challeur extréme qu'il faisoit. Plusieurs personnes de Niniue nous vinrent visiter sous nos tentes, & s'esmerueilloiét de ce que nous Niniue.

auions marché si heureusement depuis Babylone, sans auoir perdu aucun de nos gens, parce que nous estions partis dans le temps que le vent appellé Samieli en Arabe, ou Indostan Orusghiar en Turq, Regne, ce vent est empoisonné, tuë les hommes, & ne laisse pas quelquesfois vn homme viuant dans vne Karauane, le malade atteint de ce vent se couche, ouure la bouche, respire extremement fort, & meurt demy enragé. Les Doüanniers de Niniue n'oserent se presenter dans nostre camp, de crainte des Iannissaires qui les auroient estropiez; ie ne craignois pas qu'on me trouuast aucune marchandise, mais bien que l'on me fit quelque auanie, sur le soubçon qu'on auroit peu auoir, que i'auois des diamands, à cause que ie venois des Indes.

Vent poison.

Niniue ou Moussol, auec la Religion des Iahoubites.

CHAP. LIX.

Niniue.

Gen. 10. 11.

Tob. 1. 2.

Ion. 3. 3.

NIniue vulgairement appellé Moussol, estoit autresfois la capitale d'Assirie, fondée par Assur petit fils de Noë, suiuant le tesmoignage de Moyse, mais destruitte diuerses fois par les differentes nations, ausquelles elle a esté soubmise: Le Roy Salmanasar y tenoit son siege lors qu'il alla saccager Ierusalem, & faire esclaue le peuple de Dieu; entre les prisonniers qui accreurent le nombre des mal-heureux fut le bon Tobie, l'exemple & l'original de charité. Le Prophete Ionas fut aussi enuoyé dans cette ville, laquelle auoit alors trois iournées de circuit, & 120000. ames

qui

qui l'habitoient, elle a beaucoup changé, & d'assiette, & de grandeur, elle est assise à trente-six degrez de latitude sur le bord du Tygre du costé de l'Ouest, & peut estre comparée à Pise, ou à Angers, il y a vn beau pont de basteaux pour passer du costé de la Perse.

La plusspart des habitans de Moussol sont Chrestiens de la Secte des Iahoubites ; il y a vn Pacha auec peu de milice Ottomane. Cette ville est renommée par toute l'Asie pour les toilles teintes en rouge, qui ne perdent iamais leur couleur, & pour les noix de galles que l'on en transporte en Europe, & autres parties du monde des montagnes circonuoisines, auec quoy l'on accommode le Maroquin de Leuant. Il y a aussi aux enuirons de cette ville le long du Tygre de tres-bon reglisse, que les Arabes appellent Rgls ; la fueille de cette plante mise dans la bouche a le mesme goust que les cormes molles, la racine est ce que l'on nous apporte en Europe, laquelle ne vient iamais droitte, ny plus grosse que le bras, comme i'ay obserué ; les Naturels s'en seruent dans les bains, & nous autres pour les ptisanes.

Les Iahoubites ne different en rien des Armeniens que dans certaines ceremonies & ieusnes ; ils ont les mesmes sentimens de la Religion que nous auons descripte au Chap. 41. de la premiere partie de nos obseruations ; quelques-vns se sont faits Catholiques Romains, par le moyen du R. P. Gabriel de Chinon Capucin, & du R. P. Bartholomeo Maltois, Missionnaires à Diarbeker & Bagdat : Ils ne mangent point de sang, ny la chair des animaux estouffez ; ils n'ont

souuent allegué qu'ils s'estonnoient comme les Franks qui se picquent de sçauoir parfaittement la Sainte Escriture ne la prattiquent pas, parce que deuant le deluge il estoit deffendu de manger mesme la chair:
Genes. 1. 17. Apres le desluge Dieu dit à Noë tout ce qui se meut
9. 4. vous sera pour viande, toutesfois vous ne mangerez point la chair auec le sang, ie redemanderay le sang de vos ames, de la main de tous animaux, & dans
D'Euter. 12. 23. la Loy escrite, Dieu dit; Gardez-vous de manger le sang des animaux, parce que iceluy est pour l'ame, ainsi il ne faut pas manger l'ame auec la chair, mais la respandre à terre : Et dans la Loy de grace au Concile assemblé par les Apostres, & les autres Chefs de l'Eglise, il fut ordonné par le souffle du
Actes 15. 29. S. Esprit, que l'on s'abstiendroit de sang, & de toute chair estouffée.

Voyage de Moussol à Merdine, auec la reuolte de nostre Milice.

CHAP. LX.

LE vingtiesme Aoust nous partismes, & nous marchasmes deux iours par le milieu du desert, & nous arrestasmes sur le bord du Tygre, vis à vis du lieu où estoit autresfois l'ancienne Niniue, laquelle estoit bastie à l'Est du Tygre du costé de la Perse; cette place est appellée par les Turqs Eski
EsKi Moussol. Moussol, ou vieille Niniue, nous continuasmes nostre route; & le 29. du mesme mois nous fusmes ar-

taquez par les Arabes au milieu du desert, lesquels deroberent vn chameau chargé de toilles de Niniue, qui s'estoit vn peu aduancé au deuant de la Karouane, auec vne femme Turque qui estoit dessus qu'ils emmenerent, puis nous chargerent derechef en queuë, & prindrent deux cheuaux chargez de poivre, qui estoient restez derriere; l'on fit faire alte, & les quatre Souruagis firent desployer leurs guydons, nous marchasmes en ordre iusques au deuxiesme Septembre, que nous campasmes sous vn petit Chasteau appellé Vchesfeuil, où il y a doüanne, mais il n'y a rien à faire auec la milice Turque. Le lendemain nous arriuasmes à Merdine, & campasmes au sud de la ville. Vchesfeuil.

Cette place est la plus forte que le Sultan ait en Asie, non qu'elle soit autrement fortifiée par art, mais elle est bastie sur le sommet d'vne montagne, & sur le roq; ce fut autresfois le terme des conquestes de Temurlang, lequel ialoux des victoires de Bajaset Empereur des Turqs, se porta par vne rage & despit à saccager la plus grande partie de l'Asie, & estant paruenu à Merdine, il ne la pût reduire, quoy qu'il fust Maistre de la campagne sept ans durant, parce que cette place ne se peut miner, & munie de prouisions est imprenable.

Le Souruagi Mossa ou Moyse qui commandoit le Camp comme plus vieil Capitaine, fut inuesti dans sa tente par vn gros de Iannissaires, lesquels s'estoient reuoltez & armez de leurs mousquets, cimeterres & poignards, ils l'appellerent il parut à la porte de la

Merdine.

Tente de Souruagi Messa, Iannissaires reuoltez. Ibrahim Beg.

tente ils luy dirent, ola, ola Capitaine Moſſa, nous ne ſçauons où nous allons, à Malthe, ou en Candie, nous ſommes obeïſſans, mais nous voulons eſtre payez de noſtre ſolde, nous te diſons tu as pris du Pacha de Mouſſol & du Pacha de cette ville le Karache des Giaours ou tribut des Chreſtiens infidelles, tu as plus de 50000. eſcus dans tes ballots, que penſe-tu faire, ou pluſtoſt de quoy veux-tu que nous nourriſſions nos cheuaux ſi nous ne touchons ce que le Sultan nous doit donner, tu ſçais nous ſommes des vieux Seferris ou guerriers de Soultan Morat, nous te diſons nous ne partons point que nous n'ayons de l'argent, qu'as-tu à dire, parle, parle. Le Souruagi Moſſa homme extremement bien fait, autrefois Fauori de Soultan Morat, leur reſpondit, freres & vrays croyans en Dieu, i'ay pris l'argent que l'on nous a ordonné, & l'ay ſous ma tante, ie vous dis ie n'ay point voulu vous le departir qu'à Diarbeker, dont nous ne ſommes eſloignez que de deux Decampemens, i'en dois plus receuoir encor que ie n'en ay; ie vous dis que ie croyois que quelque gros d'Iſpahis nous eſtoit venu attaquer & ſurprendre lors que i'ay entendu du bruit dans le Camp, & que ie vous ay veu en armes, puis ſe miſt à rire, & les aſſeura qu'ils auroient leur ſolde à Diarbeker, & leur diſt derechef s'eſtant vn peu eſmeu, ie n'auois iamais veu les Ianniſſaires diuiſez entr'eux depuis 50. ans que ie ſuis du corps, les ſimples Soldats ont touſiours honoré leur chef, & les chefs maintenu & ſupporté leurs Soldats, ie ſçais que Soultan Oſman, & Soultan Ibrahim ont eſté tuez par les Ianniſſaires: mais l'on n'a point veu qu'ils ayent iamais attenté sur la vie de leurs Agas ou Colonels, ne suis-ie pas obeyssant comme vous autres, vous sçauez, i'ay laissé mes femmes & ma famille à Bagdat pour obeyr aux ordres du Visir-asim; ie vous dis ie sçay aussi peu que vous autres si i'iray en Candie ou à Malthe; puis rentra brusquement dans sa tente, les Iannissaires se retirerent tous confus disans les vns aux autres que le Souruagi Mossa disoit la verité auec raison, tant a de puissance vn homme d'authorité & de belle prestance sur des hommes reuoltez; mais la verité estoit que le Souruagi Mossa ne vouloit payer la milice afin de ne point perdre de temps & aduancer pays afin que les Iannissaires suiuissent de force, de peur de perdre leur solde qui estoit agir en prudent Capitaine, & politique Ottoman.

Voyage de Merdine à DiarbeKer.

Chap. LXI.

Nous seiournasmes quatre iours à Merdine, & prismes nostre route par le Kourdstan ou pays des Kourdes, peuples Mansulmans obeyssans au Soultan, & au Schah, nous laissasmes le desert d'Arabie à main gauche, & commençasmes à trouuer des arbres semblables à ceux d'Europe, parce que nous n'auions veu que des Palmiers depuis Bagdat, sur ce chemin il y a de beaux enclos de vignes, nous arriuasmes à Diarbeker le troisiesme iour, & campasmes hors la Ville au Nord prés la porte appellée Dagcapici ou porte de la montagne, cette ville est la demeure d'vn Pacha, qui a peu de milice, elle est de la grandeur de Florence, bastie proche le Tygre qui ne porte point batteau iusques à Bagdat, mais les Arabes comme i'ay dit en vn autre endroit lient ensemble plusieurs oultres pleins de vent, & les chargent de fruicts & autres choses qu'ils transportent à Moussol & Bagdat. Diarbeker a esté fortifié par les Romains, ses murailles sont à la façon d'Europe, & a quatre portes principales. Dans cette Ville l'on fait la pluspart des marroquins de Leuant que l'on transporte en Europe, & les fourrures de loup blanc, renards, schekales & autres animaux s'y vendent à vil prix, il y a vne mission de Franciscains, Soccolantes entretenus par la Congregation de Propaganda Fide de Rome pour la conuersion du peuple.

Estant aduerty que nostre milice vouloit leuer le Camp pour Constantinople, ie fis porter mon bagage dans vn petit village peuplé d'Armeniens proche Diarbeker, & loüé vne chambre auec resolution d'attendre la premiere Carauane qui partiroit pour Alep, ou pour Kilisa. Le doüannier de ce village qui estoit vn infame Nestorien, vint dans ma chambre faire grand bruit, disant qu'il estoit necessaire que ie retournasse à Diarbeker pour faire voir mes sacs au Grand Doüannier, ie luy respondis que ie n'auois rien qui deust doüanne que tout mon bagage estoit de hardes & vestemens pour ma personne, il me dist arrogamment qu'il ne failloit pas moins en payer la doüanne, ie luy demandé s'il estoit Mansulman, parce que son turban estoit minime, & ne marquoit point sa Religion, il me repliqua que non, & qu'il estoit Giaours comme moy, ie luy chantay iniures l'appellant chien, cornard, insolent, race de Iuif, & Kiaffer qui signifie homme qui n'a pas plus de connoissance de Dieu qu'vne beste à quatre pieds, que ie le payerois ou le ferois payer de bonne sorte de la doüanne qu'il vouloit exiger iniustement, & le sorti de ma chambre par les espaules, & reuins au lieu où estoit le Camp des Iannissaires, & priay vn Turq natif de Bagdat, auec lequel i'auois beu & mangé pendant le voyage, lequel me croyoit nepueu du Topgi Bachi de Bagdat de m'assister & me seruir dans ce rencontre ce qu'il fit volontiers, & vint auec moy dans le village, où i'auois pris ma chambre, nous fusmes à la place publique, où ce coquin de Doüannier s'éparpilloit la rate, & s'amusoit à goguenarder auec quelques siens comperes, ie l'indiqué à mon Turq, lequel approchant de luy, luy tint ce discours, tu veux donc ô chien & infidelle Iuif, prendre doüanne des habits de ce Frank, ie te dis c'est le nepueu du grand Maistre de l'artillerie de Bagdat, lequel a vn timar du Sultan de 1500. escus de rente, le Doüannier Nestorien respondit, demy-mort, ô mon grand Seigneur ie ne luy demande rien, il est vray qu'il a beaucoup de hardes; alors le Turq luy prenant la barbe luy mist la teste en terre, & luy arracha vne poignée de poil, luy donnant en suitte quelques coups de pied dans la face, comme ie me trouuois satisfait; ie priay le Turq de le laisser, que c'estoit assez; non, me repliqua

pliqua le Turq, ce n'est point assez, ie luy veux faire donner des coups de baston sur la plante des pieds par le commandement du Souruagi Mossa, ou bien il monstrera quel droict il a de demander doüannes des vestemens d'vne personne comme toy qui mange le pain du Sultan, il appella deux Iannissaires, & leur dist, ie cite ce Kiaffer deuant l'Aga Mossa; le doüannier le supplia, & moy aussi de luy pardonner, parce que i'estois bien aise de ne point faire esclatter que i'estois nepueu du Topgi Bachi, de crainte que l'on eust descouuert le contraire, & qu'on m'eust fait auanie, il le laissa à ma priere; ie demeuray depuis paisiblement dans ce village, ce doüannier me faisant de grands salams, ou saluts à la Turque, par tout où il me rencontroit, ie pris cette vengeance afin qu'vne autresfois ils portent respect aux Franks, lesquels ont des amis par tout, & doiuent estre considerez auec respects par telles canailles de Nestoriens.

Fin de la seconde Partie.

TROISIESME PARTIE DES VOYAGES ET OBSERVATIONS DV SIEVR DE LA BOVLLAYE-LE-GOVZ.

VOYAGE DE DIARBEKER AV BIRE, auec l'origine des Turcomans, leurs conquestes, Religion & Gouuernement.

CHAPITRE PREMIER.

LE seiziesme Septembre ie pris la Karauane d'Halep, ou i'appris que l'on auoit pendu vn Iuif appellé le grand Kakan de la tribu de Leuy, le plus abominable doüannier qui ait iamais esté en Halep, il faisoit pendant sa vie milles cruautez &

extorsiós aux Franks, qui venoient de Perse, ou des Indes Orientales, il les faisoit appliquer à la question, pour leur faire aduoüer qu'ils auoient des pierreries, & soustenoit faussement, qu'il auoit lettres d'aduis de la quantité des diamans qu'ils portoient; s'il eust esté viuant, i'aurois pris la route de Smirne, & me serois gardé de tomber entre les mains de ce Tyran; nous cheminasmes six iours dans le desert, nous trouuasmes tous les deux iours des villages de Turcomans obeïssans. Le 6. nous trouuasmes vne embuscade de 40. à 50. Turcomans parfaitement bien montez, auec vne vingtaine de chameaux lesquels attendoient nostre Karauane pour la destrousser, & tenoient leurs chameaux tous prests pour charger quelques ballots des plus precieux, & gagner le desert; nous les apperceusmes de dessus vne colline, la Karauane fit alte, & nous aduançasmes 50. hommes armez d'arquebuses & de fleches, & leur ayans fait vne descharge, ils firent sauuer leurs chameaux par le desert, & eux demeurerét à cheual de tous les costez de nostre Karauanne, caracolans hors la portée de l'arquebuse & de la fleche, faisans sur terre ce que les corsaires font sur la mer, lors qu'ils ne sont pas les plus forts, & n'osent attaquer quelque gros vaisseau de crainte des canons.

Turcomans.

Hordes signifie en Tartare multitude.

Les Turcomans menent vne vie rustique, & sont descendus de Scytie ou grande Tartarie, ou ayans pris leur habitation vers le mont Imaous, & demeuré fort long-temps apres la diuision des nations, & diuersité des langues arriuées à la Tour de Nembrot, ou de Babel, se multiplierent, & diuiserent en plusieurs Hordes, de façon qu'il leur fallut diuers Chefs pour les gouuerner, lesquels ialoux les vns des autres, les plus forts obligerent les plus foibles à s'enfuir de leur pays natal; entre ces exilez furent les Selgioukis, qui s'emparerent d'vne partie de l'Armenie, Osman succeda aux Chefs des Selgioukis, & s'empara de l'Asie mineure, fonda le siege de son Empire à Bitinie appellé Boursia par les Turqs à trois ou quatre iournées de Constantinople, ses successeurs se sont emparez de la Grece, de la petite Tartarie, de la Barbarie, Egypte, Palestine, Kaldée, Arabie deserte, d'vne partie de la Hongrie, & Esclauonie, de toutes les Isles de la mer Egée, & mer rouge, & ont rédu le Prince de Mingrelie, & la Republique de Raguse tributaires. D'autre Chef de ces Bannis s'estans iettez vers Ghillan & Tauris, se sont aussi extraordinairement multipliez, parce qu'ils auoient emmené auec eux tous leurs sujets, ils se sont emparez de la Perse. Schah Ismaël Sophi fut l'Autheur de cette inuasion, sous pretexte de Religion, il infatua de sa personne tous ses compatriotes, s'accommoda à leur foiblesse; & leur persuada qu'il estoit allié & descendu de Hali, & que la Religion Mansulmane auoit besoin de reforme; il fit traduire l'Alkoran, & reietta tous les Commantaires des Peres de la Moskée, soustenant qu'il y auoit la mesme difference entre luy & Mahomet, qu'entre vn pot entier, & des tets, & poussa si adroittement sa pointe, qu'il destruisit la Loy des Parsis, se fit Roy des Keselbaches à l'aage de 60. ans, & laissa l'Empire des Persans à ses successeurs. Vne autre famille estant descenduë au

Royaume d'Iusbeg, s'en est pareillement emparé auec le temps : Et Temurlan, palfrenier d'vn Chef de tente, s'esleua parmy ces nouueaux Atheleres de cette façon, les Turcomans de la horde de son Maistre estans conuenus pour vn prix que l'on deuoit gaigner à la course de cheual, se rendirent au lieu assigné, montez à qui mieux mieux, & Temurlan ayant surpassé tous les autres fut esleu Roy, & comme ce ieu se faisoit proche d'vn village, les païsans s'estans armez, ne sçachant le dessein des Turcomans, parurent en estat de deffence ; mais les Turcomans croyans que c'estoit tout de bon, & que les païsans les vouloient surprendre, se ietterent sur ces villageois, & les ayans mis en route pillerent leur village ; Temurlan dit alors à ses compagnons, qu'elle difficulté auons nous euë pour piller ce village, où nous nous sommes tous enrichis, possible aurions nous moins de peine à en piller d'autres : Et ayant reüssi dans la destruction de plusieurs autres, eut tel credit parmy ces nouueaux conquereurs, qu'il leur fit saccager vne partie de l'Asie, & porta ses conquestes iusques aux Indes Orientales, où ses successeurs que l'on appellent Mogols, dominent à present plusieurs Royaumes : Voila en partie les conquestes des Turcomans ; disons quelque chose de leur vie & façons de faire.

Il sort encor tous les iours des Turcomans, ou Pasteurs des hordes de la Tartarie, mais n'estans point soufferts sur les terres du Schah, ils habitent ou ils peuuent, & principalement où il y a des deserts & des lieux de pasturage, ou sur les môtagnes, il y en a en si grande quantité dans le Royaume d'Iusbeg, que le Roy ne les en a peu chasser, & dans la Turquie le Sultan des Ottomans leur enuoye vn Aga, ou commandans de la Porte, aymant mieux se dire leur protecteur, que d'entreprendre la guerre contre eux, & les auoir pour ennemis. Entre Tokhat & Diarbeker, & aux enuirons, l'on fait compte qu'ils sont plus de 40000. tous amis & confederez, mais diuisez par familles, comme les Arabes du desert, & comme estoient autresfois les Iuifs par tribu à leur sortie d'Egypte: Ils sont tous Mansulmans, comme les autres Tartares, lesquels ont embrassé la secte de Mahomet, sous le Pontificat d'Innocent IV. Souuerain Pontifice, lequel enuoya ses Nonces pour les conuertir, mais les Sarrazins leur remonstrerent par Ambassadeurs que la Loy des Chrestiens estoit propre pour des faineants, des idiots, & des idolatres, & qu'au contraire celle des Mansulmans estoit remplie de volupté, & de generosité: Bathikan persuada facillement à ces peuples belliqueux vne Religion qui ne resr .e que le sang pour destruire & se sousmettre les autres peuples de differente creance, Ils sont peu instruits à la lecture des Liures, ils ne s'addonnent qu'à nourrir leur bestail, & à destrousser les Karauanes, ou enleuer & piller quelque village, où l'on leur a refusé du grain pour de l'argent, ils ne font point de mal à ceux qui les souffrent, & leur sont amis.

Ces peuples sont extremement vaillands, forts, & robustes, nourris à la fatigue dés leurs ieunesse: ils n'ont que l'espée, le bouclier, & la picque pour armes, mais sont bien montez, & tres bons caualiers.

Ce mot Turq Turqler, Turcoman ou Turcomanler signifie pasteurs, païsans, ou gens de la campagne, c'est la raison pour laquelle les Ottomans veulent que l'on les appelle Osmanleus, ou Mansulmans, qui veut dire gens de la famille d'Osman, ou vrais croyans en Dieu, quoy qu'ils appellent leur langue Turchi dili, exemple, Turchi bilourmisen, sçais-tu le Turq, Turchi bilmen Sultanem, ie ne sçay pas le Turq Monsieur.

Le vingt-quatriesme du mesme mois le doüannier d'Orfa vint prendre son droict de la *Karauane*, & le vingt septiesme nous arriuasmes au Biré petit Chasteau de *Karamanie*, basti par les anciens Romains à l'Est de l'Euphrate, au pied de cette forteresse le long du fleuue il y a vne petite ville, laquelle se ferme par deux portes, il y a doüanne establie.

Voyage de Bir ou Biré en Halep.

CHAP. II.

L'On visita nostre Karauane au Biré, il y a danger d'y estre conneu pour Frank; de crainte d'auanie, i'y passay tres-heureusement & remis toutes mes hardes entre les mains de mon muletier Arabe, lequel les fit passer pour siennes, & moy estant vestu à la Turque parlant mediocrement la langue, ie ne fus point reconnu pour homme d'Europe; nous campasmes de l'autre costé de la riuiere où la nuict les Turcomans nous attaquerent, & tuerent vn homme de nostre Karauane, il fait bon en ces occasions estre campé dans le milieu de

la

sa *Karauane*, mais vn chacun n'y peut pas estre non plus que dans la marche.

Le deuxiesme iour nous marchasmes 8. heures nous campasmes dans le desert. Le troisiesme nostre Karauane se diuisa, vne partie prist le chemin de *Kilisa*, petite ville à vne iournée d'Halep, du costé du Nord, & l'autre celuy d'Halep, où nous arriuasmes le sixiesme iour à dix heures du matin, ie me fis conduire au logis du sieur Bonin Consul de nostre nation en Surie, lequel me demanda en particulier, si i'auois quelque chose qui deust payer doüanne ou faire connoistre que ie venois des Indes, ou de Perse, ma response, que ie n'auois aucunes marchandises, seulement vn arc, des fleches de canes d'Inde & vne espée de Perse, il enuoya querir les doüanniers, & cependant il fit destourner mon carquois, mon arc, & mon espée, & les doüanniers estans venus me fouillerent par tout & demanderent au Sieur Consul qui i'estois, il leur dit que i'estois Medecin & que ie venois de voyager de Bagdat, Diarbeker, Tokhat, & Constantinople où i'auois fait quelques cures, & guary plusieurs malades, ils se payerent de cette responce sans me rien demander, ny me faire auanie.

Kilisa.

Halep.

Alep, ou plustost Halep, ou Halap, capitale de Syrie est de la grandeur de Lyon, c'estoit autrefois l'abord de toutes les marchandises qui se transportoient de Perse & des Indes Orientales en Europe, comme soye, rubarbe, semancine, espiceries, & autres drogues, mais depuis que les Danois, Portugais, Hollandois & Anglois ont trouué moyen de conduire ces marchandises par le Cap de bonne Esperance, cette place est aneantie comme tous les autres ports de Mer du Sultan, où les doüannes luy rendoient de grosses sommes: & dans ces dernieres guerres de Candie il a assez fait voir son foible contre l'estime que l'on auoit conceuë de sa puissance & de sa grandeur. Dans Halep il y a vn beau Chasteau demeure du Pacha qui prend la qualité de Beglerbeg. Cette ville est trois iournées de la Mer ou d'Alexandrette que les Turqs appellent Ascadaron, où les vaisseaux arriuent, & se chargent de diuerses marchandises.

Alexandrette.

Voyage d'Halep à Tripoli de Syrie.

CHAP. III.

IE pris deux mulles en Halep auec vn guide, le 4. iour i'arriuay à Fransaoukalaci, qui s'interprete le Chasteau des François, autrefois basti par nos genereux guerriers de la Terre Saincte, mais tombé entre les mains des Ottomans, auec plusieurs autres places par la diuision des Princes Chrestiens, lesquels prefererent vne faulce Politique à leur Religion; & l'accroissement de leurs propres familles à l'establissement de la Foy, ie demeuray trois iours dans vn beau Han au pied de ce Chasteau à cause du Pacha Arnauld ou Albanois qui fut fait Mansoul de Tripoli de Syrie, & du nouueau Pacha, lequel campa auec son équigage pres du Chasteau ayant plusieurs mousquetaires de crainte d'estre assailly par le Mansoul Arnauld son beau-pere.

Fransa Kalaci.

Le quatriéme iour ie me hazarday d'auancer pays,

le lendemain ie rencontray le Pacha Arnault qui pressoit son voyage pour Constantinople ; ie m'escarté vn peu du grand chemin, ie mis pied à terre pour luy faire honneur, il auoit deux cens Caualiers fort bien montez, il marchoit à la teste, le soir nous ne trouuasmes point d'eau où mon guide pretendoit camper, les cisternes estoient seiches, nous fusmes obligez de cheminer toute la nuict iusques pres Tripoli de Syrie où nous entrasmes le matin, ie n'ay point enduré vne telle peine dans tous mes voyages que dans ces quarante heures, pendant lesquelles ie ne beus point, i'estois tourmenté si excessiuement de la soif, qu'estant arriué à Tripoli, ie beus tant d'eau (laquelle y est tres mal saine) que i'en pensay mourir, le chaud & la poussiere m'incommodoient assez, mais les tourmans que i'endurois pour la soif m'empeschoient de penser aux autres incommoditez du voyage.

Tripoli de Syrie que les Turqs appellent Scham Trapoulouzi ou Tripoli de Damas, fut autrefois fortifié par Godeffroy de Buillon Roy de Ierusalem, cette ville a esté saccagée plusieurs fois par les Mansulmans, & nouuellement par l'Emir Fikredin qui pretendoit se faire Roy de la Palestine, secouër le ioug du Sultan & embrasser le Christianisme par politique pour se maintenir ; mais Dieu l'abandonna & le mit entre les mains des Ottomans qui le firent estrangler, comme rebelle & traistre aux commandemens du Sultan.

Tripoli de Sirie.

Emir FiKredin Prince, gloire de la Foy.

Les raretez de Tripoly sont les fontaines que l'on y voit en si grande quantité, qu'il n'y a aucune maison, ny mesme aucune chambre où il n'y en ayt, l'on voit dans vne vieille masure vne estoile de pierre, de la figure de celle du Scorpion que l'antiquité a reputé Talisman contre les Scorpions, parce que dans la ville il n'y a aucun de ses animaux, mais hors les portes il y en a en abondance, D'autres ont creu que Tripoly a esté bastie sous le signe du Scorpion, ie croy qu'il pourroit plustost y auoir quelque antipathie naturelle entre les Scorpions, & la matiere dont sont basties les maisons; ie passe icy le remede qu'ont les Arabes pour guarir ceux qui sont picquez du Scorpion, ne le pouuant mesme expliquer en parolles couuertes pour la bien-seance & l'honnesteté qui me le deffend, qui toutefois est fondé en la nature, & m'a donné de grandes lumieres pour l'Astrologie & la simpathie des subiects du Caos sublunaire.

Voyage de Tripoli au Mont-Liban.

CHAP. IV.

IE pris à Tripoli vn guide Maronite auec vne mulle & me fis conduire au Mont-Liban, ie campé le soir auprés d'vn village appellé Eden à deux lieuës de Tripoli; où plusieurs croyent qu'estoit le Paradis terrestre, mesme les Mansulmans; parce que dans l'Alkoran au Chapitre de Ioseph, le Paradis est appellé Eden; Les Arabes l'appellent Edenne, ceux qui l'habitent comme ceux du Mont-Liban sont Catholiques Romains, il y a dans ce village vn hospice de Franciscains de la famille de Ierusalem, mais il n'y a point de Re-

Edenne.

ſigieux, il y a vn Eueſque Maronite, duquel ie fus baiſer la main, il me conſeilla de ne pas aller voir les Cedres, parce qu'il y auoit des volleurs & deux partis formez entre les Maronites, leſquels ſe faiſoient mille maux les vns aux autres, ie me fié dans mon bon-heur, & n'ayant que peu d'argent ſur moy ie me hazarday.

Le lendemain matin ie partis d'Edenne, & pris encor vn guide, parce que les Cedres ſont difficiles à trouuer, ie marché vne bonne heure, & rencontré quatre Maronites le cimeterre & poignard au coſté, le mouſquet ſur l'eſpaule & la meche allumée des deux bouts; ie creus eſtre volé, ils me demanderent qui i'eſtois, ie leur dis que i'eſtois François Catholique Romain, que i'alois viſiter leur Patriarche à Cannobin & deſirois paſſer aux Cedres pour voir ces arbres tant renommez dans les Sainctes Eſcritures; ils me laiſſerent paſſer & aller en paix, & me donnerent aduis de ne pas demeurer long-temps ſous les Cedres, de crainte de rencontrer de leurs ennemis ou quelques Druges qui me pourroient faire du mal. Ie cheminay vne autre heure, mon guide de Tripoli me pria d'aller à pied iuſques aux Cedres,& qu'il m'attenderoit dans vn petit village qui eſt au pied de la montagne des Cedres,ayant peur de perdre ſa mulle ce que ie fis volontiers,& allé auec mon ſecond guide ſous les Cedres,leſquels ie conſideray à mon aiſe,i'en cueilly quelques pommes pour apporter en Europe,l'on dit que ce fruict mis dans vn coffre auec des habits empeſche les teignes de s'y engendrer.

Cét arbre est de la grosseur & hauteur du noyer, il a ses fueilles & son fruict droit vers le Ciel & est d'autant plus rare que l'on tient qu'il n'y en a en aucun lieu du monde qu'au Mont-Liban, toutefois Fernandes Mendespinto dit dans ses Voyages, en auoir veu aux confins de Chine vers le Thebet, l'on dit que le bois en est incorruptible, que la Croix de Iesus-Christ en estoit faite, celuy des vieux Cedres est fort Odoriferant, mais celuy des ieunes n'a aucune senteur, i'en conté 22. & vn que le Patriarche des Maronites a fait mettre à bas pour faire vne chaise Patriarchalle, i'ay veu des gens assez superstitieux pour croire que l'on ne les peut conter à cause que tous ceux qui les ont veus ne s'accordent pas dans le nombre, cela vient de ce que l'on en coupe quelquefois, les petits sont en tres-grand nombre:
3. des Rois mais il faut plus de 2000. ans deuant qu'ils soient ve-
4. 33. nus à perfection; Salomon fils de Dauid a eu parfaite
2. Rois 7. connoissance de cét arbre: Voicy ce qu'en dit la Sain-
8. cte Escriture, il disputa depuis le Cedre du Liban, iusques à l'hisope qui sort de la muraille; Pourquoy ne m'edifiez-vous pas vne maison de Cedre. Il y a vn autel au pied d'vn de ces arbres, & les Maronites ont le priuilege de consacrer sur vn ais de Cedre qui leur sert de pierre benite. Ie descendis vne montagne & ioingnis mon mulettier, lequel i'enuoyé à Canobin demeure du Patriarche pour m'y attendre, & pris mon chemin à pied pour voir en passant le Pere Celestin Carme Deschaud Missionnaire, ie descendis vne heure durant vne montagne fort droitte, & apres m'estre reposé chez le Pere Celestin ie pris le chemin de Canobin qui en est

esloigné demie lieuë ou i'arriué, c'est vn Monastere basti dans le Roq,au pied duquel est la riuiere des SS.ainsi appellée, parce qu'il y a eu quantité des SS. Hermites, qui ont beu de cette eau,elle est si froide que le poisson n'y peut viure.

Le Patriarche des Maronites est esleu par le peuple, & confirmé par le Pape, lequel luy enuoye ses expeditions gratis, & quelques presens; il a au dessous de soy des Euesques & Archediacres, ils officient en langue Syriaque, & se tiennent debout; ou s'appuyent sur vn baston en faisans leurs prieres, les Prestres sont mariez pour la pluspart,parce que les hommes mariez peuuent estre Prestres. Ce S. Patriarche ayant appris que i'estois François & connu en Cour de Rome, me fit la meilleure reception qu'il pût, voulut que ie demeurasse deux iours à Canobin: la derniere fois que ie mangé auec luy il me donna sa benediction, & à toute ma famille, me pria de considerer combien i'auois d'obligation à Dieu de m'auoir fait naistre Chrestien,& que i'estois obligé à suiure la creance de mes peres; ie luy respondis que i'auois à remercier Dieu de deux choses,de m'auoir fait naistre Chrestien, & naistre homme, toutesfois que ie n'estois pas Chrestien, parce que mes parens l'estoient, mais parce que ie connoissois que c'estoit la meilleure voye pour aller à Dieu; il me chargea en suitte de quelques lettres pour l'Eminentissime Cardinal Capponi, auec promesse que ie luy fis de les faire remettre à son Eminence par l'Abbé Capponi son nepueu.

De Canobin ie retourné à Tripoli, ie fus obligé de

grimper vne heure vne montagne, iusques à vn Conuent de Caloiers Grecs ; le soir ie campé proche vn petit village, ie fis estendre mon tapis sous vn oliuier ; à peine fus-je assis que le Curé me vint prier d'estre aux nopces de son nepueu, qu'il pretendoit luy succeder dans la Cure, lequel prenoit à femme la fille du Schek du village, ie ne manqué de m'y trouuer ; il y auoit deux tapis estendus par terre, l'vn pour les hommes, & l'autre pour les femmes, & la principale réjoüissance estoit de deux garçons qui chantoient parfaittement bien : Le lendemain i'arriuay à Tripoly, & pris congé des Capucins François, & Recolets Italiens Missionnaires, & de quelques Marchands de mes amis qui y acheptoient des soyes.

Voyage de Tripoly de Syrie à Damiette.

CHAP. V.

DE Tripoly ie m'embarqué sur vn vaisseau Grec pour Saide, le mesme iour de mon embarquement nous moüillasmes à Berout ville fort ancienne, d'où vient la meilleure soye, les François ont seuls ce negoce, celuy de Tripoli, & de Saide, il y a vn hospice de Capucins François. Le lendemain matin nous arriuasmes à Saide autresfois ditte Sydon, ville fondée par le premier fils de Canan, il y a quantité de marchands François, & deux Conuens de Religieux Capucins & Recolets, & vne maison de Iesuittes : Cette ville n'est esloignée que cinq iournées de Ierusalem, ie fus diuerty d'aller

Barut. Saide. Genes.10. 15.19.

d'aller visiter ce Saint lieu par quelques persoñes qui me donnerent aduis secret des auanies que l'on m'y vouloit faire, à cause que ie venois de Perse & des Indes, & que l'on me soubsonnoit d'auoir des diamans; de plus que les Ispahis & Iannissaires estans en guerre ciuille, il n'y auoit point de seureté, outre que ie ne verrois point la noür, qui est le feu sacré des Grecs, qu'ils croyent venir du Ciel, & estre la marque de l'infalibilité de leur Religion, ny le mont Syon, ny le fleuue du Iordain, parce que pour voir toutes ces choses il y faut estre à Pasques, i'aurois esté contrainct d'attendre trop de temps, & ne point voir l'année Sainte à Rome, ce qui m'obligea d'aduancer mon retour en Italie par l'Egypte.

Apres 15. iours de séjour à Saide, ie m'embarqué sur vn Karmoussali ou barque d'Egypte, & arriué à Tir ville fort ancienne, appellée Sour par les naturels, fondée par Tyrias septiesme fils de Iaphet; elle fut autresfois saccagée par Alexandre le Grand: I'ay remarqué dans la Bible que Salomon fils de Dauid auoit grande amitié auec le Roy de cette ville, nous y chargeasmes en deux iours nostre Karmoussali de bois pour Damiette, de Tyr nous arriuasmes en vne nuict à Sainct Iean Dacre, où nous mouïllames: cette place estoit autrefois possedée par les Cheualiers de Rhodes, qui ne la peurent deffendre contre les Mansulmans; pres S. Iean Dacre est Nasaret, d'où l'on tient que la maison de Lorrette a esté transportée en vn instant par les Anges, sans passer par aucun lieu, ce que les Theologiens disent pouuoir arriuer, parce que l'Ange agissant par son intelligence, le

Tir.

Gen. 10. 2.

Sainct Iean Dacre.

corps ne luy peut resister, estant d'vne nature inferieure, de façon que si l'Ange entendoit que la Bastille de Paris fust à Rome, elle s'y trouueroit en vn instant, mais les Philosophes ont pour principe que ce qui peut toucher, ou estre touché, mouuoir ou estre meu, doit estre corporel, & que l'intelligence d'vn esprit separé ne peut mouuoir le corps sans y estre vny, encor de necessité s'accommoderoit-il à la nature du corps, qui est de passer par vn millieu, pour estre meu d'vn lieu à l'autre. Sainct Iean Dacre est Pachalaix comme Tripoly de Syrie; mais Saide & Berout sont places d'armes où il y a seulement des Capitaines, celuy de Saide releue du Pacha de Damas.

Mont-Carmel. Iaffa.

De Sainct Iean Dacre nous passasmes à la veuë du Mont-Carmel, qui est vn promontoire entre S. Iean Dacre & Iaffa: Le lendemain nous iettasmes les anchres à Seffet dit Iaffa par les Francs, esloigné deux iournées de Ierusalem: dans tous ces ports de mer il y a Gaffar, lors que l'on y met pied à terre, qui est vn tribut que les Mansulmans prennent de force des Crestiens & des Iuifs qui arriuent dans ces villes par mer, ou par terre, disans pour raison qu'ils empeschent qu'il n'y ait des voleurs; le Gaffar de Sour est de quatre realles, & celuy de Sefet de quatorze.

De Sefet nous fismes voyle vers l'emboucheure du Nil, où nous eusmes beaucoup de peine d'arriuer, parce qu'il s'esleua vn vent si furieux que nous pensasmes perir; nous auions dans nostre bord vn Docteur Arabe, qui escriuit quelques passages de l'Alkoran, & les ietta dans la mer, mais cela ne fit aucun effet, il s'en prist à moy, & me dist que i'auois tousiours leu ou escrit sur le vaisseau, & auois causé cette tempeste, mon excuse fut, que i'auois leu l'Ingil de Iesus, & le Taurat de Moyse, liures que l'Alkoran approuue; il me menaça de me ietter dans la mer, si ie lisois dauantage. Cette tempeste finie nous eusmes derechef bon vent, & fusmes remorquez par deux grosses barques de Damiette, lesquelles tirerent nostre Karmoussali iusques où il pût monter, parce que les vaisseaux chargez ne peuuent entrer dans Damiette, à cause qu'il y a peu d'eau dans cette embouchеure, nostre vaisseau ayant ietté les anchres, les deux barques chargerent partie de la marchandise, & tous les passagers, & firent voyle: Nous montasmes le Nil, & trouuasmes vn petit fort que gardoient quelques Iannissaires Ottomans du costé du Leuant dans la terre ferme, & poursuiuans nostre route nous arriuasmes à Damiette distante deux lieuës de l'embouchеure du Nil, sa grandeur est égalle à celle de Ligorne, son assiete est à l'Est du Nil, son traffiq est la casse, laquelle est presque toute enleuée par les Venitiens, il n'y a point d'échelle formée pour le negoce des Franks, seulement tous les ans il y descend quelque Venitiens du grand Kaire pour y achepter la casse.

Voyage de Damiette au Kaire par le Nil.

CHAP. VI.

IE pris à Damiette vne petite barque expres pour moy pour monter le Nil, & aller au grand Kaire, à cause que les Mansulmans de Damiette sont les plus grandes canailles de la nature, & ne veulent en aucune façon que l'on lise, ny que l'on escriue sur les vaisseaux où ils passent, & m'auoient menacé de me ietter dans la mer, lors que nous eusmes vn peu le vent contraire entre Sefet & Castel Pelegrine; les Turqs ont vn brocard pour exprimer trois sortes de vauriens, Berout Giaouri, Saidong Chifouti, ve Damiat Mansulmani, qui veut dire Chrestien de Barut, Iuif de Saide, & Mansulman de Damiette.

Ie fus 6. iours à monter le Nil, lequel est bordé d'vn grand nombre de villages de tous costez, où il y a force peuple; cette riuiere a deux emboucheures principales, Damiette, & Rosset, & vn canal artificiel, par où l'on l'a fait aller en Alexandrie lors que son lit est plein; sa largeur est esgalle à celle de la Seine aupres du Mail de Paris, qui peut reuenir à la distance qu'il y a de l'arx de Portugal à la colomne de sainct Paul, qui est dans la piazza colomna à Rome, elle est rapide, quoy que l'on l'a monte à la voille assez facilement auec vn peu de vent, son eau est fort saine, mais extremement trouble, ce qui est cause que venant à inonder le plat pays, elle y laisse beaucoup de limon qui engraisse la terre; le temps de son accroissement n'est point autre que celuy des pluyes en Ethiopie, & Indes Orientales, sçauoir depuis Iuillet, iusques à la fin d'Octobre, cét accroissement se fait en Esté, & a semblé merueilleux à plusieurs personnes qui n'en ont peu trouuer la cause pour ne l'auoir pas bien recherchée, parce que peu de gens ayans voyagé par terre entre les tropiques, n'ont pû sçauoir qu'il y fait de la pluye quatre mois l'année, ce qui fait grossir les fleuues qui y prennent leurs sources; ie me suis estonné de ce que tant d'Autheurs font les Historiens des choses qu'ils ne connoissent pas, i'ay pour ma satisfaction particuliere recherché ce qu'ils ont dit de cét accroissement, & les causes qu'ils en ont apportées, i'y ay trouué vne si grande contradiction, que ie croy qu'ils n'en ont escrit que sur de faux memoires, parce que quelques-vns ont aduancé que c'est la grand' mer des Indes, qui estant plus haute que la Mediterranée va par dessous terre dans vn grand lac marqué dans les cartes Geographiques, d'où le Nil prend son origine & sa source; quelques autres ont maintenu auec opiniastreté que les neiges qui sont en Ethiopie venans à se fondre au Soleil causent cét accroissement du Nil, simplicité laquelle il faut pardonner à gens qui ne sçauent pas que dans la zone bruslée il ne peut auoir que fort peu de neige; d'autres l'ont attribué à miracle, & ont dit que comme il ne pleut point en Egypte, Dieu y fait inonder ce fleuue, pour l'arrouser, & luy donner la fertilité, si ces derniers sont ignorans, ils paroissent deuotieux, & attribuent les choses naturelles, desquelles ils ne connoissent pas le principe à l'estre independant, outre qu'il pleut en Egypte, il y fait des rosées qui couurent la terre de deux doigs, & sont capables de faire fondre le sel de la terre pour nourrir les germes des vegetaux, & telles rosées m'ont fort incommodé depuis Damiat iusques au Kaire, à cause que ma barque n'estoit point couuerte, ie me trouuois tout trempé les matins, l'eau penetroit mes tapis & couuertures & si ie n'auois eu vne constitution forte & robuste, ie n'aurois pas esté sans plusieurs maux de teste : ceux qui rapportent tout au feu central, soustiennent que cette inondation est vne sueur du grand animal, qui se fait reglement en cette partie d'Afrique.

Le Nil est appellé Gehon, par Moyse, ainsi que plusieurs veulent, mais i'ay peine à croire que Moyse ait entendu par Gehon le Nil, parce qu'il escrit que les 4.
Ge. 2. 10 branches de la riuiere du Paradis terrestre s'appelloient Euphrate, Tygre, Phison, & Gehon, & ie ne vois pas bien comme ils auroient leur source en vn mesme lieu, puis que le Nil vient de l'Ethiopie, & les autres d'Armenie, & grande Tartarie. L'eau du Nil est extremement bonne, & n'est pas ce qui cause les grosses Bourses aux Egyptiens, mais le naitron dont ils se seruent au lieu de sel & de leuain, il y a dans ce fleuue quantité de crocodils, ils ne font point de mal depuis le Kaire iusques aux emboucheures, les hommes s'y lauent tous les iours sans qu'il leur arriue aucun accident.

Ie mis pied à terre à Boulak petite ville où est la doüanne du Kaire qui en est esloignée vn mille d'Italie, ou ie m'acheminé, ayant pris des asnes suiuant la coustume du païs pour me porter & mon bagage.

Grand Kaire.

CHAP. VII.

LE grand Kaire appellé Messer Schehair Asim par les Turqs, est la plus grande ville d'Afrique, les Egyptiens l'appellent Medine, qui signifie la ville, ie leur ay entendu dire plusieurs fois, le long du Nil, an te roh Medine, vas-tu à la ville, pour dire vas-tu au Kaire: Sa grandeur est égalle à celle de Londres, le Pacha porte titre de Beglerbeg, il a 14000. hommes de guerre, tant Iannissaires, que Ispahis pour la garde d'Egypte.

Messer Schehair asim, ville grande d'Egypte. Ce mot de Messer vient de Mesrain mot Hebreu.

Il y a vn Chasteau où l'on voit plusieurs belles colomnes, qui ont resté de l'antiquité; dans l'appartement du Chiaoux Bachi est le puys de Ioseph, que nous descrirons cy-apres. Les ruës n'y sont point voutées, ainsi que plusieurs ont faucement escrit, l'on y trauaille de iour comme aux autres ruës; la nuict il y a des lampes allumées dans les ruës, pour esclairer ceux qui vont & viennent, hors la ville l'on voit de beaux acqueducs faits au despens des Iuifs, qui sont puissans dans ce pais: l'on y voit aussi vn cimetiere, où il y a quantité de beaux sepulchres, lesquels les Turqs faisoiét alors garder par vne escoüade de gens armez, qui y vót toutes les nuicts de crainte que les Arabes ne viennent les rompre, pour se vanger d'eux, & leurs faire insulte.

Pere Boucher dans son bouquet Sacré.

Le Kaire est l'abord de toutes les Karauanes qui vont à la Mexque du Nord, & de l'Ouest, la ville est assise à deux iournées de Sues premier port de la mer Rouge, où arriuent toutes les espiceries des Indes, & autres marchandises de Giaide, Soüaken, Moka, Aden, &c. & à trois iournées de Damiette, Rosset, & Alexandrie, qui sont trois fameux ports de la mer Mediterranée, elle est pres du Nil, lequel s'enflant passe dans les basses ruës de cette ville, parce que les habitans coupent la digue au dessous de Memphis, laquelle ils appellent Calis, & font vne Feste le iour que l'on l'a coupe, auec de grands presens au Pacha. Entre les Reliques que les Mansulmans ont de leurs Prophetes la chemise de Mahomet, que l'on garde au Kaire; n'est pas en petite consideration, ils la portent en grande ceremonie à certains iours.

Du Puys de Ioseph.

CHAP. VIII.

LE sieur d'Anthoine, Consul de France en Egypte, ayant eu grand different auec le Consul de la grande Bretagne, touchant la protection des Messinois, qui traffiquent en Alexandrie, le Pacha en remist le different à son Quaia, & Kasi Eskier; nostre Consul y fut fauorisé, & fit present de quelques vestes aux grands du Kaire, & Courtisans du Pacha, entr'autres aux Chiaoux Bachi, auquel il enuoya vne robe de satin verd, & le fit prier en mesme temps qu'vn de ses amis François de nation, pût librement voir le puys de Ioseph, dont il est Gardien; le Chiaoux Bachi l'accorda, i'eus ce bon-heur de le voir par la courtoisie & ciuilité du sieur d'Anthoine, lequel se porta genereusement a obliger vn voyageur curieux : Nous descrirons donc ce huictiesme miracle du monde suiuant que nous l'auons veu : I'arriuay au Chasteau accompagné d'vn des Iannissaires de la Porte du sieur Consul, & pris à gauche, laisant à main droitte l'appartement du Pacha, dont l'entrée est differente ; ie salué le Chiaoux Bachi, & luy demandé permission de rechef de voir le Puys en ces termes ; Mon grand Seigneur, le Consul de France, mon Chef, m'a dit, i'ay permission du Chiaoux Bachi pour te faire voir le Puys de Ioseph, va au Chasteau & le saluë de ma part, il te le laissera voir, il est homme veritable, bon, vray croyant en Dieu, non menteur, & mon grand amy ; S'il te plaist donc, ô Sultan mon ame, & vray Mansulman, ie le verray à cette heure estant venu pour cela si tu le veux. Sa responce, ô homme ie ne permettrois à qui que ce soit des Giaours de voir le Puys, mais ie te dis, le Consul de France est comme mon frere, & tout ce qu'il me demandera ie luy accorderay, prens vn de mes enfans, afin qu'il t'en monstre le chemin ; cela dit nous allasmes le long d'vne ruë assez longue, nous arriuasmes à vne porte, qui estoit fermée, laquelle le seruiteur du Chiaoux Bachi ouurit, & nous entrasmes dans vn petit jardin clos, où est ce Puys entaillé dans le roq de 64. pas de tour, il est de figure quarrée, & a 232. marches, ou degrez iusques au fond ; mais sa largeur ne va que iusques à la moytié où il y a des bœufs qui tirent l'eau du plus profond, auec vne roüe & vn chappellet, laquelle se descharge dans vn

Enfant se prend pour seruiteur en Turq.

reseruoir, d'où vn autre Chappellet tourné par deux bœufs la tire en hault. Dans la figure de ce puys le degré me semble admirable, lequel a esté fait apres le Puys, l'industrie des Massons s'estant portée à faire des fenestres de moyenne grandeur dans le roq, cauer & entailler des degrez de dix pieds de long, où les cheuaux & les bœufs descendent auec facilité, sans auoir laissé le roq plus espois de quatre doigts, entre l'escalier & le Puys l'on n'y peut descendre sans chandelle, à cause que les fenestres sont tres petites, & donnent peu de iour; L'on l'appelle Puys de Ioseph, à cause de Ioseph, premier ministre de Pharaon que l'on dit en auoir esté l'Autheur sans qu'aucun Historien en fasse mention, si ce puys estoit au vieux Kaire, autrement Memphis demeure de Pharaon, il y auroit plus d'apparence, ie ne vois pas pourquoy Moyse auroit passé sous silence vn œuure si parfait & digne du Patriarche Ioseph, ceux qui l'ont fait faire n'ont eu autre dessein que de rendre le chasteau plus fort, parce qu'il n'y auoit point d'eau non plus que dans le grand Kaire, ou le peuple boit de celle du Nil.

Figure du Puys de Ioſeph, ayant quatre coſtez entaillez dans le roq, de cette façon.

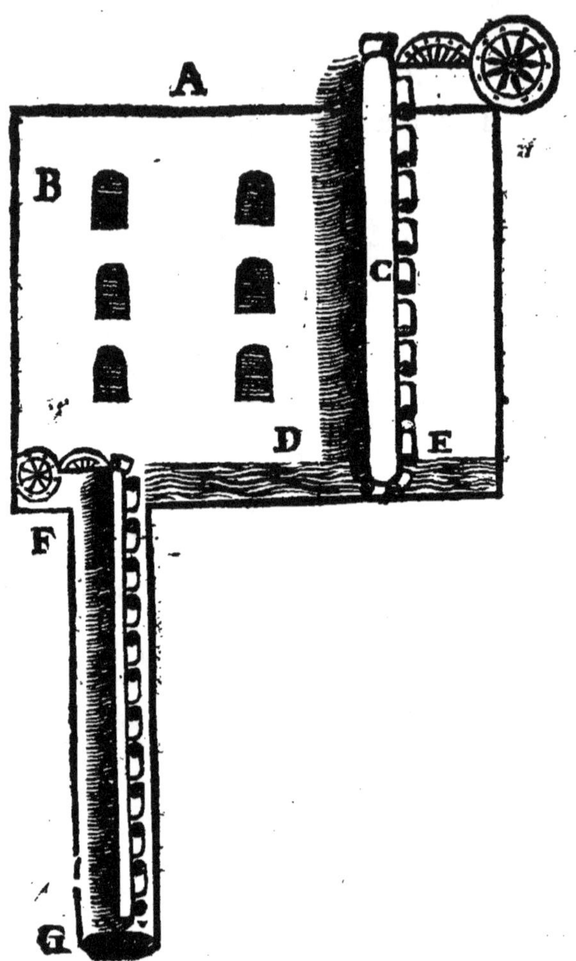

A Goulet du Puys ayant 116. degrez iuſques à l'eau du premier lac E.

B Feneſtre du degré entaillé dans le roq, iuſques au premier lac E, ayant eſté faites apres le puys, les Ouuriers l'ont taillé & caué par les feneſtres, dont les murailles qui ſont le meſme roq du puys, ſont d'vne ſeule piece, & n'ont que demy pied d'eſpaiſſeur.

C Chappellet tirant l'eau du lac.

D. Recipient de l'eau qui ſe tire du fond du puys, d'où elle coule à l'Eſt, & fait vn petit lac.

E Lac, ou eau que l'on a tirée par vn chappellet du fond du puys.

F Trou ou ſecond puys pour aller à l'eau ayant *116.* degrez ſi eſtroits, qu'vn homme a bien de la peine à y deſcendre, au deſſus duquel il y a vne rouë que tournent deux bœufs, qui ſont deſcendus par le degré, dont l'on a parlé, & tirent l'eau auec vn chappellet du fond du puys.

G Fond du puys de Ioſeph fort eſtroit, raiſon pourquoy l'on en deffend la veuë aux Chreſtiens & Iuifs, de crainte qu'ils ne l'empoiſonnent.

Memphis & Mumies d'Egypte.

Chap. IX.

A Vne demie lieuë du Kaire eſt Memphis appellée Eski Meſler par les Ottomans ou vieux Kaire, ville tellement ancienne que les murailles ſont toutes conſommées par le temps, il y a nombre de Coftes qui l'habitent; il y reſte vn pan de murailles des greniers que fit faire autrefois Ioſeph pour mettre le bled d'E-

Greniers de Ioſeph

gypte. Les Coftes y ont vne Eglife dans laquelle il y a vn lieu de grande deuotion où Iefus-Chrift a demeuré long-temps, lors que Iofeph & Marie s'enfuirent en Egypte pour éuiter la perfecution d'He rode; La Chambre où ce Monarque du Monde eftoit campé eft de dix pieds de long & trois de haut efleuée en forme de four, lieu à la verité, qui peut feruir de confolation au plus infortuné Chreftien de la nature, il y a pareillement vn puys affez profond, d'où la Vierge Marie tiroit de l'eau pour fe feruir.

A deux lieuës de Memphis font les Mumies où il y a quantité de Pyramides, mais non fi hautes que celles que nous defcrirons cy apres. Les Mumies ne font autre chofe que les Sepulchres & Cimetieres des anciens Egyptiens qui eftoient depuis les piramides de Pharaon, iufques où l'on voit les Mumies qui en font efloignées de deux lieuës & demie par vn chemin aride de fable mouuant au milieu du defert. Raifon pourquoy les Egyptiens auoient choifi ce lieu pour y mettre les Cadaures, embaumez & liez de plus de mille bandelettes de toille dans de petites cauernes qui fe refpondent les vnes aux autres, ceux qui eftoient riches faifoient faire des Pyramides plus grandes fur le tombeau de leurs parens que les pauures qui n'en auoient pas le moyen.

Ces Mumies font couchées de leur long fur le dos la tefte au Nord & les deux mains fur le ventre, & ont d'ordinaire dans l'eftomak vne figure d'or, d'argent ou de terre verte, & font ceintes d'vne ceinture de laurier ou de quelque autre matiere fuiuant le rit de la Religion ancienne d'Egypte, fur lefquelles ceinture de laurier ou de quelque autre matiere suiuant le rit de la Religiun ancienne d'Egypte, sur lesquelles ceintures il y auoit des lettres Hieroglliphyques escrites: Le Sieur d'Anthoine Consul de France en Egypte me fit present de deux figures de terre verte trouuées dans le corps de deux Mumies en l'année *1648*. dont l'vne a la teste d'oyseau & le corps d'homme, l'autre de bœuf & le corps de femme, lesquelles à mon aduis estoient Talismans des anciens Egyptiens qui estoient fort adonnez à l'Astrologie, & pendant le temps que i'estois en Alexandrie, l'on trouua sur vne ceinture plusieurs lettres escrites que i'ay voulu mettre dans cette relation de la mesme façon qu'elle m'est tombée entre les mains, la premiere colomne y manque & quelques caracteres de la seconde, neuf & dixiesme qui estoient mangées par le temps, dont ie n'ay peu tirer la figure, le Lecteur raisonnable ne doit demander ce que ie n'ay peu auoir.

Figure de lettres Hieroglifiques trouuées sur la ceinture d'vne Mumie, pendant le séjour de l'Autheur en Egypte.

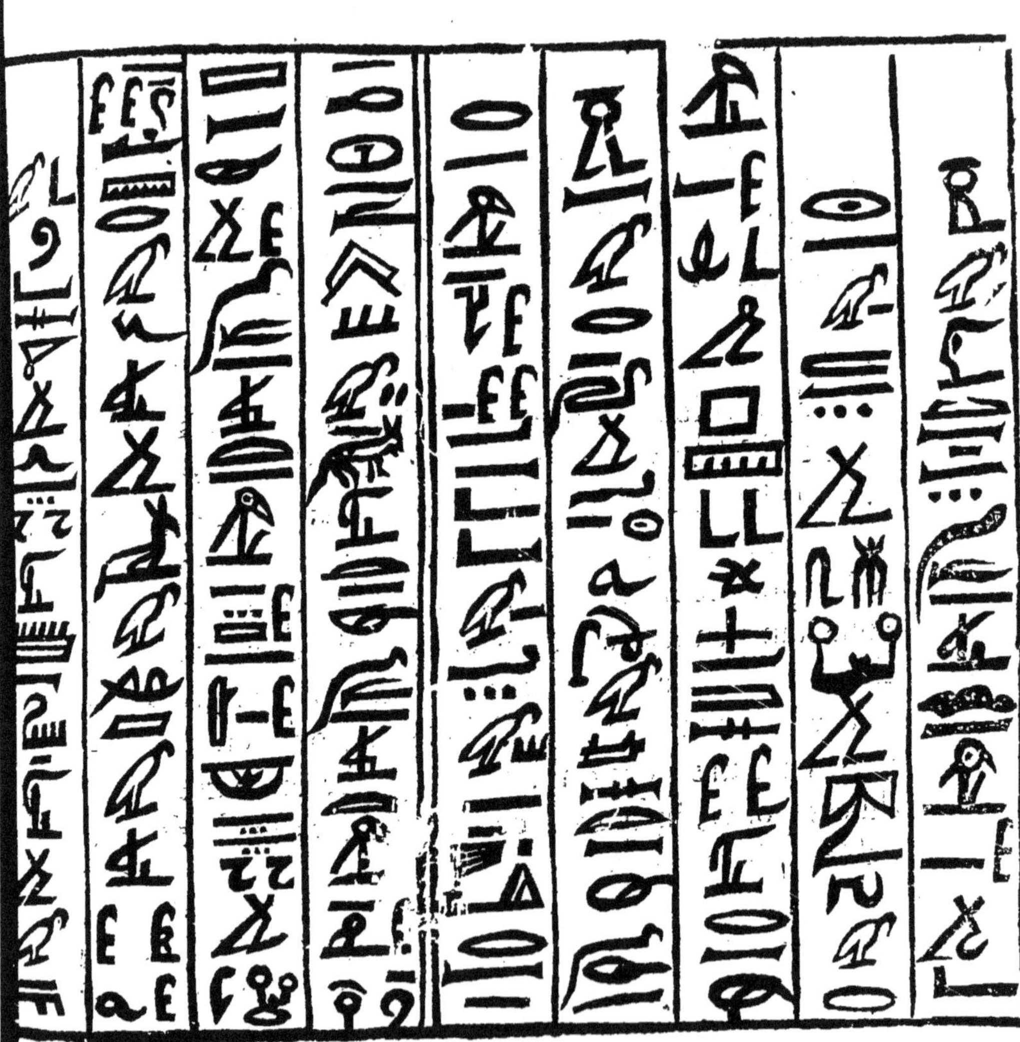

Des trois grandes Piramides d'Egypte, & de la Figure du Sphinge.

CHAP. X.

A Trois lieuës du Kaire tirant à l'Oüest-Suoüest, i'allay voir les piramides d'Egypte, appellées par les Turqs Pharaon Dagler, ou montagne de Pharaon, parce que Pharaon estoit le nom des Roys d'Egypte, comme Sultan est celuy des Roys Ottomans, Schah celuy des Roys de Perse, & Negous celuy des Roys Abissins, lesquels firent autresfois bastir ces Mausolées superbes.

A demie lieuë du Kaire vers le Susuoüest nous arriuasmes à Memphis, appellée par les Turqs Eski Messer, ou vieux Kaire : De Memphis nous tirasmes au Nil, laissant à main gauche le Kalis, ou Turcie, où l'on coupe le Nil pour le faire venir au Kaire, lors qu'il est en sa consistance, nous passasmes cette riuiere pres vne petite Isle où il y a vn Chasteau, d'où le Pacha voit couper le kalis ; & marchant à l'Oüest nous rencontrasmes vn autre port qu'il fallut passer en batteau & diuers ponts, iusques à ce que nous arriuasmes aux Sables arides.

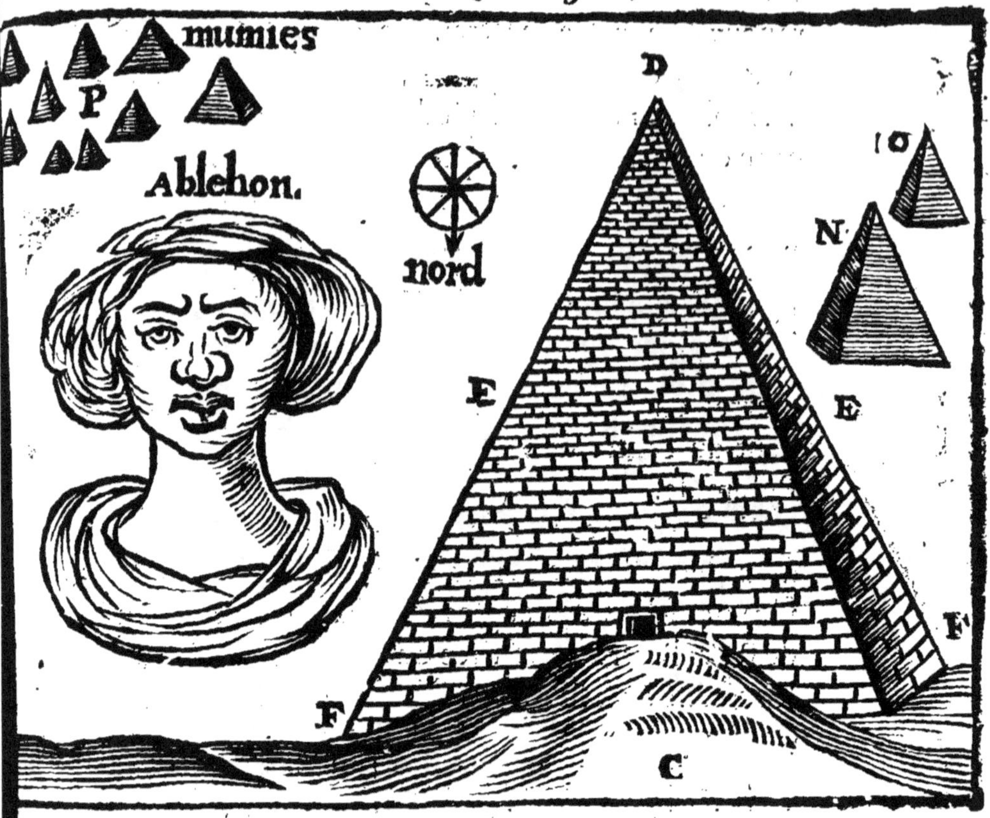

Sphinge. Pyramide d'Egypte.

C Grande Pyramide d'Egypte bastie par *Keopé* ainsi que plusieurs asseurent, d'autres croyent que le mesme Pharaon qui se noya dans la mer rouge, l'auoit fait bastir pour son tombeau : Mais Moyse ne parle point de ce superbe edifice, qui passe tout ce qu'il y a au reste du monde. Mahomet dit dans l'Alkoran au Chapitre du Mansulman, que Pharaon dist à Haman, fais moy bastir vn haut Palais, peut estre que i'arriueray aux Cieux. Cette Pyramide occupe 640000. pieds de Roy en quarré de superfie par sa base sur la terre, & a de solide 120320000. pieds cubes en son total. Sa figure est quarrée, & occuperoit dans l'air, si elle estoit suspenduë 1878400. pieds de Roy en quarré dans sa superficie totale ; elle est faitte de 4456294. pierres, chacunes de ses pierres prises à 27. pieds cubes dans leur solide.

D Platteforme au sommet de la Pyramide de 12. pierres en quarré, où 60. hommes peuuent tenir, distant du centre de 565. pieds, qui est la hauteur de la Pyramide.

E La hauteur de la montée, ou plutost la ligne d'vn des costez de la Piramide tirée de D en F ou du sommet à l'vn des angles de la base, est de 800. pieds de Roy, l'autre ligne tirée du sommet au milieu de la longitude ou latitude, ou si l'on veut de D en C est de 774. pieds.

F Longitude de la piramide de 800. pieds égalle à la latitude, de maniere que la circonference est de 3200. pieds, & le diametre de sa base, ou la ligne diagonale d'vn des angles à l'autre est de 1131. pieds. Il n'y a Archer si vigoureux qui pût tirer vne fleche du sommet, au dela de la circonference, parce qu'il y a 400. pieds depuis le centre iusques à la plus proche partie de la circonference, & 566. pieds iusques à la plus esloignée, outre que la hauteur fait vn arc plus grand, à cause de l'esloignement du centre de la terre. La porte de cette piramide est vn peu plus au Couchant, qu'au Leuant, & regarde le Nord directement, elle est à la 15. pierre, la pierre de dessus est de 11. pieds 3. pouces de haut, & 3. pieds 3. pouces de large ; cecy suffist pour le dehors.

N Seconde piramide bastie par Rodophe fille de Keope à ce que l'on dit, elle est d'vn quart plus petite dans toutes ses proportions que la grande.

O Troisiesme piramide bastie suiuant la mesme tradition, par Cephrin frere de Keope, elle est d'vn quart plus petite que la seconde. Herodote liu. 2.

P Mumies où il y a plusieurs piramides distantes trois lieuës & demie des piramides de Pharaon, par vn chemin de sable aride, comme nous auons dit au precedent Chapitre.

Ablehon. Cette figure appellée Ablehon par les Turqs, & Sphinge par les Europeens, est taillée dans le roq, & si prodigieusement grande, qu'elle a dix-huict pieds du manton à l'oreille : Elle a le nez camard comme les Mores, ou Ethiopiens, ce qui me fait croire que c'estoit la representation du mesme Roy qui a fait bastir la grande piramide, ou de quelque Empereur de Lybie, qui a poussé ses conquestes iusques en Egypte, quoy que l'on tienne religieusement que les anciens Egyptiens l'honorassent comme vn Dieu, parce que le Sphinge estoit vn animal que l'on feignoit estre engendré d'vn lyon & d'vne vierge. Leurs sages auoient trouué cette diuinité, à cause que le Nil est dans sa consistance, & fertilise l'Egypte en l'innondant, lors que le Soleil passe du signe du Lyon à celuy de la vierge; Ce Sphinge n'a ny le nez, ny les yeux, ny la bouche percée, & l'on n'auroit pas plutost entendu la voix du valet du

Sacrificateur du costé de la face, que du derriere de la teste, ce qui auroit esté ridicule, si l'on luy auoit voulu faire rendre des oracles, mais il n'est point necessaire que les statuës parlent pour estre honorées du peuple, nous en auons veu aux Indes, comme celle du singe Ermand, laquelle ne se remuë point, & si elle estoit tombée, ie doute fort qu'elle pût se releuer sans l'assistance du Bramen, ausquelles toutesfois les Indou attribuent de grands miracles, & y vont en pelerinages de trois & quatre mois de chemin, l'oignent d'huylle, la couronnent de fleurs, & luy font du vent pour la rafraischir, & en chasser les mouches.

Dedans de la Piramide.

Apres auoir consideré le dehors des piramides, ie voulus voir le dedans de la plus grande, ie fis tirer vn coup d'arquebuse dans l'entrée pour faire fuir les serpens ou animaux veneneux, qui y auroient peu estre; ie trouué la pierre de dessus la porte d'vne piece de 11. pieds de long, & 8. de large, & l'entrée de la premiere allée allant en pante vers le midy de 3. pieds 6. poulces de haut, & 3. pieds 3. poulces de large, cette allée va en descendant, & a 76. pieds 6. poulces de long.

Au bout de cette descente ie passé vn goulet, ou lieu fort estroit, par lequel vn homme vn peu gras n'auroit peu passer; Et pour marque de mon dire le Chapelain du sieur d'Anthoine Religieux Cordelier de la famille de Ierusalem, François de nation, vint en ma compagnie & descendit pour entrer apres moy dans la piramide, mais son estomak s'estant trouué plus gros que sa teste, il eut beaucoup de peine à se retirer du passage, ie croy que s'il se fust engagé brusquement, il auroit fallu le demembrer ou le couper par quartiers pour l'oster de ce trou, & nous faciliter nostre sortie; i'aurois eu vn extreme regret que ce malheur luy fust arriué estant vn Sainct personnage plein de douceur & de charité. Pour moy ie me deshabillé, fis passer mon guide auec vne chandelle le premier, ie le suiuis & montant six pieds vn petit chemin, au bout duquel ie trouué vne place où il y auoit deux chemins l'vn à l'Est, l'autre à l'Ouest, cette place a douze pas de tour fort inesgalle; Ie pris à l'Est & trouué vne seconde allée de mesme esleuation que la premiere de *111*. pieds de long, au milieu de laquelle il y a vn puys où l'on descendoit les Mumies ou Cadaures embaumez pour les placer en diuers lieux qui sont sous la piramide, Les Coftes disent que de ce puys l'on alloit dans la teste du Sphinge, & que le seruiteur du grand Prestre des Egyptiens y alloit sans estre veu de personne & rendoit les oracles. Ce que ie ne me suis pû persuader, parce que cette piramide deuoit estre close & fermée comme les autres, & par consequent l'on n'eust pû aller dans ce puys, si ce n'eust esté que par la mort de quelque grand, l'on ouurist la piramide & l'on fist rendre des oracles aux Sphinge, ce qui auroit semblé encor plus merueilleux: ie trouué par apres vne grande allée de six pieds quatre poulces de large & monté droit à l'Est Suest *164*. pieds iusques à la porte d'vne petite salle, au dessous de cette allée est vne autre alléebasse de trois pieds trois poulce de large, & autant de haut, laquelle conduit en vne petite chambre faite en dos d'asne où l'on mettoit des Mumies. En montant la grande allée ie trouué vn petit parapel d'vn costé & d'autre de deux pieds de large & quatre de hauts auec de petits trous au dessus de trois doigts de large & demy pied de long entaillés dans la pierre pour se tenir auec les mains, parce que la montée est sans degrez & vnie comme du verre.

De cette allée i'entré en vne petite salle ordonnée pour le repos du Cadaure, de celuy qui a fait bastir cette piramide, attendant la consommation des Siecles elle a 32. pieds de long, *12.* de haut & *16.* de large, le hault en voute droite de *9.* pierres dont les *7.* du millieu ont *4.* pieds de large & 16. de long, & les 2. autres 2. pieds de large; au bout de cette chambre tirant au Sud, il y a vn tombeau de iaspe noir, de trois pieds vn poulce de large & quatre pieds de haut, & six pieds dix poulces de long, lequel à mon aduis a esté autrefois le Sepulchre de quelque Pharaon, parce qu'il semble que cette auge a esté couuerte ayant plusieurs trous, il y a si long-temps que ces piramides sont basties que l'on n'en peut rien dire que par opinion: L'on ne doit donc s'attacher qu'à en considerer la structure; à l'Ouest de ce tombeau dans la mesme chambre, il y a vne autre puys pour descendre des Mumies en diuers lieux, ou possible que de ces puys l'on en tiroit de l'eau pour bastir les piramides comme dit Herodote Liure deuxiesme.

Dans ces chambres, places, allées & puys, il y a vne infinité de chauue-souris qui ont des queuës, i'ay obserué qu'en tout le monde il n'y en a que de 3. sortes, ce qu'Ouide au quatriesme liure de ses Metamorphoses, descrit, lors qu'il dit que les trois filles de Minée furent changées en cét oyseau pour auoir mesprisé la Feste du Dieu Baccus, dont l'vne filloit de la laine, l'autre du lin, & l'autre pressoit ses seruantes de trauailler, & plus ie considere & medite les escrits de cét Autheur, plus ie trouue qu'il a conneu & expliqué la nature des choses, & m'estonne de ce que l'on le fait lire aux ieunes Escolliers, veu que les plus habilles ont beaucoup de peine à l'entendre. Metam. l. 4. f. 2. 12.

Raretez d'Egypte.

CHAP. XI.

A Deux iournées du Kaire, est le lac de Netron, dont l'on fait grand negoce, & depuis peu de temps les vaisseaux du Havre & des Sables d'Olonnes en viennent charger en Alexandrie pour porter à Roüan, les Marchands de Normandie s'en seruent pour blanchir les toilles, ce qui les brusle, les Egyptiens s'en seruent au lieu de leuain, raison pourquoy ils ont tous les bourses grosses sans estre incommodez, la force de cette pierre est si grande, que si l'on en met vn peu dans vn pot où il y aye de la viande, elle l'a fait cuire & la rend tendre, si l'on iette dans ce lac, c'est le terme du pays, vn homme mort ou vn chien, ou vn arbre, il deuient Netron & se petrifie, se changeant dans la nature de cette pierre; ce qui a esté fort bien descrit par Ouide, & peu entendu de ceux qui n'ont point veu ces merueilles de la nature, lors qu'il a dit que quelques Metam. l. 7. f. 27. li. 5. f. 12.

corps ont esté changez en pierres par les Dieux qui en ont eu compassion,

Pareille distance du Kaire est le Conuent de Sainct Makaire : dans les deserts où est ce Monastere il y a quantité de pierre d'Aigle, lesquelles sont de couleur jaunastre, & ont la Vertu de faire conceuoir les femmes si elles sont attachées au col ou autre partie du corps au dessus de la matrice, & les faire accoucher si elles sont attachées à la cuisse ou autres parties inferieures; ce sont les paroles de Pline, qui en ce point a dit
Li. 36. c. 21. verité, d'autres ont asseuré que mises au pied d'vn arbre elles font tomber le fruict, & attachées à la cime le retiennent, parce que le fruict est à l'arbre ce que l'enfant est à la femme, ie laisse aux beaux esprits la recherche de cette curiosité & attraction naturelle, qui pourroit estre semblable à proportion à celle de l'aimant auec le fer : Cette pierre est appellée pierre d'Aigle, non que l'on l'a trouue dans le corps de l'Aigle, mais à cause que l'Aigle la porte dans son nid, soit pour empescher les serpens ou pour luy aider, à la conseruation de ces petits; il y en a de deux sortes, l'vne que l'on appelle masle & l'autre femelle; celles d'Egypte sont de la couleur que nous auons ditte, & celles de Libie & autres lieux noires; elles sont toutes creuses par le dedans, où il se trouue de la poudre, laquelle les Egyptiens disent guarir la fiévre beüe auec de l'eau.

Il y a aussi en Egypte du baulme en petite quantité, les fueilles de cét arbrisseau sont de la figure de la marjolaine & sa tige est esleuée vn pied & demy de terre, le plus estimé s'apporte de la Foire de la Mekque, l'on en

fait

fait l'espreuue auec vn verre d'eau dans lequel l'on en verse vne goutte, s'il deuient blanc il est vray baulme, & s'il ne change point de couleur il est falcifié ; I'ay veu practiquer cecy aux Iuifs qui en font negoce, il y a vne autre sorte de baulme blanc qui ne se vend point en Egypte, lequel preparé & spiritualisé est le fard des fards, longuent diuin & la merueille de la nature & de la Medecine, la casse se trouue aussi en abondance en Egypte, l'arbre en est bien descrit par Belon dans ses obseruations, où il en a mis la figure au Liu. 2. chap. *35.*

La pierre Asuestos ne se trouue point en Egypte, comme plusieurs tiennent, elle vient de Chipre, cette pierre est de couleur ardoisine, & s'éffille en espece de coton blanc dont on fait de la toille incombustible, de laquelle les anciens se seruoient à mettre les Cadaures sur le bucher, pour recueillir les cendres nettes sans estre meslangées auec les cendres du bucher, & les garder dans les vrnes. Les Egyptiens ne se seruent point de poulles pour faire couuer les œufs, mais ont des fourneaux si temperez, qu'au vingtiesme iour les poussins sortent de la coque, raison pourquoy les vollailles y sont à grand prix. Le grand Duc de Toscane fit venir à Florence, il y a quelque temps, vn Egyptien qui les faisoit éclore aussi facilement qu'en Egypte, ce qui fait voir que ce n'est point le climat, mais l'industrie humaine qui peut auancer nature, ce que l'on obserue dans la decomposition phisique & reünion des premieres qualitez : mais comme vn chacun aime naturellement sa patrie, il fut impossible à son Altesse Serenissime de retenir ce More par presens, il ayma mieux iouyr de sa liberté, sans bien, que d'estre esclaue doré en la perdant; de tout temps ces peuples ont excellé, & tous les grands hommes de l'Antiquité ont esté voyager chez eux, pour apprendre leur sagesse & se former le iugement. Moyse nous est tesmoin, qu'il s'y est trouué des Mages qui ont plus fait de prodiges que tous ceux dont l'on ait parlé depuis en aucune partie du monde; l'on leur attribuë la Geometrie, principe & origine des sciences Mathematiques, dont ils ont esté inuenteurs à cause du limon du Nil qui couure souuent les bornes & les limites du plat pays, & empesche qu'vn chacun ne connoisse son fond propre, pour moy ie n'y ay veu que 2. choses extraordinaires, la premiere vn Sãton ou Deruiche reputé Sainct par les Mansulmans, lequel estant consulté par les Marchands Egyptiens d'Alexandrie, & prié de leur dire s'il ne venoit point de vaisseaux de France à cause que leur negoce estoit interrompu par les guerres ciuilles de ce Royaume, il leur demanda temps pour conferer auec Dieu & le Prophete, & se retira dans vn Sepulchre où il habite ordinairement, & le lendemain reuint sur le port où il appella ceux qui l'auoient consulté, & leur dist, vrais croyans en Dieu, réjoüissez-vous, Dieu vous fait misericorde: Vn vaisseau François est party de Marseille & est à la voile & arriuera icy à bon port en peu de temps, cette nuict i'ay fait mes prieres à Dieu & i'ay esté transporté en esprit à la Mekque, où i'ay eu connoissance de ce que vous desiriez de moy, ce qui arriua en suite suiuant sa prediction, l'on attribuë cette réponse à la Geomance, parce que de tout temps cette nation s'est portée à connoistre le futur, & nous voyons mesmes que ces vagabons qui courent l'Europe sous le nom d'Egyptiens, n'ont retenu de leurs ancestres que quelques secrets de la Kiromance, dont ils gagnent leur vie : La seconde est vne vieille femme du Kaire à laquelle l'on porte les petits enfans qui crient, elle les prend & leur baissant la teste sur ses mains leur gratte les oreilles & en fait sortir plusieurs vers qu'elle dit s'engendrer dans le cerueau, & alors ces enfans estans soulagez se mettent à rire, ie luy offris cinquante pistolles pour apprendre son secret, elle me respondit qu'elle estoit seule en Egypte qui sçeust guarir ce mal aux enfans, & que ie m'en mocquerois, si i'en sçauois la facilité, mais pourquoy que ce soit, elle ne le diroit à personne. Que toutefois si ie me voulois faire Mansulman, & me faire circoncire, elle ne me cacheroit rien, de quoy ie la remercié & luy tesmoigné que i'aymois mieux ma foy que sa connoissance, & que le prepuce ne croissant pas comme les ongles & les cheueux, il n'y auoit pas plaisir à le faire couper.

Voyage du Kaire en Alexandrie.

CHAP. XII.

DV Kaire ie fis porter mes hardres à Boulak, où ie m'embarquay pour Rosset, i'y arriuay le troisiéme iour : à la pointe de l'Isle de Damiette, nous fusmes espiez par vne barque de voleurs, lesquels ne nous ayās peu surprendre se retirerent sans oser nous attaquer, Boulak.

telles canailles sont des villages circonuoisins qui destroussent les barques où il n'y a point de deffense, cette riuiere est la seule de ma connoissance, où il y ayt des corsaires ou voleurs.

Rosset. Rosset est vne des emboucheures du Nil où il arriue force vaisseaux de Constantinople, Smirne, & autres lieux de Grece, & Natolie, il y a vn Viceconsul de France & vn de Venise, elle est de la grandeur de Ligourne & la plus saine demeure d'Egypte, elle est à quatre mille de la Mer à l'Ouest du Nil.

De Rosset l'on a deux chemins pour aller en Alexandrie, l'vn par mer & l'autre par terre, ie pris ce dernier comme plus seur à cause des bancs de sable qui sont frequens à l'emboucheure du Nil, où beaucoup de barques se perdent: Ie partis de Rosset à minuit & vins me reposer dans vn petit han où il faut passer vn petit port en batteau: le mesme iour i'arriuay en Alexandrie ayant tousiours cheminé à l'Ouest dans des sables mouuans & arrides où il ne paroist aucun chemin frayé.

Alexandrie. Alexandrie que les Turqs appellent Iskendria, prend son nom d'Alexandre le grand Macedonien qui ordonna qu'elle fust bastie, d'où l'on peut inferer son antiquité, elle a esté saccagée par plusieurs nations, les Romains l'auoient vn peu reparée, mais par le differend des Croisez & des Mansulmans, elle a esté ruïnée de fond en comble, & ne reste que les cysternes qui ont communication les vnes aux autres, & sont en aussi grand nombre qu'il y auoit de maisons dans cette ville, l'on deuroit plutost l'appeller le lieu où Alexandrie estoit, parce qu'il n'y reste de tous ses magnifiques Palais que quelque ruïnes, & vieilles colomnes à demy consommées par le temps, auec l'enclos de ses murailles, qui peuuent auoir vne lieuë & demie de tour, lesquels se sont conseruées en leur entier auec les tours, & les bastilles qui estoient faittes à l'espreuue du belier, où i'ay remarquay qu'aux diuers estages l'on a mis des colomnes de marbre renuersées au lieu de poutres, lesquelles desbordent d'vn pied hors la muraille, afin que l'on ne la pût sapper ny brusler.

Il y a deux ports, celuy des galleres est au Sud, & celuy des vaisseaux au Nord, lequel est fait en forme de croissant. A ses deux cornes il y a deux petit pharillons ou chasteaux, dans lesquels il y a deux ou trois petites pieces de canon qui ne sont pas montées, de façon que ces deux chasteaux que l'on a descrit prodigieux, ne pourroient pas tenir contre deux galleres, il est vray que le lieu est tres beau pour y bastir deux belles forteresses, mais les Turqs n'édiffient iamais rien; ils se seruent de ce qu'ils trouuent fait & fabriqué, & pleust à Dieu que les Princes Chrestiens en conneussent la foiblesse, & eussent tous le zele de S. Louys pour l'accroissement de leur Religion.

Pere Boucher Bouquet Sacré.

Il y a plusieurs Iuifs, Grecs, & Coftes qui habitent cette ville; les Coftes sont Chrestiens Schismatiques, Ils tiennent les mesmes erreurs que les Armeniens, Iacoubites & Ethiopiens, & suiuent en tout l'opinion de Dioscore, & Eutiches, que nous auons descrite au chap. 41. de la 1. Partie, & au Chap. 58. de la 2. Partie.

Raretez d'Alexandrie.

CHAP. XIII.

L'On voit vne piece de marbre blanc dans Alexandrie de quinze poulces en quarré, percée au milieu, sur laquelle fut tranchée la teste de Saincte Catherine, par le commandement de l'Empereur Maximin; & pres l'Eglise des Grecs où l'on garde cette rareté, sont les ruïnes du Palais du pere de cette Saincte, laquelle à l'imitation du Sauueur du monde, qui ne daigna respondre deuant Pilate sur la fausse accusation que les Iuifs intentoient contre sa personne, elle consacra sa vie à Dieu, & n'eust pour deffences à tout ce qu'on luy imposoit que le silence & la patience.

L'on y voit aussi les vestiges du somptueux Palais de Pompée, que quelques-vns disent auoir esté de Cleopatre, il n'est pas bien difficile à croire que ceux qui n'auoient qu'vne volóté, n'eussent qu'vne mesme demeure, ce qu'il y auoit de plus remarquable en ce Palais estoit vne gallerie de colomnes, sous laquelle ces deux amans alloient se promener à couuert de la pluye, & du Soleil sur vne gallere; il n'en reste à present que quelques colomnes dans la mer.

L'air de cette ville est extremement mauuais & pestilentieux, à cause de la quantité de cisternes d'où sortent des vapeurs grossieres, que le Soleil esleue facillement, à cause qu'il n'y a plus de maisons, & en infecte l'air; l'on n'y peut habiter que l'Hyuer, si l'on n'y veut mourir : hors la ville il y a de beaux iardins vers le kalis ou chaussée, que l'on couppe pour faire emplir les cisternes d'eau, lors que le Nil est en son Plain; il y a dans ces iardins beaucoup de cassiers, mais non en si grande abondance, qu'à Damiette.

Prez le port d'Alexandrie l'on voit deux aiguilles remplie de lettres hieroglifiques d'vne prodieuse longueur, dont l'vne est couchée, & l'autre est droicte d'vne seule piece; elle a douze pieds en chacun des costez de sa base, qui sont 48. pieds de tour, & 60. pieds de haut, de façon que la superficie de sa base est de 30. pieds en quarré, & la superficie dans l'air est de *360.* pieds en quarré, sa circonference de *36.* pieds, & son solide total de 600. pieds cubes d'vne seule pierre. Hors la ville du costé du Su Suouest à vn demy mille des murailles, l'on voit la colomne de Pompée, que l'on dit que Iules Cæsar luy fit esleuer apres sa mort.

Elle est de marbre pastiche ou fusible, comme l'on dit assez improprement, dont l'on pretent auoir perdu le secret, elle a trente pieds en rond de circonference, & *70.* pieds dix poulces de haut sans le pied d'estail, elle est d'vne seule pierre, son diamettre est de neuf pieds dix poulces, sa superficie exterieure de 2400. pieds en quarré, & son solide est de 6000. pieds cubes.

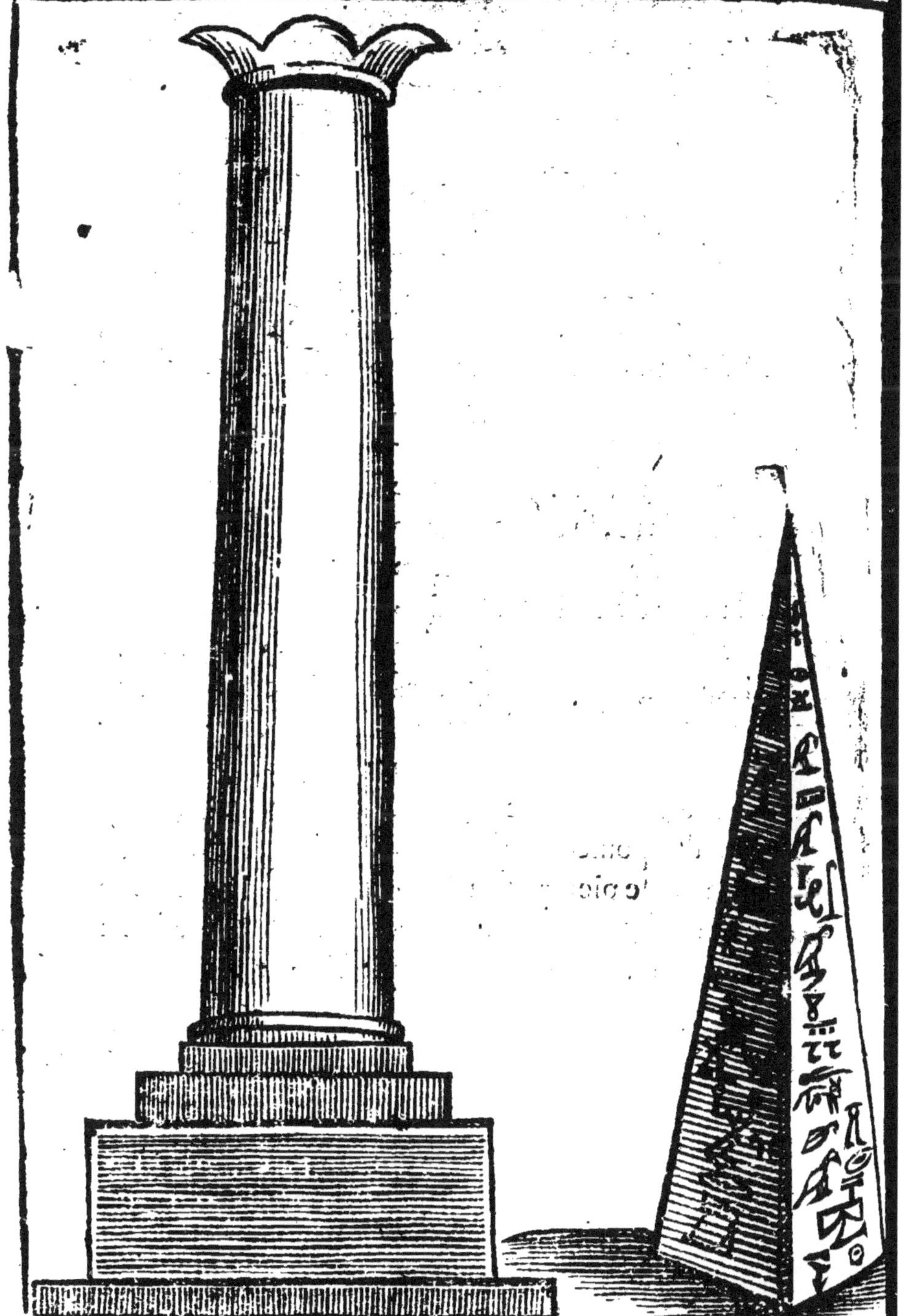

Dans Alexandrie il y a deux montagnes artificielles, qui ont esté faites de la terre que l'on tiroit des cisternes, lors qu'on bastit cette ville, l'vne est à l'Est, l'autre à l'Ouest, & seruent aux vaisseaux pour remarquer la coste d'Egypte, & aux Egyptiens pour descouurir les vaisseaux Corsaires.

De la Religion des Iuifs.

CHAP. XIV.

IE ne dois obmettre que dans Alexandrie il y a quantité de Iuifs, lesquels comme par toute l'Egypte, y font la meilleure partie du negoce, & comme ie n'ay voyagé que pour voir & prattiquer les plus habilles gens des lieux où le sort ma porté, i'ay eu plusieurs conferences auec les Rabis de Smirne, d'Hispahaam, Alep & le Kaire, ie frequentois en Alexandrie vn Docteur appellé Aaron Ben Leuy, qui signifie Aaron fils de Leuy natif de Barbarie de parens Portugais, homme sçauant, & de grande probité, lequel s'en alloit à Constantinople sur l'vn des gallions du Sultan il attendoit son passage en Alexandrie, ie luy fus dire adieu à mon depart d'Egypte, & ie ne veux oublier vn dialogue de la Religion des Chrestiens & des Iuifs que nous eusmes à nostre separation.

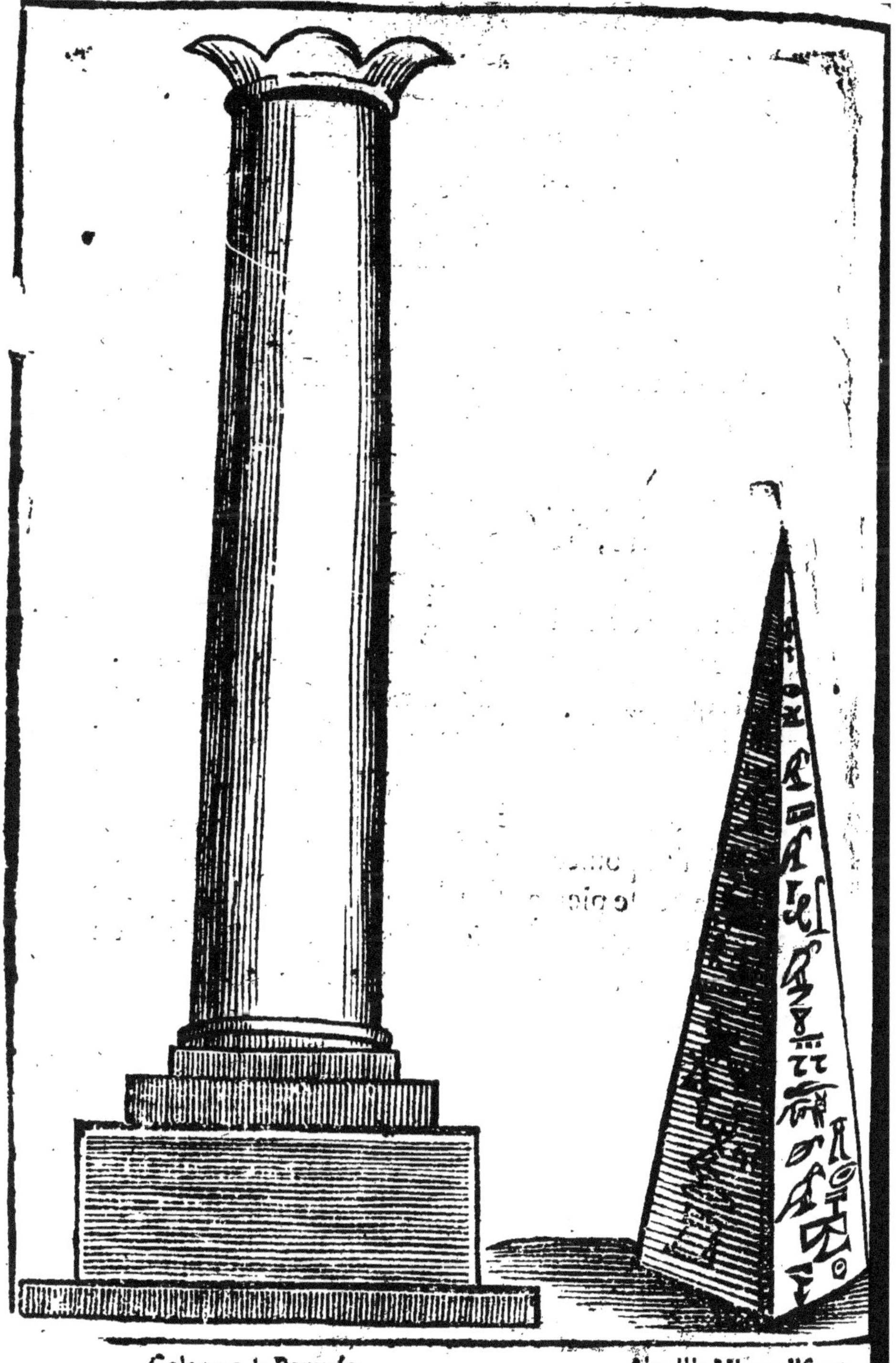

Colonne de Pompée. Aiguille Hieroglifique.

Ibrahim Beg. Aaron Ben Leuy.

Ibrahim Beg. Ie te viens dire adieu, ô cher Rabi, auec priere de t'informer de la Saincte Escriture, laquelle tu as leuë sans en entendre le sens, si ie te puis seruir en Chrestienté ie le feray de cœur, te protestant que i'ayme & cheris autant ta personne & ton merite, que i'abhorre & deteste ta loy.

Aaron Ben Leuy. Ie te suis obligé, cher Ibrahim, des soins que tu as pour moy, ie m'estonne que toy qui connois le bien & le mal de tant de differentes nations que tu as practiquées, condamne le Iudaisme comme

vne abomination, veu qu'vn homme de bon sens ne
peut conceuoir que ce qui vient de Dieu, soit bon
en vn temps & ne le soit dans l'autre, telle est la loy
du grand Moyse, laquelle durera tant que le monde Exod. 12.
sera monde suiuant l'Alliance que Dieu le Pere d'A- 24.
braham, Isaac & Iacob a contractée auec la semence Gen. 17.
de nos Peres : nous auons ces promesses par escrit 10.
auec la venuë du Messie, lequel doit venir la force à 49. 10. Deuter.
la main pour r'establir le Royaume d'Israël, & doit 18. 15.
estre homme & non Dieu ; Quand à Iesus Fils de Marie de la Tribu de Iuda que vous appellez le Fils de
Dieu & Redempteur du genre humain, ie ne vois
point qu'il doiue venir vn homme pour sauuer tous
les autres ; Iesus ne fut iamais oinct Roy des Iuifs,
qui est le signe & la marque Royalle, Dauid & Saül 1. Rois.
l'ont esté, ce qui me choque le plus est d'entendre les 10. 1. 16. 13.
Chrestiens appeller Marie, qui fut femme de Ioseph,
& fille de Ioachin, Mere de Dieu, qui est donner
commancement à la diuinité, qui n'en peut auoir,
parce qu'elle est fixe, parfaitte, & immuable ; si vous
y pensiez sainement, cher Ibrahim, vous y trouuer-
riez de grandes difficultez, mais comme vous n'estes
pas de sang de Iuif, Dieu ne vous esclaire pas, ne s'e-
stant obligé à nos Peres que pour leur semence ; toutesfois que crois-tu en toy-mesme de nostre Loy, ne
parle point auec passion, & m'en dis franchement ton
sentiment.

Ibrahim Beg. Nous confessons que la Loy de Moyse
a absorbé la Loy de nature, parce que Dieu en l'establissant a osté la permission de se marier auec ses

sœurs, & autres choses semblables comme l'vsage de plusieurs animaux desquels l'on pouuoit manger auparauant : Ie te demande, ô cher & docte Rabi, pourquoy le prepuce estoit bon en vn temps, & puis apres ç'a esté vn crime de n'estre point circoncis, Dieu or-
Gen. 17. donna à Abraham que l'Israëlite qui sera trouué auec
14. le prepuce soit mis à mort, pourquoy Dieu permist
9, 3. à Noë, & mesme luy commanda de manger toutes sortes d'animaux, & Moyse vous deffend de manger aucun animal qui ne rumine, & n'ait le pied fen-
Leuit. 11. du, ie croy que tu me puis respondre que Dieu l'a
3. ainsi voulu pour s'accommoder à la foiblesse humaine, laquelle n'est pas capable de le connoistre tout à coup : Moyse à la verité a plus donné de connoissance de la Diuinité, que l'on n'en auoit auparauant : il a mis par escrit la creation du monde, le déluge vniuersel, l'origine de la diuersité des langues, & a prophetisé la venüe du Messie, lequel a donné plus de lumieres aux hommes que Moyse, ayant annoncé & presché publiquement l'amour Diuin, qui est intrinsequement dans l'estre infini, auec la connoissance de soy-mesme, d'où resulte la generation & spirations des relations diuines : Il nous a fait connoistre le Paradis pour les bons, l'Enfer pour les méchans, & l'immortalité de l'ame, de laquelle Moyse n'a point parlé, ny de la creation des Anges, d'où il y a encor entre nous des Sectes, qui ne croyent ny la Resurrection du corps, ny l'apparition des bons & mauuais esprits : Vous accusez faussement Iesus d'auoir destruit vostre Loy escrite, laquelle il a esle-

uée par grace, au dernier degré de perfection, dans le reſtabliſſement qu'il a fait du Royaume d'Iſrael, quoy qu'il ne fuſt pas eſcrit qu'il le deuſt faire à ſa premiere venüe, ny chaſſer les autres Roys de la terre, ou les faire tributaires, comme vous croyez ſuperſtitieuſement, parce que le reſtabliſſement du Royaume d'Iſrael eſt la pureté & la Foy d'Abraham, laquelle s'eſt aſſoupie en vous par voſtre peu de croyance aux Propheres : Ie ſouſtiens que Ieſus-Chriſt n'a pas remis le Royaume, & Gouuernement d'Iſraël en meſme eſtat qu'il eſtoit du temps de Dauid, ou de Salomon, ny reſtably vn Roitelet en Ieruſalem ; mais il s'eſt emparé du Royaume de Cęſar, dont les Iuifs eſtoient tributaires & eſclaues, à ſa venüe il a recouuré la liberté ancienne des Iſraelites, & rendu les Romains obeïſſans. Tu ſçais que Pſeau.13.
tout a eſté ſous peché, & que Dieu a promis à Abra- 1.
ham de benir toutes les nations en ſa ſemence ; il deuoit donc venir vn Meſſager pour faire ſçauoir les Gen.22. 18.
nouuelles de cette benediction, dans l'eſperance de Pſeau.13.
laquelle eſtoient tous les Hebreux, ayans pour ſigne 10.
de leur Foy la circonciſion : Il eſt vray que Ieſus n'a iamais eſté oinct de la façon de Dauid, & Saül, deſquels les onctions ont eſté ſigne de la ſienne toute diuine & ſpirituelle, par l'operation du Sainct Eſprit, de meſme qu'il n'a pas eſté Roy des Iuifs ſeu- Apoc.5.
lement, mais de toute creature corporelle & inui- 13.
ſible : tu ne dois pas pour vn homme lettré m'objecter fauſſement que le Meſſie promis dans les Sainctes Eſcritures, ne peut eſtre Dieu, ce n'eſt plus de

moy que tu te moque, mais des Prophetes, aus-
Chap. 9. quels tu impose. Isaïe dit qu'vn enfant est appellé
19. immuable, fort, & Dieu, qui sont attribus essen-
tiels de la Diuinité : Ce mesme Prophete s'explique
encor autrepart, pour oster le doute que l'on auroit
de ce premier passage, & fait parler Dieu de cette
sorte : Moy qui fais engendrer & produire toutes
choses, n'engendreray-je pas aussi ; il est certain
qu'en Dieu les trois figures du temps sont englou-
ties dans le present, & que disant, n'engendreray-je
66. 9. pas, s'entend aussi, n'ay-je pas engendré, & n'en-
gendray-je pas, parce que la generation est de son
essence & intrinseque, c'est ce que nous appellons
le Verbe, lequel s'estant Incarné dans le temps, &
fait Homme, a esté le Messager de la benediction
vniuerselle, & comme cette vnion s'est faitte dans
le Corps de Marie, elle a porté cét Estre, Dieu, &
Homme tout ensemble, que les Chrestiens appellent Iesus-Christ. Vous me pardonnerez si ie vous
dis que vous imputez laschement aux Chrestiens de
vous persuader qu'ils croyent que Marie ait donné
commancement à la diuinité, quoy qu'ils l'appellent Mere de Dieu : Vous deuriez obseruer que dans
Gen. 18. vos liures de la Genaise, Sara, femme d'Abraham,
10. est appellée mere d'Isaac, quoy qu'elle n'aye donné
le commancement à l'ame d'Isaac, mais seulement
pour auoir porté Isaac dans ses flancs, lequel estoit
ame & corps, comme Iesus estoit Dieu & Homme ;
en vn mot tu monstre ton peu de foy de ne pas croire, que par la puissance de Dieu vne Vierge enfante,

& engendre vn fils, veu que dans les Liures du Iudaisme, il est escrit qu'elle le doit engendrer, & Isaie 7.
Moyse que tu qualifie de Grand au dessus des autres 14.
Prophetes, n'a-t'il pas dit que d'vn homme vierge Genes. 2.
fut tirée vne fille; & quel inconuenient trouue 21.
tu que les Chrestiens disent que Iesus est nay d'v-
ne Vierge; n'y a t'il pas par ce moyen reparation
& esgalité en tout, vn sexe ne pouuant rien repro-
cher à l'autre, puis que deuant qu'ils fussent separez,
Dieu les crea masle & femelle à son image & sem- Idem 1.
blance : vse de la raison que Dieu t'a donnée, & ne 27.
crois pas d'auoir veu ny toy ny moy tous les Liures de la Bible Sacrée? As-tu veu le Liure des Guerres du Seigneur scité aux nombres, Chap. 21. Verset quatorziesme? Sçais-tu le Liure des Iustes, scité au Chap. 10. Vers. 13. de Iosué? As-tu oüy parler du Liure des parolles des iours de Salomon, au 3. des Roys Chap. 11. Vers. 41. Du Liure des parolles des iours des Roys d'Israël au Chap. 14. Vers. 20. Du Liure des parolles des iours des Roys de Iuda, au Vers. 29. Du Liure d'Alliance au 4. des Rois Chap. 25. Vers. 21. Du Liure de Samuël, le voyant au 1. des Chroniques Chap. 29. Vers. 29. Du Liure de Nathan le Prophete au Chap. 29. Vers. 29. Des Liures de Hahias Silonite au Chap. 9. Vers. 29. Des Liures de Semeïas, au Chap. 12. Vers. 15. Des Liures d'Addo le Prophete Chap. 13. Vers. 22. Des Liures d'Ester au Chap. 9. Vers. 26. d'Ester. Du Liure du Testament du Seigneur au 1. Maccab. Chap. 1. Vers. 60. Du Liure des iours du Sacerdoce de Maccabée au Chap. 16. Vers. 24. Du Li-

ure des temps des Rois au 3. d'Esdras Chap. 1. Vers. 42. Tu ne respond pas, & que sçais tu si dans l'vn d'iceux il est porté que le Messie que les Chrestiens suiuent, est celuy que tu attens ; cher Rabi, croy moy, c'est peu de chose de nous autres, nous nous impliquons les vns les autres dans nos croyances, sans nous seruir du principe de la raison, rayon de la diuinité, par lequel nous sommes illuminez venans au monde ; que si tu as tous ces Liures, ou parties d'iceux, il y a 5. ans que ie roule pour les trouuer ; sers toy de l'aduis que tu me donne, & pense meurement & profondement à ta Religion, tu ne seras pas sans beaucoup de difficulté.

Voyage d'Alexandrie à Rhodes.

CHAP. XV.

IE m'embarquay en Alexandrie sur le vaisseau du Capitaine Laurent Maure Cioutadin, lequel fut pris de force auec celuy du Capitaine Bremont, par le Pacha du Kaire, pour porter à Rhodes vn Kasina ou thresor du grand Seigneur, auec quantité d'Agas & autres Officiers de la Porte : Le Pascha fit obliger & respondre toute la nation de la fidelité de ces 2. Capitaines pour la seureté des deniers qui consistoient en 16. caisses d'or, & d'argent, & retins dans le port d'Alexandrie 16. autres vaisseaux François. Le chemin d'Alexandrie à Rhodes est 120. lieuës au Nord Nordest, nous y arriuasmes en trois iours.

Rhodes fut conquise par Sultan Soliman (Maistre d'Ibrahim Pacha Visir asim, qui gouuerna l'Empire Ottoman, auec tous les bon-heurs imaginables; mais fut estranglé par la malice de la Sultane Roxelane) sur les Cheualiers de Rhodes, dont Iean de Viliers estoit grand Maistre; elle leur auoit esté donnée apres l'aneantissement des Templiers: Cette place est extremement forte, a trois mille de tour, le Port est petit, fort seur, & deffendu d'vne grosse tour: Le Port des galleres est beau; hors la ville il y a quantité de maisons de Grecs, lesquels viennent le iour dans la ville, & n'osent y coucher la nuict par la politique Ottomane qui le deffend, de crainte de quelque reuolte.

L'Isle de Rhodes est quatre fois plus grande que celle de Malthe, tres-fertille, les porcs y sont à grand prix; il nous arriua vne disgrace qui nous pensa causer la perte de nostre liberté, il y a dans Rhodes 8. galleres, que le Pacha entretient pour faire le cours contre les Chrestiens, & dans ces galleres il y a plusieurs esclaues François, l'vn desquels, natif de la Cioutad se sauua de la Capitainesse, & vint la nuict sans estre apperçeu sur nostre vaisseau, & se cacha dans la sentine: Le matin les Comites de sa Chiourne firent grand bruict à nostre Capitaine, lequel nia absolument que le fugitif fust dans son vaisseau, & au vray ne le sçachant pas, dist assez indiscrettemét qu'il vouloit estre à la chesne, & tout son esquipage, si l'esclaue s'y trouuoit: Pendant ce bruict vn Moussi, ou petit garçon de nostre bord, vint au Capitaine l'aduertir, qu'il y auoit vn esclaue des galleres du grand Turq dans la sentine, ce qui estonna le Capitaine, lequel prist cét esclaue, & le mena au Pacha de Rhodes, luy tenant ce discours. Mon grand Seigneur, voila vn esclaue des galleres du Sultan, lequel est venu de nuict sur mon vaisseau, sans auoir esté apperceu que maintenant; ie te l'ay ramené, Dieu te conseruera, si tu ne crois pas qu'il y soit allé de ma faute, tu sçais, nous auons apporté le thresor du Sultan, & auons emmené à bon port les Agas du Serrail, reprens donc ton esclaue, & nous donne licence de leuer nos ancres. Le Pacha luy respondit, tu merite, infidelle, d'estre mis aux galleres auec ton équipage, mal-heureux & sans soin, que ne fais-tu faire la garde sur ton vaisseau, si l'on y mettoit le feu la nuict, où en serois-tu; ie te dis, bien t'en prend d'auoir abordé dans ce port pour le seruice du Sultan, autrement tu ne t'en retournerois pas. Le Capitaine repliqua: Mon grand Seigneur, i'ay des gens qui me sont sousmis, ie les ay choisis les plus fidelles que i'ay creu, mais celuy qui est maistre de la garde, n'a pas fait son deuoir, ie le feray punir, mais moy, & le reste de mon équipage, ne sommes point coulpables, demande à l'esclaue, si l'on l'a persuadé de s'enfuir, ou si l'on luy a donné les mains pour se sauuer sur mon vaisseau: Le Pacha le congedia en ces termes, ola, ola infidelle, & homme sans Dieu, c'est assez, comme si ce n'estoit pas vn crime de l'auoir trouué refugié sur ton vaisseau; retire toy, sors du port quand tu voudras, ie te dis, ie ne t'en empesche pas.

Sur la porte de la ville qui regarde le Port, l'on voit la teste d'vn dragon, autresfois la terreur de l'isle, tué par vn Cheualier François, lequel fit faire en France vn dragon de carte de la figure de celuy de Rhodes, dressa deux dogues auec ce dragon, faisoit mettre vn homme dedans, & de la chair autour du ventre, & par apres les mena à Rhodes, & attaqua le dragon, ces deux chiens n'en ayant point peur, il le tua, estant armé de pied en cap, luy passant son espée au deffaut des escailles: L'on dit qu'il y auoit vne deffense politique de la part du grand Maistre de combattre ce dragon, parce qu'il auoit tué plusieurs personnes, c'est pourquoy l'on osta l'habit de Cheualier à ce Religieux, pour auoir contreuenu aux ordres de son Superieur, & l'on luy rendit par apres pour auoir desliuré cét Isle d'vn tel monstre; i'ay assez de fois consideré cét os, & l'ay trouué de la grosseur de la teste d'vn bœuf, mais bien plus long, d'où l'on peut iuger quel estoit le corps de ce serpent, il est pendu auec vne grosse chesne au dessus de la porte; i'ay offert vingt-cinq sekins de Venise à vn Turq pour me le desrober, & quelques boucliers & massuë de bois, entr'autres celles de Iean de Viliers l'Isle-Adam grand Maistre, qui est derriere la porte penduë à vn cloud, & à demy consommée par le temps, à dessein de les apporter en Europe: Ie n'escris rien du colosse, parce qu'il n'en reste aucune marque ny vestige, seulement puis-je dire que la distance qu'il y auoit d'vn des pieds à l'autre, est esgalle à celle qu'il y a d'vn des bouts du pont Sainct Michel de Paris à l'autre, suiuant la tradition des Rhodiens.

De la Nation, & Religion Grecque.

CHAP. XVI.

LEs Grecs qui habitent Rhodes ont la mesme Religion & coustume que les autres, & comme nous auons descrit les Schismes & les Religions du Leuant, il seroit mal a propos de ne rien dire de celle des Grecs, qui est la plus proche en apparence, mais la capitalle ennemie de la Romaine. De cette nation sont sortis les plus polis & les plus sçauans hommes de l'Europe, pour le gouuernement, conquestes estrangeres, coustumes & loix; ils ont les premiers tiré la sagesse des Egyptiens, & l'ont communiquée aux Latins; La Republiques d'Athenes fait foy de mon dire, à ceux qui ont leu les Histoires anciennes, où la vertu estoit recompensée, & les gens de bien honorez de statuës de bronses apres leur mort, leurs enfans auoient bouche à Cour, ou pensions annuelles du thresor publiq, auec les premieres sçeances aux ieux publiqs & spectacles: Alexandre le grand fut de cette nation, lequel porta ses armes victorieuses aux confins de la terre, il conquist l'Asie mineure, l'Armenie inferieure & superieure, la Medie, le Royaume des Parthes, des Iusbegs, & de Thebet, l'Indostan, la Perse & la Kaldée, où ce Prince mourut dans vn petit village proche Bagdat, remarquable pour la mort d'vn si grand homme, auquel la science seruoit d'ame, & la valeur de corps; sa patrie fut la Grece, son Gouuerneur Aristote, & ses conquestes toute l'Asie; Les ſages demy-dieux de Grece, ont auſſi orné leur patrie, & les Legiſlateurs leur gouuernement: l'on pourroit auec iuſtice eſcrire vn gros volume des vertus, & des rares qualitez de cette nation deperie.

Apres l'Aſcenſion de noſtre Seigneur les Grecs furent les premiers entre les Gentils a embraſſer le Chriſtianiſme en ſi grand nombre qu'il furent ialouſez par les Iuifs fait Chreſtiens : ils ſont extremement zelés à leur Loy, & couſtumes, & n'y peuuent ſouffrir aucun changement, de tout temps ceux qui ont voulu les reformer s'en ſont mal trouuez ; Socrate mourut le Martyr du peuple pour auoir maintenu l'vnité de l'eſſence Diuine contre la Religion de Grece, qui admettoit pluralité de Dieux, & Homere fut banny de la Republique d'Athenes pour auoir demandé effrontement au Senat d'eſtre nourry par l'Hoſtel de ville, & qu'il eſcriroit & composeroit des Vers à la loüange des Grecs, la Loy portant qu'aucun n'euſt bouche à Cour qu'il n'euſt rendu quelque ſeruice, ou ſes anceſtres, à la patrie. Ce peuple deuenu Chreſtien changea de gouuernement, & porta ſes conqueſtes dans les Iſles de l'Archipelage, coſtes d'Egypte, Paleſtine, Syrie, Karamanie, Aſie mineure, & autres Prouinces contiguës à la mer Noire, ou Pont Euxin; mais comme la grandeur traiſne ſouuent la ſuperbe auec ſoy, les Eueſques Grecs voulurent eſtre les premiers, & ſe voyans contrequarrez par les Papes de Rome Succeſſeurs de Sainct Pierre, ſe ſeruirent de l'authorité des Empereurs d'Orient pour eſtablir vn Schiſme, dont ils ont infecté la meilleure partie de l'Aſie, ils aymerent mieux eſtre les

Act. 6. 1.

Chefs des Grecs, qui sousmis aux Romains dont ils secoüerent le ioug, & pour pretexte fonderent leur Religion sur ces propositions.

1. Que le Sainct Esprit ne procede point du Fils, mais du Pere, suiuant le passage de Sainct Iean, ou Iesus dit à ses Apostres, Quand l'Esprit viendra que ie vous enuoyeré, l'Esprit de verité qui procede de mon Pere.

Eu. 15. 26.

2. Qu'il ne faut croire aux indulgences du Pape.

3. Que le Purgatoire n'est de la doctrine de la primitiue Eglise.

4. Que les Religieux & Euesques peuuent garder le Celibat, & les Prestres seculiers estre mariez, suiuant le cinquiesme Canon des Apostres.

5. Que le Souuerain Patriarche est celuy de Constantinople, & que ceux de Ierusalem, Antioche, & Alexandrie sont autant que l'Euesque de Rome, lequel a ruyné le Christianisme, & est la cause de leur perte, & que les infidelles Ottomans ont enuahy leur pays, parce qu'il s'est seruy de l'Empereur d'Occident pour les humilier, puis a chassé le mesme Empereur d'Occident, vsurpé Rome, & feint des donations des Empereurs Romains pour se l'approprier, quoy qu'au vray il se soit seruy des François pour destruire & chasser Cesar, & non des escrits de Constantin.

6. Que dans le ieusne l'on se doit abstenir de manger du beure, de l'huylle, de la chair, du poisson, des œufs, de la poutargue, de la creme, & toute sorte de laittage, & fromage, où il y ait du beure, ou de la creme.

Poutargue sont œufs de poisson.

7. Que le Mercredy, & le Vendredy l'on doit faire abstinence, & non le Samedy.

8. Que le vray Patriarche est esleu par le Clergé, & le peuple, & confirmé par l'Empereur, auiourd'huy celuy de Constantinople est confirmé par le Sultan, qu'ils reconnoissent vray Empereur des Grecs.

9. Que le seruice Diuin se peut chanter en langue Grecque, ce que l'on ne leur conteste pas, non plus que le mariage des Prestres seculiers; le Pape permet mesmes aux Maronites d'Officier en Syriaque, parce qu'il seroit ridicule & contre la raison d'obliger les peuples à chanter des Pseaumes en l'Eglise dans vne langue, laquelle ils ne pourroient lire, à cause que les caracteres des Grecs & des Maronites, sont autres que ceux des Latins: Le Pape souffre aussi que les Prestres Maronites soient mariez.

10. Qu'il ne faut point auoir d'autres Images que celles qui sont peintes sur les murailles, estant deffendu dans Moyse d'en auoir ny en faire de taillées.

11. Qu'vn Chrestien qui renie sa foy ne doit estre absous, s'il ne va detester ce qu'il a fait publiquement; il y a trois ou quatre ans qu'vn ieune Grec de Smirne se fit Turq, & voulut retourner au giron de l'Eglise Grecque, mais l'Euesque de Smirne luy demanda où il auoit laissé sa foy, il luy repliqua qu'il s'estoit fait circoncire dans la Mosquée publique, où il s'estoit professé Mansulman; l'Euesque luy dist où tu as laissé ta foy va la reprendre; le ieune Grec par obeïssance alla à la place publique deuant la porte de la Mosquée, foulla aux pieds son turban blanc, detesta Mahomet, & sa loy appella le Messie, la Vierge, & tous les Saincts à son ayde en langue Turque; il fut accusé de blaspheme de-

uant le Kadi, & iugé à estre bruslé tout vif, suiuant les loix des Mansulmans; il ne se tourmenta en aucune façon dans le supplice, & le souffrit auec patience, inuoquant incessamment le nom de Dieu: de sa mort il y a eu diuers iugemens, les vns l'estiment damné estant mort Schismatique, & hors l'assemblée ou Eglise Romaine, d'autres maintiennent qu'il est Martyr, parce qu'effectiuement il n'est point mort pour maintenir le schisme des Grecs, mais pour confesser la foy de Iesus-Christ, & la Diuinité de sa personne aux Mansulmans, estant vray que celuy qui met sa vie pour Iesus-Christ ne la peut perdre, ou confesse deuant les hommes que le Verbe eternel s'est incarné dans le temps, ne peut manquer d'Aduocat deuant Dieu, pour la iustification de ses œuures; pour moy i'en suspens mon iugement, & ie m'en rapporte à ce que l'Eglise en croit: I'ay veu des Catholiques de toutes professions, creus & estimez habilles gens, estre de differens aduis, ie ne veux en parler suiuant ma passion comme eux, ny obliger le Lecteur à prendre mes sentimens, ie luy laisse la liberté de iuger.

12. Que l'on peut se seruir de pain leué pour le Sacrifice de la Messe.

13. Que les Romains ne sont point dans la foy des Apostres, puis qu'ils n'ont point le feu sacré du Ciel, qu'ils appellent Nour, & tiennent venir miraculeusement du Sainct Sepulchre, de cette sorte: Le Samedy Sainct à deux heures apres midy, toutes les nations Chrestiennes qui sont en Ierusalem vont esteindre les lampes qu'elles entretiennent au S. Sepulchre, afin qu'il n'y

n'y ait plus de feu, finalement y va vn Caloier Grec, entretenu de la nation Grecque pour cét office; lequel reuient querir vne grande lampe pleine d'huylle d'oliue sans flamme, ny feu, laquelle il porte dans le Sainct Sepulchre d'où il sort : Le Schekelsalem, qui est le Schef des Scherifs, demeurant en Ierusalem, & le Mouteueli scellent la porte du Sainct Sepulchre, auec le Sceau du Sultan, puis vient le Patriarche des Grecs, lequel fait trois fois la procession autour de l'Eglise deuant que se presenter au Sainct Sepulchre, où la porte Saincte, comme l'appellent les Grecs, où le Schekelsalem susdit, & le Mouteueli, qui est l'Escriuain du Sultan enuoyé pour voir si le feu Sainct est venu, & en donner tesmoignage, cherchent dans tous ses vestemens pour voir s'il n'a point de feu, ou instrument pour en faire, & puis ils ostent le cachet de la porte, & l'ouurent au Patriarche qui y entre seul, & la ferment & la scelent vne seconde fois, & quelque temps apres le Patriarche donne du pied contre la porte, & asseure que le feu Sainct, ou la Nour est venuë sur la lampe, & tenant en ses mains plusieurs chandelles allumées de ce feu, sort du Sainct Sepulchre, apres que les deux Mansulmans ont rompu les Sçeaux, & ouuert la porte, pour lors le Scherif allume vne chandelle à ce feu Sainct, & en boit vne pippe de tabak auec l'Escriuain du Sultan, lequel donne attestation, comme telle année de l'Empire du Sultan, ou de l'Hegir, le feu Sainct est venu aux Grecs, & s'en va à la Porte en donner Relation au Sultan, qui est vne grande adresse & politique aux Turqs. Les Grecs, Coftes, ou Armeniens qui sont presens, allument leurs chandelles, & s'en bruslent assez souuent la barbe, ou leurs vestemens par superstition. Plusieurs ont recherché curieusement l'artifice dont se sert le Patriarche des Grecs pour tromper sa nation, & les peuples qui le croyent estabili de Dieu dans son Pontificat, & ont maintenu qu'il portoit vn fusil dans ses habits, auec vn peu de meche: Pour moy ie n'ay rien espargné pour apprendre toutes les subtilitez & inuentions du monde, ie me suis laissé persuader par vn Kaloier Grec, qui auoit esté admis à ce Ministere, & duquel i'ay appris à Rome la presente Relation, par l'ordre de l'Eminentissime Cardinal Capponi, que celuy qui va esteindre les lampes, porte dans le S. Sepulchre vne meche faitte d'vne plante appellée Nartix en Arabe, laquelle croist au desert à Saradari, où le Messie ieusna, boüillie auec de l'eau de vie, laquelle il allume, & la porte dans vne boëtte de fer blanc, dans vne pochette faite au bas de sa robe, auec vne petite chandelle faite de souffre, huylle, & cire, qu'il met dans la couppe du Sainct Sepulchre, où il y a à main droitte vn petit cabinet ancien proche la saincte pierre, & derriere ce cabinet il y a vn trou secret où il met cette boëtte, & la chandelle, dont le Patriarche allume la lampe & quelques chandelles, qui sont faites de cire & de souffre, pour faire vne lumiere plus extraordinaire. L'on enuoye de cette huylle sanctifiée par la Nour en Moscouie, Grece, Russie, Georgie, & autres lieux sousmis à l'Eglise Grecque, d'où l'on tire en eschange de grands presens, à cause de la foy que l'on a en cette huylle, à laquelle ils attribuent beaucoup de vertus, & la croyent sacrée.

Les Prestres Grecs portent de grands cheueux, auec vn petit bonnet de feutre de couleur minime, fait à la façon des calottes anciennes, les seculiers portent le turban bleu, ils officient en Grec litteral, parce qu'il y a difference entre le Grec escrit, & le Grec vulgaire, comme entre le Latin & l'Italien. Tous les Grecs sont superbes, & ennemis des Franks, & particulierement des Italiens, à cause des antipathies de leurs coustumes, & de leurs Prestres qui les animent contre nous. Leurs mariages se font comme ceux des Turqs, ils acheptent leurs femmes, ou font des presens aux parens, ils prennent vn compere, & vne commere à leurs mariages, & si la mariée fait difficulté a souffrir que son mary luy monstre qu'il est homme, le compere & la commere sçauent fort bien luy deschirer ses calleçons, si elle ne les veut destacher de gré, parce que les calleçons des Grecques, & des Turques sont cousus deuant & derriere sans aucune fente; leur habit est le mesme que celuy des Turqs, excepté qu'ils ne peuuent porter le Turban verd, ou blanc, ou rouge dans les villes, & n'ostent point leur bonnet ou turban pour saluer, non plus que les Turqs, Persans, Mogols, Indistannis, Tartares, Arabes, Egyptiens, & autres peuples d'Asie, & Affriques, qui sont venus à ma connoissance, les femmes n'oseroient se mettre vn crespe noir deuant les yeux, parce que c'est la marque des Mansulmanes : Les Sciotes portent vn petit bonnet rouge broché de laine, & les Perotes vn Kalepak ou bonnet à la Polakque : Les Grecques des Isles sont habillées de diuerses façons ; dans leurs maisons ils ont de beaux tapis, & des riches couuertures, auec des coussins ouurages pour s'appuyer, estans assis à terre à la Turque sur leurs tapis, ils mangent sur vne petite table esleuée d'vn pied de terre, ils ayment le vin autant que nation qui soit sous le Ciel, qu'ils ont à grand marché, à cause que les Mansulmans en boiuent peu. Les Grecs de leur naturel sont delicieux, glorieux, paillards, & abhorrent le trauail au dessus de tous les hommes ; les femmes Grecques sont assez aymables, mais elles n'ont point la propreté des Turques, & ont les tetons gros, fort bas & pendans, elles sont de beau sang, assez enjoüées auec leurs amans : leur coustume est, ayant perdu vn enfant de le pleurer tous les matins pendant deux heures, deux ans apres sa mort, auec des cris qui font compassion ; mais apres l'heure des pleurs elles chantent fort gayement : Ie croy que c'est de cette coustume que l'on a tiré que les femmes pleurent & rient quand elles veulent, ou par coustume.

Voyage de Rhodes à Ligorne.

Chap. XVII.

LE huictiesme du mesme mois nous sortismes du port de Rhodes, nostre cap estant au Nord, puis nous tirasmes au Sud : & le 9. ayans cinglé à l'Ouest Sudouest nous apperceusmes vne Isle appellée Scarpenta, dominée par les Ottomans, nous la laissasmes à l'Est, & approchasmes d'vne autre petite Isle appellée

Scarpenta

Caſo, laquelle nous laiſſaſmes au Nord; cette iſle eſt à trente-cinq degrez & demy de latitude. Le 11. nous vinſmes à la veuë de la Candie, autresfois Crete, & auiourd'huy connuë ſous le nom de Ghirit par les Turqs, & les Arabes: cette iſle fut la demeure & patrie de Saturne, dont il fut chaſſé par ſon fils Iupiter; Dedale y fit autresfois ce labirinthe fameux, d'où il ſe ſauua; ce Royaume eſt tres-fertile, & a eſté dominé à diuers temps par les Grecs & Europeens, auiourd'huy eſt le different des Ottomans, & des Venitiens, les Ottomans y ſont Maiſtres de la campagne, & de deux fortes places, appellées la Canée, & Rhetimo, & la Sereniſſime Republique de Veniſe de toutes les autres places, ſçauoir de la Candie, la Soude Spinolongue, Polikarque, & les Grabuges; le temps nous fera voir le ſuccez de leur querelles, & ſi ce Croiſſant ſera aſſez grand pour enfermer cette Iſle entre ces pointes, ou bien ſi elles les luy briſera: Elle a 300. milles de long, & ſoixante de large, les naturels y ſont fort adroicts à tirer de l'arc, & aſſez bons hommes de mer, mais plus affectionnez aux Manſulmans qu'aux Venitiens: Les Candiots de tout temps ont eſté en fort mauuaiſe eſtime, à cauſe de leurs vices, & paillardiſes, cauſées par la douceur du climat, & bonté du vin, & des fruicts qui les portent à la deſbauche, dont ils font gloire. Les Fables des Poëtes nous en font connoiſtre quelque choſe, lors que Iupiter ſe changea en taureau pour rauir Europe, & en aigle pous enleuer Ganimede, comme tout vn peuple ſe gouuerne au modelle du Prince, le Prince qui doit eſtre l'ame des Loix, s'il quitte la

Caſo.
Candie.
Canée.
Rhetimo.
Candie.
Soude.
Spinolongue.
Policarke.
Grabuges.
Metam. 10. fab. 4.
Metam. 2. fab. 14.

vertu & laisse triompher le vice, tous ses sujets veulent viure à son exemple. Et si quelques personnes nous accusent de iuger de toute vne nation mal à propos, il
A Tite.1. me sera permis de dire ce que Sainct Paul a dit parlant
12. d'eux, que les Candiots sont menteurs, faineans, & paresseux, & outre l'authorité de ce grand personnage que l'on doit preferer à la raison mesme; il me seroit aisé de prouuer leurs mauuaises complexions, si au lieu d'escrire mon voyage, & en faire vne relation succincte, ie me voulois estendre sur leur naturel, non que le gouuernement des Venitiens ne contribuë quelque chose à rendre les Grecs plus mal affectionnez aux Latins, l'on prefere souuent la politique à la charité du prochain, sous pretexte de maintenir vn estat dans l'obeïssance.

Le *13. 14. 15.* & *16.* nous eusmes vne tempeste horrible, il fallut incessamment plier nos voilles, de crainte des groupades de vents, qui nous les auroient mangées, comme disent les Prouençaux, de façon qu'ayans tenu nostre vaisseau à sec, qui n'est autre chose que plier les voilles, suiuant les termes des mariniers, nous fismes peu de chemin, & la marée nous ayant iettez proche la Candie, nous fismes force pour nous esloigner de la terre, & alors nostre prouë se rompit, & nostre vaisseau faisant de l'eau toute claire, nous nous vismes en danger eminent de perir dans cette necessité: L'on lia la prouë auec forces cables, le moins mal que l'on pût: I'auois dans mes ballots vne main de Sirene, ou poisson-femme, laquelle ie iettay adroictement dans la mer, parce que le Capitaine voyant que nous ne pouuions faire chemin, m'auoit demandé si ie n'auois point quelque mumie dans mes sacs, qui nous empeschast d'aller, qu'il faudroit retourner en Egypte pour la reporter, lapluspart des Prouençaux ont cette opinion que les vaisseaux qui transportent les mumies d'Egypte ont peine à arriuer à bon port, de maniere que ie craignois que venans à chercher dans mes hardes, ils ne prissent la main de ce poisson pour vne main de mumie, & ne me fissent insulte. Nous tinsmes la mer iusqu'au 24. à cause du vent contraire; & depuis le 27. iusqu'à la veuë de Malte, qui fut le 30. nous vismes toutes les nuicts le mont Ætna, auiourd'huy appellé Gibel, il nous paroissoit comme vne piramide de feu, & le matin comme de la fumée. Malte est vne Isle dont la situation, la grandeur, la force, le gouuernement, & l'ordre est si connu, & rapporté auec tant de fidelité par plusieurs Cheualiers d'honneur, que ie n'en puis dire autre chose, sinon que les Mansulmans croyent que les Cheualiers de Malte sont autres hommes que les Europeens, à cause des batailles où la generosité de la fleur de nostre Noblesse a tousiours escorné les Ottomans: Si i'eusse eu vne Croix de Malte en Perse, & sur les terres du grand Mogol, ie m'en serois paré, afin d'estre plus honoré, tant est grande l'estime que tous les peuples font de ce bel ordre, rampart de la Chrestienté, escole de la generosité, & la terreur de la maison Ottomane.

Mont Ætna.

Malte.

Le quatriesme Fevrier nous rencontrasmes deux vaisseaux Ponentois, ausquels deux Fregates de Dunkerque armées en cours par les Messinois auoient donné la chasse;ces vaisseaux s'estoient chargez en Alexandrie pour Roüen d'vn Semimineral, que l'on appelle Netron en Egypte, dont nous auons parlé cy-dessus.

Mazara. Le cinquiesme nous passasmes à la veuë de Mazara, Ville sur la coste de Cicile : Et le sixiesme nous arriuasmes au cap de la Pentelerie petite Isle possedée par les Castillans, il y a garnison sous les Ordres du Viceroy de Naples.

Pentelerie.

Le huictiesme nous passasmes plusieurs petits escueils à fleur d'eau, où il se fait vn bruit par les vagues comme l'abboy confus de plusieurs chiens, d'où les Poëtes qui ont d'escrit la Nature des choses par des Fables & Metamorphoses controuuées, ont asseuré que Glauque Pescheur ayant pris beaucoup de poissons, les ietta morts sur vne certaine plante dont la fleur est blanche, & la racyne longue & noire, appellée par Homere, Moly, & ils reprirent vie, Glauque voyant ses merueilles en prist, & en mangea, & fut aussi-tost changé en Dieu Marin, puis deuint amoureux de Sylle, laquelle ne luy voulut accorder ce qu'il luy demanda, il alla consulter l'enchanteresse Circé pour obtenir quelque Philtre amoureux pour obliger sa maistresse à acquiescer à ses desirs, mais Circé deuint amoureuse de Glauque, & changea Sylle depuis le nombril en bas, en testes de chiens, laquelle se ietta en mer & fit perir les compagnons d'Vlisse pour se vanger de Circé & les engloutir, & auroit fait le mesme à Ænée, si les Dieux ne l'eussent changée en ces rocqs que nous passasmes.

Sardagne. Le neuf & dixiesme nous costoyasmes la Sardagne, Isle possedée par les Castillans de la dependance du Viceroy

Viceroy de Naples;cest le seul pays où la langue Latine a quelque reste parmy le vulgaire, mais la frequentation que les Sardes ont auec les Italiens la corrompt tous les iours. Le quatorziéme nous laissasmes à l'Ouest l'Isle de Corse de la dependance de Genes, & misme le Cap vers l'Isle d'Elue,nous eusmes la chasse d'vn corsaire François qui mist ses arcsboutans au grand & second voile,& nous pensa attraper, ie me vis prés de faire naufrage au Port & tomber entre les mains des Pirates apres auoir passé tant de pays & couru tant de perils, lors que ie me croyois en sauueté,le vent cessa & ie reconneu mon bon-heur, parce que le vaisseau ennemy estant de beaucoup plus gros que le nostre ne put auancer, & tourna sa proüe d'vn autre costé, nous reconneusmes le pauillõ blanc,& le saluasmes de trois coups de canon sans plier nos voiles ny l'attendre,il nous rendit nostre salut & tira au mole. L'Isle d'Elue est fort considerable pour deux places d'armes Porto Ferraio& Porto Longone; La premiere est au grand Duc, & la seconde,qui est vn pentagone irregulier,aux Espagnols. Le quinziéme nous arriuasmes à Ligorne & moüillasmes à la barre, il vint vn esquif à bord, & vn des conseruateurs de la santé voyant nostre patente d'Alexandrie permist seulement au Capitaine & à l'Escriuain de venir à terre, dans ce rencontre le Capitaine Laurens Maure, continuant de m'obliger me fit descendre en qualité d'Escriuain de son vaisseau l'on nous mena dans la maison de la santé, où l'on nous fit deshabiller nuds, & le Protomedico nous ayant visitez aux aisselles & aux autres parties du corps susceptibles de peste,asseura que

Corse. Elue. Porto Ferraio. Porto Longone.

nous estions sains, l'on nous fit changer d'habits, puis l'on nous permist l'entrée de la Ville : Ie voulus satisfaire aux obligations que i'auois au Capitaine Laurent Maures, ie luy offris douze escus, c'est le prix ordinaire que les honnestes gens payent pour passer d'Alexandrie à Marseille, ayant embarqué en Egypte & à Rhodes toutes mes prouisions necessaires, ce qu'il refusa m'offrant de l'argent s'il m'en manquoit, & que luy ayant fait l'honneur de preferer son vaisseau à dix-sept qui estoient en Alexandrie pour passer en Europe, il m'auoit obligation, & que la coustume des Cioutadins estoit de passer gratuitement ceux qu'ils reçoiuent sur leurs vaisseaux, & que les hommes se pouuoient rencontrer plus d'vne fois, estant surpris de tant de ciuilité ie tiray le diamãd de mõ doigt que ie porte ordinairement & le priay de l'accepter, que possible il refusoit mon argent, parce qu'il n'egalloit pas les obligations que ie luy auois, que i'estois bien aise de le satisfaire, & qu'estant originaire d'Anjou Prouince essloignée de la sienne, ie n'aurois iamais occasion de me reuancher, il me respondit qu'il ne refusoit pas douze escus pour en auoir trente, que son desplaisir estoit de ne m'auoir pû dauantage obliger sur son bord, mais qu'estant homme de mer & grossier, possible n'auoit-il pas bien sçeu se comporter auec moy, & qu'il estoit mon seruiteur, Ce Capitaine a autrefois esté Pillote sur les Armées Naualles de sa Majesté, & est l'vn des premiers hommes de Mer de la Prouence.

Voyage de Ligorne à Rome par Mer, auec le procedé de l'Eminentissime Capponi.

CHAP. XVIII.

I'Appris à Ligorne la mort du R. Pere Zenon à Madraspatan, duquel nous auons parlé au deuxiéme Liure chapitre 30. & m'embarqué en habit de Persan de crainte des Espagnols à dessein d'aller rendre mes respects à Monsignor Federico Capponi, dont i'auois reçeu tant de courtoisie, lors que i'auois passé à Rome: le soir nostre Brigantin arriua à Piombin 41. degrez & demy de latitude petite Ville dans la terre ferme; le lendemain nous fusmes ioincts par deux galleres de Naples qui enuoyerent visiter nostre barque qui estoit de Ligorne, & n'y trouuans point de François nous laisserent aller, le soir nous iestasmes les anchres à Ciuitta Vechia 41. à 42. degrés de latitude sejour ordinaire des Galleres de sa Saincteté, nous y sejournasmes deux iours. Cette Ville est vne place d'arme où il y a garnison, elle est distante 40. milles de Rome par terre.

Piombin

Ciuitta Vechia.

De Ciuitta Vechia nous tirasmes à l'emboucheure du Tibre, où nous arriuasmes en 6. heures, d'où nous montasmes à Rome nostre barque auec des cheuaux iusques à Ripa Grande où est la Doüanne, i'allay droit au Palais de Monsignor Capponi, sur la porte ie n'apperceus point les Armes de sa famille qui sont tranchées de sable & d'argent, i'appris

Liure 3. Chap. 4.

des voisins qu'il y auoit deux ans qu'il estoit mort subitement ; ie m'estois chargé à Canobin d'vne lettre du Patriarche des Maronites que ie pensois faire presenter par son entremise à l'Eminentissime Capponi, ie me resolus deuant que partir de Rome de la porter, estant asseuré de la ciuilité de ce grand Prince, dont l'abbord est facile à tout le monde, ie luy demandé l'audiance, il me l'accorda, & me fit la grace d'ouyr que i'auois promis au Patriarche des Maronites de faire remettre ses lettres entre les mains de son Eminence par feu Mõsignor Capponi, dont i'auois esté tres humble Seruiteur, que l'ayant trouué mort i'auois pris la hardiesse de les presenter moy-mesme, de crainte de manquer à ma parolle, que ie suppliois son Eminence de considerer l'esclauage dans lequel sont les Maronites dominez par les Mansulmans, il reçeut ma lettre, & me dist ie vous feray à Rome ce que vous auroit esté l'Abbé Capponi, & feray mon possible pour assister les Maronites dont ie suis Protecteur, ie luy repliquay que ie me tiendrois heureux d'auoir son Eminence pour protectrice, comme i'auois eu Monsignor Capponi pour amy, que i'auois vn sensible desplaisir d'auoir perdu vne personne dont la memoire me seroit chere toute ma vie & celle de toute sa parenté, & me retiré.

Monte-Cittorio est la demeure de l'Eminétissime C. Capponi à Rome.

Deux iours apres l'on me vint prier de la part de son Eminence d'aller à Monte-Cittorio où il y auoit assemblée de gens sçauans, que si ie n'estois point empesché, elle tiendroit à faueur de m'y voir, i'y allé, & apres plusieurs moyens que l'on proposa pour l'accroissement de la foy ; l'on fit vne description des païs du

Turq, l'on apporta l'Atlas major, sur lequel vn Docteur Chanoine de S. Pierre, tres sçauant dans les antiquitez, nous fit vn long discours touchant Babylone, sur les iardins de Semiramis, & les murailles anciennes, où pouuoient aller 6. carosses de front, il n'oublia la fertilité du terroir, la beauté de l'Euphrate qui passe au milieu, l'vne des 4. brâches de la riuiere qui sortoit du lieu de volupté, pour arrouser le iardin que Dieu auoit planté deuant le peché de l'homme, qui prend sa source auec le Tygre. Monsieur le Cardinal se tournant de mon costé me dist, que vous semble t'il de ce que Monsieur vient de dire, est il pas aussi sçauant que ceux qui ont esté sur les lieux, n'oubliant aucune particularité des choses qui sont à remarquer dans le recit qu'il a fait de Babylone. Ma responsе fut; Eminentissime Seigneur, Monsieur a bien dit, lors qu'il a aduancé que Ptolomée, Hondius, & autres Autheurs auoient inseré dans leurs escris ce qu'il vient de dire de la Mesopotamie, l'on ne doit point contester les authoritez de ces grands hommes, l'ornement de leur siecle, & de leur patrie; il est loüable de s'estre estudié à connoistre le monde, n'ayant pû prendre la liberté de voyager comme Pitagore, Pline, Aristote, Plutarque, Herodote, & Alexandre, qui sortirent de leur païs pour en connoissant le monde, se connoistre eux mesmes par vn rapport du tout à sa partie, pour moy si i'ay passé tant de mers, mon dessein n'a pas esté seulement de me connoistre moy-mesme, mais celuy qui m'a creé en considerant tant de differens effets qui partent d'vne mesme cause, & marquent l'infinité de sa puissance, laquelle a

Gen. 2.7.

imprimé son image, & sa ressemblance dans tous les estres que sa bonté a tiré des idées de son Verbe; si vostre Eminence a agreable que ie dise mon sentiment sur tous les points qui ont estés aduancez, ie tiens qu'il est hors de propos de descrire ce qui n'est plus, comme il seroit ridicule de discourir d'vn iardin qui ne sera iamais en essence, à moins que l'on n'en traçast le plan, qui seruiroit de modelle pour en faire vn semblable, de parler des murailles de Babylone, & des parterres de la Reine Semiramis, dont il ne reste aucun vestige, ce n'est pas estre Cosmographe; il seroit plus à propos d'asseoir cette ville à l'Est de la riuiere du Tygre, que de la mettre sur l'Euphrate, dont elle est fort essloignée; d'en descrire les forces, le negoce, le nombre des Iannissaires qui y commandent, sa longitude & latitude, marquer le temps qu'elle a passé en la domination des Ottomans, les mœurs des habitans, la tour de Nembrot appellée Babil ou confusion de langues par les Arabes, & donner à son fleuue plutost mesme emboucheure, que mesme source auec l'Euphrate: Voila, Monseigneur, ce que i'en ay veu, & ce que i'en pense. Monsieur, me dit le Docteur, ie croy plus en ce que vous nous dittes pour l'auoir veu, qu'en tous les Autheurs que i'ay leu, nous aurions obligation à Monseigneur le Cardinal de vous vouloir engager à nous donner la connoissance que vous auez acquise du monde par vos voyages. Monsieur le Cardinal me pria de prendre logement dans son Palais, auec tant de courtoisie, que ie ne peus m'en deffendre; il me fit donner son appartement d'Esté, bouche à cour, & deux de ses Officiers pour me seruir, son Eminence me souffroit tous les iours deux heures dans son entretien auec beaucoup de douceur, & m'a tousiours accordé ce que ie luy ay demandé pour mes amis.

Dignitez & Offices de la Cour Romaine.

CHAP. XIX.

ROme a esté descrite par tant d'Autheurs veritables, ses Antiquitez & Ceremonies sont si connuës, que ie semblerois affecter de grossir mõ Liure si ie m'y estendois : ie diray succinctement les principales charges de cette Cour, ausquelles vn chacun peut paruenir indifferemment, parce que Rome estant la patrie commune des hommes, les gens d'esprit & de vertu y deuiennent les premiers, il est mesme commandé aux Cardinaux, que leurs Palais soient la retraitte & l'hospice des gens sçauans, & de merite, & comme c'est vn crime à toutes les autres Cours d'esperer au Gouuernement & à Rome vne vertu & excellence d'y oser pretendre, Les Mansulmans s'estonnent de ce que tous les Chrestiens n'y demeurent pas.

Conc. de Latran 5.

Le Pape dans la saincteté duquel toutes les grandeurs de la terre se rencontrent, Mediateur entre les peuples & Iesus-Christ, prend la qualité de Seruiteur des Seruiteurs de Dieu ; mais est appellé par le Romains, tres Sainct, & tres-heureux, Pere de tous les Chrestiens, Chef des membres, Docteur de la Foy Chrestienne, Pape vniuersel, souuerain Pontife de tous les Prelats,

Pape.

Conc. de Florence, part. 2.

Baron. Annal. Chef de tous les Chefs, & souuerain Pere des Peres, successeur à l'authorité de S. Pierre sur l'Eglise vniuerselle, Vicaire de Dieu en terre, Pere des Rois & des Princes, & Recteur de l'Vniuers. Le pouuoir du Pape est de presider aux Conciles vniuersels, condamner les heresies par l'authorité Apostolique, regler & deffinir sans auoir besoin de Concile, auoir souueraine authorité dans la Chrestienté, iuger tous les hommes sans estre iugé de personne, dispenser des Canons de l'Eglise, & des Decrets des Conciles generaux, examiner les escrits de la Foy, receuoir le serment des Euesques, & donner les titres & dignitez Spirituelles & temporelles à ses vassaux, ou à ceux des autres Princes sans leur en demander aduis: Les Rois de Pologne, & de

Baron. Ann. 1179 Portugal ont esté premierement creés Roys, & couronnez par les Pontifes Romains: Innocent III. crea

Dans les Notes sur la vie de Gregoire 3. Pierre Roy d'Arragon, & Iean Roy d'Angleterre & d'Irlande, & Ferdinand Arragonius Roy d'Espagne, obtint de Iule II. que les Roys d'Espagne ses successeurs s'appelleroient Catholiques. Le Pape non seulement

Mat. de Paris Histoire de Iean. crée & fait les Rois, mais pretend les priuer de leurs dignitez & Royaume, comme Innocent III. fit Iean Roy d'Angleterre: Et à l'esgard de l'Empire, Honoré III. couronna Frederic II. Empereur d'Occident, & Robert fils de Pierre Empereur d'Orient: Gregoire V.

Cõc. Ro. sous Gregoire 5. institua le nombre des Electeurs, & leur donna pouuoir d'eslire l'Empereur, en fit mesme vne Bulle que l'on appelle dorée, mais ie ne l'ay pû voir, quoy que

Baronius Anna. i'aye eu tous les aduantages pour la librairie Vaticane, dont Monsieur le Cardinal Cappony est grand Bibliotekaire,

Bibliotekaire, mais il y a tant de volumes que les Cathalogues ne parlent pas de la moitié des manuscripts que l'on y garde. I'y ay veu en plusieurs Liures que Iean XXII. & Leon X. priuerent le Duc de Saxe du droict d'eslire l'Empereur, lequel apres que l'on l'a esleu, enuoye faire serment de fidelité, d'obeïssance, & de reuerence au Pape, lequel pretend qu'il ne doit estre reconnu que par son eslection, & le pouuoir mesme priuer de cette dignité apres sa confirmation, comme Frederic premier, qui fut excommunié & priué de l'Empire en l'année *1168.* par Alexandre III. ainsi que l'on list dans les registres d'Innocent III. Honoré III. & Gregoire IX. dans la Librairie Vaticane. I'ay leu dans de vieux memoires gardez au Vatican, que Charles V. ayant renoncé à l'Empire entre les mains des Electeurs, en faueur de Ferdinand son frere, le Pape s'y opposa, dautant que l'Empereur ne peut renoncer entre les mains des Electeurs, parce qu'ils sont ses inferieurs, mais bien entre les mains du Pape, & fut resolu dans vn Consistoire que l'Empire venant à vacquer, seroit à la disposition du Pape: & que pendant le Pontificat de Paul troisiesme, lors que Charles V. & François I. Roy de France se proposoient vn duel; ils escriuirent tous deux au Pape, & Charles V. dans la Lettre escritte de sa main se professoit fils & deffenseur du Sainct Siege Apostolique, auec iurement de ne pouuoir disposer de soy absolument, & autres belles paroles obligeantes.

Epistre de Iean 8. à Anspert Archeu.

Les terres Papales confinent au Nord à l'Estat de

S. Marc, & Duché de Toscane, à l'Orient, au Golphe de Venise, au Midy au Royaume de Naples, & à l'Occident à la mer & Duché de Toscane. Il y a plusieurs Legats, Vice-Legats, & Gouuerneurs dans toutes ces Prouinces d'Italie, & Comtat d'Auignon, dont le Sainct Pere tire de grandes sommes de deniers, administrez par ses nepueus, & autres proches, desquels la principale despence est en bastimens, reparation de chemins, & acqueducs pour eterniser la memoire du Sainct Pere, les Italiens se portans naturellement à faire quelque chose pour le public.

Les reuenus de la Datterie, & de la Chambre Apostolique sont tres grands, parce que le Pape creant vn Cardinal, tous les Offices que ce Cardinal auoit à la Chambre, sont confisquez au profit de la Chambre, dont sa Sainctété dispose, & lors qu'on voit vn Monsignor auoir pour 60. ou 70000. escus d'Offices à la Chambre, l'on dit en riant qu'il est nay Cardinal.

Les forces du Pape consistent en plusieurs galleres, 10000. Fantassins, & 4000. Caualiers en vne extremité, quoy que sa principale force soit l'excommunication, outre les assistances que sa Sainctété peut receuoir des vassaux du Sainct Siege qui sont obligez de le secourir, sçauoir du Roy d'Espagne qui luy paye tous les ans 6000. escus & vne hacquenée, à cause du Royaume de Naples, du Duc de Parme, & de plusieurs autres Princes d'Italie: Ses interests pour la conseruation de la Saincte Eglise sont, de receuoir les honneurs &

ſouſmiſſions des Princes Chreſtiens: Louys II. Empereur tenoit le cheual de Nicolas I. par la bride, lors qu'il le fut receuoir, de maintenir l'égalité entre les François & les Eſpagnols, & faire en ſorte que les François le puiſſent ſecourir contre les ennemis du S. Siege, comme fit Pepin, Paul I. & Charlemagne, Hadrian I. contre les Grecs; laiſſer deſtruire peu à peu les Princes d'Italie d'eux-meſmes, s'entretenir des Venitiens, & des Genois ſans leur rien ceder, & ſe maintenir dans la grandeur de Souuerain Pontife, dont le pouuoir s'eſtend ſur les ames des hommes.

Les Cardinaux ſont collateraux du Pape, reglez au nombre de 70. par vne Bulle de Sixte V. diſtins en trois Ordres; ſçauoir 6. Eueſques, 50. Preſtres, & 14. Diacres, que ſa Sainƈteté crée de toutes nations à ſa volonté, & les fait Princes de la Sainƈte Egliſe, leſquels vont à Rome de pair auec les teſtes Couronnées, & precedent tous les autres Princes Souuerains, meſme l'Archiduc d'Auſtriche: L'on donne la qualité d'Alteſſe à ceux qui ſont nays Princes, & d'Eminence aux autres, leſquels ont eſgallement voix actiue pour l'eſlection du Pape, & tous enſemble forment le Sacré College, dans lequel l'vn d'eux a touſiours l'Office de Camerlingue, ou Threſorier du Sacré College, Office diſtinƈt du Camerlingat de ſa Sainƈteté, les autres ſont pourueus des autres Charges principales, comme de Vicaire du Pape, de grand Penitencier, Vice Chancelier, Prefet de la ſignature de Iuſtice, Prefet de la ſignature de grace, Prefet des Brefs, grand Bibliotekaire, & d'autres Preſident aux Congregations, ſçauoir à la Congregation du

Cardinaux.

Conseil, à la Congregation des Rits, à la Congregation des eaux, à la Congregation des fontaines & chemins, à la Congregation de la table des Liures, à la Congregation de la consulte, à la Congregation du bon regime, à la Congregation des monnoyes, à la Congregation de l'examen des Euesques, & à la Congregation des choses Consistorialles.

Ministres de la Cour Romaine.

Les autres principaux Ministres & Officiers de cette Cour sont le Secretaire du Pape, le Senateur de Rome, le Prefet de Rome, le Thresaurier General, le Gouuerneur de Rome, le Capitaine General de la Saincte Eglise, le General des galleres, l'Auditeur de la Chambre Apostolique, le Maistre du Sacré Palais, les quatre Maistres des Ceremonies, le Secretaire d'Estat, les douze Auditeurs de la Rote, le Secretaire des Brefs du Pape, le President de la Chambre Apostolique, l'Aduocat des pauures, l'Aduocat fiscal, les Commissaires de la Chambre Apostolique, les douze Clercs de la Chambre Apostolique, le Sacriste du Pape, le Maistre d'Hostel du Pape, le Camerier Secret du Pape, les aydes de Chambre & Cameriers d'honneur du Pape, le Maistre des Escuiries, le sous Dataire, le Gouuerneur du Chasteau S. Ange, le Gouuerneur del Borgo, le General des gardes, le General d'Auignon, le General de Ferrare, le Colonel d'Ancone, le Colonel des Corses, le general de la caualerie, le Collateral general, le Capitaine de bataille, le Sergent Major de milice, le Mareschal de Rome, les Protonotaires, les Conseruateurs, les Maistres des chemins, les Maistres de la Iustice, les Referendaires, le Iuge des Confidences, l'Auditeur des contredits, & autres, dont les emplois, les gages & fonctions sont tres-veritablement descriptes par le Signor Girolamo Lunadoro, dans sa Relation de la Cour de Rome, laquelle le Lecteur peut voir.

Voyage de Rome à Lucques, & la raison qui me fit quitter la Cour Romaine.

Chap. XX.

PEndant que i'estois en paix & en repos à la Cour de l'Eminentissime Capponi, connu de son Eminence sous le nom du Signor Francesco Peregrino Catholico, deux Peres Recolets de la Fleche, apprirent que i'estois François, & que non seulement l'Eminentissime Capponi, mais Messieurs les Cardinaux Barberin, Cherubin, d'Este, & Vrsin me vouloient égallement du bien, & me faisoient l'honneur de m'escouter quand ie leur demandois audiance, me vindrent trouuer pour proposer à la Sacrée Congregation de Propaganda Fide, quelques aduis que ie me sens obligé de tenir sous le silence, mais que ie souhaitterois auoir esté suiuis, & prie ces bons Religieux, si mes escrits paruiennent iusques à eux de ne point se relascher de leur zele, parce que tost ou tard l'on se verra contraincts de se seruir de leur proposition. Ie leur demanday apres les auoir escoutez s'ils auoient connoissance de certains Gentils-hommes d'Anjou, ils me dirent qu'vn de ceux que ie leur auois nommé estoit mort, & qu'il auoit vn fils

Peregrino Catholico, Voyageur Catholique.

vnique ; que la trop grande curiosité auoit fait perir miserablement dans les voyages loingtains : Ce recit me saisit le cœur ; & m'obligea d'entrer en vne autre chambre, feignant d'y auoir affaire pour pleurer la mort de mon pere, & rendre à la nature ce que ie ne luy pûs desnier ; quelque temps apres ie rentré dans la chambre où ils estoient, & quelque soin que i'apportasse pour me composer ils remarquerent du changement sur mon visage, ce qui leur donna suiet de prendre congé de moy, de crainte de m'estre à charge.

Le soir ie remerciay Monsieur le Cardinal des bontez qu'il auoit euës pour moy, ie luy dis la mort de mon pere, & le priay d'agreer ma retraitte, il me tesmoigna vn sensible ressentiment de ma perte, que i'estois libre, & qu'il se pouuoit plustost dire mon obligé, que moy le sien. Le lendemain matin le Signor Zenobio intendant de son Eminence me vint trouuer, il me dist que ie ne pouuois partir sans voir encore vne fois le Seigneur Cardinal, qu'il luy auoit donné ordre de me le dire, & me conduire dans son carosse hors la ville : I'entré dans la chambre de son Eminence, & d'abord qu'elle me vit, cher Signor Francesco possible ne trouuerez vous point en France ce que vous laissez ailleurs, soyez asseuré que ma maison sera tousiours vostre, & que si ie vous puis seruir, & vos amis, ie le feray ; voyez s'il ne vous manque rien, & vous declarez, si vous auez quelque creance en moy : à peine luy peusse repliquer que tout l'aduantage, & l'honneur de mes voyages estoit d'estre connu de son Eminence,

& comme ie luy voulus baiser la main, il m'embrassa, me baisa au frond, & me dist soyons tousiours amis, & ne doutez iamais que ie n'aye de la bonne amitié & estime pour vous, Dieu accompagne vos pas, & vous conduise comme il a tousiours fait, à Dieu: Ie monté en son carosse, & hors le faux-bourg del Popolo, ie pris mes cheuaux pour Lucques, & ayant party vn peu tard de Rome, ie vins coucher à Baccano huict milles de Rome: Le second iour à Montefiascon: Le troisiesme à Aquapendente: Le 4. à Sienne: Le 5. à Pise: & le sixiesme à Lucques douze milles.

Baccano. Montefiascon. Aquapédente. Sienne. Pise. Lucques.

Cette Republique est sous la protection d'Espagne, & ne subsiste que par l'égallité du Grand Duc, & des Genois: la ville est fortifiée à la moderne, & fort bien gardée, elle est de la grandeur d'Orleans, son negoce consiste en ouurages de soye, que l'on en transporte à Ligornes & à Genes. A la porte de la ville l'on me fit laisser mes armes à feu, où ie les repris au sortir: les Nobles y sont habillez de robes longues noires; la force de cette ville consiste en 5. ou 6000. hommes qui en pourroient sortir en vne necessité sous les armes. Lors que le Grand Duc l'assiegea, les Lucquois mirent l'estendart de l'Empire sur leurs murailles: le peuple y vit fort contant pour la bonne police qu'on y obserue, & le territoire qui est tres-fertille.

Voyage de Lucques à Turin.

Chap. XXI.

Massa. DE Lucques ie vins disner à Massa petite Principauté, vingt milles de chemin, le Prince de Massa y demeure dans vne petite forteresse, & subsiste par l'égalité de Toscane & de Genes, & par la diuision de l'Italie en plusieurs petits Princes, il a d'autres domaines dans le Royaume de Naples, & porte la qualité de Prince du S. Empire, ie pris vne patente nouuel-
Sarzara. le de la santé, & vins à Sarzara petite place d'armes, appartenante aux Genois, distante quinze milles de Massa,
Lerici. & le lendemain à Lerici, cinq milles de chemin, ie fis endosser ma patente par le Podestat de Lerici, qui est comme Iuge de la police deputé de Genes, & m'embarquay pour Sauonne, où i'arriuay en 48. heures sur vne falloukque, auec beaucoup de crainte des Majorkains, qui nous donnerent la chasse.

Sauonne. Sauonne releue de la Republique de Genes, l'on y fait bonne garde, de crainte de la surprise d'Espagne, de France, ou de Sauoie : Les Genois en ont ruiné le port afin que celuy de Genes, qui n'en est distant que 30. milles, fust le seul de leur Estat où l'on fist le negoce, politique tres-necessaire pour la conseruation de cette Republique. De Sauonne à Lyon, il y a des Conuois de mulets, sur lesquels ie chargé quelques curiositez que i'auois apportées du Leuant, & ie loüay des cheuaux pour Turin, ie vins disner dans vn petit bourg 20. milles

milles de Sauonne, tres-dangereux pour les bandis, qui y ont assassiné plusieurs personnes, & depuis peu vn Prince Alleman, auec toute sa suitte, qui s'en alloit à Rome gagner le Iubilé : Apres disner ie passay vn autre petit village de la domi..ation de Castille, où i'eus peur d'estre arresté, & sans mon habit Persan, qui me faisoit croire Leuantin, ie n'aurois peu passer seurement; le soir ie couchay dans vne hostellerie, où ie ne me trouuay point asseuré, ie fis garde toute la nuict, afin de n'estre pas surpris endormy. Le lendemain ie passay à Carmagnolle, ville assez bien fortifiée, & de grande importance, ie couché dans vn petit bourg, puis i'arriuay à Turin, distant de Sauonne 3. iournées de chemin aux portes de Turin, l'on me demanda ma patente de santé, que l'on porta au Major de la ville, lequel me donna permission d'entrer dans la ville, & vn billet pour loger. Carmagnolle.

Turin est la ville capitale de Piedmond, fort bien fortifiée, la Citadelle est entre les mains des François qui la gardent pour la seureté de leurs armes; la grandeur de la ville est esgalle à celle de Lyon; les ruës y sont tres-belles. Turin.

Le iour d'apres mon arriuée à Turin, le Signor Ottauio Bourgarello Maior de la ville, me vint prier de la part de leurs Altesses Royalles d'aller au Valentin, maison de plaisance, bastie par les ordres de Madame Royalle, à vn mille de Turin sur le Pau; cette maison n'estoit pas acheuée, Madame Royalle estoit à la promenade; ie l'attendis dans l'appartement de ses filles d'honneur; à son retour l'on me conduisit dans sa Cour de leurs Altesses Royalles de Sauoye.

chambre, où son Altesse Royalle de Sauoye la tenoit par la main, ie les saluë à la façon des Persans, desquels i'auois encore l'habit, & leur fis offre de mon seruice: Son Altesse Royalle de Sauoye, digne Successeur de la vertu & de la generosité des Roys de Cypre ses ancestres, me fit plusieurs questions sur la force des Turqs, les coustumes des Persans, la situation des Tartares, & la fertilité de la Palestine, & de la Iudée, & i'aurois esté surpris de voir ce ieune Prince si bien informé du Leuant, n'estoit les soings que Madame Royalle a toûjours eu de tenir à sa Cour les plus habilles gens qui sont venus à sa connoissance, afin que la bonne education donnant à son Altesse Royalle les grandeurs de l'ame, l'excellence de son esprit pût esgaller la beauté de son corps: Apres mes responses Madame Royalle voulut voir si ie me connoissois en beauté, elle me demanda laquelle ie iugeois la plus belle de ses filles d'honneur, à cette question ie fus estonné, parce qu'estans toutes belles, i'auois peine à me determiner, pour ne pas laisser toutesfois l'esprit de son Altesse Royalle en suspens, ie luy dis que Madamoiselle de Pianeza me paroissoit fort belle: à la sortie de la chambre le Seigneur Comte Philippe m'inuita à soupper par son ordre. Les iours suiuans le Signor Bourgarello me fit saluer les Princesses, dont la puisnée estoit promise au fils aisné du Duc de Bauiere, me monstra la gallerie de son Altesse Royalle, où i'eus l'honneur de voir Madamoiselle Bensa, fille d'honneur de Madame Royalle, absente du Valentin, lors que son Altesse Royalle me fit iuge de la beauté de celles de sa Cour, & me mena en suitte dans l'Eglise où repose le Sainct Suaire de nostre Seigneur, relique de grande deuotion.

Voyage de Turin à Geneue.

CHAP. XXII.

IE partis de Turin auec passeport de son Altesse Royalle, ie vins disner à Suse, petite ville, il y a vne Citadelle du costé de l'Ouest, il fallust faire endosser mon passeport, & le soir ie couché au pied du mont Senis dans vn petit village, où ie pris des mulets pour le monter le lendemain. Suse.

Le second iour ie montay trois heures, & paruins au haut du mont Senis, où ie trouuay vne belle campagne, ie fus contrainct de prendre ma fourrure, à cause du grand froid ; ie laissé la Chappelle des Transis à droict, qui est vne petite Eglise, où l'on met les passans qui meurent de froid, il n'y auoit alors aucun cadaure ; dans le milieu de cette prairie il y a vn lac, & sur le bord vne petite maison bastie par le feu Duc de Sauoye, où il vint receuoir Madame Royalle, quand elle passa en Piedmont, cette maison n'est point habitée, & là aupres est la poste, la longueur de cette campagne est d'vne petite lieuë, à l'autre extreme, ie descendis fort roid, vne descente d'vn quart de lieuë de chemin : En Hyuer l'on se fait ramasser sur la Neige pour descendre cette montagne, & en Esté l'on se fait porter en chaise par deux hommes assez commodement, ie disnay dans vn village au bas du mont Senis, Mont Senis. Chappelle des transis.

où commance la Sauoye, & couchay dás vn petit bourg de Sauoye, ayant tousiours marché le long du Torent de Sauoye, auec beaucoup de hazard pour les precipices, & la quantité de petits ponts que l'on rencontre, toutesfois les Couriers de Rome tiennent cette route, & iusques icy ils ne leur est arriué que peu de mal-heur, par la prouidence Diuine, ces montagnes sont remplies d'ours, & de chamois, les naturels y grimpent auec des fers, qu'ils s'attachent aux cuisses, & aux mains en guise de Ramoneurs de cheminées.

Annecy. Le troisiesme iour ie disnay à Anneci petite ville du domaine de Sauoye, autresfois la demeure de François de Sales, Euesque & Prince de Geneue, illustre & Sainct personnage, obligé à y resider par la reuolte des Geneuois, qui ne peuuent souffrir de Prelats Catholiques. Le soir ie couchay dans vn petit bourg peuplé de païsans Caluinistes, de la domination de Geneue. Le quatriesme i'arriuay à Geneue en vne heure de temps, à l'entrée l'on me demanda ma patente de santé, ie la monstré au premier Scindiq, lequel se trouua par hazard à la porte, il me donna permission d'estre trois iours dans la ville : Estant descendu vn mouchard de la Republique me vint demander d'où ie venois, & où i'allois, & me dit qu'il estoit estably de Nosseigneurs de Geneue pour voir ceux qui arriuent, & empescher qu'il ne se fasse aucun desordre dans les hostelleries, & que l'Eternel n'y soit point offencé par les iuremens, par le ieu, & par l'yurognerie : Comme il m'en vouloit encore conter, mon hoste me tira, & me dist, prenez garde de prier cét homme de boire ou de manger, vous le verriez inceſſamment à voſtre queuë, c'eſt vn eſcornifleur ; ie luy demanday le ſujet de ſa venuë, & ce qu'il deſiroit de moy, il me diſt qu'il s'eſtoit venu informer du ſéjour que ie pretendois faire à Geneue, ie luy repliquay que i'y ſerois iuſqu'à ce que i'en partiſſe, apres auoir veu la ville, & m'eſtre raffraiſchi, il me reſpondit que i'y pourrois eſtre huict iours, & qu'il ſe chargeoit de m'y ſeruir, ie le remerciay, & luy dis que pour le ieu, le iurement, & l'yurognerie, c'eſtoient trois choſes que i'abhorrois plus que tous les Reformez enſemble, que i'aſſeurerois le premier Scindiq de ſa bonne garde & viſite, apres quoy il tira païs auſſi affamé qu'il eſtoit venu. Ie ſouhaittois de le faire cauſer dauantage, mais il ſe deſabuſa trop toſt, & euſt crainte de perdre temps à perſuader vn vieil Vliſſe deſabuſé.

Geneue eſt aſſiſe à l'Oueſt du lac Leman, lequel a dix-huict lieuës de longueur, elle eſt fortifiée à la moderne, & peut eſtre ſecouruë des Suiſſes en peu de temps, auec leſquels elle a de ſecrettes intelligences, ce qui maintient cette Republique eſt l'vnion des habitans, pour la conſeruation de leur liberté ils vont tirer le canon, le mouſquet, & la fleche à certains iours de la ſepmaine, Meſſieurs les Directeurs de la police leurs donnent des prix. Le iour de mon arriuée il vint vn ſeruiteur de l'Hoſtel de Ville me demander de la part de Meſſieurs les Scindiqs, ie m'informé ſi l'on m'a-uoit enuoyé vn caroſſe, le meſſager s'eſtonna de ma demande, & de ce que ie n'obeiſſois pas, & me diſt que l'on ne s'en ſeruoit point à Geneue, ie luy reſpondis que le lendemain matin ie les irois voir, & leur don-

Geneue, comme qui diroit Gex la neuue, parce qu'elle eſt au païs de Gex.

nerois satisfaction de ce qu'ils souhaittoient de moy, ils me receurent fort ciuilement, & m'interrogerent des pays d'où ie venois, si i'estois de leur Religion, & autres choses semblables; le premier Scindiq me fit saluer sa femme, & ses filles, & me dist que ie pouuois demeurer à Geneue tant qu'il me plairoit. Le peuple de Geneue est assez grossier, mais tres-bon aux estrangers : Les Catholiques y demeurent par souffrance, mais ne s'y peuuent marier. Tous les habitans sont de la Religion, qu'ils appellent Reformée; l'Eglise capitale s'appelle S. Pierre, où ie fus entendre la predication du plus habille Ministre de Geneue, il ne traitta aucun poinct de la controuerse, aux Prieres i'obserué que l'on pria Dieu pour le Roy de France, si c'est par deuotion, ou par politique, ie m'en rapporte, ie suis asseuré qu'ils craignent plus la surprise de Sauoye, que celle de France, ils pretendent que Geneue est vne ville du sainct Empire, & qu'elle est libre de droict, ce que son A. R. de Sauoye leur conteste, & ne luy manque que la force pour la subiuguer. Dans Geneue ie vis plusieurs Religieux deffroquez, & Catholiques Apostats, dont l'on ne fait pas conte; les Geneuois me disoient que le libertinage en obligeoit beaucoup à se tirer de la tyrannie du Conuent; dans les hostelleries l'on voit plusieurs images de la resurrection, & autres mysteres de nostre redemption, que l'on y laisse sans les honorer : Les banqueroutiers n'ont aucun asile dans cette ville, & l'on y pourroit rechercher vn Marchand qui auroit affronté, & fait banqueroute dans les Indes, & s'y seroit retiré.

L'Autheur rencontre à Geneue vn amy, qu'il n'auoit point veu depuis sept ans.

CHAP. XXIII.

QVelques iours apres mon arriuée à Geneue, i'allay voir faire l'exercice de la ieunesse à la prarie, où ie rencontré heureusement Monsieur Houdan, auec lequel i'auois autresfois porté les armes en Angleterre pour le seruice de leurs Majestez Brittaniques, nous renouuellasmes nostre connoissance, & quoy que ie peusse faire, il me fut impossible de me separer, sans luy faire le recit de mon voyage du Leuant, où se trouuerent plusieurs de ses amis, & pour m'obliger en suitte à luy raconter celuy du Nord, & ce qui m'auoit porté à le commancer par l'Angleterre : il fit preparer vn magnifique banquet, & sur la fin du repas il dist à ceux de sa connoissance parlant de moy, Messieurs ce Gentil-homme, quoy que habillé en Persan, est originaire d'Anjou, il arriua en Angleterre en l'année *1643.* en compagnie du Capitaine Giron, fameux pour la nauigation, & se mist volontaire parmy les troupes Françoises, où i'eus l'honneur de sa connoissance, & de son entretien, mais par mal-heur, i'en fus priué par l'emprisonement de ma personne au voyage que ie fis à Niucastel, & fus mené à Londres, d'où ie me suis sauué, & depuis ce temps i'ay courru la Hollande, l'Allemagne, la Pologne, & finallement ie me suis arresté en cette ville, ie croy que Monsieur de la Boullaye

Niucastel nouueau Chasteau

aura assez de courtoisie pour nous raconter auec mesme franchise, le commancement de ses voyages, comme il en a desia rapporté la fin.

L'Autheur raconte ce qu'il l'a porté à connoistre le monde, & descrit son voyage de Paris à Oxfort en Angleterre.

Chap. XXIV.

Messieurs pour satisfaire à l'enuie que vous auez de sçauoir mes aduantures, ie vous priray d'obseruer que ie me suis porté dés ma ieunesse à considerer, que deux choses font l'homme, l'ame & le corps, & qu'autant que nous auons de sagesse, d'intelligence, & de vertu, à l'esgard de l'ame, ou de beauté, de disposition, & de santé à l'esgard du corps; d'autant sommes nous preferables aux autres hommes, qui n'en ayans que la figure, ont peu d'aduantage sur les animaux qui sont parfaits en leurs natures: Cette reflexion eut telle force sur mon esprit, qu'elle m'obligea de quitter ma patrie, pour aller rechercher dans les pays estrangers les plus sçauans, & les plus adroicts hommes du monde: Ie partis de Paris en l'année *1643*. en compagnie du Capitaine Giron, auec lettres de recommandation de Monsieur de la Porte grand Prieur de France, nous prismes la poste à Pontoise pour Honfleur, suiuans le chemin de Magni, de Roüen, & du Poteau-de-Mer; sur cette route l'ô voit les vestiges du Palais de Robert le diable, bastard d'vn Duc de Normandie, qui a fait mille maux en son temps.

Magni. Rouën. Poteau-de-Mer.

La

La ville de Honfleur est à 51. lieuës de Paris, bastie sur la Seine, son port demeure à sec quand la mer est retirée. A 500. pas de cette ville est Nostre Dame de Grace, Chappelle de tres-grande deuotion, d'où l'on voit au Nord d'Ouest le Havre de Grace, qui en est distant trois lieuës. Nous montasmes sur vne fregate que le Capitaine Giron achepta 14000. liures du Capitaine sainct Mars Normand, laquelle auoit fait le voyage des Indes Occidentales; nous y chargeasmes plusieurs armes pour le seruice de sa Maiesté Britannique. Le 2. iour nous vinsmes surgir proche Reinuille, & prismes terre à la maison du Capitaine Giron, puis nous nous r'embarquasmes, mettant le cap à l'Ouest, pour arriuer à Vvemouts, mais nous eusmes la chasse de deux remberges du Parlement, qui nous obligerent à prendre port à Falmouts, pays de Cornoual, ou le sieur d'Aron del Gouuerneur de la place nous fit festin à la mode d'Angleterre, auec force grosses pieces de viande. Le Capitaine Giron ayant apperceu sept gros vaisseaux des Estats d'Hollande que l'on calfeutroit à Falmouts, proposa au Gouuerneur de ne les point laisser partir qu'il n'eust receu nouuelle de nostre arriuée à la Cour, que le droict des Princes estoit de se seruir dans la necessité de ce qu'ils trouuent dans leurs ports; le Gouuerneur luy respondit, qu'il n'estoit pas en son pouuoir de les empescher de partir quand ils voudroient, mais qu'apparemment ils ne s'en pouuoient aller de 6. ou 7. iours: Cette mesme proposition faite au Lieutenant, il s'estonna de la molesse du Gouuerneur, & dist qu'il les empescheroit de sortir du port vne quinzaine,

Honfleur.

Reinuille.

Vvemouts signifie blanche bouche.

Falmouts ou bouche tombâte.

qu'il n'auoit qu'à se diligenter pour arriuer à Oxfort: nous partismes à la mesme heure, & nostre route fut par le Cornoüail que nous appellons par corruption Cornuaille en François, pays infertille & remply de mines de plomb & d'estain sonnant, parmy lequel il se trouue quelquefois vn peu d'argent; nous passasmes à Bristol & à Bets où il y a de tres-beaux bains d'eau chaude: Et le quatriesme iour nous arriuasmes à la Cour, qui estoit à Oxfort, apres auoir salué leurs Majestez Britanniques, le Capitaine Giron descouurit au Conseil le dessein qu'il auoit de faire arrester les sept vaisseaux d'Hollande, qui estoient dans le port de Falmouts, il ne fut point oüy, pour moy ie croy que si son conseil eust esté suiuy, il auroit peu restablir l'authorité Royalle, parce que le Parlement de Londres n'estoit pas alors assez fort par mer pour luy resister, il eut la commission de Vice Admiral du Cornoual, auec beaucoup de jalousie des Anglois, qui ne pouuoient supporter qu'vn estranger fust admis à cette charge, il s'en alla pour exercer sa commission, & moy ie me mis volontaire parmy les trouppes Françoises, & y demeuray iusques à ce que i'eusse appris la mort tragique du Capitaine Giron, & le deceds de Monsieur de la Porte; ie pris congé de leurs Maiestez, & passeport du Lord Iermeyn, & tiré du costé de l'Irlande: De vous faire vne description de Londres, Iork, Saillesberi, Falmouts, Vvemouts, Niucastel, se seroit perdre temps, parce qu'elles vous sont tres-connuës; pour l'humeur & la Religion des Anglois, il est à propos d'en dire mon sentiment.

Bristol. Bets.

Oxfort, ou fort des bœufs.

Giron a esté poignardé dans son bord par vn Biscain qui feignoit de luy estre amy.

Lord signifie Seigneur.

Gouuernement des Anglois.

CHAP. XXV.

CE peuple croit exceller au dessus de tous les Estrangers dans les sciences, les arts, & la politique, il desire la guerre auec tout le mõde, pourueu qu'il ait la paix dans son pays il dit que les troubles de cette Isle ont estez mal-heureusement causées par le Conseil secret de France & d'Hollande, & intelligence de feu Monsieur le Cardinal de Richelieu: Cette presomption que les Anglois ont d'eux mesmes, est interieure, & ne paroit pas autrement ils sont fort doux dans leurs familles, les femmes sont Dames, & Maistresses de tout le mesnage, & quoy qu'elles ayent toute sorte de liberté, elles ont assez de sagesse pour n'en pas abuser.

Leur gouuernement estoit tel deuant que la Royauté fust ostée. Trois chefs faisoient le Parlement, le Roy, la Chambre haute & la Chambre basse, la Chambre haute estoit composée des Nobles du Royaume, & aux bas sieges de cette Chambre haute estoient assis les Iuges qui auoient leur seance ordinaire à Vvest-Minsterhaal, pour voir ordonner ce qu'il plaisoit aux Lords ou Seigneurs, c'est à dire aux Ducs, Marquis, Comtes, Vicomtes & Barons d'Angleterre, & donner leur Aduis s'ils en estoient requis. La Chambre basse appellée Chambre des Communes, estoit constituée des Deputez des Prouinces qui prenoient la qualité & tiltre Knaigts ou Cheualiers des lieux de leur deputation, quoy qu'ils ne le fussent pas, & des enuoyez des Villes. Ces deputez estoient esleus du consentement des peuples, les gens d'Eglise, comme l'Archeuesque de Canturbery, & autres Euesques d'Angleterre auoient leur sçeance, premieres voix & deliberation dans la Chambre Haute, en qualité de Lords du Royaume. Ces deux Chambres estant consententes de quelque chose auec le Roy l'on l'a passoit, comme de faire la guerre, imposer quelques subsides, ou reformer l'Estat; mais lors que le Roy n'y consentoit pas, il ne se pouuoit rien ordonner legitimement: L'exemple s'en est veu au Lord Straffort, Vice-Roy d'Irlande, trouué coupable de mort par les deux Chambres, lequel n'auroit point esté executé sans le consentement du Roy son Maistre, qui l'abandonna par l'aduis de son Conseil, quoy qu'il soit tres-dangereux à vn Prince Souuerain, de relascher de la puissance, & faire connoistre la force à vn peuple desireux de nouueauté & de changement. Dans les villes principalles du Royaume, il y auoit vn Maire, qui prenoit la qualité de Lord en quelques-vnes, & iugeoit les differens de la police, & dans les villages il y auoit vn Connestable esleu contre son gré par la populace qui estoit vn ou deux ans en charge, & estoit absolu pour emprisonner les debiteurs ou mal-faicteurs qui estoient iugez par les Iuges de Vvest-minsterhaal, deputez & enuoyez dans les Prouinces pour rendre la Iustice aux Subjets da le Couronne.

Straffort, fort de la pailie.

Le Roy Charles I. du Nom estant sorty de Londres mal-contant des deux Chambres, fit effort pour maintenir son authorité Royale, & se voyant puissant & maistre absolu d'vne partie de l'Angleterre, ordonna vn nouueau Parlement, dont la seance estoit à Oxfort au College où estoit la Librairie de l'Vniuersité, lequel abolit le vieil Parlement de Londres qui s'assembloit à Vvest-minsterhaal, & declara Pamphlet, ses Arrests, ce qui anima les membres de cette Compagnie, contre sa Majesté Britanique & sa posterité.

Pamphet en Anglois est vn papier barboüillé qui n'est bon à riẽ, & reuient en nostre langue au mot de chiffon.

De la Religion des Anglois.

CHAP. XXVI.

LA Religion d'Angleterre est extremement changée, il y reste peu de veritables protestans Anglicans, lesquels auoient des Euesques & des ceremonies dans l'Eglise comme des habits Sacerdotaux & des Orgues auec de la Musique, &c. ils sont tous à present independãs ou Puritains, les independans disent ouuertemét qu'il est esgal d'auoir la Bible ou ne l'auoir pas, d'aller au Temple ou n'y aller pas, auoir des Prestres ou n'en auoir pas: Mais que la vraye Religion est de seruir Dieu en esprit & verité. Les Puritains tiennent le millieu entre les independans, & les Protestans Anglicans, & soustiennent que le Parlement d'Angleterre a pris les armes pour sauuer le Royaume du Papisme, dont il estoit menacé, que le Roy Charles s'estant seruy de Ministres ennemis de la Religion du Royaume, l'on les a peu chasser comme rebelles: que les ceremonies que l'on obseruë au Baptesme des enfans, & à l'enterrement des morts tiennent de la superstition. Il y a plusieurs Catholiques parmy les Anglois, lesquels ont le mesme zele que les heretiques, sans sçauoir que la Religion ne gist pas à esgorger ceux qui s'y opposent mais aux deux cultes interieur, & exterieur, & de tout temps l'on a veu ces peuples tellement portez au sang, de ceux qui sont opposez à leurs creances, que ç'a esté vn massacre perpetuel, lors qu'vn party à preualu sur l'autre.

Interests d'Angletterre.

CHAP. XXVII.

LEs Anglois ayant formé vne Republique, il est à propos d'en descrire les forces, pour en mieux faire entendre les interests : La grande Bretagne contient quatre principalles parties, au Nord le Royaume d'Escosse, à l'Est le Royaume d'Angleterre, à l'Ouest la principauté de Galles, & au Midy le païs de Cornouaille, dont les peuples different en langues & coustumes, & ont plusieurs antipathies : outre cette isle l'Irlande est encore soûmise en partie à cette nouuelle Republique, auec les isles Hebrides, & Orcades, qui sont au 60. degré de latitude : les isles de Iarzé, & Garnezé, dont les habitans sont de langue Françoise, & Normands, la Virginie, la nouuelle Angleterre, partie de la Floride, & la moytié de l'Isle S. Christophe dans l'Amerique, & quelques places dans les Indes Orientales : Ses interests vont à s'opposer aux conquestes que les François pourroient faire en Flandres, à maintenir la paix auec le Roy de Castille, afin d'auoir sujet de mettre bas les Portugais aux Indes Orientales, d'entretenir vn Ambassadeur à la Porte du grand Turq, pour maintenir le negoce du Leuant, & destruire celuy des François, ne se pas opposer ouuertement à la superbe des Hollandois, sans oublier le massacre que les Hollandois ont autresfois fait des Anglois dans l'isle d'Amboina, pour se rendre maistres de la noix de muscade : du costé de France les Anglois n'ont aucune crainte, par l'opposition que les Espagnols feroient si l'on vouloit attenter sur leur Estat ; outre qu'estans les Maistres de la mer ils n'apprehendent rien : ils entretiennent des intelligences secrettes auec le grand Duc de Moskouie, le Roy de Perse, & le grand Mogol, afin d'auoir le negoce libre, seul secret pour maintenir vn Estat florissant, parce que le negoce apporte l'argent, & l'argent est le nerf de la guerre.

Voyages de Oxfort à Dunster, ou Mignard.

CHAP. XXVIII.

IE party d'Oxfort, & pris ma route vers l'Irlande ; Le premier iour ie vins disner à Habenton, petite ville distante quatre lieuës d'Oxfort, ie couchay à Memesbery, 27. milles d'Habenton : dans le chemin l'on passe à Blottée, à Kington, & à Farenton.

Habentõ.

Memesberi

Blottée.

Kington ou village Royal. Farenton Roclek. LouKinton. Touruisaton. Diran. Poucle-churche. Maugirez fils. Bristol. Pile.

Le second iour ie passé à Roklek, Loukinton, Turuisaton, & disnay à Diran, puis ie pris mon chemin par Poukleċhurche, & Maugiresfils, & vins coucher à Bristol, 22. milles de Memesbery, & me logeay à la Serene.

Bristol est la seconde ville d'Angleterre, sa grandeur est égalle à celle d'Orleans, il y a vn port pour les petits vaisseaux, les grands nauires n'en approchent que de trois milles, & s'arrestent en vn lieu appelé la Pile; cette ville est l'abord d'Irlande, il y fait tres-bon viure, les femmes y sont courtoises, & le peuple tres-bon: dans cette ville ie rencontray vn Gentil-homme Manceau, appellé Chesneau, que i'auois eu autresfois pour compagnon d'estude à la Fleche, lequel estoit Officier de la garnison: il estoit sorty de France pour voyager, il n'y a pas reüssi, il s'embarqua à Bristol pour le Portugal, & à Lisbone pour l'Italie, au destroit de Gilbatar il fut pris esclaue par les corsaires d'Alger, il est à la chesne, où il endure beaucoup, ie plains sa miserable fortune, & prie Dieu qu'il le veüille consoler, & luy donner la ferueur, & la force de demeurer Chrestien; ie ne croy point que ce soit pour punition que Dieu nous enuoye quelquesfois des miseres, c'est plustost pour nous esprouuer, comme Iob, & Tobie originaux de patience.

Posset.

De Bristol ie montay sur vn vaisseau Irlandois pour l'Irlande, ie pris passeport du Gouuerneur, nous vismes attendre le vent à la rade de la Pile, & nous fusmes raffraischis trois iours dás vn petit village appellé Posset, où nous trouuasmes de tres bon vin d'Espagne, i'a-

uois

uois peur que nostre Capitaine ne le fist encherir sur cette coste, ie croy qu'il estoit du sang de Baccus, qui prenoit le ius de raisin pour du laict : Delà nous cinglasmes par le canal de Bristol, & nous mouïllasmes à Mignard 42. milles de Bristol, où il y a vn petit quay le plus beau du monde, fait de pierres extraordinairement grosses, mises les vnes sur les autres sans aucun ciment, il resiste aux flots de la mer, & il garentist les vaisseaux des vents, comme les pierres de ce quay sont prodigieusement grosses, & ne se pouuoient enleuer à force de bras, l'on s'est seruy de cette artifice pour le bastir ; Lors que la mer estoit retirée, l'on lioit plusieurs tonneaux vides à chacune des pierres, puis l'eau se haussant par le flux, l'on traisnoit la pierre, où il falloit qu'elle demeurast, & en desliant les tonneaux, elle y demeuroit immobile; il n'y a point de forteresse pour garder ce Havre, seulement l'on fait des feux sur vne montagne voisine, pour donner aduis des flottes, ou des vaisseaux qui paroissent. Mignard.

Ce village est diuisé en quatre hameaux & tout proche est vn vieil Chasteau appellé Dunster Kestel, nous y séjournasmes dix-huict iours, à cause du vent qui nous estoit contraire; pendant quoy vne barque du païs de Galle qui trauersoit le canal, chargée de charbon de terre s'atterra sur le sable, & les mariniers l'a croyant sur les roqs, se ietterent dans l'esquif, & n'y voulurent receuoir qu'vn passager, qui leur donna 200. Iacobus qu'il auoit, ils abandonnerent leurs propres femmes, meres, & sœurs; mais la iustice Diuine permist que l'esquif fut renuersé par la force des vagues, & que ceux Dunster Kestel Chasteau de Dunster.

qui estoient dedans perissent mal-heureusement à la veuë de leurs parens qu'ils auoient delaissez ; & le calme venant, la barque se trouua sur le sable, & fut enleuée par le flux peu à peu, & arriua à Mignard, d'où ie vis desbarquer six femmes, & vn bon vieillard extremement affligez de la perte de leurs parens, la nature ayant surpassé en eux le ressentiment qu'ils deuoient auoir de leur lascheté.

Voyage de Mignard à Doublin, & ce que c'est que les Isles flottantes.

Chap. XXIX.

Le sixiesme May nous fismes voiles à dix heures du soir, nostre Capitaine estoit yvre, & ne sçauoit ce qu'il faisoit, nous auions perdu nostre passage deux ou trois fois par sa faute, parce que les matins le vent estant contraire, il alloit au cabaret, & le vent se tournant, il estoit incapable de commander aux Pillotes; cét yvrongne fit partir son vaisseau à l'improuiste, & laissa plusieurs honnestes passagers à terre sans les faire aduertir, lesquels ayans perdu esperance que l'on leuast les anchres si tard, estoient dans leurs hostelleries à se reposer: Vn sage Voyageur doit prendre garde : Sur ce poinct Monsieur Houdan me dist, trouuez bon que ie vous fasse souuenir de Mestresse Françoise, laquelle vous auez oubliée adroittement ; à tout le moins ne nous desniez pas le recit de vostre separation d'auec vn si bel object ; ie ne pûs desnier à sa ciuilité ce que ma discretion m'auoit obligé de cacher, & luy repliqué de cette façon : Ie vous ay fait remarquer en passant que les filles, & les femmes d'Angleterre sont tres-sages, & me sembloit vous auoir assez dit, pour ne me pas interrompre de la suitte de mon voyage d'Irlande, que vous me permettrez de reprendre. Ie dis donc qu'vn sage Voyageur doit prendre garde de ne quitter iamais le Capitaine, ou le vaisseau de veuë, lors que le vent est bon, de crainte de pareil accident.

Le lendemain matin nous rencontrasmes deux vaisseaux François qui venoient de Kinseelle en Irlande, & tiroient vers Bristol, sur le midy nous eusmes la chasse d'vn vaisseau du Parlement de quarente pieces de fer, auec beaucoup d'apprehension, parce qu'il couroit vn bruit que les Parlementaires iettoient en mer tous les Irlandois, & ceux de leur party, à cause du massacre que les Irlandois ont fait dans leur pays des Anglicans Protestans, par vn zele de Religion, dont la liste s'est montée, suiuant la supputation des Protestans, à 145000. personnes, nous eschapasmes de leurs mains à la faueur de la nuict. Kinseelle voylle Royal.

Le quatorziéme du mois, vn Marinier estant monté aux voilles, cria chore, chore, nous descouurismes la coste d'Vvachefort à 53. degrez de latitude, & tirans au Nord, nous vismes à l'Ouest vn petit chasteau appellé Vviclos à 55. degrez & 40. minuttes de latitude, le Capitaine du vaisseau au lieu de regarder la boussolle pour euiter vne pointe de banc qui est proche cette coste, la plus dangereuse d'Irlande, entretenoit le pilote inutilement, & apres vne demie heure de Nauigation il Chore en Anglois terre, terre.

reconneut sa faute, & cõmença à crier Seigneur Dieu, ayez pitié de nous, nous sommes perdus, tenez les anchres prestes, pliez les voiles, nous allons sur la pointe, nous n'en sommes esloignez que de six pieds à l'esquif, à l'esquif, au batteau long, aux rames, ô Dieu, fais nous misericorde, par la grace de Iesus-Christ nostre Seigneur; nous mismes tous la main à l'œuure, & les Mariniers ayant pris vne corde de la proüe du vaisseau, l'attacherent à l'esquif & au batteau long, & nous tirerent de danger auec beaucoup de peine à force de rames, le soir certaines vappeurs qui s'esleuoient de la mer, me faisoient croire que c'estoit de la terre, laquelle ie voyois à 1. 2. & 3. milles ie m'imaginois distinguer les arbres en grand nombre, & mesme des bœufs, m'arrestant à voir cette terre, & a en demander le nom & qu'elles villes il y auoit, ie m'adressé à vn pilote Hollandois, marié à Doublin, lequel me desabusa & me tint ce discours, Vous n'estes pas le premier qui a erré dans la speculatiõ de ces choses, les plus experts dans la Nauigation s'y trompẽt souuent, ce qui nous semble terre n'est qu'vne vapeur grossiere qui ne peut estre esleuée dauantage à cause de la saison & de l'esloignement du Soleil, ces arbres & ces animaux apparens sont partie de cette vapeur, laquelle s'amasse plus en vn lieu qu'en l'autre, ie vous diray qu'estant extremement ieune sur vn vaisseau de Hollande vers la coste de Groenland à 61. degrez de latitude, nous apperçeusmes vne Isle de cette sorte, nous iettasmes la sonde sans trouuer de fond nostre Capitaine voulut en approcher de plus prez & trouuans assez d'eau nous fusmes estonnez que tout d'vn coup elle disparut, & nous estans esloignez de l'autre costé, nous la descouurismes derechef, le Capitaine voulut sçauoir ce que c'estoit commanda que l'on tournast vn demy mille tout au tour pour l'obseruer, & apres l'auoir tournée diuerses fois sans trouuer aucune veritable terre, il s'esleua vne tempeste si orageuse que nous pensasmes perir, & le calme estant venu ensuitte, nous demandasmes à nostre Capitaine pourquoy il auoit fait mesurer cette Isle, il nous respondit qu'il auoit ouy dire, que vers le Pole il y auoit plusieurs Isles, les vnes flottantes, les autres non, que l'on voyoit de loing, & desquelles l'on auoit peine d'aprocher, ce que l'on disoit aduenir par des femmes magiciennes, qui les habitent & font perir par la tempeste les vaisseaux qui s'oppiniastrent à les vouloir aborder, que tout ce qu'il auoit leu & ouy dire n'estoit que fables, & qu'il connoissoit à present que ces Isles flottantes, prouenoient des vapeurs leuées & attirées par les planettes, que la veuë dissipoit lors qu'on en approchoit de prés, & que la tempeste suiuoit ordinairement ces metheores, ie le remerciay de m'auoir donné la raison de cette terre imaginaire, & comme i'acheuois mon compliment, ie vis passer vne bande d'oyseaux noirs de la grosseur d'vn merle, dont l'vn alloit à la teste, & vn autre à la queuë, ces oyseaux faisoient vne espece de bataillon, & alloient à l'encontre du vent, ce mesme Hollandois me dist que lors que cét oyseau passoit pendant le calme, il seruoit d'augure pour iuger de vent futur.

Le quinziesme du mois nous apperceusmes les coſtes de Doublin,embellie de petits Chaſteaux, nous enchraſmes proche de la ville, laiſſans deux gros tonneaux à main gauche, qui ſeruoit de ſignal pour éuiter les roqs, & les bancs qui peuuent eſtre en cét endroit. La ville de Deulin, ou Doublin eſt la capitalle d'Hibernie, ou d'Irlande, elle eſt à l'Eſt de l'Iſle, ſa grandeur eſt eſgalle à celle d'Angers, le quay du port eſt fort beau, mais il n'y arriue que les barques, les grands vaiſſeaux demeurent à la rade à deux milles de la ville; il n'y a aucune raretez qu'vne fontaine, qui eſt à deux ou trois milles de la ville du coſté du Nord, qui fait des miracles pour les boiteux, & les aueugles, à ce que diſent les naturels.

Il y a de beaux baſtimens dans Doublin,vn College, & beaucoup d'Egliſes, entre leſquelles eſt celle de S. Patrice Apoſtre de ce pays; dans le Chœur l'on voit les armes des anciens Cheualiers d'Angleterre, auec leurs deuiſes; i'y allay le Dimanche pour voir les ceremonies que l'on fait au Vice-Roy, ie vis beaucoup de magnificences, au ſortir de l'Egliſe marchoit au deuant de luy vne compagnie de gens de pied tambour battant, & meſche allumée, en ſuitte vne compagnie de hallebardiers gardes de ſa perſonne, & 60. Gentils-hommes à pied, auec quatres Seigneurs fort bien montez,& le Vice-Roy au milieu de ces quatre ſur vn cheual blanc de Barbarie; ie ſuiuis ce cortege afin d'entrer plus librement dans le Chaſteau,mais à la porte l'on ne commanda de poſer l'eſpée, ce que ie ne voulus faire, & dis qu'eſtant nay de condition pour la porter deuant les Rois, i'aymois mieux ne point voir le Chasteau que de la quitter : vn Gentil-homme de la suitte du Vice-Roy connoissant à mon port que i'estois François, me prist par la main, & me dist, les Estrangers à cette heure auront plus de priuilege que ceux de la ville, & me fit entrer ; ie luy repliquay que sa ciuilité respondoit à celle que les François auoient pour ceux de sa nation, quand ils les rencontroient en France, estans au dedans ie trouuay ce Chasteau mediocrement fort, sans aucuns dehors, & assez bien muny de canons de fonte.

Voyage de Deulin à Kilkinik.

CHAP. XXX.

IE party de Doublin en compagnie de Tam Neuel Irlandois natif de Korq, & pris vn passeport du Vice-Roy d'Irlande, qui estoit alors le Comte d'Ormonds, à six milles de Limmerik, nous trouuasmes vn village appellé Fortinguesse destruit par la guerre, il n'y restoit qu'vne maison, où il y auoit garnison Angloise, le soir nous arriuasmes à Racouul dix-huict milles de Doublin, où ie vis la maison du deffunct Lord Straffort Vice-Roy d'Irlande, decapité à Londres, ce Chasteau appartient à son frere qui reside à Doublin, & le faisoit garder par quarante soldats Anglois, Racouul est vn gros village presque tout ruiné par les guerres.

Tam veut dire Thomas.

Fortinguesse.

Racouul.

Le second iour nous disnasmes à Kilkolinbridge, où finissoient les terres des Anglois ; nous y passasmes à la

Kilkolinbridge.

nage vne petite riuiere auec beaucoup de peine, & portasmes nos hardes sur nos testes, parce que les Irlandois auoient rompu le pont pendant les guerres de la Religion; tout ce pays estoit ruiné, & ne s'y trouuoit personne que de pauures mal-heureux qui vendoient sur les chemins du laict caillé, & vn peu de pain d'auoine: apres auoir passé la riuiere nous vinsmes coucher à Castel d'Airmon petit village de la domination des Catholiques, il est à 12. milles de Racouul.

Castel d'Airmon

Kingka-Koul.

Balinhou-lan.

Le troisiesme iour nous passasmes à Kinkakoul, puis à Baiinhoulan, où il y a vn beau Chasteau dont le Gouuerneur estoit Anglois de nation, & conuerty à la Religion Catholique depuis peu, ce village est distant 13. milles de Castel d'Airmon.

Kilkinik

Le quatriesme nous arriuasmes à Kilkinik capitalle des Catholiques, où est le siege des Estats d'Irlande, cette ville est de la grandeur d'Orleans, assise sur vn petit fleuue qui se va emboucher à dix-huict milles de là, son Chasteau est assis sur ce fleuue, il y a des Monasteres de Iacobins, de Recolets, & vn College de Iesuittes, qui y sont en grand honneur parmy ces peuples, aux portes de la ville la garde se saisit de moy, & me mena au Maire, lequel me iugeant Anglois à ma phisionomie, me dist que i'estois vn espion, que ma taille, mon parler & mes deportemens estoient d'vn Anglois naturel, ie luy soustint qu'il se trompoit, & le plus honnestement qu'il me fut possible ie le dementy, & luy dis que i'estois François de nation, & tres-bon Catholique, que les passeports que i'auois du Roy d'Angleterre estoient des tesmoignages de ce que i'aduançois,

qu'il

qu'il les pouuoit lire, & s'informer de ma profession, il me les osta assez brusquement des mains, & lisant seulement le dessus, où il y auoit en Anglois, Mestre the Gouz his passe, qui signifie la passe de Monsieur le Gouz, il se confirma dans son erreur, & dist à la compagnie, voyez si ce nom n'est pas d'vn Anglois, & si ie n'ay pas bien iugé que ce droolle est vn espion, que l'on m'amene des soldats pour l'emprisonner, il ne faut pas souffrir auec tant de facilité cette sorte de coureurs, nous descouurirons la verité du fait: L'impertinence de ce Lord me choquant, ie luy respliquay, vous dittes que ie suis Anglois sans aucun fondement que vostre imagination, n'y a-t'il point icy quelque François pour iuger si la langue Françoise ne m'est pas naturelle, & l'Angloise estrangere; pour mon nom il est Anglois, & il se peut faire que mes ancestres soient autrefois venus d'Angleterre habiter en Bretagne apres l'inuasion des Saxons, comme plusieurs autres familles de France; il enuoya querir vn habitant natif de Caën en Normandie, qui l'asseura que i'estois François, i'eus la liberté de me retirer, & à cause du Conseil Catholique qui se tenoit en cette ville, les hostelleries estoient si pleines, que sans la rencontre d'vn Normand appellé le sieur Beauregard, i'aurois esté contraints de coucher dans les ruës.

messieurs les Gouz sont venus d'Angleterre habiter en Bretagne & de Bretagne en Anjou Flâdres, Bourgogne, & Languedoc.

Voyage de KilKiniK à Kachel.

CHAP. XXXI.

Kalon. NOus partiſmes de Kilkinik, & arriuaſmes à Kalon ſix milles de chemin, à noſtre arriuée vn Gentil-homme appellé Edoüard Comerfort nous offrit ſon Chaſteau, où nous nous retiraſmes, ne pouuans deſnier à ſa ciuilité ce qu'elle deſiroit de nous; le lendemain nous fuſmes battus d'vne pluye extraordinaire, qui nous obligea à aller chercher le couuert dans vn Chaſteau, où nous fuſmes bien receus, le Maiſtre de la maiſon vint nous prier d'y demeurer quelques iours, nous ne peuſmes nous en deffendre, ce Seigneur s'appelloit Mylord Ikerin, & eſtoit General de la caualerie des Irlandois Catholiques, au ſouper ie fus entrepris d'vn Religieux de la nourriture d'Eſpagne, lequel haïſſant à mort les François, & me connoiſſant tel, ne pût s'empeſcher de monſtrer l'animoſité qu'il auoit contre ceux de ma nation, il aduança que n'ayant point d'inquiſition eſtablie, ils eſtoient reprouuez & fauteurs d'heretiques, leſquels ils deuoient exterminer plutoſt que les tolerer, que l'accroiſſement de la Religion Catholique ne ſe pouuoit faire que par l'affoibliſſement de cette Secte peſtifere, dont le nom ne merite pas d'eſtre connu du bas peuple, que l'Eſpagne auoit cét aduantage de n'auoir iamais eſté infectée d'aucune hereſie, ce qui auoit fait meriter le nom de Catholique au Roy d'Eſpagne, & faiſoit proſperer ſes armes: Ie me

Ie parle icy des Caluiniſtes.

trouuay obligé de respondre de cette sorte aux propositions de ce Religieux, dont le zele me sembloit fort indiscret ; Mon Pere ie m'estonne comme vostre Reuerence estant née en Irlande païs neutre, vous soyez du feminin genre, & que la passion, qualité connaturelle de ce sexe, ait si fort empieté sur vostre esprit, que vous preferiez les Espagnols aux François, qui ne leur cedent point en Religion, non plus qu'en valleur, & quelque pretexte que vous alleguyez d'inquisition pour expulser l'impieté d'vn pays, & conseruer la Religion en son entier, les François sont trop bien informez, que la Foy, qui en est la base & le fondement ne vient point par la persecution, il est vray qu'il n'y eut iamais d'Huguenots en Espagne, mais les Maranes, & les Grenadins y sont si frequens, que l'on a peine à connoistre les veritables Catholiques, nous sommes desabusez de l'exterieur, & de ce qui paroist au dehors, les François semblent la pluspart libertins, & sont tres-bons Chrestiens, & les Espagnols ont l'apparence d'Anges, & souuent l'interieur au contraire : Pour la prosperité des armes le Roy d'Espagne n'a point eu, ny aura iamais d'aduantage contre sa Majesté tres-Chrestienne, lors qu'elle sera bien seruie.

Maranes sont les Iuifs, les Grenadins sont les Mansulmans.

De ce Chasteau nous arriuasmes en vn iour à Cachel, dix milles de chemin, cette ville est Archeuesché, dont S. Patrice est fondateur, il y a deux Conuens de Dominicains, & de Cordeliers.

Cachel.

Conference de l'Autheur auec deux Docteurs touchant la Theologie, & la Philosophie.

Chap. XXXII.

PEndant le séjour que nous fismes à Kachel le R. Pere de Ryan Gardien des Dominicains, Irlandois de nation esleué en France, me pria de disner au Conuent, & comme ie m'en excusois, il m'en pria dauantage, & me tesmoigna auoir besoin de moy, parce qu'il y auoit deux Religieux aussi Irlandois nourris dans les Conuents d'Espagne, lesquels aduançoient imprudemment que la veritable Philosophie, & Theologie estoient en Espagne, & que tous les François ne sçauoient rien, qu'il se trouuoit heureux de m'auoir rencontré pour luy ayder à les sortir d'erreur; parce que, me disoit-il, quand nous allons voyager nous n'auons point de politesse, & nous prenons les coustumes & opinions des peuples où nous allons, ce qui est cause qu'estant nourry en France, ie ne puis voir vn Espagnol, ny vn autre esleué en Espagne ne peut souffrir vn François, ie me trouuay obligé à maintenir l'honneur de ma nation, & luy rendre ce seruice: Estant à table ces deux Religieux preuenus des opinions d'Espagne, & de ces mots ordinaires de Louteranos, Gauachos, y Bourachos Franceses, ne me donnerent pas le temps de manger mon potage à l'Iroise, qu'ils ne me donnassent plusieurs petites attaques, ie les coniuré de me laisser disner en patience, & qu'ils auroient satisfaction de

Potage à l'Iroise est du boüillon tout clair où l'on peut mettre du pain.

moy : ſur l'iſſuë nous commençaſmes à entrer en liſſe, ie leur proposé pluſieurs queſtions, entr'autres celle-cy de Theologie : Dieu entant qu'il ſe connoiſt Pere produiſt le Fils, & entant qu'il ſe connoiſt Dieu il ne ſe produiſt pas ſoy-meſme, pourquoy donc par le meſme entendre y a-t'il production, & par le meſme entendre il n'y a point de production : La nature Diuine eſtant infinie, comme a-t'elle pû auoir aſſietre en la nature finie ; les raiſons de Dieu eſtans infinie, comme ſont elles pluſieurs, & ſon entendement eſtant vne meſme nature auec ſa volonté, pourquoy le Pere engendre-t'il ſon Fils plutoſt par l'entendre que par l'aymer, puis que tout ce qui eſt en Dieu eſt Dieu meſme. Le Pere ne peut engendrer le Fils ſans action, l'action precede le terme engendré, pourquoy donc le S. Eſprit n'eſt-il pas la ſeconde perſonne dans la Trinité. Ie les priay de me reſpondre, l'vn d'eux voulut prendre la parolle, & ne s'en pût demeſler, ie luy dis que ie m'eſtonnois qu'ayant la vraye Theologie, il ne pouuoit ſatisfaire à mes propoſitions, mais que Dieu ne donnoit pas toutes ſes Graces à vn ſeul, parce que l'Eſprit ſouffle où il veut, & donne aux vns le don des Langues, aux autres celuy de Propheties, poſſible que le R. Pere n'a pas celuy de Theologie, mais il peut auoir celuy de Philoſophie, laquelle conſiſtant en quatre parties, ſa Reuerence aura pour agreable que ie luy faſſe queſtion ſur la premiere. Pourquoy la conuerſion dans la ſeconde operation de l'entendement eſt la pierre de touche de toutes les propoſitions, pourquoy des 19. modes reduits à 3. figures, 7. concluent affirmatiuement, ſçauoir vn vniuersellement, & 6. particulierement, & 12. negatiuement, sçauoir 4. vniuersellement, & 8. particulierement. Quelle difference il y a entre la contingence & la possibilité dans la modalité des propositions : Ie les trouuay plus muets qu'auparauant, ny l'vn ny l'autre ne dirent mot, cela m'occasiona de dire ! ô veritables Logiciens d'Espagne, desquels la capacité consiste à se taire, parce qu'ils sçauent que le silence ne rend iamais compte, passons à la Metaphisique, & me respondez si l'ame est spirituelle. S'il y a des Anges, & s'ils sont creés deuant le Ciel & la terre, ou apres. Si Dieu ayant creé le monde de sa connoissance, sa connoissance, estant la mesme auec son essence, il ne l'a pas fait de son essence, & si le rien est eternel comme la Diuinité. Ie les vis au bout de leur roollet, & ne rien dire que ce que le commun disoit; quand à la morale, leur dis-je, ie vous la passe, parce qu'elle est facille, & commune, finissons à la Phisique, comme ayant plus de choses à vous dire sur ce sujet ; Ie vous demande combien vous mettez de principes pour l'establissement de la nature : ie ne pretens pas conferer auec des Docteurs Espagnols en Philosophe scolastique, lesquels la pluspart n'ont pour principes que leur phantaisie, aussi ne nous laissent ils que des termes & des estres de raison, & trouuent des contredits dans les Philosophes, parce qu'ils ne les entendent pas, vostre Philosophie n'est que pure position peu prisée des Sçauans, lesquels veulent la demonstration, ou bien vn raisonnement tiré des principes Phisiques remplissant leur faculté intellectiue, & non des authoritez, l'opi-

raison les touche peu, mais la verité les contente pleinement, vous ne prouuez rien que par des authoritez, & si vous paroissiez deuant des infidelles, qui n'adioustent point de foy à vos allegations, vous ne sçauriez que dire, & seriez auec vostre suffisance au rang de ceux qui n'estudierent iamais? Ie vous prie quel aduantage tirez vous de vos crieries, & de vos argumentations, sinon vn battement de mains, vous disputez pour disputer, & non point pour arriuer à la verité, c'est pourquoy les Auditeurs sont contrains de vous faire taire, ce qui prouient de ne pas sçauoir la vraye Philosophie, vous n'auez que vos Autheurs en teste dont les sentimens sont bons, parce qu'ils les ont connu, & vous les ignorez, si bien que toutes vos applications ne peuuent estre que mauuaises; cette façon que vous auez de prouuer vn argument par vn autre est ridicule, parce que si le premier est en bonne forme, & que les enonciations soient conuertibles, il s'en doit suiure vne consequence certaine & infaillible, parce que quelle est la cause, tel est l'effet, & le premier syllogisme est aussi vray qu'vne centaine d'autres tirée en suitte, parce que la verité gist en vn seul poinct, l'enfileure de vos arguments ne prouient que d'vne confusion manifeste, en ce que si l'on parle logiquement vous apportez vne instance Phisique, si phisiquement vne instance Metaphisique, ainsi du reste: Il me souuient qu'à Callon conferant phisiquement auec vn de vos Docteurs, ennemy iuré des François, ie luy niois qu'vn corps pût estre en 2. lieux; il m'allegua le S. Sacrement de l'Autel, sans prendre garde que cette obiection est impertinente, parce que parlant du corps phisiquemẽt, l'on ne doit point alleguer vn miracle, ou chose surnaturelle. Vous croyez sçauoir la phisique quand vous y auez perdu 6. ou 7. mois à copier & transcrire les escrits de vostre Maistre, qui furent autresfois les escripts du sien, & vous flattez de connoistre par vos disputes l'estre, le viure, le sentir, l'imaginer, & mesme le raisonner, sans sçauoir les principes de l'estre, les parties du corps constitué par la composition, l'alteration, la mixtion & vnion des quatre elemens, la nature des bestes, l'agent des metaux, la cause du flux & reflux des mers, & des vents, les facultez animées de la vie, la difference des plantes & des arbres, sur lesquelles Salomon a seulement disputé: Vous auez des preuues si foibles par vos sens exterieurs & interieurs, que bien loing de les inculquer aux autres, vous ne vous en contentez pas. Le mouuement des Cieux d'où despend l'alteration des elemens, la reünion des corps pour faire les mineraux, les metheores, & les metaux, la proportion des qualitez premieres & secondes, pour conseruer la santé aux vegetaux vous est inconnuë, & faittes passer pour follie & extrauagance vne science, laquelle vous ne connoissez que de nom, vous deffendez d'en parler, & dittes que c'est vne resuerie, vn songe creux, & vn amusement de gens qui n'ont rien à faire, quoy que sans la connoissance d'icelle il est bien difficille d'estre veritable Philosophe, ny de connoistre le grand oeuure visible de la nature, par lequel suiuant l'Apostre l'on vient à la connoissance de Dieu inuisible, parce qu'il n'y a rien dans le chaos creé, dont l'on ne puisse tirer

3 des Roi. 4. 33.

Astrologie.

Rom. 1. 20.

tirer preuue de l'Eternité, & de l'estre independant? ce que ie vous dis est-il raisonnable, vous choque-t'il le iugement, parlay-je phantastiquement, ou sur le pied de la nature, ou contre les principes de l'Aristote, que respondez-vous, ne concluez-vous pas que faute de connoissance nous nous emportons à iuger temerairement, & parce que ie vous vois attentifs, & que vos esprits sont dociles, ie vous veux charitablement faire part des principes de quelques Philosophes, vous en aurez obligation occasionelle au Reuerend Pere de Ryan, lequel en sçait bien autant que vous, quoy qu'il n'ait pas estudié en Espagne.

Moyse, qui me vient le premier a fait rouler tout ce qu'il a escrit sur ces trois principes, les tenebres, les eaux, & l'esprit de Dieu, que les Cabalistes appellent Ruahk eloim, & les Leuantins alla Rohh, duquel Mahomet a qualifié Iesus-Christ en son Alkoran. Thales le Grec a dit qu'il n'y auoit que l'eau d'où le premier Legislateur nous a asseuré qu'il y en auoit sur les Cieux, aussi bien qu'il y en a sur la terre, ce qui a obligé Socrate de dire que ce qui est au dessus, est comme ce qui est au dessous. Anaximander au contraire a tenu qu'il y auoit infinité de principes, parce que tout corps est diuisible en infinité de parties, & consequemment retourne au lieu d'où il a pris son origine. Hermes Pontife, Roy, & Philosophe Egyptien, a appuyé toutes les connoissances qu'il a euës de la nature sur le sel, souffre, & mercure, principes assez tiraillez & terraillez par les faux & misera-

Moyse.

Milesius Thales.

Socrate.

Anaximandre.

Hermes 3. foistres grand.

Aristote. bles Chimistes du temps. L'Aristote, comme vous sçauez, forme agissante & matiere patissante sous la forme dont elle est priuée, lesquelles ont tellement estourdy les Escoles, que la priuation les priue de la faculté intellectiue pour y atteindre; c'est le voile duquel il s'est seruy pour cacher aux ignorans
Euclide. ce qu'il déuoille aux sçauans. Euclide le demonstra-
Rabis. Iuifs. teur, le poinct, la ligne, & la figure. Les Rabis ou
Platon. Docteurs Iuifs, forme matiere & esprit. Platon,
R. Lulle. Dieu, les idées de Dieu, & la matiere premiere. Lulle de Majorque, tiuum, bile, are, entendant par le tiuum la forme, par le bile la matiere, & par l'are le
Anaximenes. moyen d'vnion, suiuant les obiets & suiets. Anaxi-
Empedocles. menes l'air infiny, parce que cét element remplist.
Zenocrates. Empedocles l'amitié & la discorde dans les quatres elemens. Zenocrates Dieu, la matiere premiere, &
P. Ramus. H. Agrippa. les eslemens. P. Ramus la puissance, l'obiect & l'acte. Agrippa de Nettezeim le diuin, l'intellectuel &
Democrite. le celeste. Democrite le plain, & le vide, qui signi-
Zenophanes. fie l'estre en acte, & l'estre en puissance. Zenophanes l'vnité immobile. Charles Bouille la forme, le moyen
C. Bouillus. reel, & la matiere. Parmenides le chaud, & le froid,
Parmenides. l'vn donnant le mouuement, & l'autre la forme.
Heraclite. Heraclite le feu, parce qu'en toute operation il est le principe de la mobilité, & de la motiuité. Pitago-
Pitagore. re les nombres, comme origine de toutes choses.
Bernard. Comte de la Marche. Bernard Comte de la Marche Philosophe naturel 2. elemens visibles, contenans les 2. inuisibles, sçauoir la terre qui contient le feu, & l'eau qui contient l'air:
Kunrath. Et de nostre siecle le Docte Kunrath, Dieu, le petit

& le grand monde, & Robert de Fleud Docteur d'Oxfort la volonté, & non volonté de Dieu, la lumiere & les tenebres, la simpathie & anthipathie la condensation & la rarefaction des estres; ie vous laisse les autres pour ne vous pas ennuyer, ce que i'ay dit suffist pour vous faire connoistre que celuy qui veut passer pour sçauant doit concilier tous ces principes differends, si l'on en choisit quelques-vns & que l'on reiette les autres, l'on est logé au Chapitre de l'opinion, parce que tous estans vrais à celuy qui les entend, il est dangereux de s'y rendre partial, & quiconque le fait se rend indigne de la science, & difficillement peut atteindre à la speculation de ces grands personnages, lesquels n'ont pas seulement connus leurs principes, mais toute la nature par iceux: Voila mes Reuerends Peres ce qui m'a obligé à vous tenir vn si long discours pour vous informer plainement que nostre vie est trop courte pour presumer de nostre sçauoir, & que plus nous en recherchons les causes, plus nous nous trouuons ignorans, & tout ce que nous pouuons sçauoir nous profite seulement à nous pouuoir desabuser, & les autres aussi. Fleud.

Voyage de Kachel à KorK par LimmeriK.

CHAP. XXXIII.

NOus partismes de Cachel, & desieunasmes à Sosolohoyé huict milles de chemin, ayant demeuré six iours à Cachel à cause du R. Pere de Ryan qui nous mena auec les deux Docteurs Espagnols voir plu- Sosolohoyé.

sieurs maisons de ses amis autour de la ville : De Sosolohoyé nous arriuasmes à Limmerix la plus forte place d'Irlande, il y a vn Chasteau & vn port de mer, où les grands vaisseaux arriuent, le quay est tres-beau, la riuiere s'appelle Ioues, il y a vne Maison de Iesuittes, & des Conuents de Dominicains & Soccolantes.

Limmeric.

Dans cette ville il y a vn grand nombre de femmes desbauchées, ce que ie n'aurois pas creu à cause du climat, Tam Neuel auec lequel ie m'estois associé à Doublin pour faire voyage, fut attrappé par l'artifice de ces matrones, lesquelles vne nuict luy desroberent son argent, le matin il se vint ietter à mes pieds, & me dist, Mestre François iusques icy ie ne me suis point declaré à vous, ie vous supplie d'adiouster foy à mes parolles, & de ne me pas abandonner, vous sçaurez que ie suis natif de Korq, que depuis 10. ou 12. ans ie suis errant en France, en Espagne, & en Angleterre, où apres auoir amassé assez de marchandises par mon industrie pour faire vne honneste retraitte, ie voulus passer outre, & tenter s'il y auoit des bornes à ma fortune, mais ayant embarqué sur vn vaisseau d'Angleterre tout mon vaillant, ie tombé mal-heureusement dans les mains des Parlementaires, qui m'ont osté tout ce que i'auois, à peine ay-je pû sauuer quelques bagues auec lesquelles ie me suis conduit en cette ville, & comme vn mal-heur ne vient iamais seul, i'ay esté volé derechef cette nuict du peu qui me restoit, en sorte que ie n'ay esperance qu'en vous, & quoy que ie ne sois esloigné que de 3. iours de mon pays natal, ie me vois toutesfois en estat d'estre miserable, au

En Anglois l'on donne la qualité de Mestre à tout le monde, de Ser aux Cheualiers & de Lord aux Barons.

reste ne craignez point, mon Pere est l'vn des meilleurs Marchands de Korq son logement ressemble plutost vn Palais qu'vne maison de particulier, si vous voulez passer par là vous verrez comme il vous receura, & tous mes parens, vous auez pû connoistre par mon procedé pendant que i'ay eu l'honneur d'estre en vostre compagnie, que ie ne suis point vn eskrok, ie luy respondis, il ne vous manquera rien pour retourner en vostre pays, pendant que i'auray de l'argent nous le partagerons, il faut considerer que les disgraces que nous receuons du Ciel sont pour nous corriger, vous deuiez faire cette reflexion, & vostre premier mal-heur vous auroit retiré du second.

Nous partismes de Limmerik, & vinsmes desieuner à Chamdelesse huict milles, à demie lieuë de ce Chasteau est le lieu de la naissance du sieur Dulée Docteur de Sorbonne & Professeur dans l'Vniuersité de Paris, plusieurs personnes d'honneur me demanderent de ses nouuelles, puis nous disnasmes à Malagué, & couchasmes dans vn Chasteau à l'escart distant 16. milles de Limmerik. Le lendemain nous couchasmes à Castelmagner 13. mille, petite bourgade, puis nous allasmes disner à Mala forteresse considerable, & coucher à Korq 13. milles, où estant arriuez, Tam Neuel dont i'ay parlé cy-deuant, me mena au logis de son pere; il heurta à la porte, & parut vn homme de bonne mine qui nous demanda ce que nous voulions, Tam Neuel le pria de luy dire si Ionh Neuel estoit au logis, il nous respondit qu'il ne le connoissoit point; Neuel insistant que la maison estoit à cette personne qu'il de-

Chandelesse.

Malagué

Castelmagner.

Mala.

Korq.

Ionh veut dire Iean en Anglois.

mandoit, l'on luy dist qu'elle estoit à vn Capitaine Anglois, qui l'auoit euë dans la prise de la ville sur les Catholiques, ce qui le surprit de voir vn succez si deplorable dans sa famille, ie luy tesmoigné mes ressentimens de sa misere, & puis que les choses estoient de la sorte, il nous falloit chercher vn giste, parce que la nuict approchoit; ô Mestre François, me dit-il, vous ne pouuez sans injustice me desnier de prendre la maison de mon pere, ou de quelqu'autre parent, i'ay des oncles dans cette ville où nous serons les biens venus, nous nous acheminasmes chez l'vn d'iceux, où nous fusmes receus auec toutes les caresses imaginables, & apprismes que son pere auoit perdu dans les guerres de la Religion plus de 10000. liures sterlins, & auoit esté contrainct de se refugier à la campagne, pour éuiter la tyrannie des Protestans Anglicans; ie demeuré huict iours dans cette maison dans de continuels banquets, & voulant partir pour continuër mes voyages, l'on me remercia des assistances que i'auois renduës à Tam Neuel, & quoy que ie peusse faire l'on me remboursa de l'argent que i'auois fourny pour sa despence depuis Limmerik.

Vne liure sterlin vaut vn iacobus, ou 14. liures de France.

A vn mille de Korq est vne fontaine appellée par les Anglois Sundayspring, ou source du Dimanche, laquelle les Irois tiennent estre benîste, & guarir plusieurs maux, i'en trouuay l'eau extremement froide, vis à vis de cette fontaine au Midy de la mer sont les vestiges d'vn Monastere fondé par S. Guillabé, il y a vne caue qui va fort loing sousterre, où l'on dist que S. Patrice frequentoit souuent pour vacquer à l'Oraison.

Dans vn des fauxbourgs de Korq il y a vne vieille tour, laquelle a dix ou douze pas de circuit, & plus de 100. pieds de haut, que l'on tient religieusement auoir esté bastie par S. Baril sans chaux ny sans pierre, pour prouuer par ce miracle sa Religion, puis couppée, ou destruitte à moytié par le mesme Sainct, lequel sauta du haut en bas, & imprima la marque de son pied sur vn caillou, où les vieilles vont en grande deuotion faire leurs Oraisons.

Voyage de Kork à Vvachefort.

Chap. XXXIV.

De Kork ou Korki ie vins à Kingseelle 10. milles de chemin, petite ville fort marchande, & mal bastie, il y auoit garnison Angloise. De Kingseelle ie vins à Iohol 30. milles de chemin ayant disné à Karabé, à la porte de Iohol ie fus inuesti de 20. soldats Anglois qui me menerent de force au Capitaine de la ville, lequel me demanda qui i'estois, & apres luy auoir fait voir mes certificats du Roy d'Angleterre, & du Vice-Roy d'Irlande, ie luy dis que i'estois passé de Bristol à Doublin auec le sieur Galoé Marchand de Iohol, il l'enuoya querir, & me laissa aller en paix, estant asseuré que ie n'estois point menteur: Iohol est assez bien murée, elle estoit en la domination des Anglois, sa grandeur est esgalle à celle de S. Denys en France, c'est vn port de mer, l'on y voit les vestiges de deux anciens Conuents, l'vn de S. Dominique, & l'au-

Kingseelle.

Karabé.

Iohol.

tre de Sainct François, à vne portée de mousquet de la ville il y auoit autresfois vn Conuent de Religieuse basty sur la mer, il y reste vne tour appellée The Nonnerie, sur laquelle les Religieuses allumoient des torches pour faire venir les vaisseaux de nuict à bon port. Dans le Conuent de S. Dominique estoit l'image de la Vierge de Dieu, autresfois la plus grande deuotion d'Irlande, laquelle y arriua d'vne façon miraculeuse; le reflux de la mer amena vne piece de bois dás la place de la ville, laquelle plusieurs Pescheurs voulurent emporter, le bois estant rare en ce pays, mais ils ne la peurét remuer, ils attelerent dix cheuaux sans aucun effet, & le reflux de la mer l'apporta proche le Conuent des Dominicains, deux Religieux la chargerent sur leurs espaules, & la mirent dans la cour du Conuent, & le Pere Superieur eut la nuict vne vision que la Nostre-Dame de Dieu, Vierge de grande vertu estoit dans ce bois, laquelle on y trouua, voila ce qu'en disent les Catholiques, qui iusques à present y ont tres grande deuotion: mais les Dominicains ayant esté persecutez par les colonies des Anglois, l'ont emportée autrepart.

The Nônerie, le Conuent de Nône.

The Vergin of God.

Dongaruan.

De Iohol ie vins passer la mer à Dongaruan petite ville, où il y a vn beau Chasteau, dont les Irlandois estoient les Maistres, le port est tres-mauuais, & cette année là le Capitaine Antonio Espagnol, braue homme de mer, y perdit vne belle fregate, auec laquelle il donnoit la chasse aux petits vaisseaux Parlementaires: Le soir ie couchay à Casteltames huict milles de Dongaruan, & dix-huict milles de Iohol; le lendemain i'arriuay à Vvaterfort, en François le fort des eaux, belle

Kasteltames.

Vvaterfort.

belle ville extremément peuplée, de la grandeur de Tours, il y a vne petite riuiere qui porte des nauires à cinq milles au dessous, dans vn lieu où il y a vn petit bourg appellé Passage, où ie passay la riuiere, & pris mon chemin pour Vvachefort, en François le fort laué, où i'arriué en vn iour, Cette ville est fort peuplée à cause du grand commerce que l'on y fait, la forteresse est vn petit quarré fortifié assez regulierement, que la mer bat, au pied de ce Chasteau sont plusieurs ruïnes des Eglises anciennes, entr'autres de la Saincte Trinité, où les femmes vont en grande deuotion, & y font vne maniere de procession, la plus âgée marche la premiere, & les autres la suiuent, puis tournent trois tours autour des ruïnes, & font vne reuerence aux vestiges, & s'agenoüillent, & recommencent cette ceremonie plusieurs fois, ie les ay obseruées dans cette deuotion trois & quatre heures. Le peuple de Vvachefort est venu pour la plus part de France, lors que Guillaume le Conquereur que les Anglois appellent Vvilliam The Conquereur fils naturel d'vn Duc de Normandie conquist l'Angleterre, s'en fit Roy, & y porta les Loix de son pays.

Passage. Vvachefort.

De la Religion, viures, maniere de bastir, armes, meubles, & autres coustumes des Irlandois.

CHAP. XXXV.

L'Irlande ou Hybernie a de tout temps esté appellée l'Isle des Saincts, à cause du nombre des grands

Noms. hommes qui y sont nays, les naturels sont connus des Anglois sous le nom d'Iriche, des François sous celuy d'Hibernois que l'on tire du Latin, ou d'Irois que l'on tire de l'Anglois, ou d'Irlandois que l'on tire du nom de l'Isle, parce que Land signifie terre, ils se nomment Ayrenakc, ce qu'il faut apprendre par la practique, parce qu'ils n'escriuent point leur langue, & n'apprennent le Latin que sur le pied de l'Anglois; i'ay veu quelques Religieux qui l'escriuoient auec le caractere Anglois, mais vn autre que celuy qui l'auoit escritte, ne la pouuoit lire. Sainct Patrice fut l'Apostre de cette isle, lequel à ce que disent les naturels benist cette terre, & donna sa malediction à toutes les choses veneneuses, & Merueilles. personne ne peut nier que la terre & le bois d'Irlande estant transportez ne souffrent ny serpens, ny vers, ny aragnées, ny rats, ce que l'on voit à l'Ouest d'Angleterre & d'Escosse, où tous les curieux en ont leurs coffres, & les planchers de leurs maisons, & en toute l'Irlande il ne se trouue pas vn serpent ny vn crapaut.

Politesse. Les Irlandois des villes maritimes du Sud, & de l'Est suiuent les coustumes Angloises, ceux du Nordest celles des Escossois, & les autres ne sont pas trop polis, Religion. & sont appellez Sauuages par les Anglois. Les colonies Angloises estoient Protestantes Anglicanes, & les Escossoises Caluinistes: mais aujourd'huy elles sont toutes Puritaines; Les Irlandois naturels sont tres-bons Catholiques, mais peu connoissans leur Religion, ceux des Isles Hebrides, & du Nord ne connoissent que Iesus, & S. Colombe, mais leur foy est grande en l'Eglise Romaine. Deuant la reuolution d'Angleterre, lors qu'vn Gentil-homme Irlandois mouroit sa Majesté Brittannique estoit Tutrice de la personne & des biens des enfans du defunct, lesquels l'on faisoit d'ordinaire instruire dans la Religion protestante Anglicane, le Lord d'Insequin a esté esleué de cette façon, auquel les Irlandois ont donné le nom de fleau & de peste de sa patrie.

Les Gentils-hommes Irois mangent beaucoup de viande & de beure, & peu de pain, ils boiuent du laict, & de la bierre, dans laquelle ils mettent du laurier, & mangent du pain boulangé à la façon des Anglois. Les pauures broyent entre deux pierres de l'orge, & des poids, & en font du pain, qu'ils cuisent sur vne petite table de fer eschauffée sur vn tripier, ils y meslent vn peu d'auoine,& ce pain qu'ils appellent Haraann est en forme de gallettes, ils boiuent beaucoup de laict caillé. Leur bierre est tres-bonne,& l'eau de vie qu'ils appellent Brandouin excellente, le beure, le bœuf & le mouton y sont plus excellens qu'en Angleterre. Viures.

Les villes sont basties à la façon d'Angleterre, mais les maisons de la campagne sont de cette sorte, 2. pieux sont fichées en terre, & vn baston en trauers soustient deux clayes des deux costez, couuertes de fueilles & de paille : les cabanes sont d'autre façon, il y a 4. murs à hauteur d'homme, & de la charpente par dessus, laquelle ils couurent de pailles & de fueilles sans cheminées, faisans du feu au millieu de la chambre, ce qui incommode fort ceux qui n'ayment pas la fumée. Les Chasteaux ou maisons des Nobles ne sont autre chose que quatre murailles extremement esleuées, couuertes Bastimés de paille, mais à vray dire ce sont des tours quarrées, sans fenestres, ou du moins si petites que l'on n'y voit pas plus clair que dans des prisons.

Meubles. Ils ont peu de meubles, & ornent leurs chambres de iong, dont ils font leurs licts en Esté, & de paille en Hyuer, ils mettent vn pied de iong autour de leur chambre, & sur leurs fenestres, & plusieurs d'entr'eux ornent leurs planchers de rameaux: Ils sont fort curieux de ioüer de la harpe, dont ils ioüent presque tous, & y pippent comme les Anglois sur la viole, les François sur le luct, les Italiens sur la guitarre, les Espagnols sur les Castagnetes, les Escossois sur la cornemuse, les Suisses sur le fiffre, les Allemands sur la trompette, les Hollandois sur le tambour, & les Turqs sur la flutte doulce.

Armes. Les Irois portent vne sequine ou dague à la Turque, laquelle ils dardent de quinze pas fort adroictement, & ont cét aduantage que s'ils sont Maistres du Camp apres vn combat il ne reste aucun ennemy, & s'ils sont mis en deroute ils fuyent de telle sorte, qu'il est impossible de les attraper: i'ay veu vn Irlandois faire sans peine, & à la continuë vingt-cinq lieuës par iour, ils ont des cornemuses au lieu de fiffre, & ont peu de tambours, ils se seruent de canon & de mousquets comme nous, ils sont meilleurs soldats hors leurs pays que dans l'Irlande.

Beauté. Les rousseaux sont reputez les plus beaux en Irlande, les femmes ont les tetons pendans, & celles qui sont marquetées de taches à la façon des truittes sont estimées les plus belles.

Le negoce d'Irlande consiste en Saulmons & harens que l'on y trouue en grand nombre, l'on y a 120. harens pour vn penin d'Angleterre, qui reuient à vn carolus de France au temps de la pesche, l'on y porte du vin & du sel de France, & l'on y achepte force frises qui y sont à grand marché. Negoce.

Les Irlandois sont fort fauorables aux Estrangers, & coute peu pour voyager parmy eux : Quand vn voyageur a l'adresse d'entrer auec asseurance dans leurs maisons, qu'il tire la boüete de sinisine ou tabak en poudre, & leur en offre, alors ces peuples le reçoiuent auec admiratiõ, & luy dõnent ce qu'ils ont de meilleur à mãger, ils ayment les Espagnols comme leurs freres, les François comme leurs amis, les Italiens comme leurs alliez, les Allemands comme leurs parens, les Anglois & Escossois sont leurs ennemis irreconciliables : Ie fus inuesty dans mon voyage de Kilkinik à Cachel par 20. soldats Irois destachez, ils apprirent que i'estois Frankard, c'est ainsi qu'il nous appellent, ils ne m'attaquerent point, & me firent offre de seruice, voyans que ie n'estois pas Sazanach ou Anglois. Hospitalité

Les Irlandois, que les Anglois appellent sauuages, ont pour coiffure vn petit bonnet bleu qui se releue par deuant de deux doigts, & par derriere leur cache les oreilles & la teste. Leur pourpoint a vn corps long, & quatre basques, & leur haut de chausse est vn pentalon de frise blanche qu'ils appellent trousses. Leurs souliers sont pointus qu'ils appellent brogues, auec vne simple semelle, ils m'ont souuent dit vn prouerbe en Anglois, Airische brogues for Englich dogues, des Habits.

souliers d'Irlande pour des chiens d'Angleterre, voulans dire que leurs souliers vallent mieux que les Anglois. Pour manteau ils ont cinq ou six aulnes de frise, qu'ils tournent autour du col, du corps & de la teste, & ne quittent iamais ce manteau pour dormir, pour trauailler, ny pour manger. Ils n'ont point la plusspart de chemises, & vn peu moins de poux que de cheueux à la teste, qu'ils tuent les vns deuant les autres sans honte, Les Irlandois du Nord n'ont pour habit qu'vn haut de chausse, & vne couuerture sur le dos, sans bonnet, souliers, ny chausses. Les femmes du Nord ont pour vestement vn tapy en double ceint par le millieu du corps, & attaché à leur col. Ceux qui confinent l'Escosse n'ont pas plus d'habits. Les filles d'Irlande, mesme celles qui demeurent dans les villes n'ont qu'vn ruban pour coiffure, & si elles sont mariées elles ont vne seruiette sur la teste à la façon de nos Egyptiennes; le corps de leur robes ne leur vient que iusques aux tetons, & si elles veulent trauailler, elles ceignent leur cottillon auec leur clauier, par le bas du ventre; elles portent vn chapeau & vn manteau extremement grand de couleur minime, dont le collet a vne grosse fraise de laine, à la façon des femmes de basse Normandie.

Embarquement pour la Biscaye, & le danger couru par la rencontre de trois vaisseaux Turqs, & vn Parlementaire.

CHAP. XXXVI.

LE dix-septiesme Iuillet ie fus à la rade de Vvachefort pour m'embarquer sur vne pinace, dont l'on me refusa le bord; ie me mis à genoux deuant le Schiper ou Patron, pour l'obliger à m'y receuoir en le payant, apres plusieurs contestations, il me dit si ie rencontre des François ie vous meneray en France, si des Biscains en Espagne, ie luy respondis que tout chemin m'estoit indifferent, pourueu que ie peusse sortir d'Irlande; à la mesme heure nous fismes voille, & le vét s'estant tourné nous fusmes obligez de tirer au Mole & moüiller au mesme lieu dont nous estions partis, d'où il me renuoya à terre, & me dist qu'il ne vouloit pas risquer pour le passage d'vn particulier la perte de ses marchandises, que s'il estoit pris par les François, & que ie ne gardasse pas le secret, ils declareroient son vaisseau de bonne prise, ayant des marchandises de contrebande; ie le suppliay de ne me pas laisser en cette isle d'où ie n'auois aucun moyen de sortir, parce que les naturels auoient tellement peur des Parlementaires, qu'ils n'osoient nauiger, il se monstra inexorable, & m'estonné comme cét Irois estoit si peu gracieux, veu que ceux de son païs sont si bien faisans aux Estrangers, il me faisoit fort de demeurer dans cette isle, où

Pinace est sur l'Ocean ce que le brigantin est sur la mer Mediterranée, mais est faite d'autre figure.

la guerre Ciuille estoit allumée de tous costez, & dont la sortie me paroissoit tres-difficile, parce qu'à Limmerik, à Doublin & à Vvaterfort il n'y auoit aucun vaisseau : La terre des Escossois m'estoit interdite, parce qu'il n'y auoit point de seureté ; le mesme iour ie me fus plaindre au sieur François Charlot mon intime amy habitant d'Vvachefort, lequel s'estonna du procedé du Patron, & me pria de patienter qu'il eust veu le sieur Telin Maistre des marchandises de la pinace, lequel luy accorda mon passage, sur ce que Charlot luy dist que i'estois d'Auignon, & d'vn pays qui n'est point ennemy des Espagnols, & luy donna vn billet qu'il porta à la rade, & me fit r'embarquer. Le lendemain matin nous fismes voille au Sud, & le quatriesme iour nous arriuasmes à Souling isle appellée par nous Sourlingue, ou 3. vaisseaux de Salée nous donnerent la chasse, & nous obligerent de gaigner la terre vers S. Yues au Sud du Cornual, nous y rencontrasmes vne fregate du Parlement de 24. pieces de fonte, laquelle auoit le vent sur nous, & vint à la portée du canon de nostre pinace, sur laquelle nous n'estions que six hommes ; nous eussions mieux aymé tomber entre les mains des Turqs, que des Parlementaires, parce qu'aux vns nous estions asseurez de la vie, & aux autres asseurez de perir à cause du carnage que les Irois ont fait en leur païs des colonies Angloises ; nous fismes dans cette occasion ce qu'humainement l'on peut faire, & doublasmes le Blac hed auec assez de bon-heur, & creusmes estre sauuez, parce que nous gagnasmes le vent sur la fregate Parlementaire ; mais la marée se trouua contre nous, & fusmes

Sourlingue.

Blac fied, le cap noir.

fusmes presque joints, elle vint à la portée du mousquet de nostre bord, nous apperceusmes les couleurs du Roy d'Angleterre,& douttasmes que cette fregate fust Parlementaire, & pour nous en asseurer nous mis● mes au vent sur la pouppe le pauillon d'Angleterre, le premier coup de canon que l'on nous tira le perça par le millieu, nous nous recommendasmes à Dieu,& n'attendions secours que du Ciel, nous eussions bien voulu eschoüer, mais la coste ne le permettoit pas, le vent s'appaisa, en sorte que nous tirasmes plusieurs fois vne petite piece de fer que nous auions de pouppe, ce qui nous faisoit aduancer auec le peu de vent qu'il falloit à nostre pinasse, & les Parlementaires nous tirans de proüe se retardoient, ils nous chasserent dix lieuës tirans incessamment, & ne nous laisserent point que sous le fort de Falmoutz,qui leur tira deux volées de canon, où le Lord Iermein,& la meilleure partie de la Cour d'Angleterre qui attendoit le passage pour France, auec la Serenissime Reine, vit ce combat inegal, dont nous eschapasmes par la prouidence de Dieu, à elle en soit la gloire,& à moy le souuenir de ses graces receuës.

Falmoutz

A 2. milles de Falmoutz il y a vne petite ville appellée Perrine, où ie fus voir mes amis que i'auois pratiquez en Angleterre,i'y rencontré le Capitaine Smitz, qui auoit appris son mestier sous le feu Capitaine Giron,lequel m'obligea de passer en France sur son vaisseau, & que i'y serois traitté auec tout honneur, i'accepté cét offre, à cause de l'amitié qu'il auoit pour moy.

Perrine.

Smitz, signifie Mareschal.

Embarquement de la Serenissime Reine d'Angleterre, pour passer en France, & son arriuée à Brest en basse Bretagne, auec le combat du Capitaine Smitz contre les vaisseaux du Parlement d'Angleterre.

CHAP. XXXVII.

LE vingt-quatriesme Iuillet vn Dimanche matin parurent à la veuë de Falmoutz deux remberges, & trois fregates du Parlement d'Angleterre, pour empescher la Serenissime Reine de sortir d'Angleterre, lesquels s'escarterent sur les dix heures pour ne nous pas espouuenter. L'on mist en desliberation de faire voilè à Midy, parce que les vaisseaux du Parlement se persuaderoient que nous n'oserions partir que la nuict. Le vaisseau sur lequel s'embarqua la Reine, estoit Hollandois de quarante-six pieces de canon, & fit voille le premier, en suitte celuy du Capitaine Smitz sur lequel i'estois de trente-huict pieces de fer, puis deux grosses fregattes Angloises, & vne flutte d'Hambourg chargée d'hommes, & de bagage; à la portée du canon de Falmoutz le Hollandois mist le pauillon de Hollande au grand mast, comme Admiral de la flotte, & donna ordre au Capitaine Smitz de rendre coup, pour coup, si les Parlementaires nous attaquoient, poursuiuans nostre route les cinq vaisseaux du Parlement parurent, l'vn desquels mist le cap au vaisseau Hollandois, & estant esgallement esloigné de nous tira deux vollées de canon, l'vne sur le Hollandois, & l'autre sur nostre bord pour faire mettre le voille bas, le Hollandois s'enfuit, & la remberge luy tira deux ou trois coups de canon, qui n'allerent pas loin de la chambre du Capitaine, d'où la Reine estoit sortie pour aller à fond de calle, le Hollandois comme plus leger à la voille, mais non si fort pour le combat que la remberge, fut bien-tost sauué, ayant à costé de soy vn petit batteau en forme de Falloukque, sur lequel il y auoit six Bas-Bretons auec des rames pour sauuer la Reine dans vn calme ou pendant vn combat incertain; nous les perdismes de veuë en peu de temps, nos deux Fregates Angloises, & la flutte d'Hambourg tirerent au Mole, & nous demeurasmes seuls embarassez entre deux remberges, & trois fregates ennemies, nous deffendans à coup de canon suiuant l'ordre de nostre Admiral qui nous auoit laissé dans le piege, & la lascheté des Capitaines des fregates qui nous auoient abandonnez, le Capitaine Smitz voyant que la partie n'estoit pas tenable, fit mettre le cap adroitement entre les deux remberges, afin de gagner la mer, parce qu'elles ne vont pas si viste que les autres vaisseaux; l'Admiralle seule auec vne fregate nous suiuit, la vice-Admiralle donna la chasse à nostre flutte, & vne des fregates s'en retourna à Londres, & l'autre à Milfort aux pays de Galles, porter la nouuelle de la sortie de la Reine; la nuict fut fort claire, & nous eusmes les deux vaisseaux si proche du nostre que les canons de la remberge pouuoient offenser la fregate qui estoit de l'autre bord, le matin le vent se raffraischit vn peu, nous les passames d'assez loin; mais vers le Midy nous fusmes derechef

Milfort signifie fort du Moulin.

ioints : alors le Capitaine Smitz sans s'estonner tint ce discours : Escoutez mes Mestres, i'ay desia vne fois esté pris par les Parlementaires, lors que ie fis naufrage en passant sur mon vaisseau des troupes de Hollande pour le seruice de sa Majesté, ie mouray plutost mille fois que de tomber entre leurs mains, parce que ie leur ay promis & iuré sur l'Euangile de ne porter iamais les armes contr'eux, vous deuez tous paroistre sur le tillac, afin de les repousser s'ils nous abordent, ie suis resolu ayant fait toute la resistance imaginable de mettre le feu à mes poudres, & m'enseuelir de cette façon; Au reste Messieurs les François vous estes 18. tous braues Caualiers, dans lesquels ie mets mon esperance, ne nous estonnons point dans le combat; Vn chacun parut auec le mousquet & l'éspée hors du fourreau, afin de faire voir que nous estions beaucoup de gens, ce stratageme fit que la fregate n'osa nous aborder, & se contenta de nous enuoyer force boullets, & chesnes, afin de desmater nostre vaisseau, nous luy en r'enuoyasmes des nostres, & coupasmes beaucoup de ses cordages, à la fin du combat qui dura deux iours, & deux nuicts, nous vismes la coste de Bretagne, nos ennemis nous laisserent, & à la mesme heure nostre grand voille tomba l'hissaa, ou la grosse corde estant couppée d'vne volée de canon, s'ils n'eussent point tourné la proüe, ils nous auroient pris, parce que nostre Capitaine n'auoit point fait mettre de chaisne pour tenir les antennes, soit qu'il n'en eust pas, ou que l'ardeur du combat luy en eust osté la memoire, ne nous estans souuenus de nostre faute, qu'apres le peril eschappé.

Estans pres d'arriuer au Conquet, nous retournasmes en pleine mer, à cause d'vn broüillard qui s'esleua sur la coste de Bretagne, qui est fort dangereuse pour plusieurs roqs qui s'y rencontrent; le lendemain nous arriuasmes au Conquet petite ville, où nous prismes vn pillote pour Brest, qui en est esloigné *17.* milles; ce Pilote nous dit qu'il n'y auoit point eu de la faute du Capitaine Hollandois de n'auoir pas combatu, parce que la Reine luy auoit deffendu, ce qui ne satisfit point le Capitaine Smits, & le fit entrer en fougue, disant, dans ce rencontre ce que la passion peut exprimer par des iustes ressentimens, parce que le Capitaine Hollandois luy auoit donné l'ordre de rendre coup pour coup, & cependant l'auoit abandonné au milieu de cinq vaisseaux, estans à Brest la Serenissime Reyne accommoda, & pacifia leur differend en quelque façon, mais le Capitaine Smitz ne peut iamais oublier l'offence de l'autre. Conquet.

Brest est le magazin de l'Admirauté de France, où l'on fait la prouision de tout ce qu'il faut pour equipper les vaisseaux de l'Ocean; cette place est de tres-grande importance, comme la clef de la basse Bretagne, la rade est la plus grande, & la plus belle que i'aye veüe apres celle d'Ormous; ie vis dans le port ce vaisseau si fameux appellé la Couronne, de plus de 80. pieces de canon, dont les plus gros estoient de 40. liures de balles, le corps de ce vaisseau estoit de *1636.* tonneaux, sur la poupe il y a auoit les armes de feu Monsieur le Cardinal de Richelieu, & ces mots escrits, ***Subdidit Occeanum***, il a sousmis l'Ocean, deuise qui se- Brest.

roit possible veritable, si ce Ministre eust eu autant de santé, que de sagesse, & eust pû se dominer comme il faisoit autruy.

Voyage de Brest en Amsterdam.

CHAP. XXXVIII.

LE premier iour d'Aoust ie m'embarqué sur le vaisseau Hollandois, lequel auoit passé la Reyne d'Angleterre, le cinquiéme du mesme nous moüillasmes deuant Calais, où l'on mist à terre vne femme qui estoit entrée en habit d'homme dans le vaisseau, il est à iuger que cette femme auoit esté trouuée propre pour passer *incognito* en Angleterre, & en mander des nouuelle en France, parce que l'on ne nous permist en aucune façon de descendre à Calais, de crainte d'esuanter la mesche.

Calais.

Le septiesme iour nous arriuasmes deuant Grauelíne, où nous trouuasmes l'armée naualle d'Hollande, laquelle y estoit à l'anchre pour le seruice de la France, nous saluasmes l'Admiral, le Vice-Admiral, & le Major, puis en suitte nous pliasmes les voilles, & laissasmes aller les anchres, nostre vaisseau estoit d'vn commandeur, & de ceux qui croisent la manche. L'armée Françoise estoit campée proche de Grauelíne, commandée par Monsieur le Duc d'Orleans, lequel en peu de temps l'obligea à capituler: Grauelíne est vn hexagone irregulier; la courtine qui regarde le Susuoust, n'est pas tirée en droitte ligne, ce qui rapetisse le flanc du ba-

Grauelíne.

ſtion, qui regarde le Suoueſt, où il y a vne eſpece de citadelle, deux de ſes coſtez ſont plus courts de trois verges que les quatre autres eſgaux entr'eux. De Grauelines nous arriuaſmes en vn iour à Vleſſingue que nous appellons Fleſſingue ville dans la Zeiland vnie aux Eſtats d'Hollande. De Fleſſeigues i'arriuay à Millebourg par caroſſe en deux heures de temps, le chemin eſt de deux lieuës, cette ville eſt la capitale de Zeiland, & l'vne des plus conſiderables de la Republique d'Hollande, elle eſt baſtie à la façon des autres villes d'Hollande, auec de beaux canaux, n'y ayant entr'elles aucune difference que la grandeur.

Fleſſingue.

Zeland ſignifie terre de la mer.

A Midlebourg ie m'embarqué pour Roterdan 20. heures de chemin, des deux coſtez du canal l'on voit plusieurs Tours des villages autres-fois ſubmergez, la mer ayant empieté ſur la terre en cét endroit: Nous mouïllaſmes à Dortdrek, où noſtre barque paya vn certain tribut, cette ville eſt extremement grande, nous en partiſmes & arriuaſmes le lendemain matin à Roterdam tres belle ville, où le fameux Eraſme priſt naiſſance, ſes compatriotes luy ont fait dreſſer vne grande ſtatuë de bronſe ſur le principal pont de la ville. De Roterdam ie vins par canal à Delphes puis à la Haye Cour du Prince d'Orange, & Siege des Eſtats diſtant vne heure & demie de Delphes, & trois de Roterdan: De la Haye ie vins pareillement par canal à Leyden fameuſe vniuerſité, & de Leyden à Amſterdan 8. heures de chemin. Amſterdan tire ſon nom de Amſter petit fleuue ſur lequel elle eſt aſſiſe d'vn coſté, parce qu'elle eſt ſur vn golphe du coſté de l'Eſt, par lequel

Millebourg.

DordreK.

Roterdan

La Haye.

Delphes.

Leyde.

Amſterdam.

les vaisseaux y arriuent de la grand' mer. C'est la capitale d'Hollande, entre les grandes villes elle est la plus belle que i'aye veuë, comme Paris est la plus peuplée, Constantinople la mieux scituée, Rome la plus libre, Hispaam la plus saine, Londres la mieux polie, Sourat la plus marchande, Venise la plus noble, Hambourg la mieux fortifiée, le Kaire la plus chaude, Babylone la plus ancienne, Dantsik la plus bourgeoise, Goa la plus belle Enceade, & Arzerum la plus froide. Les maisons Damsterdam sont toutes esgalles, & dans le millieu des ruës, il y a des canaux entourez d'arbres, où les plus grands vaisseaux arriuent commodement, les Marchands y ont de grands Palais, auec de beaux perrons de marbre, & de beaux magazins où ils mettent leurs marchandises à mesure qu'ils les tirent des vaisseaux; Les Iuifs dans cette ville n'ont aucune marque pour estre distinguez des Chrestiens, & y ont la mesme liberté que dans Ligorne, auec plusieurs Synagogues.

Commerce, Interest & Religion des Estats d'Hollande.

CHAP. XXXIX.

Commerce.

DAns les principales Villes d'Hollande il y a des compagnies establies pour le negoce des Indes Orientales & Occidentales, auec tel ordre qu'vn pauure Hollandois qui n'a qu'vn escu est receu à le mettre dans la cõpagnie aussi bien que celuy qui en a 100000. Il y a vn general dans les Indes Orientales, & vn grand Conseil des Indes qui determine absolument, dont le

siege

ſiege eſt à Batauia ; Vous ſçauez tous que cette Republique ſe forma en l'année *1581.* & ſecoüa le ioug d'Eſpagne protegée par la France & l'Angleterre, mais elle ne conſidere ces deux Royaumes qu'en ce qu'ils font pour la ſeureté de ſa liberté, & n'a autre viſée que de maintenir dans l'egalité les forces d'Eſpagne & de France, & ne redoute rien que d'auoir pour voiſins les François. Intereſt.

De toutes les nations qui ſont ſous le Soleil, il n'y en a aucune qui aye moins de Religion en apparence, que la Hollandoiſe, elle Profeſſe toutesfois le Caluiniſme puritaniſé, & deuroit auoir plus d'exterieur que toutes les autres ſectes, elle permet toutes Religions excepté la Catholique, s'il m'eſt permis de dire mon ſentiment de voſtre Religion, elle eſt la meſme que celle d'Amſterdam, vous n'auez aucune raiſon pour appuyer voſtre croyance, vous dites que vous ne voulez point de tradition, & toutesfois voſtre Bible & voſtre Cathechiſme ne s'en eſloigne pas, vous niez que le Corps de Chriſt ſoit dans la ſacrée Euchariſtie, parce que vous ne pouuez pas entendre ce myſtere, faute de ſçauoir la nature, il n'eſt pas queſtion de tranſmutation, d'impanation ny de figure dans noſtre foy, mais de croire que c'eſt ſon corps tout tel qu'il l'a donné à ſes Apoſtres, il le dit ſi clairement que perſonne de bon ſens ne peut ſouffrir l'explication que vous y donnez, de dire qu'vn corps ſe prenne ſpirituellement, ce n'eſt pas entrer dans le ſens de l'Eſcriture, Ieſus meſme diſt à ſes Apoſtres, ie ſuis moy-meſme ; vn eſprit n'a ny chair, ny os, leur confirmant apres ſa Reſurrection, qu'il eſtoit vray corps, plu- Religion. Luc 22. 9. Luc Eu. 24. 38.

sieurs d'entre vous ne pouuans parer que ce soit le vray
Eph.5.28 corps de Christ, m'ont dit que pour estre le corps de
Genese. Christ, ce n'est pas Iesus-Christ, non plus que la femme
29.14. n'est pas le mary pour estre le corps du mary, mais sans
m'arrester à toutes ces altercations, donnez-moy ie vous
prie la raison pourquoy vous faites baptiser les enfans,
Marc.16. l'Escriture dit que l'on baptise toutes creatures, mais
16. qu'il faut qu'elles croyent, nous croyons qu'il les faut
baptiser, parce que l'Eglise inspirée du S. Esprit, nous
l'ordonne, pourquoy auez vous osté la poligamie, que
ne communiez vous apres souper, & qui vous a dit qu'il
ne faut point trauailler le premier iour de la sepmaine,
pourquoy auez vous changé le Sabath dans le Dimanche,
l'on voit dans la Saincte Escriture que quelque
iour il n'y aura plus de Sabath, mais l'on ne trouue point
que celuy des Iuifs doiue estre changé. Vous auez de
Isaye 1. plus auersion aux miracles & aux reliques des Saincts
14. contre ce qui est escrit au quatriesme liure des Roys,
chap. 13. vers. 21. qu'vn Cadaure estant ietté sur les os
d'Elisée ressussita, & parce que le Liure des Macabées
approuue les voyages de Ierusalem & la priere pour les
2. Mach. morts, vous le tenez Apocriphe, ie ne pretend pas de
12. 46. vous conuertir, mais bien de vous dire la verité, la foy
est de l'oüye, l'esprit souffle où il veut, la contrainte ne
fait pas le Chrestien mais la volonté, le zele que i'ay de
vous voir dans l'Eglise m'a fait vous tenir ce discours
estant asseuré que vous ne diminuerez en rien de l'amitié
que nous auons contractée, quoy que nous soyons
differends de croyance: Laissons donc cette matiere, &
reuenons à la suitte de mes voyages.

Voyage d'Amsterdam à Copenhague.

CHAP. XL.

D'Amsterdam ie vins par mer à Enkuisen quatorze lieuës de chemin sur vn heu ou petit vaisseau à tout vent, le maistre de la barque estoit Anabaptiste & naturel d'Amsterdam, ces gens ne se deffendent iamais ils mettent tout leur negoce en la prouidence diuine, ne baptisent leurs enfans que lors qu'ils sont en aage de rendre raison de leur foy. D'Enkuisen ie m'embarquay pour l'Isle de Techel où i'arriué en vne nuict, ce lieu est dependant des Estats d'Hollande, les grands vaisseaux y attendent le vent pour faire voile, ie m'y embarqué sur vne flute d'Hambourg pour Copenhaguen, nous arriuasmes au Sond en quatorze iours auec assez de peine, parce qu'vne tempeste nous porta sur la coste de Norduegue d'où il fallut reuenir au Sud. Le Sond, où le Soleil en François, c'est vn destroit où passent tous les vaisseaux qui vont dans la mer Baltique, il y a deux Chasteaux des deux costez de ce canal dont l'vn s'appelle Essembourg, & l'autre Elseneur, appartenans au Roy de Dennemarc, lesquels obligent tous les vaisseaux qui y passent de payer tribut; Les Hollandois pour le grand negoce qu'ils ont sur la mer Baltique, ont fait leurs efforts pour oster ce tribut auec les Suedois, mais iusques icy l'on n'a veu que des menaces sans effet, Les marchandises que l'on porte dans la mer Baltique sont espiceries, sel, draps, huylles, & vin,

Anabaptiste.

Techel.

Sond signifie le Soleil.

Essembourg. Elseneur.

l'on charge force bleds à Dantzik, du cuyure en Suede, & des cuyrs à Rigue, la doüanne que l'on paye au Sond fait la principalle richesse du Roy de Dennemark.

Copenhague.

Du Sond nous cinglasmes à Copenhague dans la Zeiland tres-belle ville, demeure du Roy de Dennemark, & des principaux Barons du Royaume.

Forces, Religion, interests, & gouuernement du Royaume de Dennemark.

CHAP. XLI.

CHristian IV. viuoit alors extremement âgé, il se vantoit d'estre le plus vieux de tous les Roys de son temps, & d'auoir la Couronne sur la teste depuis 40. ans, ce Prince est digne de reuiure dans la memoire des hommes pour sa generosité, les actes qu'il en a produits dans ces dernieres guerres font foy de mon dire, lors que son Conseil s'opposa à l'exposition qu'il vouloit faire de sa personne pour combatre sur la mer les Suedois; il dist à t'on iamais leu qu'vn Roy de Dennemark soit mort sur la mer; pendant la bataille vn coup de canon brisa vne planche de son vaisseau, il fut atteint d'vn esclat qui le renuersa par terre, ses Gentilshommes le creurent mort, il se leua & dist cela n'est rien, Christian a assez de santé pour emporter la victoire sur les Suedois, ie ne vous diray point ce qu'il fit pour le seruice de la Reyne mere de Suede, il prist en sa protection cette miserable Princesse qui luy touchoit de ſang, chacun ſçait cette hiſtoire, & qu'elle n'eſt point de la ſuitte de mon Voyage.

Ce Prince a 14. ou 15. gros vaiſſeaux ſur la mer, & peut mettre 12. à 13000. hommes effectifs, ſans le ſecours qu'il pourroit attendre de Nortuegue, du pays de Chaune, de Lubek, & d'Hambourg : Il profeſſe la Religion Euangeliſte, que nous appellons Luterienne, & ne souffre que par tolerance les autres Religions ; Les Euangeliſtes ne ſont point diuiſez par Sectes, comme pluſieurs ont eſcrit, mais conuiennent tous en meſme creance, ſçauoir en l'Inpanation au Sacrement de l'Euchariſtie, dans la Saincte Trinité, & l'Incarnation, ils ont des Chefs qui prennent la qualité de Superintendans, & des Eueſques leſquels ſe marient tous, ils n'honorent point les images, & ce qui a fait que l'on les a creu differens en Secte, vient de ce qu'à Lubek, Hambourg, & autres lieux ils ont retenu quelques ceremonies des Romains, au Sacrement, Confeſſion, Bapteſme, &c. Forces. Religion

Les intereſts du Roy de Dennemark vont à ce que les François ne ſoient point les Maiſtres des pays bas, & que l'Empereur ſoit de telle façon, qu'il ne puiſſe l'incommoder, que les Suedois ſoient en guerres ciuilles, & n'ayent point l'appuy d'Hollande, ny de Moſcouie contre luy.

Les perſonnes de qualité dans ce Royaume ont tout pouuoir ſur leurs ſujets qui leur ſont comme eſclaues, & tiennent des Eſtats de temps en temps, où le Roy n'eſt pas autrement abſolu à la façon des Roys d'Angleterre dans leur ancien Parlement, ce qui peut cau-

ser plusieurs maux en vn Estat, parce que le premier broüillon qui se trouue dans ces assemblées resiste en face à la Majesté du Prince, & cause beaucoup de desordre dans le Royaume, où il n'y doit auoir qu'vn Maistre raisonnable conseruant à tous iustice & iugement, les éuenemens mal-heureux que les hommes en ont veus les deuroient faire sages au despens d'autruy:
Rom. 13. Les puissances des Princes, au dire de l'Apostre, vien-
1. 2. 3. nent de Dieu, & par consequent sont images de la sienne, comme la puissance Diuine, qui est la cause, ne souffre point d'esgalle, l'image qui en est comme l'effet n'en doit auoir ny en souffrir, tous les Roys Catholiques sont absolus, le Roy de Pologne mesme, qui ne possede sa Couronne que par le benefice & l'essection des Palatins, & autres Seigneurs de son Royaume, apres qu'ils l'ont reconnu il luy cedent: I'ay obserué parmy les Turqs, Arabes, Iusbegs, Mogols, Indistannis, & autres Mansulmans le respect & l'obeïssance aueugle qu'ils ont pour leur Souuerain; & ie puis asseurer que les Payens que i'ay prattiqué, qui n'ont autre guide que la nature, ont pareille estime pour leurs Princes que ceux qui ont outre la nature les loix & la police, tant il est vray de dire que l'vnité est le point fixe de la paix, & de la tranquilité des peuples.

Le Roy de Dennemark, outre le pays Dannois, est Maistre absolu de Norduegue, & du pays de Chaune, de l'Isle de Moone, Borholm, & autres sur la mer Baltique, de l'Island, il a des pretentions sur la Groenland: Dans les Indes Orientales il a vn petit fort sur le Golphe de Bengala vers Madraspatan.

Voyages de Dennemarc en Liuonie, & Pologne.

CHAP. XLII.

A Copenhague ie m'embarqué sur vn vaisseau Suedois pour la Liuonie; le troisiesme iour nous laissasmes au Sud Borholm Isle appartenante au Roy de Dennemarc; le 5. nous arriuasmes à la mer d'Est à 51. degrez de latitude, d'où nous cinglasmes au Nordest; le 7. nous mouïllasmes dans la mer d'Est à la veuë d'vne petite Isle dependante de la Couronne de Suede appellée Gottland, qui signifie en François terre des Gots, ou terre de Dieu, parce que Land dans la langue vulgaire signifie terre, mais les François se seruent ordinairement des mots estranges en mauuaise part, & entendent par Land vne mauuaise terre, comme par piller, qui signifie prendre en Italien, ils entendent saccager, par habler qui signifie parler en Castillan, plus dire qu'il n'y en a, par her qui en Allemand signifie Seigneur, vn pauure cancre par dogue, qui en Anglois signifie vn chien, vn gros matin, par baragoüin qui signifie du pain & du vin en Bas-Breton, vn langage mal plaisant & grossier, par Knet ou Landsknet qui signifie vn soldat à pied en Hollandois, le dernier de tous les hommes par Norman, qui en Flamand signifie vn homme du Septentrion, ils entendent vn homme fin, rusé, & cauteleux, & plusieurs autres qu'obseruent ceux qui ont l'intelligence des langues estrangeres.

Borholm

Gottlãd. Gott en Alleman signifie Dieu, que les Anglois appellét God, & en forment la deriuaison de Goud qui signifie bon.

Le dixiesme nous leuasmes les anchres, & le douziesme nous fusmes battus d'vne tempeste fort dangereuse qui dura peu, parce que la mer Baltique n'a point de flux, ny de reflux, les ondes y rompent comme dans la Mediterranée ou Caspique; le vent du Sud nous porta sur la coste de Liffland, d'où nous mismes le cap au Sudsudest pour arriuer à Rigue, dont le séjour me plaisoit tellement que i'eus peine à en sortir, à cause que l'on y apprend des nouuelles de Suede, de Tartarie, Moscouie, Pologne, & Allemagne, il semble que cette ville soit dans le Nord d'Europe, ce que Rome est au Sud, c'est vne Republique & ville Ansetique, dont les naturels y sont Luteriens, & participent des coustumes Suedoises, Moscouites, & Alemandes, l'on y fait grand negoce, mon dessein estoit de passer en Moscouie pour aller en Perse, mais l'on ne peut sortir de Moscouie si l'on a eu permission de l'Empereur d'y entrer, ou bien que l'on y soit Ambassadeur.

Rigue.

Anseatique vient de an & zée, c'est à dire en la mer, comme veulent quelques vns, mais la plus ancienne ethimologie viët de ansqui en vieil Alleman signifie domination, cõme qui diroit villes dominantes.

De Rigue ie vins à Kuningsberg, qui en François signifie la montagne Royalle, cette ville est la capitalle de la Prusse Ducalle, siege du Marquis de Brandenbourg, les Voyageurs l'appellent la petite France, à cause du grand nombre des François qui y sont, & des diuertissemens que l'on y a. La Prusse est diuisée en Royalle, Episcopale, Ducalle, & Neutralle; La Royalle est au Roy de Pollogne, l'Episcopale à l'Euesque de Prusse, la Ducalle au Marquis de Brandenbourg, & la Neutralle est à la Republique de Dantzic, les bourgeois du premier ordre pretendent estre nobles Polonois, en prennent la qualité, quoy qu'ils aillent

Kuningsberg.

aillent habillez à l'Allemande. La Prusse est remarquable pour l'Ambre iaune, que la mer iette sur ses costes.

De Kuningsberg ie vins à Holland gros bourg appartenant au Marquis Electeur de Brandenbourg. De Holland ie passay plusieurs autres villages de la domination de Pologne, i'arriuay à Torn petite ville assise sur la vistule, où la Cour estoit, distante de Kuningsberg quelques 60. ou 65. heures de chemin : Trouuez bon que ie vous dise quelque chose de ce Royaume Electif, qui est la clef de la Chrestienté, & le bouleuard des fidelles. Holland.

Du Royaume Electif de Pollogne.

Chap. XLIII.

LA Pollogne auec ses conquestes & dominations est contenuë entre les 37. & 55. degrez de longitude, & 48. & 56. de latitude vers le Pole de Lourse, l'on tire son nom de Polouxi, qui signifie rauisseur & chasseur dans l'ancienne langue des Roux, parce que les Pollonnois n'estoient pas si pollicez qu'à presant, au commancement de leur establissement : d'autres en prennent l'ethimologie de Pole, qui signifie plan, ou vaste en Esclauon, les Anglois l'appellent poland, comme qui diroit terre du Pole, de mesme que nous appellons en France la Normandie qui a mesme signification, les Turqs luy donne celuy de Leh Vilaiet ou pays de Leh, parce Nom.

que Lekus a esté le premier Prince de cette nation, d'où les Italiens l'appelle Polake, comme qui diroit peuple de Lekus, auquel ont succedé 13. Princes, ou Chefs. & 19. Roys ou testes Couronnées par l'election des Nobles, de l'Eglise, & des principaux Officiers de cét Estat, lesquels s'assemblent apres la mort du Roy, en nomment vn autre par le merite qu'ils y reconnoissent, & s'ils n'ont point dans leur pays d'hommes assez vertueux pour porter le faix d'vne si grande charge, ils en cherchent chez les Estrangers, quoy que depuis la fuitte de Henry III. leur 15. Roy, ils ayent en quelque façon relasché de l'inclination qui leur estoit naturelle pour les autres nations. Le Prince estant esleu il prend la qualité de Roy de Pologne, de Grand Duc de Lithuanie, Russie noire, Prusse, Masouie, Samogitie, Liuonie, Smolensko & Czerniechouuie; celuy d'apresant s'appelle Casimir, il se dit veritable heritier des Suedois, des Gots & des Vendales: Ses interests sont de se bien maintenir auec les Nobles Polonois en faisant obseruer les Loix qu'il iure de garder, lors qu'ils l'establissent, & le reconnoissent pour Souuerain; d'auoir intelligence en France pour detourner les armées Imperialles si elles attentoient sur son Estat; de se maintenir en paix auec le Turq, mais le repousser viuement s'il rompt le premier, empescher les courses des Tartares, & sur tout retenir les Moscouites dans leurs limites, & à cét effet auoir amitié auec les Persans, les Turqs, & les Suedois.

Gouuernement.

Titres du Roy.

Interest.

Le Roy, & la pluſpart des Polonois ſont Catholiques Romains, il y a beaucoup de Proteſtans parmy cette nation, meſme des premieres familles du Royaume, qui pretendent de droict la liberté de conſcience, il y reſte peu d'Arriens, il y a vn grand nombre de Iuifs, qui ſont employez aux fermes & receptes des Nobles. Religion

La force de cét Eſtat eſt de 80000. ou 100000. hommes dans vne neceſſité, parce que chaque Palatin & Chatelain oblige ſes ſujets de le ſuiure à la guerre, ſi l'on faiſoit le meſme en France nous aurions vn ſi grand nombre de ſoldats, qu'à peine pourroit-on fournir à leur nourriture ; les armes dont ils ſe ſeruent ſont zagaies, maſſes d'armes, arcs & fleches, ſabres, mouſquets, piſtolets & canons. Forces.

Le pays eſt fort bon, le principal negoce conſiſte en petit bled froment que l'on tranſporte en Suede, Nortuegue, Eſcoſſe, Hollande & Eſpagne, & meſme en France lors qu'il y a quelque chere année. Fertilité.

Les naturels y ſont fort genereux, ſomptueux en habits, liberaux, coleriques, honorables, ciuils, ſçauans, bons hommes de cheual, apprehendez des Ottomans, grands mangeurs & plus grands beuueurs, ils ayment cordiallement les François, & les eſtiment à cauſe de quelque promptitude dans laquelle ils ſimpatiſent auec eux, mais ſont ennemis antipatiques des Allemans, comme les Suedois des Danois, les Eſcoſſois des Anglois, les Gallois des Irois, les François des Eſpagnols, les Portugais des Mores, les Arabes des Abiſſins, les Ottomans des Keſelbaches, les Mœurs.

Mogols des Iusbegs, les Indou des Parsis, les Chinois des Iapponois, les Tartares des Roux ou Moscouites les Armeniens des Nestoriens, & les Grecs des Italiens.

Langue. Leur langue differe peu de la Moskouite, & Esclauone, ce qui a fait escrire à plusieurs que l'Esclauon passe dans tout l'Orient, ce qui est faux, parce qu'en Grece, Natolie, Perse, Iusbeg, & grande Tartarie l'on parle Turc aux Indes de deça le Gange, au Sud de la Perse, & en la Georgie le Persan a cours; aux Indes au de là du Gange le Malais, & dans l'Affrique l'Arabe passe comme le Latin en Europe, il y a peu de Polonois qui ne sçache le Latin. Leurs viures ne sont pas autrement

Viures. exquis, ils y meslent beaucoup de saffran; ils portent la

Habits. teste & la barbe rase, & l'habit long à la façon des Tartares & Persans, sur la teste ils portent vn petit bonnet auec des parements de Marthe zebeline noire, qui leur viennent de Moskouie; ils ne changent point leur mode, parce qu'elle est tres commode, & principalement pour leur païs où il fait froid, l'habit des femmes differe peu de celuy des hommes, mais leur coiffure est d'vne autre façon, elles ont vn peu moins de liberté qu'en France, mais les Polonois sont tres bons maris.

L'on y voyage auec des chariots, parce qu'aux hostelleries de la campagne, l'on ne trouue que les quatres murailles, il faut porter les choses necessaires pour la vie, & le giste, ce qui est plus incommode qu'en France, mais aussi l'on y despense bien moins, & l'on y fait plus de chemin pour 10. escus, qu'en France pour 40. c'est là où i'ay appris premierement à ne me point deshabiller pour dormir, coustume bien plus saine, &

plus masle que la nostre, parce que l'on prend moins de froid, & l'on se leue plus facillement, leurs habits sont faits de telle façon, qu'ils n'incommodent pas plus la nuict que le iour, parce qu'ils ne portent ny collet, ny busque, & n'appellent point ornement ce qui peut incommoder l'homme; leurs souliers sont faits comme leurs pieds, & leurs coiffures comme leurs testes.

Les Nobles de ce Royaume sont tous esgaux, & ne quittent le premier rang qu'à ceux qui ont des charges au dessus d'eux, ils ne reconnoissent pour Nobles dans leurs pays que ceux de leur nation, où les Estrangers qui ont rendu seruice à la Pologne, lesquels ils honorent de ce titre; ils vsent d'vn pouuoir sur les Roturiers que l'on ne peut croire, si l'on ne l'a veu, & ne peuuent estre punis pour auoir tué quelqu'vn de leurs sujets, de maniere que ce sont autant de Roys, & de Souuerains, ce qui a fait de tout temps appeller la Pologne le Royaume des Nobles; ils sont si ialoux de cette liberté, que iusques icy ils se sont contentez de repousser les Mansulmans, sans vouloir entendre à la destruction des Tartares, ny à la conqueste de Grece, de crainte que leur Roy deuenant Empereur de Constantinopie ou d'Orient ne se rende plus absolu, ce qui maintient les Nobles en si grand nombre en cét Estat, procede de ce que les pauures n'estiment point à des-honneur de seruir domestiquement les autres Nobles qui sont plus riches qu'eux; & les riches ne refusent iamais l'azile dans leur maisons aux pauures Gentils-hommes auec le viure, & le vestir, ils sont peu attachez à leur interest, lors qu'il s'agit d'assister vn des mébres de leurs corps; de manie- Noblesse.

re que les grandes despenses les ruinent souuent, & ne laissent à leurs enfans pour heritage que le droit de seruir les autres Gentils-hommes dont ils ont esté seruis; Cette coustume leur esleue l'ame, & l'esprit, & les destache de l'auarice, vice opposé à la liberalité de Dieu, parce que n'apprehendans point la pauureté, ils ne s'estudient qu'à se rendre digne de seruir leur patrie, où il ne leur manque pas d'emplois & de charge, lors qu'ils ont assez de merite pour les exercer. Les principaux Officiers de cet Estat, selon leur ordre, sont le Roy, la Reine, les Archeuesques, les Euesques, les Senateurs, les Palatins ou Vaiuodes, les Chatelains, le Mareschal de Pologne, le Mareschal de Lituanie, le grand Chancelier de Pologne, le grand Chancelier de Lituanie, le Vice Chancelier de Pologne, le Vice Chancelier de Lituanie, le grand Tresaurier du Royaume, le grand Tresorier de Lituanie, le Mareschal de la Cour du Royaume, le Mareschal de la Cour de Lituanie, le grand Generalissime des armées, le grand Secretaire du Royaume, les Referendaires de Pologne, les Referendaires de Lituanie, le grand Eschansson du Royaume, le grand Eschansson de Lituanie, les grands Thresauriers des deux Estats, l'Escuyer du Roy de Pologne, le grand Thresaurier de la Cour du Royaume, le grand Thresaurier de la Cour de Lituanie, le Thresorier de Prusse, le Procureur general du Fisc, le Commissaire de la guerre, le Capitaine des sentinelles, & des gardes de la frontiere de Tartarie, les Receueurs des peages, les Maistres des monnoyes, les directeurs des mines, les Maistres des eaux & forests, le grand Chambellan du Roy, & autres moindres Officiers de la maison du Roy, qui n'ont

Charges principales.

aucun pouuoir que dans son hostel, dont la deduction vous seroit ennuyeuse, & à moy penible.

Voyage de Torn à Dantzik, auec la Religion des Arriens.

Chap. XLIV.

DE Torn ie monté la vistule sur vn batteau chargé de bled, pour Dantzic, où i'arriuay en cinq ou six iours, Dantzic est le Grenier de Pologne où les Hollandois & Suedois vont charger leurs vaisseaux, cette ville est anseatique & Republique, sa forteresse ou quarré fortifié la rend seure du costé de la mer, mais du costé de la terre il y a vne montagne à l'Ouest qui la commande, les faux-bourgs appartiennent à l'Euesque de Prusse qui en est Souuerain, lequel donne liberté aux Luteriens d'y habiter, comme la Republique qui professe la Religion Euangeliste, permet aux Catholiques de demeurer dans la Ville. Il y a trois ordres de bourgeois, ceux du premier ordre vont à la place du negoce l'espée au costé, & se pretendent Nobles Polonois, parce que leur corps a vne voix à l'election du Roy de Pologne: Les femmes y sont belles, mais tellement glorieuses qu'à peine leur peut-on rendre les soubmissions qu'elles demandent des hommes. Dans cette Ville il y a de toutes sortes de Religions, beaucoup de Iuifs comme par toute la Pologne, des Anabaptistes, des Caluinistes, & quelques Arriens, entr'autres vne Damoiselle Françoise de nation, laquelle a esté autrefois à la feuë Reyne Mere de Louys XIII. Dantzic.

que ie croy estre encore viuante, cette secte maintient
Genese que nostre Seigneur Iesus-Christ n'est point Dieu, &
49. 10. Deuter. ne s'est iamais dit tel, que c'est vn Prophete ou le Messie
18.15.18. promis par les Sainctes Escritures, que c'est la sagesse
Coloss. diuine, laquelle a esté la premiere creée, suiuant le tes-
1. 15. Apoc.3. moignage de l'Eclesiaste, qu'apres sa Resurrection il
14. dist à ses Disciples, ie vais à mon pere & à vostre pere,
Eclesi.1. 4. à mon Dieu & à vostre Dieu; qu'à l'arbre de la Croix, il
dist Eli, Eli, Lasamabactani, mon Dieu, mon Dieu,
Iean Euangeliste 2. pourquoy m'as-tu delaissé, qu'en plusieurs passages de
17. l'Escriture il est escrit qu'il croissoit en sagesse & en
Matt.27. 46. grace deuant Dieu & les hommes; que les Iuifs luy
Luc.2.52 voulant faire mal il leur dist pourquoy me voulez-vous
tuer, moy qui suis homme qui vous annonce la verité
que i'ay apprise de Dieu, que luy mesme a dit mon
Pere est plus grand que moy; que l'on n'entend pas le
Eu. Iean 8. 40. passage où il dit, nul ne sçait ces choses que le Fils de
l'Homme qui est au Ciel, parce qu'il parloit dans l'ob-
iect de Dieu, où tout est Dieu en Dieu mesme, qu'aux
Actes chap. 7. v. 37. le passage de Moyse au Deutero-
nome est rapporté, où il est dit le Seigneur vostre Dieu
Deuter. 18. 15. vous suscitera vn Prophete tel que moy d'entre vos freres escoutez-le, que s'il est tel que Moyse; Moyse n'e-
stoit pas Dieu, & lors qu'on leur obiecte que S. Paul dit
que toute plenitude de diuinité habite en luy corpo-
rellement, & qu'en l'Apocalipse il est digne d'estre
fait Dieu sur toutes choses, ils respondent que ce terme
Dieu ne s'entend pas de l'estre infiny, qui estant vne
Iean. 14. 28. vnité parfaite ne peut souffrir de pluralité, vne independance absoluë n'a point d'alieté en soy comme nous

disons,

disons, parce que le Pere ne peut exister Pere sans le Iean 3. 13.
Fils, ny le Fils sans le pere, mais que Paul dit qu'il y a
plusieurs dieux à la terre & au ciel, & que quand l'A- Colos. 2. 9.
postre dit au chap. 3. v. 23. aux Rom. que tout est à vous
& vous à Christ, & Christ à Dieu, il explique assez le
sentiment qu'il a de Christ, que si on leur dit que dans
l'Euangile de S. Iean chap. xvij. v. x. Il est dit tout ce qui
est mien est tien, & ce qui est tien est mien, ils se seruent du verset xxj. du mesme chap. ains que toy pere
és en moy & moy en toy, afin qu'eux aussi soient vn en
nous; & y joignent le verset xxiij. ie suis en eux & toy
en moy, afin qu'ils soient consommez en vn, & par là
ils pretendent monstrer que Iesus-Christ n'est pas plus
Dieu que les autres hommes, puis que tout se termine
en sa consommation de l'vnité, que le passage de l'A- Ap. 4. 12.
pocalipse, il est digne de prendre la diuinité, fait pour 5. 13.
eux, parce qu'il n'auoit pas la diuinité auparauant: &
que Moyse entend par ce mot Dieu, les puissances du 1. Cor. 8. 5.
monde, comme lors qu'il dit, tu ne maudiras point les Exod. 22. 28. 7. 1.
Dieux estrangers, ie t'ay estably le Dieu de Pharaon,
que les femmes dans le vieil Testament appelloient Genes. 31. 35. 18.
leurs maris leur Seigneur, qui estoit le mesme que leur 12.
Dieu & par consequent ce que dist S. Thomas à l'Apa- Iean 20.
rition de Iesus-Christ, n'est point vne preuue conuain- 29.
cante pour leur persuader qu'il soit Dieu; que nul ne
sçait si la Vierge n'a point eu d'autres enfans que Iesus, Luc Euã.
parce qu'il est escrit dans l'Euangile que Ioseph ne co- 2. 7.
gnut point sa femme iusqu'à ce qu'elle eut enfanté son Mathieu
enfant premier n'ay, nient la saincte & indiuiduë Tri- 1. 24.
nité, & donnent plus au raisonnement humain qu'à la

Colos.2.8 foy. Sainct Paul dit souuent de se donner de garde des sophismes ou fallaces des Philosophes, lors qu'on leur dit que l'estre eternellemẽt bon & infiny se cognoist, & s'ayme, & que par cette cõnoissance qu'il a de soy-mesme, le pere engendre le fils, & par cét amour vnion de ces deux supposts en naist vn troisiesme que l'on appelle l'Esprit Sainct, & que s'il ne se connoissoit & ne s'aimoit, il seroit dans l'ignorance & dans la haine de soy-mesme, ils respondent que nul estre ne se produist soy-mesme, & que l'entendement estant vn auec son infinité, & sa bonté, il s'ensuiuroit qu'il se rendroit bon par sa bonté, & grand par son immansité, ce qui seroit absurde par l'axiome susdit, lequel est vray dans l'estre phisique ou creé; mais non dans le surnaturel & increé qui n'a aucun principe que soy mesme, & connoist tout en soy mesme à cause de son independance. Si l'on leur replique que la plus haute fin pour laquelle Dieu ayt fait le monde est pour l'esleuer autant qu'vn est creé peut souffrir, qui n'estant point capable de l'infinité à cause de sa quantité, ny de l'Eternité à cause de son cõmencement, il peut seulement estre vny à son Createur, que cette vnion ne se pouuoit faire parfaitement que dans l'homme, lequel est vn abregé des autres creatures, que Dieu connoissant ce bien pouuoir estre fait, & ne le faisant pas, seroit allé contre ses principes; ils respondent qu'entre l'infiny & le finy, il n'y a aucune proportion, & que Dieu est incapable d'aucune mutation, & ne peut estre plus en Iesus, qu'en tous les autres hommes à l'esgard de son infinité, & que de leur aduancer que la seconde personne s'est incarnée, c'est ioüer dans les termes, parce que l'Apostre sainct Iean disant, trois sont au Ciel, le Pere, le Verbe & l'Esprit Sainct, qui tous trois sont vn, il n'a pas voulu entendre qu'ils soient trois distincts en personnes qui ne fassent qu'vne essence, parce que dans l'Euangile il n'est point parlé de suppost ny des personnes diuines, & ces trois sont trois synonimes dont l'on se sert pour appeller Dieu, l'appellant tantost Pere, tantost Verbe, tantost Esprit, & si l'on leur auance que sainct Athanase a dit qu'autre estoit la personne du Pere, autre celle du Fils, ils respondent effrontement que c'est vn particulier qui s'est flatté dans la composition de son Symbole, que pour eux ils n'ont point d'autres articles de leur Foy que le *Credo in Deum*, composé par les douze Apostres ou tiré de l'Euangile. L'on croit que cette secte a donné commancemẽt au Mahometisme, parce qu'au temps de Mahomet & de Hali vne partie de la Chrestienté l'auoit embrassée, l'on dit mesme que Sergius nourry & esleué dans l'Arianisme fut l'vn des Autheurs de l'Alkoran, & qu'ayant fait relier deux Liures de mesme façon il escriuit dans l'vn l'Alkoran, & alla dans vne cisterne seiche, où il le porta, & Mahomet estant d'intelligence auec luy, prist l'autre qui n'estoit point escrit, sortit à la campagne proche de la cisterne, & ayant fait sa priere en presence de ses Disciples, leur fit voir son Liure blanc, lequel Dieu luy auoit promis ce iour là, de remplir de sa loy & de ses Commandemẽs, puis le laissa aller dans la cisterne attaché à vne petite corde, lequel Sergius destacha & luy enuoya celuy qui estoit escrit qu'il fit voir à ses Peuples, & craignant que sa fourbe ne fust découuerte leur dist ce lieu est Sainct, que chacun iette vne pierre dans la sacrée cisterne, il commença, & les autres en suitte, & enterrerent le pauure Sergius tout en vie, mais à cette Fable il n'y a aucune apparence de verité, parce que l'on pourroit demander comment l'on l'auroit sçeu, Mahomet ne se seroit pas declaré soy mesme, & ie voy que dans son Alcoran, il dit qu'il y a esté enuoyé à plusieurs pieces d'enhaut, & la pusparт des Sages Mansulmans croyent qu'il n'a esté composé que long-temps apres la mort de leur Prophete.

Chap. de l'Alcoran

Pendant mon sejour de Dantzic, Monsieur de Bregi Flechelle Ambassadeur de France y arriua, enuoyé à la Cour de Pologne pour consoler le Roy Vladislaus IV. de la mort de la Reyne son espouse sœur de l'Empereur Ferdinand III. & Fille de Ferdinand II. de laquelle il est resté vn Fils, il s'aquitta si bien de son ministere, qu'ayant gagné les cœurs des Nobles Polonois par vne complaisance & adresse qui luy est naturelle, il leur imprima vne telle estime pour nostre nation que bien-tost apres sa Maiesté Polonoise desira la Princesse Marie de Gonzague, Duchesse de Neuers Fille de feu Monsieur le Duc de Mantouë, pour partager auec elle sa Couronne ; mariage qui s'est accomply auec toute la satisfaction & aduantage des deux nations.

Les principaux Bourgeois de la Republique de Dantzic vindrent haranguer Monsieur de Bregi & luy offrirent la veuë des raretez de leur Ville, ie l'accompagné à l'Arcenal, lequel est si bien muny d'armes & de poudre, que tous les habitans y trouueroient de quoy s'équipper de tout point, les mousquets, espées, bandoliers, canons, mesches, selles de cheual, cottes d'armes, & cuiraces y sont arangées par ordre dans des galeries, au bout desquelles il y a deux statuës de bois en forme de soldats en sentinelle qui ont mouuement par des ressorts, dont l'vne tient vn mousquet en ioug, comme monsieur de Bregi vit cette posture, il dit, ie tirois bien si elle alloit tirer, & en mesme temps ladite figure tira vn coup de mousquet: Les iours suiuans nous fusmes à la Comedie, & autres diuertissemens de Dantzik.

Voyage de Dantzik à Paris.

Chap. XLV.

DE Dantzik ie m'embarqué pour Lubek, la tempeste suruint, nous contestasmes 3. iours contre le vent; le quatriesme nous vinsmes mouïller proche l'isle de Rugen fameuse pour auoir esté le lieu de la premiere descente des Suedois, lors que Monsieur le Cardinal de Richelieu les opposa aux forces de l'Aigle qui se promettoit de rauir dans ses serres le Royaume des Rois Sacrez, à la sollicitation, & par le conseil du Pere Ioseph Capucin, lequel auoit dessein de rendre le Roy Louys XIII. le plus puissant Monarque du monde, pour en suitte destruire le Turq, & auoit à cét effet procuré plusieurs expediens par le moyen de ses missions; mais sauf la reuerence de ce bon Religieux, le Roy n'estoit que trop fort sans toutes ces precautions, pour attaquer & surmonter les Turqs.

Rugen.

De Rugen ie vins à Stetin, & laissé mon vaisseau ; cette ville est la capitale de Pomeranie conquise sur l'Empereur par les Suedois, elle est assise sur vne riuiere que les naturels appellent Oder. De Stetin ie pris mon chemin pour Rostok capitale de Meklebourg, 31. heures de chemin, ville fort bien fortifiée, il y a vn canal qui respond à la mer, sur lequel ie descendis, & m'allay embarquer sur vn petit vaisseau de Lubek, nous fismes rencontre de l'armée Danoise composée de dix vaisseaux, laquelle nous tira le canon, nous baissasmes le voile, & fusmes contrains de la suiure malgré nous deux iours consecutifs ; nostre vaisseau fut visité par l'ordre de l'Admiral, il ne se trouua parmy nous aucun Suedois ; l'on nous laissa aller, & pour chaque coup de canon, il fallut que nostre Sckiper payast vn ducat ou hongre d'or : Nous reprismes nostre route, & le lendemain nous fusmes derechef joints par vne petite barque Danoise armée & equippée en guerre, l'on nous tira vn coup de mousquet pour nous obliger à mettre bas le voile, nous remonstrasmes à nostre Capitaine qu'il l'a falloit couler à fond d'vn coup de canon sans nous laisser affronter de cette façon, ce qu'il ne voulut faire, il nous dit que sa Religion ne luy permettoit pas de se deffendre, & que pour toutes les choses du monde il ne voudroit tuer vn homme, que Dieu luy ayant donné le peu de bien qu'il auoit, estoit capable de le luy conseruer, & souffrit la visite sur son bord, & paya le coup de mousquet aussi cher que celuy de canon ; nous arriuasmes en suitte à Tremunde petit bourg où il y a phanal & garde Lubekoise ; de Tre-

Stetin. Rostok. ScKiper Capitaine de vaisseau. Nostre Capitaine estoit Anabaptiste. Tremunde.

munde nous vinſmes en deux heures à Lubek par carroſſe, les vaiſſeaux y montent par mer; c'eſt vne ville anſeatique Republique fort affectionnée aux Couronnes d'Eſpagne & de Dennemark, la ville eſt bien fortifiée, les habitans ſont Euangeliſtes, & ſe diſent eſtre ſous la protection du S. Empire. De Lubek ie vins à Hambourg en caroſſe en vn iour & demy, auec beaucoup de danger pour ſes Snapanes ou payſans reuoltez: ſur le chemin nous paſſames par vn petit fort appellé Tretau commandé par les Suedois, qui l'ont fortifié & conquis. Hambourg eſt pareillement Republique, & ville anſeatique, policée par des Bourgmeſtres, le peuple y affectionne fort noſtre nation, ſes fortifications paſſent toutes celles des grandes villes que i'ay veuë, ce qui l'incommode eſt le voiſinage des terres de Dennemark, qui n'en ſont qu'à 800. pas, ſa riuiere eſt l'Elue ſur laquelle ie m'embarqué pour Gluxſtad' petite ville diſtante ſept milles d'Allemagne d'Hambourg, elle appartient au Roy de Dannemark, lequel y prend tribut des vaiſſeaux qui vont à Hambourg, il y a beaucoup de Iuifs, & quelques Anabaptiſtes: Ie m'y embarquay pour le Havre de Grace, où i'arriuay en huict iours, il y a vne belle Citadelle, i'y trouué par hazart le ſieur de la Broſſe Gentil-homme Poiteuin, l'vn de mes meilleurs amis, lequel y eſtoit venu de l'ordre de Madame la Ducheſſe d'Eguillon, pour y faire ſubſiſter quelques Peres de la Miſſion, auec le Mercier, & le Coutelier de Paris, afin de conuaincre les Caluiniſtes du Havre, le ſieur de la Broſſe me dit qu'ayant appris que i'eſtois priſonnier des cor-

Tretau.

Gluxſtad

Havre.

faires de Barbarie, il auoit obtenu de Madame la Duchesse d'Eguillon, de prendre dans les galleres de Frãce quelque Turq de condition pour l'escanger auec moy, dont ie le remerciay, & quoy que ie peusse faire, il me vint accompagner iusques à Roüan, d'où ie vins à Paris.

Voila Messieurs ce que vous desirez de moy, & si Monsieur Houdan ne m'en eust raffraischy la memoire, la satisfaction que i'ay eu dans mon dernier voyage m'en auoit effacé le souuenir: Nous nous separasmes apres plusieurs ciuilitez, & remercimens de part & d'autre, le lendemain ie sortis de Geneue pour reuoir mon pays natal.

Voyage de Geneve en Aniou, & mon retour à Paris.

CHAP. XLVI.

DE Geneve i'arriuay en 2. iours à Lyon, à costé du chemin sur la main gauche l'on voit le Rhosne qui prend sa source au lac Leman, se perdre entre des roqs, en sorte que l'on peut passer par dessus, il entre en vn goulet ou trou, & va assez loin dessous terre, c'est vne image de ce trou de la mer Caspique dont nous auons parlé: De Lyon ie pris le chemin de Roüannes par Tarrare, où ie m'embarqué sur la riuiere de Loire pour Saumur, & y arriuay en 8. iours, ie pris des cheuaux de loüage, & partis assez tart de Saumur pour la maison de ma mere, qui en est distãte de six lieuës, ie n'y trouué qu'vn valet de chãbre qui m'en refusa l'entrée, ie decliné mon nom, à la fin il m'ouurit, & n'ayant point trouué celle qui i'y cherchois pour luy rendre mes deuoirs, ie m'en allay

Tarrare. Roüannes. Neuers. Orleans. Tours. Saumur.

allay à la maiſon que feu mon pere m'auoit laiſſée, i'appris en chemin faiſant que l'vn de mes beaux freres s'en eſtoit emparé, & en auoit chaſſé ma mere, ſouſtenant que i'eſtois mort il y auoit quatre ans, ie venois en perſonne rendre teſmoignage du contraire ; ie luy enuoyé dire par vn Gentil-homme qu'il ſortiſt de ma maiſon, que ie n'y entrerois point que pour y eſtre le Maiſtre, que s'il ne le faiſoit ie luy ferois bonne guerre. Le lendemain Monſieur le Duc de Rohan Gouuerneur de la Prouince fit ſon entrée dans la ville de Baugé, ſuiuant ſon ordre ie le fus saluër, & par ſon commandement mon beau-frere vuida ma maiſon ; il fit ſon poſſible pour nous reconcilier de nos differents, & en fit Iuge Monſieur le Marié Conſeiller au Preſidial d'Angers, lequel m'ayant fait iuſtice entiere, mon beau-frere manqua de parolle, & ne voulut rien terminer que par la Iuſtice par laquelle i'ay eſté maintenu dans la ſucceſſion & droict d'aineſſe, touchant les biens de feu mon pere: En meſme temps ie m'en vins à Paris, où mes parties aduerſes auoient interjetté appel de la Sentence du Iuge des lieux. Madame de Lanſac Gouuernante du Roy me procura la connoiſſance de Monſieur le Comte de Nogent Bautru, il trouua à propos que ie ſaluaſſe leurs Majeſtez, & que ie les informaſſe des forces & façons de faire des païs où i'auois eſté, il en parla au Roy, ſa Majeſté deſira me voir dans l'habit & equipage Perſan, ſe donna ſa peine de lire quelques memoires de mes voyages, & me commanda d'en faire part au publiq.

Fin de la troiſieſme & derniere partie.

NOMS ET QVALITEZ des Amis & Connoiſſances que l'Autheur s'eſt acquis dans ſes Voyages.

EN ITALIE.

CApponi Cardinal & Prince de la Saincte Egliſe Romaine, premier Preſtre, grand Bibliotekaire du Vatican, & Protecteur de la nation Maronite, *Florentin.*

François Barberin Cardinal, Prince, & Vice-Chancelier de la Saincte Egliſe Romaine, Sous-Doyen du Sacré College, & Archipreſtre de Sainct Pierre, *Florentin.*

Vrſin Cardinal de la Saincte Egliſe Romaine, & Prince Romain.

D'Eſte Cardinal de la Saincte Egliſe Romaine, Prince de Modene, & Protecteur de France, *Modenois.*

Torregiani Archeueſque de Rauenne, Neveu de l'Eminentiſſime Capponi, *Florentin.*

Suares Eueſque du grand Kaire, *Portugais.*

Henry d'Eſtampe Bailly de Valancé, & de l'Ordre Sainct Iean de Ieruſalem, Conſeiller du Roy en ſes Conſeils, Ambaſſadeur pour ſa Majeſté tres-Chreſtienne vers ſa Saincteté à Rome, Abbé des Abbayes de S. Pierre de Bourgueil en Anjou, & de Champagne au Maine.

Monsignor Federico Capponi Prelat, *Florentin.*

Marquis Capponi Intendant de son A. S. de Toscane, frere de feu Monsignor Federico Capponi, *Florentin.*

Ferrante Capponi Noble Florentin, habitué à Rome.

Gueffier, Resident de France à Rome, & Conseiller de sa Majesté tres-Chrestienne dans ses Conseils d'Estat & Priué, *Manceau.*

De la Roche Posé Abbé François, neveu de feu Monsieur l'Euesque de Poictiers Gentil-homme Poitteuin.

G. d'Elbene Noble Religieux de l'ordre de S. Iean de Ierusalem, *Parisien.*

La Talonniere Noble Religieux de l'ordre de S. Iean de Ierusalem, & Lieutenant general des troupes Venitiennes dans la Bosnanie.

René de Moroy Secretaire de l'Ambassade de Rome, *Parisien*: & frere de Monsieur de Moroy Intendant des Finances.

Antaldi Prelat Italien, Chanoine de S. Iean de Latran.

Loyac Prelat François, *Gascon.*

Bretonuilliers Conseiller au Parlement de Paris, *Parisien.*

Membrolles Conseiller au Parlement de Roüen, *Parisien.*

Gilot Conseiller au Parlement de Roüen, *Parisien.*

H. de Gamar Lieutenant general des chasses de sa Majesté tres-Chrestienne. *Parisien.*

Lusarche Maistre de Chambre des Ambassadeurs Gentil-homme, autresfois Seigneur de Lusarche proche de Paris. *Parisien.*

P. Georges Capucin Predicateur ordinaire de Monsieur le Prince de Condé, *Parisien.*

P. Guerin Religieux de S. Geneuiefve, Procureur general de son Ordre, *Angeuin.*

P. Michel Carme des Billettes, *Breton.*

P. Foucault Religieux Minime, *Tourangeau.*

F. Isaac Religieux Minime, *Tourangeau.*

Castracane Oueditor de Monsieur le Cardinal Capponi, *de la marche d'Ancone.*

De Perrigni Gentil-homme, *Parisien.*

Potel Gentil-homme, *Parisien.*

Gobelin du Kenoy Gentil-homme, *Parisien.*

Nogen de la Mothe Gentil-homme, *Parisien.*

De Kabar Gentil-homme, *Parisien.*

De Lauoye Gentil-homme, *Angeuin.*

D'Orsini Gentil-homme, *Parisien.*

Piq Secretaire de l'Ambassade de Rome, *Parisien.*

Damont Gentil-homme, *Parisien.*

De Fontaine Gentil-homme, *Normand.*

Du Mesnil Gentil-homme, *Parisien.*

Fortel Gentil-homme, *Parisien.*

Boré Caualier, *Parisien.*

De la Lane Caualier, *Parisien.*

Baroo Gentil-homme, *Angeuin.*

Courtois Senechal de Duretail, *Angeuin.*

Herbin Abbé François, *Parisien.*

Herbin Caualier François, *Parisien.*

Guilbot Prieur d'Archapt, *en Zaintonge.*
Du Grauier Secretaire de Monsieur de Valancay Ambassadeur à Rome, *Tourangeau.*
Zenobio Intendant de Monsieur le Cardinal Capponi, *Florentin.*
Dom Pasquin Intendant de Monsignor Federico Capponi, *Florentin.*
Mario Maiordome de Monsignor Federico Capponi.
Raymont Lescot, fils du sieur Lescot Escheuin, *Paris.*
Pelopé Banquier, *Parisien.*
Mignard Peintre fameux, *Auignonois.*
Du Frenay Peintre sçauant, *Parisien.*
Soudreuille Caualier François natif d'Estampes.
Le Baillou Caualier, *Parisien.*
Pate Caualier, *Parisien.*
Casault Caualier, *Lyonnois.*
Sudreau Caualier, *Lyonnois.*
De Kabassol Caualier Prouençal de la ville d'Aix.
Dipi Maronite du Mont-Liban.

En Grece.

De la Haye Ventelay Ambassadeur à la Porte, *Paris.*
De la Haye Ventelay Iesuitte, *Paris.*
De la Haye Ventelay Gentil-homme, fils de Monsieur l'Ambassadeur, *Parisien.*
De la Haye Cheualier de Malthe esclaue dans les galleres du grand Turq, *Parisien.*
L'Empereur Secretaire de l'Ambassade de France à Constantinople, *Paris.*

La Porte Medecin François, *Angeuin.*
François Daignan Marchand, *Marsillois.*
Baihram Bée Capitaine de galleres, *Prouençal.*
Baron Ispahi, *Xaintongeois.*
Martin Marchand, *Cioutadin.*
Cupert Horlogeur du grand Turq, *Blesin.*
Meaux Secretaire de Monsieur l'Ambassadeur, *Marsillois.*
Quatrieux Missionnaire Iesuitte, *François.*
Bellefont maistre en fait d'armes, *Parisien.*
Guées Marchand, *François.*
Giacomo Interprete de France, *Armenien.*
Eusibé Interprete de France, *Constantinopolitain.*
De la Borde Interprete de France, *Prouençal.*
Trouillart Marchand, *Prouençal.*

En Perse.

Hali fils de Mehemmet, *Kasi* de Tauris, *de Ghilan.*
De Forest Huissier de la Reyne de France, *d'Auignon.*
Pere Vincent Capucin, *Angeuin.*
Pere Ambroise Capucin, *de Loches.*
Padre Paolo Piromali Dominicain, *Neapolitain.*
Engrand Horlogeur du Schah, *Normand.*
Louys Facteur Anglois, *de Londres.*
Best Facteur Anglois, *de Londres.*
Sainct Iean Gentil-homme, *Normand.*
Hassan fils de Haly Sultan du Congue, *de Korasan.*
Pere Alexandre de Rhodes Procureur general de la Prouince de Kantan Iesuitte, *d'Auignon.*

Sur l'Empire de Schah Geaan, ou grand Mogol.

Sangaa Marchand Bagnian, *Guzerate.*
Maedou Medecin Bramen, *Guzerate.*
Ganes Astrologue Bramen, *Guzerate.*
Lacman Marchand Bagnian, *de Bengala.*
F. Breton President ou Chef des Anglois, *de Londres.*
Mairé second Chef des Anglois, *de Londres.*
Pere Zenon Capucin Missionnaire, *de Baugé en Aniou.*
P. Bes Ministre Anglois.
Mir Moussah Gouuerneur de Sourat Omara, *Keselbache.*
Moussah Marchand Indistanni, *d'Agra.*
Daoud Cotoual de Sourat, *Keselbache.*
Mahmet Marchand de Thebet, *de Thebet.*
Lescot Orfevre, *d'Orleans.*
Du Boults Horlogeur, *de Geneve.*
L'Estoille le ieune Orfevre & Horlogeur, *de sainct Iean d'Angeli.*
Ionk Gentil-homme Hollandois, *de Harlem.*
Adler Facteur, *de Londres.*
May Medecin Anglois.
Anthoni Esclaue fugitif des Mansulmans, *de la Ciotad.*
D'Acosta Gentil-homme mestisso, *de Daman.*
Blacman fameux Capitaine de mer, *Anglois.*
Millet grand Capitaine de mer,

Sur les Terres d'Adel Schah, ou Roy de Bijapour.

Oxenden Capitaine de Moka pour les Anglois, *Anglois.*

Maedou Interprete du Gouuerneur de Iettapour, *de Bijapour.*

Besse Capitaine de vaisseau, *de Londres.*

Dans les Indes de Portugal.

Dom Philippe Mascaregnas Vice-Roy des Indes Orientales, *de Lisbone.*

Dom Leonel de Lima Capitaine de Damaon, *Castisso de Goa.*

Dombras Gentil-homme Portugais; *de Lisbone.*

Fra Francesco dos Martires Archeuesque de Goa, *de Lisbone.*

Le Patriarche d'Ethiopie Iesuitte, *Portugais.*

En Arabie.

Brahim Marchand, *De Babylone.*

Daoud Pelerin de la Mecque, *De Bengala.*

Allauerdi Pelerin de la Meke, *De Bengala.*

Padre Giacomo Carme Descaud, *de la marche d'Ancone.*

En Kaldée.

Hassan Saiett Deruiche, *du Thebet.*

Pere

Pere Gabriel Capucin, *de Chinon.*
Mustapha Bacha Ispahi, *Cicilien.*

En Kourstdan.

Bartholomeo Religieux Soccolante, *Maltois.*
Moussah Iahobite, *de Ninive.*

En Karamanie.

Hali Bacha Iannissaire, *de Constantinople.*
Alla Verdi Armenien, *d'Vsulpha.*

En Georgie.

Hali Bacha Marchand, *de Samarcand.*
Kogia Pietros Marchand, *de Vsulfa.*
Kogia Karabete Marchand, *de Vsulfa.*
Hali Deruiche Religieux Mansulman, *de Iusbeg.*
Mehmet Deruiche Religieux Mansulman, *de Gambalu.*

Dans la Palestine.

Pere Brice Capucin, *Breton.*
Haly Reis Capitaine de Vaisseau, *de Tripoly.*
Patriarche des Maronites, *du Mont liban.*
Padre Celestino Religieux Carme Deschaus, *Flamand.*

Yun

En Syrie.

Bonin Consul de France,	*Prouençal.*
Contour Gentil-homme & Marchand,	*prouençal.*
La Garde Marchand,	*prouençal.*
Creuset Marchand,	*prou.*
Cornier Marchand,	*prou.*
Maset Marchand,	*prou.*
Mark Marchand,	*prou.*
Rose Marchand,	*prou.*
Fabre Marchand,	*Lyonnois.*

En Natolie.

P. Martin de Tiers Capucin,	*François.*
Bouliau Mathematicien,	*François.*
Dagnian Marchand,	*Marsillois.*
Les deux du Puy consuls de France,	*François.*
P. d'Anjou Iesuitte,	*François.*

En Assirie & Armenie.

Soukias Mogdassi marchand Armenien,	*de Vsulfa.*
Migrediche Marchand Armenien,	*de Vsulfa.*
Minas Marchand Armenien,	*de Vsulfa.*
Aazare Marchand Armenien,	*de Vsulfa.*
Ibrahim Kan Gouuerneur d'Eriuan,	*fils de George.*
Mossa Bacha Iannissaire de la Porte,	*Albanois.*
Ibrahim Chelubi Marchand Iuif,	*d'Amasia.*

Daoust Sophi, *d'Eriuan.*
Hassan Sophi, *d'Eriuan.*
Hali Ben Mehemmed marchand Mansulman, *du Korassan.*
Paolos marchand, *Georgien.*
Pietros marchand, *Georgien.*

En Egypte.

D'Antoine Consul de France. *Marsillois.*
P. Theodorik de S. Ioseph Religieux Carme Mitigé des Billettes, *Breton.*
Le Ber } Vice-Consul & Chancelier, { *de Suilly.*
Locussol } *Marsillois.*
Laurent Maure Capitaine de Vaisseau, *Cioutadin.*
P. Eleasar Capucin, *Tourangeau.*
Rabi Salé interprete de France Iuif, *du Kaire.*
Mordakaïs interprete de France Iuif, *du Kaire.*
Bremont Gentil-homme autrefois Consul d'Egypte, *de la Cioutad.*
Bremont Capitaine de Vaisseau, *de la Cioutad.*
Vignol Marchand, *prouençal.*
S. Germain marchand, *prou.*
Gasket marchand, *prou.*
Touloudet marchand, *prou.*
Mercurin marchand, *prou.*
Mestre Hendri Lieutenant de Vaisseau. *Anglois.*
Mestre Iohn Escriuain de vaisseau, *Anglois.*
Aaaron Ben Leui Rabi ou Docteur Iuif, *d'Alger.*
Logeret second Chancelier d'Egypte, *prouençal.*

Bairam Reis Capitaine de mer, *Marsillois.*
Moustapha Ekim Medecin, *Castillan.*
Martin Marchand, *Prouençal.*

En Sauoye, & Piedmont.

Madame Christine de France, Dame Royale, Duchesse de Sauoye, & fille de Henry IV. Roy de France, & de Nauarre.

Dom Emmanuël de Sauoye, Prince de Piedmont, & Duc de Sauoye.

Comte Philippe premier Ministre d'Estat de son Altesse Royalle de Sauoye. *Piedmontois.*

Comte Tane Ministre d'Estat de son Altesse Royalle de Sauoye, *Piedmontois.*

Ottauio Bourgarello, Comte de Beaufort, General de bataille, & Maior de la ville de Turin pour son Altesse Royalle de Sauoye, *Piedmontois*: decedé depuis mon retour à Paris, aux charges duquel a succedé Claudio Raspa *Piedmontois*, issu des anciens Barons de Baynak au pays & Duché de Bretagne.

Madamoiselle de Pianezza, fille d'honneur de Madame Royalle, *Piedmontoise.*

Madamoiselle Bessa, fille d'honneur de Madame Royalle, *Piedmontoise.*

D'Aligre Maistre de Kan, fils de Monsieur d'Aligre Directeur des Finances, *Parisien.*

En Angleterre.

Charles Stuart premier du nom, surnommé le grand, Roy d'Angleterre.

Madame Marie Henriette de France Reine d'Angleterre, fille de Henry IV. Roy de France & de Nau.

Iermein Lord, *Anglois.*

Monsieur de Bordeaux, Ambassadeur extraordinaire vers le Protecteur & President au grand Conseil, *Parisien.*

La Bastide Secretaire de l'Ambassade en Angleterre, Gentil-homme, *Gascon.*

Kraf Cornette des gendarmes de la Reine d'Angleterre, *Anglois.*

Roseliere Officier de cauallerie dans le Regiment de la Ser. Reine d'Angler. Gentil-homme, *Angeuin.*

De l'Isle Knaigt, ou Cheualier d'Angleterre, *Parisien.*

Fleuri Gentil-homme, *Tourangeau.*

Houdan Caualier, *Parisien.*

Drex Capitaine de mer, *Irlandois.*

Smitz Capitaine de mer, *Anglois.*

Ribot Gentil-homme, *Manceau.*

Beaucler Escuyer du Roy d'Angl. Gentil-hóme Frãçois.

Fontenet Escuyer du Roy d'Angleterre, Gentil-homme François,

La Sabloniere Gentil-homme, *Angeuin,*

Richart le ieune Maistre de la musique de la Ser. Reine d'Angleterre, *Parisien.*

Mestresse Françoise Ioiner, Damoiselle Angloise, *de l'Oxfort Scheire.*

Vvilliam Capitaine de mer, *de Bristol.*
Le Comte caualier, *François.*
Barlovv Bibliotecaire, *d'Oxfort.*
Vernon } Estudians à Oxfort, *de Londres.*
Fischer }
Fischer Greffier, *de Londres.*
Rabi Gentil-homme de Milord Kleipour, *de Geneve.*
Rosain gentil-homme de Milord Richard Cromvvel, *de Sedan.*
Madame Cromvvel veufue de feu Oliuier Cromvvel, *de Londres.*
S. Germein caualier: *François.*
Le Duc Gentil-homme, *Normand.*
S. Pol Caualier, *Normand.*
Chesneau Gentil-homme, *Manceau.*
Kermadex Gentil-homme, *Bas-Breton.*
Ser Killam Digbi Cheualier, *Anglois.*
Marie Rand Damoiselle, *Angloise*, qui a escrit diuers Liures de Prophetie.

En Irlande.

Oneid Sieur de Beaulieu Gentil-homme François, issu des anciens Roys d'Irlande, & des Contes de Tiron.
Ikerin Lord Irlandois des enuirons de Kilkinik.
P. de Ryan Religieux Dominicain, *Irlandois.*
T. Neuel Marchand, *de Korc.*
Galoe marchand, *d'Iohol.*
La Porte marchand, *de Caen.*
Antonio Capitaine de mer, *Castillan.*

Beauregard caualier, *Normand.*
Telin Marchand, *de Vvachefort.*
Charlot marchand, *de Vvachefort.*
Mestresse Alsoond Damoiselle Irlandoise, *de Vvexford.*
Mademois. Heleine fille d'vn Capit. de mer, *Dunquerq.*
De la porte marchand François, *Rochelois.*

En Hollande.

Balaguier Gentil-homme, *Languedochien.*
I. l'Ange caualier, *de Rocroy.*

En DannemarcK.

Salmouts caualier, *Escossois.*
Salomon de la Houue Peintre, *Parisien.*

En Liuonie, & Pologne.

De Bregi Ambassadeur de France, *parisien.*
Curi Secretaire de l'Euesque de Prusse Gentil-homme, *Xaintongeois.*
Kaïé Gentil-homme François.
Le Roy marchand, *de Rouen.*
Kanasil marchand, *de Rouen.*

En Alemagne.

De Beaufort Ingenieur du Roy Christian IV. *François.*
Du Hamel marchand, *Normand.*
Darbamont marchand, *Lorrain.*

Les Voyages font les hommes, & les hommes les amis.

Cours & valeur des Monnoyes des pays où l'Autheur a voyagé.

Sur les terres du Pape, & du Grand Duc de Toscane.

PIstolles,	30. Iules.
Hongres & sultanins,	17. iules.
Reales d'Espagne,	8. iules 1. grasses.
Teston de Boulogne,	2. iules 4. grasses.
Iules,	8. grasses.
Teston d'Italie,	3. iules.
Grace,	4. Quatrins.

A Rome l'on ne parle point de grasse, & pour vn iules l'on a dix baiokes.

En Turquie.

Sequin Venitien,	160. aspres
Sequin de Turquie scherif,	160. aspres.
Sequin commun de Turquie,	150. aspres
Hongres,	150. aspres
Reales d'Empire,	82. aspres.
Reales d'Espagne,	80. aspres.
Richedallè d'Hollandè,	70. aspres.
Pieces de 27. sols de France,	35. aspres.
Quart d'escus de France,	23. aspres.
Aspre, ou acchia,	4. mangr. ou mangoures.

Sur

Sur l'Empire du Schah, ou Roy de Perse.

Hongre,	6. abbassis, 1. schai.
Sequin Venitien,	6. abbassis, 2. schai.
Sequin de Turquie,	6. abbassis, 1. schai.
Reale d'Espagne,	3. abbassis, 1. schai.
Reale d'Empire,	3. abbassis, 1. schai.
Pieces de 27. sols de France,	1. abbassis, 1. schai.
Abbassi ;	4. schai.
Schai,	2. bisti.
Bisti,	2. cassebegui.

Sur les terres du grand Mogol.

Sequin de Venise,	4. roupies, 6. pessas.
Hongre ou sequin de Turquie,	4. roupies.
Reales d'Espagne,	2. roupies, 6. pessas.
Richedalles d'Empire,	2. roupies, 10. pessas.
Roupie,	45. pessas.
Mamodi,	20. pessas.
Pieces de 27. sols de France,	40. pessas.
Abassi de Perse,	27. pessas.
Pessa,	50. amandes ameres.

Monnoyes courantes à Goa.

Sequin de Venise,	24. tangues.
Sequin de Turquie,	24. tangues.
Hongre,	24. tangues.

Reale d'Eſpagne,	12. tangues.
Abbaſſis de Perſe,	3. tangues.
Pardaux,	5. tangues.
Scherephi,	6. tangues.
Roupies du Mogol,	6. tangues.
Tangue,	20. bouſſerouque.

Sur le Royaume d'Adel Schah, ou Roy de Bijapour.

Sequin de Veniſe,	8. larins & demy.
Hongre,	8. larins & demy.
Sequin de Turquie,	8. larins & demy.
Roupies du Mogol,	2. larins.
Abbaſſis de Perſe,	1. larin.
Pardaux,	2. larins.
Reale d'Eſpagne,	4. larins & demy.
Larin,	20. peſſas.

A Baſſara.

Les Sequins, Reales d'Eſpagne, & Abbaſſis y ont le meſme cours qu'en Perſe.

En Angleterre, & Irlande.

Iacobus,	22. chelins.
Charles,	20. chelins.
Crounes,	5. chelins.
Chelin,	12. penins.
Six peins,	6. penins.

A gratt,	4. penins.
Penin,	4. fardins.

En Hollande, Dennemarc, pays de Chaune, Pologne, Liuonie, & Alemagne.

Les Hongres & ducats, les reales d'Empire, les pieces de Pologne, Marks, & Steuures ont grand cours.

Explication de plusieurs mots, dont l'intelligence est necessaire au Lecteur.

A

AAzare est vn nom Armenien, qui signifie Lazare.

Abba est vn nom Arabe, qui signifie vn manteau; mais dans la langue Hebraïque il signifie pere.

Abbas est vn nom propre d'homme en Persan.

Abbassi est vne monoye de Perse ainsi appellée, à cause du Roy Abbas, de la valeur d'vn teston de France.

Abdalla est vn nom Arabe qui signifie Seruiteur de Dieu.

Achar est vn nom Indistanni, ou Indien, qui signifie des mangues, ou autres fruicts confis auec de la moutarde, de l'ail, du sel & du vinaigre à l'Indienne.

Adel Schah est vn nom Indistanni, qui signifie veritable Roy, & est la qualité du Roy de Bijapour, que nous connoissons sous celuy d'Adel Kan, qui signifie Gouuerneur veritable, mais nos Geographes modernes l'appellent Lhidelkan par corruption de langage.

Aga est vn mot Turq, qui signifie Maistre, ou Commandant, & se prend ordinairement pour les chastrez ou eunuques des Serraux, ou pour les Chefs des troupes.

Agi est vn terme Turq, qui signifie vn homme qui a fait le voyage de la Mecque, & ceux qui se sont sanctifiez par ce voyage prennent ce nom, comme Agi Mehemmet, &c.

Agredagh est vn nom Turq composé de Agre pesant, & Dagh montagne, & se prend ordinairement pour le mont Gordiçus, ou Ararat, où l'Arche de Noé s'arresta.

Aiguade est lorsque les vaisseaux se rafraichissent d'eau douce sur quelque coste.

Alladin est vn mot Turq composé de Alla, qui signifie Dieu, & Din qui veut dire foy, comme qui diroit foy de Dieu, & est vn nom propre d'homme, comme Alladin Pad schah, le Roy Alladin.

Alaias est vn mot Indien, qui signifie des toiles de cotton & de soye, meslée de plusieurs couleurs.

Aldées vient du mot Portugais Aldeas, qui signifie maisons de la campagne où demeurent les Nobles, & leurs sujets.

Allauerdi est vn mot composé en Turq de Alla Dieu, & Verdi donné, comme Allauerdi Padisschah, le Roy Dieu donné.

Almadé est vn petit batteau à l'Indienne fort long

de 10. rames de chaque costé, & de trois pieds de large, lequel ne prend que 6. doigt d'eau.

Ananas est vn excellent fruict des Indes.

Aquapendente est vn mot Italien, qui signifie eau penchante ou tombante, & est le nom d'vne ville de la domination du Pape.

Araq est de l'eau de vie en Armenien & en Indien, que les Turqs appellent Raquis.

Archipelague est vn mot composé d'Archi Prince, & Pelagos marest, & se prend pour la mer Ægée, laquelle a au midy la Candie, à l'Est l'Asie mineure, à l'Ouest la Grece, & au Nord le canal de Constantinople.

Aspre est vne monoye Turque d'argent, de la valeur d'vn carolus.

Atmeydan est vn mot Turq composé de at cheual, & meydan marché, & se prend pour l'hypodrome des villes de Turquie, & de Perse.

Akgiakala est vn mot composé de ak blanc, & kala Chasteau, c'est vn Chasteau de la frontiere de Perse entre Eriuan & Arzerum.

B

Bastas est vn nom Indien, qui signifie des toilles fort serrées de cotton, lesquelles la pluspart viennent de Baroche ville du Royaume de Guzerat, appartenant au grand Mogol.

Bagdat est vn nom Arabe, qui signifie Babylone.

Bandar est vn mot Persan, qui signifie vn port.

Bandar-abbassi est vn mot Persan & Turq, qui signifie le port d'Abbas, & se prend pour le Gourneron, qui est vne ville bastie de la destruction d'Ormous sur le golphe de Perse, dont Schah Abbas a esté le fondateur.

Bee est vn Capitaine de gallere en Turq.

Beg signifie Seigneur en Turq, comme Ibrahim beg, le Seigneur Abraham, dont le Sieur de la Boullaye, s'est nommé dans ses voyages.

Beglerbeg est vn mot Turq signifiant le Seigneur des Seigneurs, & se prend pour vn Vice-Roy, ou vn Pacha fort puissant, dont le Gouuernement est de grande estenduë, comme Messer Pachassi, le Gouuerneur d'Egypte, Bagdat Pachassi, le Gouuerneur de Babylone.

Beglerbeglic est vn nom deriué de Beblerbeg, & signifie Seigneurie des Seigneurs, ou Vice-royauté.

Betlé est vne herbe dont la fueille est beaucoup estimée des Indou, ils la mangent auec vn espece de chaux esteinte, & d'Arek, qui est espece de noix de galle, cette composition est fort stomachale, & leur rougist les levres, qui est vne grande beauté parmy ces peuples.

Bist est vn mot Arabe, qui signifie vn manteau.

Bijapour se prend pour le Royaume d'Adel Schah, dont la principale ville s'appelle Bijapour.

Blac-hed est vn nom Anglois signifiant teste noire, c'est vn promontoire de Cornual.

Bollepenge est vn mot Anglois, qui signifie vne boisson dont les Anglois vsent aux Indes faite de sucre, suc de limon, eau de vie, fleur de muscade, & biscuit rosty.

Bonse est vn terme Chinois, dont on appelle les Prestres ou Sacrificateurs des Pagodes.

Bornu est vn pays d'Affrique contigu à la Libie, dont les naturels sont Mahometans, & ont des nez de chien ou camards hors l'ordinaire, en quoy parmy eux consiste la beauté

Bosan est vn breuuage de millet boüilly dans l'eau dont les Turqs boiuent beaucoup, & c'est ce qui les rend si robustes, & si forts.

Bosphore est vn mot Grec, qui signifie le passage des bœufs, & se prend pour vn destroit de mer proche de Constantinople.

Bostangi est vn mot Turq, qui signifie iardinier, lequel vient de bostan iardin, comme Ekmekgi qui signifie boulanger, vient d'ekmek pain.

Boussolle est vn instrument qui diuise l'horison en 32. parties, dont les 4. principales seruent à prendre le plan d'vne place, à nauiger, ou à connoistre sur terre le chemin que l'on doit tenir.

Bramen est vn terme Indou dont l'on appelle les Sacrificateurs des Ramistes ou Indou.

Bré Bré est à dire ola ola en Turq, & est le signe de la colere, comme bré bré dinsis, ola ola infidelle.

Brigantin est vn petit vaisseau de la mer Mediterranée, qui va à la rame, & à la voile.

C

Cambresine sont toilles de cotton des Indes, si desliées & fines que l'on voit la peau à trauers.

Caffres sont les Mores de Mombas, Mosembik & de toute la Caffrerie, ce mot est Portugais, & la plusspart de ces Caffres ne sont ny Mahometans, ny Chrestiens.

Caloier est vn mot Grec, qui signifie vn Moine de l'ordre de sainct Basille.

Capuches sont Capucins Portugais sans barbes.

Chek ou Schek est vn mot Arabe, qui signifie venerable, & se prend pour le plus apparend d'vn village, ou d'vn horde, ou amas de tente.

Cherefi est vne monoye d'or auec des lettres Arabes du Sultan, ou du Scherif de la Mecque de la valeur de deux escus, les Italiens les appellent sultanini, & nous sequins de Turquie.

Cherif est vn mot Arabe, qui signifie vn descendant de Mahomet, & se prend proprement pour le Pontiphe des Mansulmans qui reside à la Mecque.

Chelibi ou Chelubi signifie ieune homme, & est vne parole de mignardise en Turq, comme bel zitello en Italien.

Cherk est vn mot Anglois, qui signifie le gros chien de mer qui mange les hommes.

Chiaoux en Turq est vn Sergent du Diuan, & dans la campagne la garde d'vne Karauane, qui fait le guet se nomme aussi Chiaoux, & cét employ n'est pas autrement honeste.

Chore est vn terme Anglois qui signifie terre, ou la riue, lors qu'on est en mer, & ils crient chore chore, comme nous terre terre.

Chites en Indou signifie des toilles imprimées.

Ciclades est vn mot deriué du Crec qui signifie rond ou cercle, & se prend pour certaines Isles de la mer

mer Ægée de la domination du Turq.

Consul est vn terme François qui se prend pour vn Chef de nation dans les lieux où le negoce est estably.

Constantinople est vn mot composé de Constantin & de polys ville en Grec, les Turqs l'appellent Stambol ou Isdanbol, ou Constantanie.

D

Daoud signifie Dauid en Turq.

Deruiche est vn mot Turq, qui signifie vn Religieux.

Diuan en Turq signifie Tribunal, & en Indien le lieu du repos, que les Turqs appellent soffa, lequel n'est autre chose que des tapis & des carreaux.

Doüannik est vn terme Arabe, qui signifie vne barque.

E

Est est vn terme François que les Italiens appellent Leuante, les Hollandois ost, les Turqs ghium dognuiousi, & les Arabes scherch.

Emir ou Mir signifie Prince, ou plutost descendant de Mahomet en Turq & Arabe.

Echelle est vn lieu où le negoce est libre par mer, & est vn mot François, les Italiens l'appellent scala.

Elchi est vn mot Turq, qui signifie Ambassadeur.

Erzerum est vn mot Turq, qui signifie vne ville que les anciens appelloient Assiria.

Etmaldoluet est en Persan le nom du premier Ministre d'Estat que les Turqs appellent visir asim, & les Italiens Cardinal Nepote, & les Hollandois General des Estats.

Euangelistes ou Sectateurs de l'Euangille est le nom dont s'appellent les Luteriens.

F

Falmouts en Anglois signifie bouche tombante & est le nom d'vne ville de Cornoüaille, dont le havre est l'vn des beaux du monde.

Fallouque est vne espece de petit bateau, dont l'on se sert beaucoup sur la mer Mediterranée.

Fakir signifie pauure en Turq & Persan, mais en Indien signifie vne espece de Religieux Indou, qui foullent le monde aux pieds, & ne s'habillent que de haillons qu'ils ramassent dans les ruës.

Feitor est vn terme Portugais signifiant vn Consul aux Indes.

Fikredin est vn nom composé de fikr qui signifie gloire, & din foy, c'estoit le nom d'vn Pacha de Palestine, comme qui diroit gloire de la foy.

Frenk signifie en Turq vn Europpeen, ou plutost vn Chrestien ayant des cheueux & vn chapeau comme les François, Anglois, Espagnols, Italiens, Allemans, Danois, Suedois, & Irlandois, dont les Turqs ne font aucune difference pour la Religion, quoy qu'ils leur donne des noms de nation, comme Francées, Iugres, Spagnol, Talian, Nemse, Danees, Suedees, &c. comme aux Grecs celuy d'Vrom, aux Polonois celuy de Leh, & aux Hongrois celuy de Margiar, &c.

G

Galipoli en Grec ville des Gaulois, c'est vne ville de Grece sur la mer de S. George, & canal de Constantinople.

Gangeard eſt en Turq Perſan & Indiſtanni vn poignard courbe.

Galuete eſt vn mot dont l'on appelle les batteaux long des Malauars fameux corſaires des Indes Orientales.

Gaſelle eſt vn mot Italien dont l'on appelle vn animal d'Egypte, d'Arabie & des Indes, que les Turqs appellent Giairan.

Geneve eſt vn mot compoſé de Gex, & neve, comme qui diroit Gex la neuue, c'eſt vne ville au pays de Gex, ou les ſucceſſeurs de Caluin tiennent leur ſiege, aſſiſe à l'oueſt du lac Leman où l'on peſche de bonnes truittes.

Giaours eſt vn mot Turq qui ſignifie vn eſtre qui ignore la diuinité, terme dont ils appellent les Chreſtiens, les Perſans les appellent Kiaffer, qui ſignifie homme qui connoiſt Dieu comme les beſtes.

Giouma eſt le iour du vendredy en Turq, conſacré au ſeruice Diuin comme le Dimanche parmy les Chreſtiens, & le ſamedy parmy les Iuifs.

Ghillan eſt vne ville dans la Prouince de Koraſan, ou pays des Parthes aſſiſe proche la mer de Ghillan, ou mer Caſpique, que nos Geographes appellent mer fermée.

Golkonda eſt vn Royaume & vne ville des Indes Orientales, où eſt la mine des diamans, dont le Roy eſt tributaire du grand Mogol.

Goudrin eſt vn terme Indou & Portugais, qui ſignifie des couuertures picquées de cotton.

Grenadins ſont les mahometans d'Eſpagne, dont beaucoup ont passé en Turquie & Barbarie, où ils arment en cours contre les Chrestiens, & sont de langue Espagnolle, il y en a encore beaucoup en Espagne, lesquels l'on ne connoist point, parce qu'ils contrefont les Chrestiens.

H

Han est vn Serrail ou enclos que les Arabes appellent fondoux où se retirent les Carauanes, ou les Marchands Estrangers, & à Saide, Halep, Alexandrie les François en ont de particulieres de l'ordre du grand Turq, ce mot de Han est Turq, & est le mesme que Kiaruansarai ou Karbasara, dont parle Belon au 1. liure chap. 59.

Hassan est vn nom propre des Mansulmans, à cause de Hassan le Prophete fils de Haly & de Kadigea fille de Mahomet.

Hegire, ou transmiration de Mahomet est vn terme Arabe, dont les Mansulmans se seruent pour marquer leurs années : La premiere année a commencé le 16. Iuillet 632. suiuant le Kalendrier Iulien, & chaque année de l'hegire contient 354. iours, & pour reduire le temps de l'hegire au Kalendrier Iulien, il faut faire vne somme des iours de toutes les années de l'hegire, & y adiouster 561. iours, puis conuertir lesdits iours en années Iuliennes, & y adiouster 620. années, & pour reduire les années Iuliennes à celle de l'hegire, il faut operer au rebours, cette connoissance est fort necessaire pour l'Histoire des temps & Astrologie. Exemple, le sieur de la Boullaye le-Gouz arriuant aux Indes Orientales demeura malade 3. iours d'vn grand mal de teste causé par la chaleur du climat & position de sphere, differente de celle de son pays : Les Medecins Orientaux luy demanderent le temps de sa naissance, suiuant les hegires des Mansulmans, afin de voir quel mauuais aspect auoit detracqué son temperamment, & le guarir par remedes simpathiques à sa constitution. Voicy comme il agit : Sa naissance arriua en Anjou proche la ville de Baugé le 22. Iuillet 1623. à 2. heures apres midy, suiuant le Kalendrier Gregorien, lequel reduit au Iulien reuient au 12. Iuillet de la mesme année, & suiuant le temps Astronomik donne 1622. ans passez, 6. mois 11. iours & 2. heures de plus, depuis l'incarnation de Iesus-Christ, dont il osta 620. & resta 1002. 6. mois 11. 2, heures, qui sont 366172. iours dont il osta 561. iour, & resta 365611. qui donnent 1031. ans 8. mois 23. iours 2. minutes, suiuant le temps Astronomik des Leuantins, qui reduit au temps vsuel est le 24. iour du ramasan à 2. heures apres midy l'an 1032. de l'hegire ou transmigration de Mahomet, iour de la naissance du sieur de la Boullaye.

Hermand est vn singe que les Indou tiennent pour Sainct.

Honkiar signifie en Turq Empereur, ce terme vient de Konkiar en Persan, qui signifie sanguinaire, parce que les Rois deuant la iustice à leurs peuples, ils ne deuoient espargner personne en iugement.

Hordes est vn mot Tartare, qui signifie multitude, ce sont ordinairement plusieurs tentes de Tartares.

I

Iackes sont certains fruicts des Indes Orientales de la figure d'vn herisson.

Iaia est vn terme dont se seruent les Sabis pour appeller S. Iean Baptiste.

Ibrahim est vn nom propre en Turq que les Arabes nomment Brahim, & les Hebreux Abraham.

Ibrahimbeg est vn nom Turq composé d'Ibrahim Abraham, & beg Seigneur, comme qui diroit le Seigneur Abraham: Le sieur de la Boullaye prist ce nom parmy les Leuantins, à l'exemple d'Abraham le Patriarche, ouquel Dieu l'imposa estant hors la patrie de ses parens, & non hors de la sienne, parce qu'à l'homme sage, & qui connoist Dieu, soy-mesme & la nature, toute la terre, toutes nations, & toutes coustumes sont esgalles, ne s'attachant qu'à l'estre independant, auquel il doit estre vni en tout lieu, & en tout temps.

Ichoglan est vn mot Turq, qui signifie vn page, & est composé de Ichari dedans, & de oglan enfant, comme qui diroit enfant du dedans, parce que ces pages ne sortent point des Serraux.

Iemen est l'Arabie heureuse, & ce mot est Turq, Arabe, Persan & indistanni, c'estoit autresfois la demeure de la Reine de Saba, qui vint trouuer Salomon pour escouter sa sagesse.

Illa formosa est vn Isle proche de la Chine, que les Castillans nomment Illa Hermosa, en François la belle isle, ce nom est Portugais, & cette isle a esté conquise sur eux par les Hollandois.

Indico est vn mot Portugais, dont l'on appelle vne teinture bleuë qui vient des Indes Orientales, qui est de contrebande en France, les Turqs & les Arabes la nomment Nil, & de cette teinture auec du fiel de bœuf les Arabes se marquent le corps & quelques pelerins de Ierusalem s'en font peindre aux bras les armes de Godefroy de Buillon par deuotion.

Indistanni est vn Mahometan noir des Indes, ce nom est composé de Indou Indien, & stan habitation.

Indoustan habitation des Indou, ou Inde.

Indou Indien ou Payen de la Loy de Ram Schita, &c.

Inghissari est vn soldat à pied, Turq.

Ingil est à dire en Turq & Arabe l'Euangile de Christ.

Iman est vn Sainct ou Patriarche en Turq, comme Hassan Imam, Houssain Imam.

Iocourt est vn mot Turq qui signifie du laict caillé vn peu aigre, dont l'on n'a pas osté toute la cresme.

Irland est vn mot Anglois composé d'Irisc qui signifie Irlandois, & land terre, comme qui diroit la terre des Irois, en François l'Irlande.

Ispahi est vn mot Turq qui signifie vn soldat à cheual, & non pas vn caualier ou homme de Cheual, lequel ils appellent Atlu.

Iisa ou Aissa est vn mot Arabe & Turq, Persan, Indien, Iaue & Malais, qui signifie Iesus fils de Marie, ce mot est deriué de Messiah ou Messie.

Iusbeg est vn nom composé de Ius qui signifie cent,

& Beg Seigneur, comme qui diroit cent Seigneurs, ce mot est Turq, & se prend pour le Turqstan ou vieille Turquie, dont les naturels s'appellent Iusbegluler, & ont vn Roy qui demeure à Samarcan, au midy de la grande Tartarie vers la mer Caspique, ce Prince auec tous ses vassaux est Sonni de Religion, & ne differe en rien de la creance des Ottomans.

K

Kaiq est vn mot Turq qui signifie vn petit batteau.

Kala est vn mot Turq qui signifie vn Chasteau.

Kalis est vn mot Egyptien qui signifie vne espece de leuée qui retient l'eau du Nil, laquelle l'on coupe lors que ce fleuue est dans sa consistance.

Kambalu signifie ville du Seigneur, c'est la demeure du grand Kan ou Roy du Kathai.

Kan est vn mot Persan qui signifie vn Pacha en Turq, ou vn Gouuerneur de Prouince.

Kandahar est vne ville sur les limites de Perse, & des terres du grand Mogol vers le Multan, elle est aujourd'huy possedée par le Schah.

Karapatan est vn mot Indou composé de Kara qui signifie en Turq noir, & patan pays en Indien, c'est vne petite place qui appartient à Adel Schah entre Chaoul & Goa, & est port de mer.

Karmoussali est vn terme Egyptien, qui signifie vn grand nauire mal joinct & fort mal propre pour resister aux tempestes, dont ceux de Damiette se seruent pour amener du bois de Tyr, & des fruicts de Saide que l'on y apporte de Damas pour l'Egypte.

Kasi ou Kadi est à dire vn Iuge ou Magistrat en Turq & en Persan.

Kasta est vn arbre sacré des Indou appellé Lul en Persan.

Katri est vn nom Indou qui signifie vne tribu de Marchands Indou ou Ramistes.

Keselbache est vn mot composé de kesel, qui signifie rouge, & bachi teste, comme qui diroit teste rouge, & par ce terme s'entendent les gens de guerre de Perse, à cause du bonnet de Sophi qui est rouge.

Kiaffer est vn mot Arabe Indistanni & Persan, qui signifie vn estre qui n'a pas plus de connoissance de Dieu qu'vn animal à quatre pieds, terme dont ils appellent ordinairement les Chrestiens.

Kiaruan est vn nom Turq que les Persans appellent kafil, & les François conuoy ou Carauane, c'est vne assemblée de gens qui marchent par terre ou par mer, de crainte des Voleurs.

Kiaruanbachi est vn mot Turq qui signifie le Chef d'vne Carauane ou d'vn conuoy composé de kiaruan, & de bachi qui signifie teste.

Kicheri est vne sorte de legume dont les Indou se nourrissent ordinairement.

Kiosck est vn terme Turq qui respond à celuy de bel vedere en Italien, & signifie en François vn petit cabinet d'où l'on descouure au loing, bastit seul à l'escart, lequel l'on ferme auec des toilles; le Roy des Ottomans en a vn beau à la pointe du Serrail.

Kodum Schah est vn nom Persan composé de kodum, qui reuient à Moubarec en Turq, qui signifie bon ou droitturier, & Schah Sire, comme qui diroit le bon Roy, par ce terme l'on entend le Roy d'Edrabat, lequel est Seigneur des mines de diamands, que l'on appelle aussi Roy de Golconda, il est tributaire du grand Mogol.

Kogia est vn nom Turq; que l'on donne aux honorables Marchands, comme Koggia Pietros, ou Kogia Pierre, est le nom du gros Armenien que l'on a veu miserable à Paris à la poursuitte d'vn procez pour ceux de sa nation, lequel est si considerable parmy les Armeniens, Turqs, Persans & Indiens, que ie l'ay tousiours veu Kiaruan Bachi lors que i'estois au Leuant.

Koran en Turq signifie le Liure de la Loy des Mansulmans, les Arabes l'appellent Alcoran en y adioustant l'article al ou le en François, comme à Kimia ils adioustent Alkimia, &c.

Korban est vn mot du Leuant, qui signifie vne grande rejouyssance par la mort de quelque animal que l'on fait cuire tout entier, puis l'on le despartist aux assistans, c'est vne espece de Communion, c'est ce que fit le pere de l'enfant prodigue ayant retrouué son fils qu'il auoit perdu; c'estoit ce que fit Iesus-Christ, lors qu'il mangea l'Agneau Paschal auec ses Disciples.

Kourdstan est vn mot Turq composé de Kourd, qui sont certains peuples Mansulmans vers le Nord de la riuiere du Tygre, & de stan habitation, comme qui diroit le pays des kourdes ou kaldaikes, ils sont partie obeïssans au Sultan ; partie au Schah.

Koum Poulati est vn mot composé de koum qui signifie du sable en Turq, mais vne ville en Persan, & poulate acier, comme qui diroit de l'acier de koum, dont sont faittes les espées de Perse que nous appellons damasquinées.

L

Lord est vn terme Anglois qui signifie Seigneur, & Mylord Monseigneur, terme dont l'on qualifie les grands Seigneurs d'Escosse, Irlande, Galles, Cornual & Angleterre.

Longui est vn morceau de linge dont l'on se sert au bain en Turquie.

Langouti est vne petite piece de linge dont les Indou se seruent à cacher les parties naturelles.

M

Maranes signifie les Iuifs cachez qui sont parmy les Chrestiens, & qui contrefont les Chrestiens ; il y en a beaucoup en Portugal, & telles gens se declarent ouuertement lors qu'ils ont la liberté de leur Religion, comme en Hollande & en Turquie.

Magribleu est vn terme Turq deriué de Magrib, qui signifie en Arabe le Ponent, comme qui diroit Ponentois, & se prend pour les peuples de Barbarie que l'on appelle aussi Iezair.

Mahomet signifie en Arabe Magnifique, & est vn nom propre d'homme chez les Mansulmans, à cause de leur Prophete qui portoit ce nom.

Malauars sont voleurs de mer qui habitent les Maldiues, d'origine Arabes, & de Religion Mansulmane.

Mangues est vn fruict des Indes dont l'on fait de tres-bon achar, ou salade confite ; & parmy les Bramens il y a vn prouerbe qui dit, la mangue ne fait iamais mal, mangés en tant que vous voudrez, ce fruict est verdastre au commancement, puis deuient iaune, & tire sur la figure d'vn œuf.

Mansoul est vn mot Turq pour dire priué de Charge.

Mer blanche est la mer Mediterranée, qui est en deça du canal de Constantinople.

Mer noire est la mer Mediterranée, qui est au delà du canal de Constantinople, à laquelle l'on a donné ce nom, plutost pour les tempestes, que pour aucune couleur de l'eau ou du sable, & en Turq qui dit kara, ou noir, dit quelque chose de sinistre, mesme les Turqs ne s'habillent iamais de noir.

Meskiet est vn mot qui signifie chez les Mansulmans le lieu où le peuple s'assemble pour les Oraisons publiques, que nous appellons Eglise chez les Catholiques, Temples chez les Heretiques, Pagodes chez les Indou, & Mosquées par corruption chez les Mansulmans.

Mestisso est vn mot Portugais, comme qui diroit mestis ou engendré de pere & de mere de differente figure, comme d'vn pere blanc, & d'vne mere noire, ou d'vne mere blanche, & d'vn pere noir.

Messulman est vn mot Arabe qui signifie vray croyant

en Dieu, ie me suis tousiours seruy de ce mot, parce que les Sectateurs de l'Alcoran se nomment tels, & ne se disent point Mahometans, comme les Caluinistes se disent Reformez, les Lutheriens Euangelistes, les Iuifs enfans d'Abraham & non Mosaïques, & nous autres nous nous professons Catholiques & non Papistes.

Mile en Italien signifie la troisiesme partie d'vne grande lieuë de France, & en Aleman signifie la quinziesme partie d'vn degré de latitude ou de longitude, sous le quateur qui reuient à deux petites lieuës de France.

Milfort est vn mot Anglois composé de mil moulin, & fort forteresse, comme qui diroit fort du moulin, c'est vn tres-bon port de mer au pays de Galles.

Milo est vne Isle de la mer Ægée appellée Melada par les anciens Grecs, elle est de la domination Ottomane.

Migrediche signifie en Armenien Iean Baptiste, & est vn nom propre d'homme.

Minas est vn nom propre d'homme en Armenien.

Mir ou Emir signifie Prince, qualité que s'attribuent les descendans de Mahomet.

Miroglée est vn terme Turq qui signifie fils du Prince, & est le nom d'vn Ottoman de Smirne, auquel la nation Prouançalle a beaucoup d'obligation.

Mogol est vn terme des Indes qui signifie blanc, & quand nous disons le grand Mogol, que les Indiens appellent Schah Geaann Roy du monde, c'est qu'il est effectiuement blanc, & pour le distinguer d'Adel

Schah, xodum Schah, nous l'appellons grand Blanc ou grand Mogol, comme nous appellons le Roy des Ottomans grand Turq pour le distinguer du Roy de Samarcand, ou du Schah, lesquels sont Turqs de langage & de nation.

Moglogllie est vne femme blanche des Indes, ce terme est Indou.

Monsignor est vn terme Italien, ou plutost vne qualité Ecclesiastique que s'attribuent les Prelats de la Cour de Rome.

Montefiascon est vn nom composé de Monté mont, fiascon bouteuille, comme qui diroit en Italien le mont des bouteilles, il y croist de tres-bon vin muscat blanc à trois iules la bouteille, qui reuient à vn teston de nostre monoye.

Montenero ou la montagne noire, est vn petit mont proche Ligorne, où il y a vne figure de Nostre-Dame protectrice de Ligorne.

Moka est vne ville de l'Iemen, ou Arabie heureuse à l'entrée de la mer rouge.

Morat est vn mot propre d'homme chez les Turqs, que nous appellons Amurat, il y a encore quelques Armeniens qui prennent ce nom.

Mossol est vne ville d'Assirie dominée par le Turq, s'appelloit autresfois Niniue.

Moussi est vn terme Prouançal deriué de Mosso, qui signifie vn petit garçon en Portugais.

Moufti est vn Docteur de la Loy Mansulmane.

Mullat est vn Docteur en Turq.

Moussa signifie Moyse en Turq.

N

Nadab est vn Seigneur de commandement parmy les Mogols, comme qui diroit Lord parmy les Anglois.

Naitron est vne certaine pierre salée qui se trouue en Egypte, qui petrifie tout ce que l'on iette dans sa perriere.

Namas est vn terme Arabe & Turq pour dire la Priere.

Naxíuan est vn mot Armenien ou Persan, qui signifie premiere faite, c'est le nom d'vne ville bastie proche le Mont Gordiæus, que les Armeniens disent estre la premiere ville que Noë ait bastie apres le desluge.

Nord est vn terme dont l'on se sert sur l'Occean, pour signifier le Septentrion, que l'on appelle Tramontane sur la mer Mediterranée, Poiras sur la mer Noire & Schimal sur toutes les mers d'Arabie.

O

Odabachi est vn mot Turq composé d'oda chambre, & Bachi Chef, comme qui diroit Maistre des chambres, & se prend parmy la milice pour le Mareschal des logis, ou si l'on veut pour les Chefs des tentes, & dans les villes Odabachi sont les gardes ou Portiers des Hans ou Serraux à Carauanes.

Omara est le mesme en pouuoir chez les Mogols que les Kans chez les Keselbaches en Perse, ou les Pachas en Turquie, les Legats en Italie, les Gouuerneur de Prouinces en France, & les Capitaines des forteresses aux conquestes des Portugais.

Oque est vn poids de Turquie pesant trois liures de France.

Orangeade est vne liqueur composée de suc d'orange de succre & d'eau, dont l'on se sert dans le Leuant à la sortie du bain, pour s'engraisser.

Osman est vn nom propre d'homme chez les Turqs que nous appellons Ottoman.

Osmanlu est en Turq ce que nous appellerions en François homme de la famille d'Ottoman.

Ouest est la partie du monde où le Soleil se couche, l'on l'appelle sur la mer Mediterranée Ponenté, & les Arrabes le nomment Magrib, & les Turqs Garaiel.

Oxfort est vn nom Anglois composé d'Oxen bœuf, & fort, comme qui diroit le fort des bœufs.

P

Pacha est vn Gouuerneur de Prouince en Turquie, nous les appellons Bassas, ou Bacha, qui signifie Monsieur en Turq, & comme les Arabes n'ont point de P & que nous auons appris ces termes des Arabes, il ne faut pas s'estonner si nous errons si souuent dans les mots deriuez des langues Orientales.

Pachalaix Gouuernement, titre de Pacha.

Pagodes sont les Eglises des Indou, ou bien vne monoye des Indes au delà du gange.

Palankin est vn espece de brancard, sur lequel l'on se fait porter aux Indes Orientales.

Papas

Papas est vn mot Turq qui signifie les Prestres ou Religieux des Chrestiens.

Paros est vne demie galere dont se seruent les Malauars sur la mer des indes Orientales.

Poiras est le Septentrion en Turq.

Parsis sont certains peuples de Perse des Prouinces du Kirman, de Liesdre & de l'Indostan, qui honorent le feu; nous les appellons Adorateurs du feu, les Turqs, & les Persans quebres Atesche peres ou Idolatres du feu.

Patmart est vn pieton qui porte des lettres aux Indes.

Peça est vne monnoye du Mogol de la valeur de six deniers.

Peiramber est vn mot Turq qui signifie Prophete.

Pesket est vn presant en Turq.

Pharaon est vn iniure en Turq dont la malice d'Egypte baptise les Coftes, c'estoit autres-fois le nom des Roys d'Egypte.

Pinace est vn petit vaisseau ou brigantin de l'Ocean.

Poutargue sont des œufs de poisson secs que l'on mange auec de l'huille, & du succre, les Turqs l'appellent, Ioumourta baloux, œufs de poisson.

Prete Ien, ou plutost Prete Gent, est à mon aduis vn mot Portugais composé de Pete, qui signifie noir, & gente peuple, comme qui diroit noirs peuples, & comme nous auons eu connoissance des puissances de ce Prince, principalement par les Portugais, nous auons retenus leurs termes, & l'ignorance de nos Interpretes & Cosmographes est allée à nommer le Prince d'Etiopie Prete gean, l'Empereur de Conſtantinople grand Turq le Roy de Perſe Sophi, le Roy des Indes Orientales Grand Mogol, le Cęſar, ou l'Empereur de Moſco Duc de Moſcouie, l'Empereur de Cambalu, grand Kan, & le Roy de Bijapour, Hidel kan, quoy qu'aucun de ces Princes ne ſe qualifie de ces noms, comme nous auons declaré en pluſieurs paſſages de nos obſeruations, ce qui ſeroit inutile de repeter icy, & me donneroit plus de peine à eſcrire, que n'en peut auoir le Lecteur à les chercher aux chapitres où cette matiere a eſté traittée.

R

Rafaſſi ſignifie Heretique en Turq, ou vn Perſan.

Ram en Indou ſignifie Dieu, & quelque fois leur Prophete.

Ramaſan en Turc ſignifie la 9. lune, pendant laquelle les Turqs ne boiuent, & ne mangent point de tout le iour, mais la nuict ils ſe reſiouyſſent; c'eſt en ce mois là qu'ils tiennent que l'Alkoran eſt deſcendu du Ciel.

Ramgi en Indou ſignifie ſeruiteur de Dieu, terme dont l'appellent les Indou, de la meſme façon que nous nous appellons Chreſtiens, & les Sectateurs de Mahomet Manſulmans.

Reis en Turq ſignifie vn Capitaine ou patron d'vn nauire, comme Hali Reis, Mahmet Reis.

Remberges ſont les gros vaiſſeaux d'Angleterre, que les Anglois appellent de King ſchips les vaiſſeaux Royaux.

Rodoſto eſt vne ville de Grece entre Galipoli, & Conſtantinople.

Roupie est vne mônoye des Indes de la valeur de 30. s.

Roustan est vn nom propre d'homme en Turq, & a esté celuy d'vn Pacha fauteur des tyrannnies de Roxelane Sultane Reine, lequel estrangla Moustapha Pacha fils de Soliman II. Gouuerneur d'Amasia l'espoir des Ottomans, & le plus accomply Prince qui ait iamais sorty du Serrail.

S.

Sarai est vn mot Turq qui signifie enclos, ou Palais que nous appellons Serrail par corruption, qui reuient au mot d'Hostel en Frãçois, & Palazo en Italien, &c.

Sabis sont les Disciples de Iean Baptiste, que nous appellons Chrestiens de S. Iean Baptiste.

Sayette est vn mot Arabe pour signifier vn des descendans de Mahomet.

Samarkan est la ville capitale du Royaume d'Iusbeg.

Schah est vn mot qui signifie Sire, & se prend pour le Roy de Perse.

Schah Geaann, ou le Roy du monde, est le grand Mogol.

Schai sont ceux qui sont de la Secte de Hali que les Ottomans appellent Raffasi, ou Heretiques.

Schek signifie en Arabe venerable, & se prend pour le premier d'vne tente, ou d'vn village, & chez les Ottomans pour vn vieil Moufti.

Scherif est vn mot Arabe ou Turq, qui signifie noble, Et se prend ordinairement pour personnes de la loy.

Skiper en Anglois & Flamand signifie vn Patron de vaisseau de Marchand.

Serdar est vn Capitaine, ou Chef Turq.

Snapane est vn terme Alemand dont l'on appelle les païsans retirez dans les bois, à cause des guerres, qui volent & tuent les passans.

Soffa est le lieu du repos en Turq, ou plustost vn petit theatre esleué, sur lequel il y a des tapis & coissins où les Turqs mangent, ioüent, boiuent & dorment, ce lieu est appellé Diuan aux Indes Orientales.

Soffa est vn cuir rond, dans lequel les Turqs mettent leur manger.

Sonni est vn mot de Loy, dont s'appellent tous les Mansulmans qui ne sont pas de la secte des Persans.

Soliman est à Dire en Turq Salomon.

Souruagi est à dire en Turq vn Capitaine.

Liure Sterlin est vn terme Anglois qui signifie vn Iacobus de nostre monnoye.

Suest la partie Meridionale du monde, que les Turqs appellent Lodos, les Arabes Kablay, & les Italiens Mezogiorno.

Sudest est la partie de l'horison qui est entre le Midy, & l'Orient.

Sultan est à dire en Turq Sire ou Sieur, & Sultanum Monsieur, ou sieur mien; Sultan sans adjonction se prend aussi pour le Roy, ou la Sultane Reyne des Turqs, mais en Perse ils appellent Sultan vn Gouuerneur de petite place qui est vn espece de Kadi, comme au Bandar Abassi il y a vn Sultan, &c.

Sund est vn passage entre le pays de Chaune & le Dannemark, où le Roy de Dannemarx tire tribut des vaisseaux, ce mot signifie Soleil en Anglois, en bas Allemand l'on le prononce Zund par vn Z.

T

Tam est à dire Thomas en Anglois.

Tari est vn mot Indou qui signifie du vin de palmier que les Portugais appellent soure.

Taurat est le Liure sainct de Moyse, ce terme est Arabe.

Temirlang est vn mot Turq composé de Temir, & lang boiteux, comme qui diroit Temir boiteux, & c'est ce que nous appellons Tamburlang autres fois le fleau de Dieu, & la terreur des Roys d'Asie.

Thibet ou Thebet est vn Royaume de Mansulmans au couchant de la Chine, & au Midy de la grande Tartarie.

Toman est vn mot Persan qui signifie 15. realles d'Espagne, ou 50. abbassis de Perse.

Topgi Bachi est vn nom Turq qui signifie grand Maistre de l'Artillerie, ce terme est composé de Topgi canonier, & Bachi Chef, comme qui diroit chef des Canoniers, comme Bostangi Bachi, Chef des Iardiniers.

Topkane est vn mot Turq composé de top canon, & Kane maison, c'est à dire l'Arsenal.

Turq ou Turcomam signifie vn Pasteur ou paysant de la campagne.

Turqstan ou Turcomanistan est à dire la demeure des païsans, & se prend pour le Royaume d'Iusbeg, dont la pluspart des Turcomans sont venus.

V

Veste est vn terme Italien ou François, dont les Franks appellent les presans que l'on fait au gran Turq, ou aux Visirs pour auoir audiance, ce sont des pieces de drap pour faire des habits.

Vertabete signifie en Armenien Docteur, & se prend pour les Euesques.

Vice-Consul est vn terme François qui signifie le Lieutenant du Consul dans les Echelles qui releue d'vn Consulat comme le Consul du Kaire, à vn Vice-Consul en Alexandrie, & vn autre à Rosset, le Vice-Consul de Tripoly de Surie releue du Consul d'Alep.

Visir asim est vn mot Turq composé de Visir President ou Lieutenant du Prince, & asim grand, c'est le premier Ministre qui a le mesme pouuoir qu'auroit en France le Connestable, & le Chancelier vnis ensemble.

Vsulfa est vne petite ville proche Ispahan peuplée d'Armeniens.

Vvaterford signifie le fort des eaux en Anglois, c'est vne ville de l'Est d'Irlande.

Vvacheford signifie le fort laué en Anglois, c'est vne ville d'Irlande du costé de l'est.

Vvemouts est vn mot Anglois composé d'vvet blanc, & mouts bouche, comme qui diroit bouche blanche, c'est vn havre à l'est d'Angleterre.

Z

Zeeland est vn nom Flamand composé de Zee mer, & land terre, comme qui diroit terre de mer, c'est vne isle au Sud de Holande, dont Mildebourg est la Capitale, & est vne des Prouinces vnies.

FIN.

TABLE DES CHAPITRES du preſent œuure.

LIVRE PREMIER.

Interest

LIVRE SECOND.

LIVRE TROISIESME.

Fin de la Table.

Fautes d'impression suruenuës par l'absence de l'Autheur & remarquées par luy mesme à son retour à Paris, lesquelles le lecteur doit corriger.

Page 17 ligne 6 voyons lisez voyions. pag. 38. lig 11 AbubeKi lis AbubeKr pag. 44 lig 6 Kadijate lis. Kadiiah. pag 47 lig. 18 danges lis dangel, pa.56 l. 2 BeglebeiK BeglerbeiiK, pa. 64 lig 19 alla lis. va, p 81 lig 19 ont lis on: grande auersion, pa.96 lig. 7 ghlian lis ghilan. p 101 li. 3 geuutes, lis guebres. p. 102 l. 13 Sophi lis Sephi. pag. 106 l. 6 especes lis. espees. p 107 l 7 ou lis. & p. 110 li 4 sophi, lis. Kese bachi pag. 121 l. 28 pauillons lis estendart. p 130 li. 8 muteneli lis mutcueli p.g 154 li. 22 choleriq, lis. temperé. pag. 196 li. 6 dessous, lisez dessus. p 200 li 5 geuure lis. guebre. pa. 02 li. 20 se, lis. il pag. 205 li. 28. ce, lis. si p. 217 li 12 ie n'estonne. ie m'estonne. p. 232 l. 26 15 lis 16. pa. 257 l. 4, 18 lis 19. pag 270 li. 28 figuies lis. figues p. 278 l. 27 tous lis. toujours. pa 330 l. 30 pays, lis. puis p. 317 li. 25 41. lis 32 pa. 350 li. 9 conquereurs lis. conquerans. pa 367 li. 17 rues lis. lieux p 372 lig. 29 mesler, lis. mester. p. 389 l 28. 41 lis 31. p 396 l. 27 nous lis. vous. p. 406 l. 1 qui l. que. pa 435 l. 23 roid l. Roide p. 453 l 29 de lis du. p 455 l. 16 LimeriK lis Dublin. p. 473 l 19 conqueres lis. conquerant. p. 479 l. 27 faisoit lis fascher p 496 l. 11 cest lis. c'estoit autrefois. Pa. 505 l. 9 ains lis. ainsi. p. 512 li. 17 Leman, lis. Lemant & vient. page 526 ligne 21 Oncid lisez Oncil.

Extraict du Priuilege du Roy.

PAr Lettres Patentes du Roy données à Paris le 12. Feurier 1657 & sellées du grand Sceau de cire jaune sur simple queuë. Il est permis à Geruais Clouzier marchand Libraire en nostre bonne ville de Paris, de faire reimprimer vn Liure intitulé: *Les Voyages & Obseruations du Sieur de la Boullaye-le-Gouz*, lequel Liure a esté reueu, corrigé & augmenté de nouueau, par l'Auteur, & ce durant le temps & espace de sept ans entiers, & consecutifs; auec inhibition & deffenses à toutes sortes de personnes, de quelque qualité & condition qu'elles soient de l'imprimer, ou faire imprimer, ny mesme d'en rien contrefaire, à peine de quinze-cens liures d'amende, comme il est porté plus amplement par lesdites lettres signées, Par le Roy en son Conseil IVSTEL.

Registré sur le Liure de la Communauté le 20. Feurier 1657 conformement à l'Arrest du Parlement du 9. Auril 1653.

BALLARD Sindic.

Les Exemplaires ont esté fournies.

Acheué d'Imprimer pour la seconde fois le 25. iour d'Auril 1657.

1702 . 1703 . mois de decembre du

Louis baume pour parain pour mar

marie rosset

marie fosset fille de denis fosset et

de . marie guillotin

www.ingramcontent.com/pod-product-compliance
Lightning Source LLC
LaVergne TN
LVHW010521100826
845148LV00001B/57

* 9 7 8 2 0 1 2 5 8 1 2 6 5 *